VOYAGE A CANTON,

CAPITALE DE LA PROVINCE DE CE NOM,

A LA CHINE;

Par Gorée, le Cap de Bonne-Espérance, et les Isles de France et de la Réunion;

SUIVI

D'OBSERVATIONS *sur le voyage à la Chine, de Lord* MACARTNEY *et du Citoyen* VAN-BRAAM, *et d'une* ESQUISSE *des arts des Indiens et des Chinois.*

Par le C. CHARPENTIER COSSIGNY, Ex-Ingénieur.

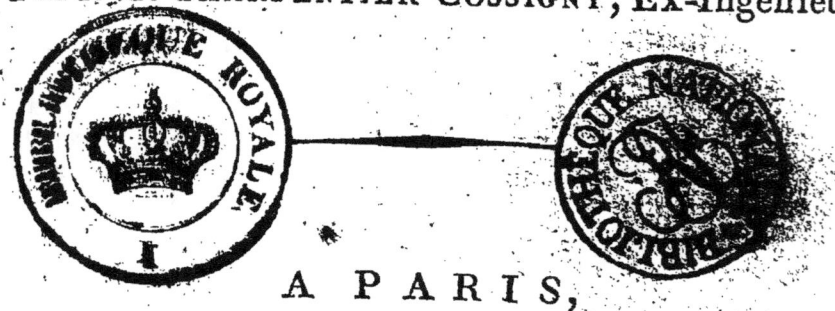

A PARIS,

Chez ANDRÉ, Imp.-Libraire, rue de la Harpe, N°. 477.

AN VII DE LA RÉPUBLIQUE FRANÇAISE.

AVERTISSEMENT.

Tout ce qui regarde l'Inde et la Chine paroît avoir droit à la curiosité du public. Il s'est empressé de lire les relations des Ambassades Anglaise et Hollandaise, auprès de l'Empereur de la Chine. On y trouve en effet des détails très-curieux; et l'on doit savoir gré aux Rédacteurs de les avoir ponnés au public, et aux traducteurs de les avoir transmis dans notre langue. Cependant ces deux ouvrages m'ont paru incomplets dans bien des points, inexacts dans quelques-uns, fautifs dans quelques autres. Leurs auteurs n'ont pas pris, sur les arts et sur la législation des Chinois, les renseignemens que les circonstances les mettoient à portée d'obtenir. Ils ne nous ont pas fait connoître l'esprit des lois qui sont le plus opposées à nos usages, à nos mœurs, à nos principes.

Ces considérations m'ont déterminé à faire part au public de mes observations sur les deux ouvrages que je viens de citer.

Je les ai étendues, lorsque le sujet m'a paru susceptible de développement, ou lorsqu'il m'a conduit à des résultats qui peuvent intéresser le lecteur. Ce genre d'écrire est peut-être nouveau, quand il n'a pas la critique pour but. Je conçois tout le parti que des mains plus habiles auroient pu en tirer pour l'instruction du public. Heureux, s'il accueille mon travail, en faveur du motif qui l'a fait entreprendre! Dans ce cas, je lui promets d'autres observations dans le même genre, sur le Voyage au Bengale, du Citoyen *Stavorinus* chef d'escadre de la République Batave. Elles seront précédées d'un Voyage au Bengale, traité sous un point de vue politique, par un de mes amis, dont je regrette la perte. J'y ajouterai une notice sur le Japon qui m'a paru curieuse, et qui est de la même main, et un Mémoire que j'ai rédigé, il y a quelque tems, sur la culture du riz dans l'Asie.

Les observations que je publie aujourd'hui sont précédées par un Voyage à Canton qui donnera une idée des mœurs des Chinois, du commerce que font avec eux les Européens, et des productions de cette fameuse contrée de l'Asie. J'ai parlé du Cap de Bonne-Espérance, où j'ai relâché deux fois. Ma manière de voir n'est pas la même que celle de la plupart des voyageurs. Cette Colonie ne me paroît pas avoir autant d'importance qu'on le croit. Je la regarde comme une relâche bien située pour les vaisseaux qui vont aux Indes, ou qui en reviennent : c'est beaucoup sans doute; mais c'est à cela seulement que se réduit jusqu'à présent son importance. Celle qu'elle peut acquérir par la suite, ne peut être fort étendue, vu les circonstances attachées au local.

Il n'en est pas de même de l'Isle de France qui peut réunir tous les avantages qui sont la suite d'une population nombreuse, d'un sol fertile, propre à la culture des productions exotiques, de sa situation, étant comme au centre des mers des Indes, et de ses deux ports. Je me suis un peu étendu sur cette précieuse Colonie, dont on ne connoît pas assez toute l'importance.

Enfin je donne une Esquisse incomplète des arts des Indiens et des Chinois, sur lesquels j'ai pris des notions dans le cours de mes voyages aux Indes et à la Chine; mais dont une partie exige des recherches plus exactes. Nous avons encore beaucoup de compatriotes dans l'Inde et dans le Bengale. Les Citoyens Agie et de Guignes qui résident depuis long-tems à Canton, qui

AVERTISSEMENT.

savent la langue Chinoise, qui ont accompagné l'Ambassadeur Hollandais à Pékin, pourront redresser mes erreurs et compléter les articles auxquels il manque des détails intéressans ou nécessaires. Je les engage, au nom de la patrie, à entreprendre ce travail qui peut être extrêmement utile.

En attendant, l'Esquisse que je donne des arts des Indiens et des Chinois, ne sera peut-être pas sans utilité. Elle détaille quelques procédés nouveaux; elle en indique d'autres qui sont totalement ou partiellement inconnus en Europe; elle donne quelques recettes dont l'efficacité est constatée par l'expérience. Elle mettra les artistes ingénieux sur la voie des découvertes; elle inspirera aux voyageurs plus capables que moi le projet de l'étendre et de la perfectionner, et leur fera sentir qu'ils doivent à la patrie le tribut de leurs observations et de leurs connoissances.

Pour remplir sûrement et efficacement ce but, le Gouvernement devroit promettre des encouragemens, et apporter la plus grande exactitude à leur distribution. C'est là le cas où il faut semer pour recueillir. Il pourroit en résulter des avantages infinis pour la République. S'ils se réalisoient, je m'applaudirois de les avoir provoqués, et d'avoir excité l'émulation de mes compatriotes.

VOYAGE
A CANTON,

Capitale de la Province de Canton,

A LA CHINE.

Par Gorée, le Cap de Bonne-Espérance et les Isles de France et de la Réunion.

JE crois qu'il est très-inutile que je donne le journal de la route suivie par le vaisseau qui m'a transporté à la Chine, et que le lecteur me saura gré de supprimer des détails aussi fastidieux pour lui qu'ils sont peu instructifs. Je ne m'arrêterai qu'aux relâches, et aux événemens qui peuvent intéresser; ainsi la vue des poissons volans, des dauphins, des marsouins, des requins, des bonites, des dorades, des raies, des baleines, des souffleurs, des tortues de mer, des morues et autres poissons; celle des différens oiseaux que l'on rencontre dans un long voyage, et qui peuvent amuser des marins, ne seront pas rappellées. Je ne parlerai même pas des trombes, des orages, des tempêtes, des calmes survenus pendant la traversée, ni même des dématages, ni des voies d'eau. Tous ces événemens intéressent beaucoup en mer; mais n'apprennent pas grand chose au lecteur instruit. Je parlerai beaucoup plus de la terre que de la mer.

De l'Orient au Cap de Bonne-Espérance.

Parti de l'Orient à la fin de novembre, nous avons vu au bout de onze jours *Porto-Sancto*, le lendemain *Madère*, trois jours après l'île de *Palme*, et le lendemain le *Pic de Ténérif*, que nous avons jugé à vingt-cinq lieues; le sommet nous a paru couvert de neige. L'île est ronde et point hachée. Le même jour nous avons vu l'île de *Fer*, et celle de *Gomère*. Enfin le dix-huitième jour de notre départ, nous avons vu le Cap-Verd, sur la côte d'Afrique, qui est un mondrin peu élevé, couvert d'herbes, derrière lequel est la petite île de Gorée, où nous avons mouillé. Elle n'a guère qu'une lieue de tour. On a construit sur une hauteur du côté de la mer un fortin qui, garni de canons et de mortiers, pourroit obliger l'ennemi de passer hors de portée; mais qui ne l'empêcheroit pas de gagner la rade en louvoyant. Cette colline est une mine de fer, l'ancrage est très-bon dans la rade; la plage n'est pas d'un facile accès, parce qu'il y a une barre. Cette île est peu peuplée, et n'est pas susceptible de culture; les habitans ont quelques jardins très-petits, et qui sont d'une médiocre ressource. On y trouve une source d'eau douce qui sort du roc. Les vaisseaux qui y relâchent envoient faire leur eau et leur bois à la grand-terre. Nous y passàmes quatre jours, et nous y prîmes quelques rafraîchissemens. J'y vis des négresses d'une grande beauté, ayant les traits à la romaine, une peau très-lisse et très-noire; de belles dents très-blanches, de beaux yeux et une grande taille. On tiroit autrefois beaucoup d'esclaves de cette partie. Ce commerce ayant cessé, Gorée tombe naturellement, et n'a plus d'objet d'utilité pour la France. Le Sénégal qui est à soixante lieues dans l'ouest, fournit la gomme arabique (1), et pourroit produire

---

(1) L'Acacia qui la produit est celui connu des botanistes, sous le nom d'*Acacia-Vera, seu ægyptiaca*. Il croît aussi à la côte de Coromandel; mais dans ce pays on n'en retire pas la gomme. On prend les écorces des branches de l'arbre, on les mêle avec les grappes que l'on destine à être distillées, pour en obtenir une liqueur forte : c'est celle qu'on nomme *araque-patai*, et qui est plus estimée et plus chère que l'araque commune. On prétend que ces écorces donnent à la liqueur un goût agréable.

les plantes cultivées dans les Antilles, telles que les cannes à sucre, l'indigo, le cotonier, le cacaoyer, le café, etc. La traversée de France au Sénégal, n'est que de quinze à vingt jours. Cette vue a été présentée par le fameux Adanson dans son ouvrage intitulé *Voyage au Sénégal,* imprimé à Paris en..... Ainsi les Anglais ne sont pas les premiers qu'aient imaginé de former un établissement à la Côte d'Afrique.

Je ne dois pas omettre une anecdote assez curieuse; c'est qu'avant d'arriver à Gorée, le vent étant assez fort, le ciel fut obscurci par le sable de la Côte du Sénégal, quoique nous fussions hors de vue de terre, au point que les manœuvres en étoient blanchies. On prétend que ceci est ordinaire dans les fortes brises. A la longue, le rivage doit s'accroître aux dépens de la mer. Je me rappelle aussi qu'il est venu quelques sauterelles à bord ; elles avoient été sans doute emportées par le vent.

Par les quatre degrés de latitude nord, et vingt-un degrés trente-une minutes de longitude, deux cailles vinrent se reposer à bord, épuisées de fatigue, et se laissèrent prendre. Au milieu de l'Océan rencontrer des cailles, cela paroît fort extraordinaire, mais n'est pas fort rare, suivant les marins.

L'île de l'Ascension (1) que nous avons vue en passant, m'a paru placée trop au nord de six à sept minutes. Elle n'a pas plus de deux lieues de tour, elle est fort aride, et fort hachée. Il y a un morne dans l'ouest, qu'on nomme la cheminée, et dans le nord-est un pic fort pointu et assez allongé. La partie du sud est reconnoissable par un morne rond, le moins élevé de l'île, accompagné d'un gros rocher pointu.

Par les trente degrés de latitude sud, et les seize degrés trente-deux minutes de longitude occidentale, nous avons vu un très-gros arbre flottant, qu'on a pris d'abord pour les débris d'un vaisseau. D'où venoit-il?.... Depuis quel tems étoit-il à la mer?... Si le vaisseau l'eût accosté de nuit, nous aurions cru être tombés sur un écueil.

Je me rappelle avoir ouï dire qu'un vaisseau de la Compagnie des Indes, commandé par feu le brave Pallière-Christy, dont le fils est actuellement Capitaine de vaisseaux de la République, avoit éprouvé en passant la ligne, au retour des Indes, une secousse pendant la nuit, qui avoit fait penser

---

(2) Il y a une autre île de l'Ascension, par huit degrés sud, qui est beaucoup plus grande, et auprès de laquelle s'arrêtent quelquefois les vaisseaux des Indes qui font leur retour en Europe, pour y prendre des tortues de mer.

que le vaisseau avoit touché sur un haut-fond. On n'en connoît cependant point dans ces parages, et je n'ai pas ouï dire qu'on ait jamais trouvé fond, avec la sonde, en passant la ligne, par la longitude de dix-huit à vingt-cinq degrés. Il est possible que ce vaisseau ait passé par-dessus un gros arbre flottant.

En approchant du Cap de Bonne-Espérance, nous avons vu beaucoup d'oiseaux. La veille du jour où nous avons découvert la terre, nous avons vu beaucoup de goëmons, et quelques loups marins.

On avoit négligé de mettre des voiles neuves, précaution qui me paroît nécessaire, lorsqu'on aborde le Cap. Un Anglais que nous rencontrâmes, et qui cherchoit, comme nous, le mouillage dans la rade de Table-Baie, l'atteignit dans la journée. Quant à nous, nous eûmes le malheur de voir nos voiles déchirées par les fortes rafales; nous mouillâmes au large, nous chassâmes dans la nuit; mais on s'en apperçut à tems, et nous gagnâmes la rade le lendemain. Nous avons eu de cent vingt, à cent quarante lieues de différence ouest à l'attérage du Cap. De tous les moyens de s'assurer du point où l'on se trouve en mer, celui qui me paroît le plus simple et le plus à la portée de l'intelligence de tout le monde, c'est celui des montres marines. Il seroit à désirer que le gouvernement en encourageât et en favorisât la construction, afin d'en diminuer le prix. Je ne veux pas dire par-là qu'on doive renoncer à la méthode des observations des distances de la lune au soleil ; au contraire, je voudrois qu'aucun élève ne fût reçu dans le corps de la marine, qu'il ne fût en état de déterminer la longitude d'un lieu quelconque, par des observations exactes.

Nous avons fait, suivant notre estime, depuis notre départ de l'Orient, deux mille six cent cinquante lieues. La traversée n'est pas belle. Les vaisseaux qui partent dans l'hiver font des traversées plus courtes. Ceux qui partent en mars sont ordinairement les plus favorisés.

Du Cap de Bonne-Espérance.

Après trois mois six jours de traversée, depuis notre départ de l'Orient, nous avons mouillé dans la rade du Cap ; nous y avons trouvé plusieurs vaisseaux français, beaucoup de hollandais, les uns allant aux Indes, et les autres revenant ; plusieurs anglais, un danois. Lorsque la brise est un peu forte, les Hollandais vont mouiller à l'île Robin, où ils reçoivent des rafraîchissemens, en attendant que le vent leur permette de venir s'établir en rade. Pour mouiller à cette île, il faut que le pavillon qui est hissé dans le milieu, soit au sud-ouest, quart-d'ouest, et la pointe du nord de l'île, au O. N. O. environ une demi-lieue.

Nous avons eu peu de malades, mais il étoit tems d'arriver. Nous n'avons perdu qu'un pilotin qui est tombé à la mer. On a mis la yole en mer, elle l'a rapporté mort; du moins, on n'a pas su le rappeler à la vie.

Je voudrois que tous ceux qui embrassent l'état de marin, officiers et matelots, sussent nager; il faudroit établir dans les ports de mer des écoles de natation. On devroit aussi embarquer sur tous les vaisseaux des scaphandres qui seroient très-utiles en maintes occasions, et tout ce qui est nécessaire pour rappeler les noyés à la vie. Les chirurgiens qui s'embarquent, devroient tous faire un cours d'asphixie, c'est-à-dire, connoître théoriquement et par pratique les moyens de guérir les asphixiés. Espérons qu'un Gouvernement patriotique prendra, à la paix, toutes les mesures qui lui seront suggérées, pour conserver la vie des marins, ou du moins, pour en prolonger la durée. Cette classe d'hommes est infiniment précieuse pour le plus puissant empire de l'Europe. Les soins qu'on en prendra donneront de la considération à cet état, elle excitera une noble émulation parmi le peuple.

Tant d'auteurs ont parlé du Cap de Bonne-

Espérance, qu'il semble inutile et superflu de faire la description de cette fameuse Colonie, tombée depuis peu au pouvoir des Anglais, et dont il étoit si facile d'empêcher la conquête. Dès le mois de décembre 1792, prévoyant la guerre avec l'Angleterre, je remis au Ministre de la marine un mémoire dans lequel j'exposois les mesures à prendre, pour prévenir cet événement, et pour attaquer nos ennemis avec une supériorité de forces décisives, dans les pays qui sont les sources de leurs richesses. Il parut m'écouter; j'entretins de ce projet le Comité de défense générale, où le citoyen Peynières, qui en étoit membre, et l'un des plus éclairés et des mieux intentionnés, me fit appeler. Regrets superflus!.... Les Anglais devoient dominer dans les Indes, et s'emparer de toutes les possessions de la France, excepté les îles de France et de la Réunion, qui ont été, pour ainsi dire, abandonnées à leurs propres forces, et de toutes les possessions hollandaises, à l'exception de Batavia qui n'a pas été attaqué. Conçoit-on bien tous les moyens de puissance que nos ennemis retirent des Indes-Orientales, depuis qu'ils ont envahi l'exclusif du commerce de ces riches contrées? Sait-on que c'est avec ces ressources qu'ils ont été en état de soudoyer l'Empereur, d'entretenir une marine formidable, et de faire des dépenses excessives. Leurs dettes, dit-on, s'augmentent; et qu'importe, si leurs moyens, leur crédit et leur commerce s'augmentent à proportion? Qui ne voit pas que les dettes publiques dans un Etat épuisé ou ruiné, sont onéreuses, et qu'elles ne sont qu'illusoires dans un état riche et puissant?... Ces réflexions politiques me détournent de mon sujet. Je reviens au Cap de Bonne-Espérance.

Ma façon de voir différera de celle de la plupart des voyageurs. J'ai relâché deux fois dans cette Colonie, et je ferai part de mes observations.

La ville du Cap est très-agréable. Vue de la rade, elle a l'air d'un château de cartes. Les maisons sont toutes bâties en briques, et crépies avec de la chaux. Les matériaux y sont très-abondans, ce qui donne une grande facilité pour bâtir promptement, agréablement, à bon marché, et même solidement, si on le veut. Le bois y est très-rare; la pierre n'y est point employée. Les maisons n'ont qu'un étage. Il y en a quelques-unes peintes en couleur. Elles sont, la plupart, assez vastes, propres, jolies, quoique peu commodes, par une mauvaise distribution de l'intérieur; elles sont couvertes en chaume. Les rues sont toutes alignées; elles ont presque toutes en dehors, sur le devant, une petite terrasse, qui feroit l'effet d'un trotoir, si toutes ces terrasses étoient élevées au même niveau, si elles étoient continues, de la même largeur, et si elles n'étoient pas coupées par des bancs en maçonnerie, qui sont placés de droite et de gauche des maisons, pour la commodité des propriétaires, qui vont y prendre le frais tous les soirs, lorsque le tems est beau. En général les rues ne sont pas pavées; il en résulte que l'on est fort incommodé par le sable, quand il vente; ce qui arrive plus fréquemment au Cap, que par-tout ailleurs. Je suis surpris que les rues ne soient pas bordées d'arbres, comme à Pondichéri et à Batavia, et que les maisons n'aient point de jardins.

Celui de la Compagnie qui sert de promenade publique, est fort long, et donne, dit-on, beaucoup de légumes. C'est là tout l'éloge que l'on peut en faire.

Le Cap est situé très-avantageusement, pour servir de relâche aux vaisseaux qui vont aux Indes et qui reviennent. On y y trouve en abondance des bœufs, des moutons, des volailles, des légumes d'Europe de toute espèce. Tous ces vivres y ont un goût médiocre. Les légumes y sont très-beaux, mais ils sont aqueux. Les fruits d'Europe y abondent. Le raisin y est excellent ; je n'en ai mangé nulle part qui l'égalât. On n'y trouve aucun fruit, aucun légume des Indes. Cependant il est à présumer que quelques arbres fruitiers de la Chine y prospéreroient.

Malgré l'abondance de ses productions, j'ose assurer qu'en général le sol du Cap est stérile. Nos vaisseaux qui attérissent à la pointe de Natal, ou même plus nord en revenant des Indes, et qui parcourent deux cents lieues de côtes, rapportent tous que le rivage ne produit point d'arbres, mais seulement des bruyères. Le sol est sablonneux, même dans l'intérieur. Une terre fertile, abandonnée aux soins de la nature, est toujours couverte de belles forêts. Elles sont très-rares, même dans l'intérieur des terres, à moins qu'on ne s'y enfonce très-avant. Je tiens ce rapport de plusieurs Hollandais dignes de foi. Les habitans se sont établis dans des vallées fertiles, et dans quelques gorges de montagnes, où ils ont trouvé de l'eau et des bois. Aussi les habitations sont-elles très-éloignées les unes des autres, et occupent une très-grande étendue de pays nécessaire à l'entretien des troupeaux. Il y a donc de grandes lacunes entre les habitations; au lieu que dans nos Colonies des Antilles, et aux îles de France et de la Réunion, elles sont contiguës.

On prétend que le Cap fournit à la Hollande deux cargaisons de blé par an, environ deux millions, indépendamment de l'avituaillement de Batavia, qui n'est pas considérable, parce qu'on y consomme beaucoup de riz (1), et indépendamment de celui consommé par les vaisseaux qui y relâchent. Tout cela ne me paroît pas prodigieux, eu égard à l'ancienneté de la Colonie; à sa fondation par une Compagnie qui étoit riche; à la température qui est favorable à cette production; aux ressources qu'on a tirées de tout tems des Hottentots; à la facilité de travailler et de défricher un terrain sablonneux, et de le fumer, vu l'abondance des troupeaux qui y sont indigènes; à l'activité qu'ont dû donner de tout tems à l'agriculture, la consommation des étrangers qui y passent, et l'argent qu'ils y répandent; au choix que les colons ont fait des meilleures terres dans un continent. Il ne me paroît pas que la colonie ait profité de tous ces avantages, avec autant d'industrie qu'on le croit communément; soit que la Compagnie hollandaise, satisfaite que cette Colonie ait rempli sa destination, qui a toujours été d'avitailler ses vaisseaux, ait mis des entraves à sa prospérité, par ignorance, ou par avarice; soit que le génie hollandais, tourné plutôt vers le commerce, que

―――――――――――――――――――

(1) Batavia fournit plus de riz au Cap, qu'il n'en retire de blé.

vers l'agriculture, ne soit pas aussi propre qu'on le croit à fonder de grandes Colonies.

On est dans l'usage de fumer les terres. On préfère le fumier de bœuf à tous les autres. Celui de cheval passe pour être trop chaud. Il y a des terres qui demandent plus d'engrais que d'autres. Il y en a quelques-unes, mais rares, qui étant neuves, sont naturellement si grasses, qu'elles n'ont pas besoin de fumier. On ne l'emploie que lorsqu'il est réduit en terreau. On ne connoît point l'usage de la marne, ni de la glaise, ni de la chaux pour les engrais. On laisse reposer les terres au moins un an après chaque récolte. Les champs ne rapportent qu'une fois l'an. Aux îles de France et de la Réunion, où l'on n'a pas encore pris la méthode d'engraisser les terres, on a dans la même année une récolte de maïs ou de riz, après celle de blé, dans les bonnes terres. Le barbu passe pour être le plus abondant et celui qui donne le meilleur pain. On le sème dans le mois de mai, juin et juillet; on le moissonne en novembre, décembre et janvier. Le rapport en général est estimé dix pour un. Les blés y sont sujets à la rouille.

Toutes les terres ne sont pas propres à cette culture; les bonnes s'épuisent au bout d'un certain tems. Le pays est sujet à de grandes sécheresses. Les vents y sont fréquens et très-impétueux. Par cette raison je ne sais pas si les oliviers et les mûriers y réussiroient, mais on devroit en tenter la culture, et placer les uns et les autres dans des carrés entourés de palissades de chênes, pour les abriter des vents. Dans les situations où l'on pourroit les arroser, il est vraisemblable que ces arbres prospéreroient.

Cette Colonie n'a point de port; c'est un très-grand inconvénient. Les vaisseaux qui veulent abattre en carène, ou qui ont besoin de radoubs, sont obligés d'aller à la baie de Saldaigne qui est à quinze lieues dans le nord-ouest, où ils sont moins exposés aux vents et aux vagues, que dans la rade du Cap; mais ils n'y sont pas encore tout-à-fait en sûreté. L'eau y est rare; on y trouve peu de ressources en vivres et en manœuvres. L'établissement de Saldaigne n'est pas ancien. La rade du Cap n'est pas abordable, depuis le 15 de mai, jusqu'en septembre. Les naufrages qu'on y a éprouvés dans cette saison, ont déterminé les marins à relâcher à la baie de False, qu'on appelle *Simons-Baie*, et qui est de l'autre côté de la montagne de la Table.

Les Hollandais sont très-discrets sur la population blanche et noire du pays. Il est donc impossible à un voyageur, qui n'a pas pénétré dans l'intérieur des terres, de l'apprécier. La plus grande partie des esclaves est Malaie ; on les a tirés de Batavia. On est dégoûté de cette caste. Le reste est venu de Madagascar, de Quiloa et de Zanzibar.

Plusieurs hordes de Hottentots se sont civilisées, ou plutôt se sont humanisées et servent chez les hollandais, pour un tems limité et pour un prix très-modique, ce qui est d'un grand secours pour l'agriculture ; mais il y a des hordes de montagnards qu'on n'a pas pu encore soumettre, et qui sont souvent en guerre avec les habitans. Ils ne sont à craindre que par leurs fureurs, par des surprises, par leur fuite précipitée qui empêche de les atteindre, par leurs vols, par leurs dévastations, et par leurs rochers et leurs bois inaccessibles aux Européens. Ces sauvages n'ayant point d'armes à feu, ne sont point aussi redoutables qu'ils pourroient le devenir. J'ignore l'origine de cette guerre intestine, qui ne peut qu'être fatale aux deux partis.

Il me semble que la politique et l'humanité devroient engager le gouvernement à employer tous les moyens possibles, dussent-ils lui coûter des sacrifices, de faire cesser ces hostilités. Elles empêchent les progrès de la Colonie ; elles nuisent à la population, à la multiplication des troupeaux, à l'accroissement de la culture. Peut-être qu'en qu'en plaçant quelques postes militaires, commandés par des hommes sages, près des terres occupées par les Bosmans, on arrêteroit les courses des habitans contre ces sauvages, et les incursions de ceux-ci contre les blancs. On feroit ensuite des propositions amicales aux Aborigènes ; on tâcheroit de les gagner par des présens, par la douceur, par des actes de générosité. En suivant constamment un plan de conduite aussi propre à concilier les esprits, on viendroit à bout vraisemblablement d'étouffer leur ressentiment.

Il faudroit aussi se conduire sur les mêmes principes avec les Caffres. Déjà l'on a eu plusieurs querelles avec eux ; déjà leurs cœurs sont ulcérés. Par quelle fatalité, les Européens qui se disent civilisés, et qui affectent tant de supériorité sur les Sauvages, portent-ils toujours le fer et le feu, la guerre, le massacre, la dévastation dans tous les pays où ils abordent, au lieu d'y porter l'esprit de civilisation, qui a pour principe l'amour de l'humanité et pour but son bonheur.

La Colonie est divisée en plusieurs quartiers ou districts qui ont leurs juges particuliers, relevant du Conseil Supérieur, chargé de l'administration et de la justice, et résidant à Table-Baie. Chaque quartier

B

a sa milice composée de ses propres habitans. J'ai vu celle de Table-Baie passer en revue et faire l'exercice, ce qui arrive une fois l'an. Elle étoit composée de deux cents cavaliers et de quatre cents fusiliers. On croit que la Colonie entière peut avoir quinze à dix-huit cents miliciens. Qu'importe le nombre quand la bonne volonté n'existe pas ? La Compagnie n'a jamais dû compter sur cette milice pour la défense du Cap. Elle étoit très-mécontente du Gouvernement, et ne tenoit à la Hollande par aucun lien. Sa patrie, c'étoit uniquement le Cap. Or que le gouvernement fût Batave, Britannique, Autrichien ou Français, rien ne lui étoit plus indifférent, pourvu qu'il fût juste, modéré et libre.

J'écrivois du Cap de Bonne-Espérance, en 1775, à feu l'Abbé Raynal ; « Cette mi-
» lice, jointe au bataillon de quatre cents
» hommes environ que la Compagnie entre-
» tient pour la garnison, seroit peu redou-
» table à un ennemi Européen, qui tente-
» roit la conquête du Cap. La ville de
» Table-Baie, toute ouverte, et qu'on peut
» regarder comme sans défense, car je
» compte pour rien le mauvais fort qui
» l'avoisine, et qui a été construit plutôt
» pour arrêter une irruption des Hottentots,
» que pour empêcher un débarquement, ou

» pour protéger la ville contre des Euro-
» péens ; Table-Baie, dis-je, étant prise,
» la Colonie tombe d'elle-même. Les habi-
» tans qui auroient à craindre les dévasta-
» tions de leurs biens, s'ils résistoient, qui
» trouveroient à se défaire de leurs denrées
» avec les vainqueurs, n'opposeroient vrai-
» semblablement aucune résistance, sur-
» tout si on les séduisoit par une capitula-
» tion avantageuse. » C'est précisément ce
qui est arrivé, lors de l'attaque des Anglais.

Au surplus, cette conquête n'est pas pour
eux d'une aussi grande importance qu'on
le prétend. Ils y trouvent sans doute l'avantage d'assurer cette relâche à leurs vaisseaux, et de l'ôter à leurs ennemis ; mais
ils sont obligés d'y entretenir des troupes et
des vaisseaux en station. Les denrées du
Cap consistent en blé, vins et eaux-de-vie,
beurre, suif, et viande salée. Les Anglais
trouvent du blé en abondance à Surate, qui
est situé très-près de Bombay, à la côte
d'Orixa, près de Madrast, et dans le Bengale même. Les vins du Cap sont très-mé-
diocres, et ne sont pas propres à être ex-
portés. L'eau-de-vie n'est pas estimée. On a
du beurre dans l'Inde à meilleur compte.
On n'y consomme guère de suif, et les
viandes salées du Cap ne se conservent pas.
Cette Colonie n'offre donc aucun objet

d'exportation propre au commerce, et fait très-peu de consommation des denrées des Indes et d'Europe, parce que les habitans sont simples dans leurs mœurs, et mènent une vie solitaire. Attachés au sol qui les a vus naître, ils ne connoissent point toutes les superfluités du luxe qui éblouissent dans les grandes sociétés, et qui excitent des désirs, plus qu'elles ne contribuent au bonheur. Ils sont sans ambition. De là il résulte qu'il seroit fort difficile de les entraîner hors de leurs foyers. Ils n'ont pas dans l'âme cette inquiétude qui tourmente les Européens, et qui les fait changer si souvent d'état et de demeure. La possession de cette Colonie n'augmentera donc pas la puissance des Anglais. Ils n'en tireront aucun habitant pour armer leurs vaisseaux, ou pour soutenir leurs possessions dans les Indes. Très-difficilement pourront-ils établir des manufactures, à moins qu'ils n'y transportent des ouvriers Indiens ou Européens.

Lorsque j'ai dit que les vins du Cap étoient médiocres, je n'ai pas entendu parler des vins muscats de Constance, petit terroir à deux lieues de la ville, dont les récoltes annuelles ne s'élèvent pas au-dessus de trois cents barriques, tant pour le grand que pour le petit Constance, qui forment deux habitations contigues, appartenantes à deux particuliers. Elles donnent toutes deux des vins rouges et des vins blancs. Le rouge du grand Constance, qui est préféré au blanc par les Hollandais, passe pour être meilleur que le rouge du petit Constance; mais en revanche, le blanc de celui-ci, est préféré au blanc de celui-là. L'une et l'autre habitation pourroient augmenter leurs plantations de vignes, et par conséquent leurs revenus. Il y a plusieurs autres colons au Cap qui récoltent des vins muscats rouges, dont le goût approche de celui des vins de Constance; mais ils n'en ont ni la force ni la finesse. Les vins du Cap sont en général trop soufrés. Les Hollandais sont dans l'usage d'imprégner leurs tonneaux de la vapeur du soufre avant de les remplir. Ils prétendent que par ce moyen leurs vins se conservent plus long-tems, et qu'ils ne prennent pas le goût du fût.

On avoit cru trouver un moyen de reconnoître la falsification de ce vin, en renversant une bouteille pleine de cette liqueur dans un verre d'eau. Si l'on voyoit des nuages se former dans la liqueur, on en concluoit qu'elle étoit falsifiée. Cette épreuve est fausse. Ces nuages se forment, parce que ce vin contient naturellement du sirop en grande quantité, qui, plus lourd que la partie spiritueuse, et que l'eau, descend au fond du verre. Le même effet a lieu, toutes les fois que la liqueur, que l'on soumet à cette épreuve, contient beaucoup de parties sirupeuses.

Les raisins blancs et rouges des deux Constance sont muscats. On ne les cueille que dans leur plus grande maturité, au point qu'ils sont un peu fanés, et on les met à la presse pour en exprimer le jus. Les champs de vignes n'ont point d'échalas ; on entretient les souches très-basses. On taille la vigne en juin et juillet. On vendange en janvier et février, mais à Constance cette opération ne se fait qu'en mars. La vigne ne rapporte ici du fruit qu'une fois dans l'année, et deux fois à l'Isle de France et à la Côte de Coromandel. On est dans l'usage au Cap de la fumer. On fait des fosses dans lesquelles on enterre le terreau. Quand on n'en a pas une assez grande quantité, on y mêle des feuilles d'arbres, qu'on laisse pourrir ensemble.

On ne cultive point de riz au Cap. Le manque d'eau en est la cause. Je doute que le riz sec, qui exige plus de chaleur que le riz aquatique, d'autant qu'il est plus long-tems en terre, pût y réussir.

Kolbe, auteur Hollandais, qui a écrit sur le Cap, a la réputation d'avoir été un ivrogne, et passe dans le pays pour un menteur. Le tablier dont il prétend que les femmes Hottentotes sont pourvues naturellement est une erreur accréditée, fondée sur un fait dont nous allons rendre compte, et qui a été éclairci par un voyageur instruit. Les Hottentots sont encore aujourd'hui dans l'usage de s'entourer le corps avec des tripes et des peaux de bœufs et de moutons. Ils en mettent au col et à la ceinture, etc. Les femmes portent d'ordinaire un tablier de peau de bœuf ou de mouton, qu'un ivrogne aura bien pu prendre de nuit pour un tablier naturel, ou qu'un imposteur aura donné pour tel. Voici ce que m'a écrit, à ce sujet, le citoyen Béysser, qui a voyagé dans l'intérieur des terres. Sa lettre a été insérée dans un ouvrage que j'ai fait imprimer à l'Isle de France, en 1784, intitulé ; Lettre au citoyen Sonnerat, in-4°.

» Les filles nubiles n'ont point de tablier;
» mais les femmes qui ont fait des enfans
» en ont toutes. Dès qu'elles ont accouché,
» leurs maris prennent de la fiente de bœuf
» ou de vache, pour en frotter le corps
» de leurs femmes ; mais ils préfèrent les
» intestins des bêtes mortes, et ils les em-
» ploient à cet usage, quand ils en trouvent.
» Les femmes tirent la peau du ventre de
» haut en bas, afin de recouvrir le pubis ;
» elles font cette opération pendant neuf

» jours ; c'est ce qui forme le tablier dont
» on a parlé. Il n'a que deux ou trois pouces
» de longueur, après les premières couches,
» quatre ou cinq pouces après les secondes ;
» il augmente en longueur à chaque enfan-
» tement. J'ai connu une femme qui avoit
» un tablier de douze pouces, elle avoit eu
» sept enfans (1).

» Il y a quelques Hottentots qui n'ont
» qu'un testicule, par l'effet d'une sorte de
» castration. Une femme qui a fait trois ou
» quatre enfans mâles, désirant avoir une
» fille, prend la résolution, de concert avec
» son mari, d'écraser le testicule du pre-
» mier mâle qu'elle mettra au monde. Le
» jour de la naissance de l'enfant, on lui
» écrase le testicule gauche, et jamais le
» droit, entre deux pierres très-lisses, et on
» les frotte avec les lochies de la mère,
» pendant neuf jours. Les Hottentots croient
» que le testicule du côté gauche est le seul
» qui soit nécessaire à la génération. La
» destinée de cet enfant est de servir ses
» parens. Tous les mâles que la mère met

---

(1) « Le citoyen Beysser n'explique pas le motif
» de cet usage singulier. Ne pourroit-on pas soupçonner
» que les Hottentots respectent les lois du mariage,
» et qu'ils ont voulu reconnoître les femmes mariées
» à des signes certains ? »

» au monde après celui-ci, subissent le
» même sort.

» Nous avons trouvé des peuplades de
» Cafres dans l'intérieur de l'Afrique; ils
» sont très-grands, et très-forts. J'en ai vu
» qui avoient plus de six pieds de haut;
» ils ne vivent que de chasse, et des fruits
» que la terre produit naturellement.

» Il y a aussi un autre peuple qui n'est
» pas bien connu, à trois ou quatre cents
» lieues de Table-Baie; on l'appelle Bos-
» man; il est de couleur jaune, de la
» nuance du citron, à-peu-près. Ce peuple
» est très-sauvage; on le dit antropophage;
» on assure qu'il mange les blancs et les Hot-
» tentots qui tombent entre ses mains ».

J'ai ouï parler en effet de ces antropophages. Quant aux Cafres, ils sont connus, ils habitent un très-grand pays, vis-à-vis de Madagascar. L'on trouve aussi dans cette île une peuplade considérable de Cafres, ayant les mêmes traits et les mêmes usages que ceux de l'Afrique. On ne peut pas se dispenser de reconnoître qu'ils ont la même origine. Les uns et les autres sont agriculteurs. Il y a quelques années qu'on a découvert dans leur pays un gramen très-haut, très-touffu, excellent pour la pâture des troupeaux, et qui augmente le lait des vaches. Les Hollandais l'ont multiplié sur leurs habitations, et en ont formé des pâturages très-gras et très-abondans. Mon correspondant au Cap, m'en a envoyé des graines, qui ont levé à l'Isle de France. J'en ai fait passer à l'Isle de la Réunion, où la plante existoit, et où elle étoit nommée *Mil-Cafre*.

Les terres méridionales de l'Afrique sont parsemées de montagnes très-hautes, qui se touchent, pour ainsi dire, même à grande distance de Table-Baie. Il seroit curieux d'en avoir un plan exact et détaillé, de connoître leur direction, leur hauteur, leur prolongement, leur quantité, leurs matières, leur origine et leurs différentes productions (1). Il est assez étonnant qu'elles n'aient formé aucune grande rivière. La nature, en semant ce pays d'un si grand nombre de montagnes, a-t-elle voulu établir ici un contre-poids ?... Au reste on trouve, dans l'hiver, de la glace sur les montagnes les

---

(1) Parmi celles du Cap, on ne trouve aucun fruit qui soit bon à manger. Les différentes espèces de *pains des Hottentots*, qui sont des Iris, sont des tubercules sphériques, plus petites que nos pommes de terre, et plus agréables au goût; elles sont farineuses. C'est la seule plante que la nature ait semée dans ce pays, pour la nourriture de l'homme. Les Hottentots ne la cultivent pas; ils sont uniquement pasteurs. C'est ce qui fait que le pays n'est pas beaucoup peuplé.

plus élevées, et surtout sur celles de l'intérieur des terres, quoiqu'elles soient plus au nord ; ce qui me paroît digne de remarque. Le voisinage de la mer rend-il la température de l'air plus douce sur les côtes, qu'elle ne l'est dans l'intérieur ? Les uns croiront trouver la cause physique de ce fait, dans l'air salin de la mer, quoiqu'il soit prouvé que le sel de la mer ne se volatilise pas. Les autres penseront, avec plus de vraisemblance, que l'air est moins raréfié sur les bords de la mer, parce qu'ils sont moins élevés que l'intérieur des terres. Quoique l'eau se glace quelquefois sur les montagnes, on assure qu'il n'y tombe jamais de neige.

Celles des environs du Cap ne sont pas boisées. Il faut s'enfoncer très-avant dans l'intérieur des terres, pour trouver des arbres sur les montagnes. L'arbre d'argent (*protea argentea*) ainsi nommé, parce que ses feuilles sont blanchâtres, est un arbre médiocre, le seul que la nature ait placé dans les environs de Table-Baie. On a découvert depuis peu, à quarante lieues dans le nord-ouest, une forêt qu'on a reconnue être composée uniquement de camphriers. Le bois de chauffage et de bâtisse est très-rare et très-cher à Table-Baie. Personne ne s'est avisé d'en former des plantations. Le Gouvernement auroit dû les encourager, ou même en faire faire pour son propre compte, comme celui de l'Isle de France : il en auroit recueilli de grands avantages. J'ai envoyé à mon correspondant des graines de *bois-noirs*, espèce d'acacia de l'Inde, dont la végétation est extrêmement prompte, et dont le bois est propre à la charpente, à la menuiserie, et même à la mâture ; mais je doute que le climat du Cap lui convienne. Les habitans ne se sont pas occupés de la transplantation des arbres exotiques, à l'exception de ceux d'Europe, qui y ont tous dégénéré. Si les Anglais conservent cette Colonie, ils lui donneront vraisemblablement un grand degré de prospérité. Si elle rentre sous la domination hollandaise, j'engage la République Batave, à changer la forme vicieuse du Gouvernement de la Compagnie, à encourager l'agriculture, et à accorder aux habitans la liberté du commerce.

Un des plus grands obstacles aux progrès de la Colonie, c'est l'éloignement des habitations. Les colons qui demeurent fort loin ne peuvent pas établir une communication suivie avec les habitans de la ville. Ils sont obligés de se priver des choses les plus nécessaires, pour le logement, pour le vêtement, pour les commodités de la vie. Il n'y a point de grandes routes, et il seroit très-difficile d'en établir, vu la grande quantité de montagnes à traverser; il n'y a point de ponts sur les rivières. Il en résulte que ces colons n'ont aucun débouché de leurs denrées, et qu'ils vivent assez misérables.

Il me semble que l'on devroit former quelques établissemens sur la côte orientale d'Afrique, au fond de quelques baies, où le mouillage seroit sûr, dont l'abord seroit facile. La Compagnie y construiroit des magasins, pour recevoir les denrées des colons, et pour leur fournir leurs besoins. Elle auroit des boths ou des senaults qui feroient le cabotage dans la belle saison, et qu'elle enverroit hiverner dans la Baie de Saldaigne, où elle établiroit des chantiers. Ce moyen bien simple dont la Compagnie retireroit de grands avantages contribueroit à la prospérité de la Colonie.

L'air est sain au Cap, sur-tout dans l'intérieur des terres. La petite vérole y a cependant fait de grands ravages; elle y a été apportée du dehors. On prétend que la première fois qu'elle y parut, les deux tiers de la Colonie périrent, et qu'elle fut encore plus meurtrière pour les Hottentots. On a pris des précautions pour empêcher la communication de ce redoutable fléau; elles ne sauroient être suivies trop rigoureusement.

L'esquinancie, qu'on y appelle *mal de*

gorge, s'y est manifestée, il y a plusieurs années, d'une manière très-alarmante; elle étoit inflammatoire. Elle attaquoit les personnes les plus robustes, et les emportoit en trois ou quatre jours. Les enfans y étoient le plus sujets. Les malades périssoient quelquefois, au moment où l'on s'y attendoit le moins, ils étoient étouffés par l'enflure subite de la tumeur. A-peu-près dans le même tems, ce mal s'est manifesté aux Isles de France et de la Réunion; mais il n'a attaqué que les enfans des deux sexes, soit blancs, soit noirs. Beaucoup d'entr'eux ont péri. J'en ai vu qui n'en paroissoient pas incommodés, qui étoient forts et robustes, et qui étoient étouffés subitement. Le traitement le plus efficace, c'étoit celui où dès le commencement de la maladie, on administroit l'émétique. A l'Isle de la Réunion, on a éprouvé les meilleurs effets d'un gargarisme, composé avec de la moutarde. On réduisoit les graines en poudre très-fine, on la mettoit dans un linge; on versoit de l'eau bouillante pardessus la poudre, et on la remuoit avec une cuiller. Ce gargarisme s'employoit chaud, et se répétoit plusieurs fois dans la journée. L'usage de *l'inspiratoire*, dans ce cas, et dans tous ceux où la poitrine est affectée, devroit être fréquent. Je conseillerois aussi l'usage des douches ascendantes, ingénieusement imaginées par le citoyen Albert (1); pour tenir le ventre libre, et pour rafraîchir les entrailles, et celui du *baume tranquille* qui, au rapport de plusieurs personnes, fait des miracles dans l'esquinancie inflammatoire. On en doit la recette à M. Chomel qui, dans son *Traité des plantes usuelles*, tome III, page 33 et suivantes, s'exprime ainsi. (Extrait de la *Médecine Domestique*, tome II, page 319 et 320.)

« Cette espèce de *baume* m'a été commu-
» niquée par un de mes amis, comme un
» secret de famille. J'en ai vu des effets sur-
» prenans dans *l'esquinancie*, et dans les
» *maux de gorge*. Voici la manière de le
» préparer.

» Prenez des feuilles vertes de *jusquiame*,
» De langue de chien,
» De Nicotiane.
} De chaque une livre.

» Faites bouillir, dans trois pintes de vin,
» jusqu'à ce qu'il n'en reste que deux ou en-
» viron; passez et exprimez fortement; joi-
» gnez à ce suc, autant de bonne *huile d'o-*
» *lives*; faites bouillir le tout sur un feu doux,

---

(1) Il loge quai d'Orsai, au coin de la rue Belle-Chasse.

» jusqu'à ce qu'il soit réduit à la moitié,
» prenant garde que l'huile ne brûle et ne
» noircisse; versez ensuite doucement ce
» *baume* dans une terrine. On grattera ce
» qu'on pourra, de ce qui reste au fond de
» la poële, et on le mêlera au *baume* de la
» terrine. On laissera refroidir. On versera
» le *baume* doucement et à clair dans des
» bouteilles.

» On en graisse, avec une plume fine, les
» *glandes* de la gorge, après une ou deux
» *saignées*, si elles sont nécessaires. Cette
» onction, réitérée de deux heures en deux
» heures, avance la suppuration, qui n'ar-
» rive souvent que le neuvième jour, et gué-
» rit en trois jours une maladie des plus
» dangereuses.

» On ne jette point le marc qui reste, après
» qu'on a tiré le *baume* à clair, comme on
» l'a dit ci-dessus; on en fait un *emplâtre*,
» avec partie égale de *cire jaune*, qu'on fait
» fondre sur le feu, et qu'on mêle exacte-
» ment avec ce marc. Cet emplâtre est fort
» résolutif.

» Mais *l'huile* ou *baume* dont on vient
» de donner la recette, n'est pas seulement
» *résolutive* et très-*anodine*; elle est aussi
» *vulnéraire*, et très-utile dans les *plaies*
» et dans les *ulcères*. J'en ai même vu de
» bons

» bons effets pour le *rhumatisme* et les dou-
» leurs de *sciatique* ».

Je crois qu'à raison de l'importance du sujet, on me saura gré d'avoir publié cette recette, qui n'est pas connue dans les colonies des Indes-Orientales. A la place de la *jusquiame*, on pourra employer les feuilles de *stramonium*, et substituer celles de pavots, aux *langues de chien*. La *nicotiane* est le tabac.

Le baume tranquille des boutiques, pourroit être substitué à celui-ci.

Je ne m'arrêterai pas à décrire les mœurs des Hottentots. Un voyageur qui n'a eu aucune fréquentation avec ce peuple, et qui n'en connoît pas la langue, n'est pas en état d'en faire l'histoire. D'ailleurs le Docteur Sparman et le citoyen Levaillant qui ont pénétré chez les Cafres, n'ont rien laissé à désirer sur le premier peuple, et l'ont rendu bien intéressant, aux curieux, aux philosophes, aux amis de l'humanité.

Sparman et d'autres auteurs, ont donné la description des eaux minérales du Cap et des quadrupèdes que l'on trouve dans cette partie de l'Afrique. Un voyageur qui fait un court séjour dans la ville, n'a ni le tems ni l'occasion d'observer les êtres vivans que la nature a placés sur cette terre, et qui se sont retirés dans des parties éloignées et peu fréquentées. Il en est de même

C

de l'ornithologie et de la botanique du pays. C'est aux naturalistes qui ont pénétré dans l'intérieur qu'il appartient de parler de l'une et de l'autre. Cependant je ne puis m'empêcher de citer une singularité qui m'a frappé. J'ai vu à Constance un serpent long de quinze pouces environ, qui étoit suspendu à un buisson épineux. On m'a dit qu'une espèce d'oiseaux, que je n'ai pas vue, faisoit la guerre à ces reptiles, qu'elle les enlevoit et qu'elle les fichoit dans les épines de cet arbrisseau.

Il y a un autre oiseau qui fait son nid avec de la laine. Il recueille celle que les moutons ont laissée sur quelques arbustes épineux ; il a l'art de l'enlacer ; et lui donne une forme à-peu-près sphérique, avec une seule ouverture latérale ; de sorte que ses petits ne sont pas exposés à la pluie. J'achetai quelques-uns de ces nids, dont la construction me parut assez curieuse, et je les envoyai en France, avec des bulbes et des oignons de fleurs de différentes espèces.

Après un séjour de trois semaines, nous sommes partis pour l'Isle de France, où nous devions relâcher.

Dans notre traversée du Cap à cette île, nous vîmes la mer très-lumineuse, pendant une nuit. Ce phénomène a de quoi surprendre la première fois qu'on le voit. Je pris un seau d'eau de mer, qui brilloit dans l'obscurité, et je reconnus qu'elle devoit cette propriété à une grande quantité d'insectes marins nageans dans le fluide. D'autres voyageurs ont fait la même observation.

J'ai vu une autre fois le même phénomène, mais il n'avoit pas la même cause ; la mer étoit grosse ; il ventoit beaucoup, la nuit étoit très-obscure, l'eau ne contenoit aucun insecte ; elle perdoit dans le sceau son éclat phosphorique. Je conjecturai qu'elle étoit électrisée. Les poissons, en nageant, rendent l'eau de la mer lumineuse. Le sillage que fait le vaisseau est d'autant plus lumineux, que la course est plus rapide et que la nuit est plus obscure.

J'ai vu aussi par un tems modéré, une grande étendue de mer frissonner. Les marins prétendoient que c'étoit l'effet d'un courant. Comme cet effet n'étoit pas général sur toute la superficie des eaux, et qu'il cessa au bout d'une demi-heure environ, je lui suppose une autre cause, et je l'attribue à l'électricité. Elle me paroît aussi être la cause des trombes formées par l'ascension de l'eau réduite en vapeurs ; ascension que l'on voit clairement, lorsqu'on est à portée. Le naturaliste Guettard a parlé des trombes en homme qui n'en a pas vu. Un seul mot détruit tous ses raisonnemens

et les explications qu'il donne, de c
phénomène. C'est que les trombes paroissen
ordinairement en tems calme, mais charg
de nuages, ou lorsqu'il fait un vent modéré
Elles ne sont pas suivies de coup de vent

Nous prîmes connoissance de l'île de Ro
drigue, qui est à cent lieues au vent de l'Isl
de France. La première qui n'a que dix
douze lieues de tour environ, n'est pas ha
bitée; elle a peu de bois, et quelques mon
tagnes assez élevées. Elle a des plaines cul-
tivables, qui sont arrosées par des ruisseaux
de bonne eau. Elle a un port sous le vent,
où peuvent mouiller quelques vaisseaux de
ligne. On y trouvoit autrefois une grande
quantité de tortues de terre ; mais elle y
sont très-rares aujourd'hui, parce qu'on en
a transporté pendant long-tems, une grande
quantité à l'Isle de France, et parce que les
rats et les chats sauvages, qui s'y sont multipliés, les détruisent journellement. L'escadre
anglaise commandée par l'amiral Cornich,
composée de dix-huit vaisseaux de guerre,
avoit établi sa croisière, en 1761, à Rodrigue.
Six vaisseaux restoient mouillés dans le port,
six croisoient dans le nord, et six autres dans
le sud. Ils n'ont pas pris un seul bâtiment
français pendant leur station qui a duré près
de six mois. La division venant de Batavia,
composée d'un vaisseau de guerre et de deux

flûtes chargées de vivres, d'effets nautiques et d'argent, leur échappa. Feu Dejoannis qui la commandoit manœuvra très-habilement. Le gouvernement de l'Isle de France avoit envoyé au-devant d'elle une frégate qui lui donna avis de la croisière des Anglais à Rodrigue. Ils y attendoient un renfort d'Europe, destiné à l'attaque de l'Isle de France; mais ce renfort ne vint point. Leurs équipages s'étoient répandus à terre; ils ont perdu beaucoup de monde, en se nourrissant d'un chou palmiste vénéneux, qu'on nomme *palmiste-rouge*, qui n'existe pas à l'Isle de France, mais qui se trouve à l'Isle de la Réunion. Le palmiste-blanc, qui n'est pas malfaisant, étoit assez commun dans ces deux dernières; mais il est très-rare aujourd'hui, vu la destruction qu'on en a faite.

Lorsqu'on aborde l'Isle de France, on serre la côte de près, pour atteindre le mouillage, et l'on tient le vent, parce que le port fréquenté par les vaisseaux est sous le vent, qui règne ordinairement de la partie de l'Est. Lorsqu'il n'est pas fort, on est embaumé du parfum des fleurs des arbres qui couvrent l'Isle. On éprouve la même chose en côtoyant l'Isle de Ceylan, lorsque les vents viennent de terre. On avoit faussement attribué cet effet au cannelier qui fait partie des forêts de cette dernière, puisque les fleurs de cet arbre ont une odeur fétide. Les émanations de terre sont portées par les vents assez loin en mer; elles ont quelquefois des effets surprenans. J'en ai vu un de ce genre, qui n'est pas extrêmement rare. Un soldat, passager sur notre vaisseau, allemand d'origine, âgé de vingt-sept ou de vingt-huit ans environ, mourut subitement à la vue de la petite Isle de Rodrigue, éloignée, comme je l'ai dit plus haut, de cent lieues environ de l'Isle de France. Il avoit quelques symptômes légers de scorbut ; mais il n'étoit pas au poste des malades, et ne paroissoit pas si près de sa fin. J'ai vu d'autres scorbutiques perdre toutes leurs forces, en respirant l'air de terre, et mourir, pendant qu'on les transportoit à l'hôpital. On attribue cet accident à la *révolution* qu'occasionne l'air de terre, chez les personnes attaquées du scorbut. Ce mot *révolution* ne donne pas, ce me semble, une explication satisfaisante d'un effet aussi funeste, aussi prompt. Je conjecture que le soldat allemand dont je viens de parler, fut étouffé par un air plus dense, ses poumons ayant perdu leur ressort. Quel seroit le remède préservatif? C'est aux médecins éclairés à nous l'apprendre. S'il est permis à un profane de dire son avis dans une matière aussi intéressante, je penserois qu'un purgatif doux, administré aux scorbutiques, quelques jours avant la vue de terre, l'usage journalier de fumer du tabac, celui d'une tasse de café, et d'une tisane mucilagineuse édulcorée avec du sucre ou du miel, l'extrait de genièvre, des fumigations de benjoin, et un exercice modéré, mais répété plusieurs fois dans la journée, pourroient prévenir l'effet de la révolution dont il est question. Je laisse aux maîtres de l'art, le soin d'apprécier le mérite de mes ordonnances; et je les engage, au nom de la patrie et de l'humanité à rendre publiques celles qu'ils jugeront à propos de leur substituer.

De l'Isle de France et de l'Isle de la Réunion.

Je pourrois m'étendre sur ces deux Colonies, et sur-tout sur la première où j'ai résidé long-tems. L'une et l'autre procurent aux vaisseaux toutes sortes de rafraîchissemens, quoiqu'elles ne soient pas encore parvenues au degré de prospérité qu'elles peuvent atteindre. L'Isle de France, à raison de ses deux ports, l'un au vent, l'autre sous le vent de l'Isle, trop négligés jusqu'à présent par l'administration, et qu'on peut rendre sûrs contre les ouragans, par des travaux bien dirigés, est regardée comme le chef-lieu, et deviendra la mère des Colonies que la France doit établir dans les Indes-

Orientales, si elle veut accroître son commerce et sa puissance.

Etablie depuis 1722, cette Colonie n'est pas encore parvenue au degré de force qu'elle atteindra un jour. L'Isle a cinquante lieues environ de tour. Outre ses deux ports, elle a beaucoup de petits hâvres, formés par des récifs qui l'entourent, et par des baies où peuvent mouiller des boths et des senaults, et même d'assez gros vaisseaux. Son sol, qui est en général fertile, ferrugineux, et comme ocreux, paroît être formé des débris d'une terre volcanisée dans un tems très-ancien. On y trouve de la lave presque partout, et des pavés-de-géans en beaucoup d'endroits. J'avois sur ma terre un plateau de cendres de volcan. Les bords de la mer sont composés de débris de madrépores, réduits en poussière, dont il y a une très-grande quantité tout autour de l'Isle, et dont on fait de la chaux passable Tout le sol étoit peuplé de beaux arbres, parmi lesquels il y en avoit beaucoup propres à la construction, avec une profusion qui prouve la fertilité du sol. On y fait deux récoltes successives chaque année.

Le port du nord-ouest, attenant à la ville, qui est très-vaste et bien aligné, est le seul fréquenté par les vaisseaux. L'entrée en est très-étroite ; elle est défendue par des forts à droite et à gauche. Des montagnes qui entourent le port, en demi-cercle, sembleroient devoir le garantir de l'impétuosité des ouragans. Cependant plusieurs fois, les vaisseaux qui y étoient mouillés, ont été échoués par l'effet des tempêtes. Nous pensons qu'aucun port ne peut préserver les vaisseaux de l'échouage, dans des ouragans furieux, à moins qu'on ne les tienne amarrés bord à quai. Le vaisseau l'*Africain*, retenu à sept amarres, très-près du rivage, n'étant point exposé aux vagues, puisque les vents venoient de terre, chassa en 1773, dans un ouragan qui ne dura que deux heures. Cette flûte de quinze cents tonneaux donnoit beaucoup de prise au vent. Dans les ouragans, il vient par raffales; elles occasionnent, chaque fois qu'elles se font sentir, des secousses, auxquelles les cables ne résistent pas long-tems, auxquelles les ancres cèdent, lorsque les cables sont bons. Mais si les vaisseaux sont amarrés le long des quais, les vents n'ont plus la même prise sur eux. Il seroit facile d'en construire dans le port même, et dans le *trou-fanfaron*, où l'on avoit commencé des travaux, pour y mettre les vaisseaux de ligne à l'abri. Les ouragans s'annoncent ordinairement par quelques signes avant-coureurs, que l'habitude apprend à connoître. Les plus remarquables sont la baisse du mercure dans le baromètre, et la violence avec laquelle la mer bat les récifs qui entourent l'Isle, quoiqu'il fasse calme ou que le vent soit modéré. Ces deux indices ne sont pas certains ; mais lorsqu'ils se manifestent, si l'on n'essuie pas d'ouragan, on doit supposer qu'il a eu lieu dans les parages voisins ; et l'on fait très-sagement de prendre les précautions que la prudence suggère contre les effets de la tempête.

La Colonie cultive du blé, du riz-sec, du maïs, du manioc et du camanioc blancs et rouges, des patates de trois espèces ; la petite de Madagascar qui est excellente et qu'on nomme la blanche; la grosse qu'on a tirée de la Chine, dont la pellicule est rouge, qui vient plus promptement, mais qui n'est pas aussi substantielle ; et la jaune qu'on a tirée de Malaga ; des ignames, des omimes, des haricots et des pois de toute espèce, la plupart de Madagascar ; tous les légumes d'Europe, et tous ceux des Indes ; et des fruits des Indes et de la Chine. On a rassemblé dans le jardin national qui est depuis vingt-sept ans sous la direction du citoyen Céré, les végétaux les plus utiles des quatre parties du monde. En rendant justice au zèle, à l'intelligence, à l'activité de cet excellent citoyen, je ne ferai que répéter les éloges mérités que la voix publique lui prodigue.

Parmi les végétaux précieux et intéressans qu'on y cultive, je ne citerai que le

Sagoutier et le Rima ou arbre-à-pain. Le premier est un palmier très-haut et très-gros, dont les fruits sont attachés le long de plusieurs tiges très-longues, et pendantes; on n'en tire aucun parti ; mais dès que l'arbre a donné ses fruits, il meurt : alors la sève qui est très-abondante et mucilagineuse se dessèche et se convertit en une farine que l'on sépare aisément du bois qui est très-poreux, en mettant les copeaux fendus très-menus, dans de l'eau fraîche (1), et en les agitant; on retire ensuite les copeaux ; la farine se précipite au fond du vase ; alors on décante l'eau, et on fait sécher le sagou. Les habitans des Moluques s'en nourrissent; ils en font des pains qui sont un peu friables, blanchâtres et qui se conservent très-long-tems : ils réduisent aussi le sagou en petits grains ronds, gris, qui ont beaucoup de consistance, et qui se transforment en gelée, au moyen de la cuisson, dans de l'eau, dans du bouillon, dans du lait. C'est sous cette dernière forme qu'il est connu des Européens. J'en ai acheté à Batavia qui étoit en très-petits grains de la plus grande blancheur, et dont une partie

---

(1) Il seroit peut-être à propos d'employer une eau sure, comme celle des amidonniers, ou une eau acidulée.

s'étoit réduite en farine. Celui-ci étoit beaucoup plus cher que l'autre ; il se cuisoit avec la plus grande facilité, il étoit plus agréable au goût. Je ne parlerai pas des propriétés du sagou, elles sont connues ; les médecins en ordonnent l'usage dans bien des cas. Je dirai seulement qu'il me paroît que la fécule de pommes de terre, celle du manioc et de beaucoup d'autres racines qui contiennent une substance amilacée, l'amidon lui-même extrait du blé, ou de tout autre grain, sont de même nature, et pourroient être substituées au sagou. Les unes et les autres, sur-tout lorsqu'on y ajoute du sucre, que je regarde comme l'un des meilleurs anti-scorbutiques, me paroissent des nourritures plus convenables, que toutes celles qu'on a imaginées, pour éloigner les causes prochaines du scorbut, dans les voyages de long cours sur mer. Tant que la culture du sagoutier sera confinée dans le jardin national de l'Isle de France, et dans celui de quelques curieux, elle ne sera d'aucune utilité à la Colonie. Il faudroit donc le multiplier sur les montagnes et dans les forêts de l'île ; il faudroit en encourager la culture à Madagascar, où cet arbre est indigène. Les habitans du nord et de l'ouest le nomment Sagou ; ceux de l'est le nomment Moufia, et Rafia. C'est avec les feuilles de ce palmier divisées en fils très-fins, qu'ils ont l'art de tisser ces *pagnes* qui prouvent leur dextérité et leur intelligence.

On trouve dans les îles Nicobar, situées à l'entrée du golfe du Bengale, un autre palmier que le citoyen Bolts m'a fait connoître. D'après les dessins qu'il m'a communiqués, et les graines qu'il m'a montrées, cet arbre que les insulaires nomment *Mallora* est une variété du Voakoa, autre palmier de Madagascar, surnommé mal-à-propos, et assez indécemment, *l'arbre indécent*. Celui-ci, qui est cultivé dans les Isles de France et de la Réunion, et dont j'ai envoyé, il y a long-tems, des graines à Cayenne, à Saint-Domingue, et à la Martinique, n'est utile que par ses feuilles, que l'on divise en lanières, avec lesquelles on fait des sacs qui servent à beaucoup d'usages et sur-tout à emballer le café. Le Mallora porte un fruit rond, aussi gros que celui du Voakoa. Il contient une substance farineuse qui sert à la nourriture de l'homme. Le citoyen Bolts en a nourri l'équipage de son vaisseau, pendant plus de deux mois. Je publie ce fait, pour engager les voyageurs à transporter des graines de Mallora dans les Isles de France et de la Réunion, à Madagascar, où vraisemblablement cet arbre réussira mieux, à Java, à Malac et à

Sumatra. Suivant le rapport du citoyen Bolts, la farine nutritive du Mallora est du même genre que celle du Sagoutier.

Il n'en est pas de même de l'arbre-à-pain. Celui qui est cultivé à l'Isle de France donne des fruits fécondés ; c'est-à-dire, qu'ils contiennent des graines propres à la multiplication ; elles ressemblent assez aux châtaignes et en ont le goût ; mais l'arbre-à-pain le plus estimé est celui dont les fruits sont inféconds, c'est-à-dire, qui ne contiennent point de graines, mais une pulpe charnue propre à la nourriture de l'homme (1). C'est une monstruosité ; j'ignore si elle est produite par la nature, ou si elle est due à l'art. Dans le premier cas, il est vraisemblable, qu'en multipliant les individus du Rima, par la plantation des graines, il s'en trouvera quelques-unes qui produiront des fruits inféconds : alors on pourra les multiplier par les drageons, par les boutures, et par les greffes. C'est sur-tout à Madagascar qu'on doit transplanter et multiplier le Rima. Le sol et la température de cette île lui conviennent mieux que ceux de nos deux îles, et je voudrois que le Gouvernement entretînt

---

(1) J'ai appris qu'on en avoit transporté depuis peu de cette espèce aux îles de France et de la Réunion.

dans cette grande île un jardin de botanique, autant pour l'utilité de ses habitans que pour celle des voyageurs qui y relâchent, et pour l'accroissement du commerce de la nation.

Je ne parlerai pas des arbres à épiceries fines, qui réussiroient beaucoup mieux à Madagascar que dans les Isles de France et de la Réunion, ni de tous les végétaux précieux, intéressans, ou curieux qui sont cultivés avec soin dans ces deux îles. J'ai cru pouvoir m'arrêter sur ceux que j'ai cités, parce qu'il m'a semblé que les détails, dans lesquels je suis entré à leur occasion, n'étoient pas assez connus.

Les nègres employés à la culture et à d'autres travaux sont de différens pays. Il y a quelques Yolofs de la Côte de Guinée; des Mozambiques; des Abyssins; beaucoup de Madécasses divisés en deux castes très-distinctes, les uns très-noirs, à cheveux crépus, qu'on nomme *Cafres*, les autres moins noirs, à cheveux longs qu'on nomme *Amananbous*; des Indiens de la côte de Coromandel et du Bengale; quelques Malais en très-petit nombre; des créoles de toutes ces différentes castes, et quelques mulâtres, mais il y en a peu. Je dois le dire à la louange des colons des deux îles. Les esclaves y ont toujours été traités avec beaucoup plus de douceur, que dans les autres Colonies de l'Amérique, et l'on n'a jamais exigé d'eux un travail forcé.

Leur nourriture est le manioc, le maïs, les patates, les ignames. Ils aiment beaucoup les feuilles de morelle (*solanum nigrum*) qu'ils font bouillir dans de l'eau, avec un peu de sel et de piment. Cette eau sert souvent de tisanne émolliente et rafraichissante, (en supprimant le piment); elle est aussi employée en lavement, et les feuilles bouillies en cataplasme. On les nomme *brèdes-morelles* dans le pays. Il y a beaucoup de plantes, dont les feuilles se mangent bouillies, telles que celles de la moutarde, celles des deux espèces de pariétaires indigènes, celles du calalou qui est une malvacée, celle de l'acmelle du pays différente de celle de Ceylan; la première est rampante et vivace, la seconde qui est annuelle, a la tige droite, et les feuilles bien plus grandes. Celles de Sonzes, espèce d'*arum* qui croît naturellement dans les rivières, dont il y a deux espèces, l'une dont la racine est couverte d'une peau rouge, et l'autre d'une peau blanche; ces racines sont bonnes à manger, étant cuites dans l'eau ou sous la cendre : ce sont deux variétés du chou-caraïbe; enfin l'on mange aussi les feuilles du piment, de la morongue, etc. Ce dernier végétal est un arbrisseau transplanté de l'Inde, dont les graines

graines fournissent l'huile connue sous le nom d'*huile de ben*. Les gousses qui les contiennent se mangent entières dans l'Inde, lorsqu'elles sont tendres; on les fait cuire avec de la viande ou du poisson.

Quoique l'Isle ait une quantité prodigieuse de rats (1) auxquels les colons font constamment la guerre, le fléau le plus redoutable est celui des ouragans, qui y sont fréquens, et qui détruisent en un instant l'espoir du cultivateur. Elle étoit exposée autrefois, aux ravages des sauterelles. On n'en a pas vues, depuis l'année 1770. On prétend que les martins, espèce d'oiseaux qu'on y a transportés de l'Inde et qui s'y sont multipliés étonnamment, les ont détruites. Il est certain que ces oiseaux s'en nourrissent avec avidité, lorsque les sauterelles ne font que de naître, avant qu'elles aient des aîles. Il y

───────────────────

(1) On prétend que les Siamois élèvent dans leurs maisons une espèce de rats, gros comme les chats, qui font la guerre aux rats ordinaires, et qui passent dans le pays pour un mets exquis. Ils les nomment *rats de bambou*, parce qu'ils se nourrissent de cette espèce de roseau. L'introduction et la multiplication de ce quadrupède dans la Colonie, et dans la plupart des îles à sucre, s'il conserve son antipathie contre les rats ordinaires, seroient les moyens les plus sûrs et les moins coûteux de délivrer l'agriculture de ces pays, d'un fléau qui la ronge.

D

a aussi dans l'Isle, une quantité considérable de petits oiseaux qu'on a laissé multiplier, et qui dévorent les plantations de grains ; tels que des bengalis, des calfats, des cardinaux, des oiseaux rouges, une espèce de mésange, etc. On y voit aussi des perruches et des perdrix de deux espèces, des pintades, des poules d'eau, etc. Les tortues de mer et les lamentins sont aujourd'hui très-rares ; mais la mer est très-poissonneuse sur les côtes. Le poisson d'eau douce commence à y être rare.

L'Isle a beaucoup de montagnes qui étoient autrefois peuplées d'arbres ; elle est arrosée par une grande quantité de ruisseaux, qu'on appelle rivières, et dont l'eau est excellente. Il y a dans les forêts beaucoup de cerfs, que l'on finira par détruire ; mais quelques colons en élèvent des troupeaux et les ont accoutumés à l'état de domesticité. Ceux de bœufs et de moutons n'y sont pas abondans. On ne peut les élever que sur les bords de la mer. Les chevaux, les ânes, les mulets, sur-tout les chèvres, et les cochons, de l'espèce de France ou de celle de la Chine, y sont très-multipliés. On y élève une très-grande quantité de volailles de plusieurs espèces (1),

---

(1) 1°. Les poules ordinaires et qui sont les plus communes. 2°. Les poules à chair noire qui viennent de Madagascar ; elles sont assez rares ; on les dit

des canards ordinaires, des canards-manille, des oies, des dindes, des pigeons.

La Colonie considérée comme relâche, est bien située pour le commerce des Indes-Orientales. Elle fournit aux vaisseaux toutes sortes de rafraîchissemens et d'approvisionnemens, et les moyens de rétablir leurs équipages, puisque l'air et les eaux y sont salubres. Considérée comme port, elle fournit un abri aux vaisseaux, tout ce qui est nécessaire pour leur carène, pour leur radoubs, pour leur armement ; elle pourroit, sous ce rapport, devenir un entrepôt du commerce des Indes-Orientales : c'étoit le projet du fameux la Bourdonnais. Considérée comme agricole, elle peut fournir au commerce des objets d'exportation, tels que le sucre, le café, le coton, l'indigo, des épiceries fines, etc. Considérée comme militaire, elle peut tenir dans son sein des forces de terre et de mer,

---

meilleures au goût ; je n'y ai pas trouvé de différence. 3°. Les poules hupées 4°. Les poules frisées. 5°. Les poules sans queue. 6° Les poules de Perse, qui ont du poil au lieu de plumes. 7°. Les poules de Batavia qui sont très-petites. 8°. Les poules de Chatigan, qui sont très-grandes et très-grosses, presqu'aussi fortes que les dindes. Je crois que cette dernière espèce n'existe plus dans l'île. Elle se sera vraisemblablement abâtardie, en se mêlant avec les autres.

prêtes à agir au besoin, qu'on peut transporter inopinément, soit dans une contrée, soit dans une autre. Elle a été, dans la dernière guerre, de la plus grande utilité à l'escadre du Vice-amiral Suffren. Dans celle-ci, elle a désolé le commerce des Anglais dans les Indes, malgré l'abandon presque total où on l'a laissée.

Si l'on veut qu'elle prospère, c'est-à-dire que sa population et ses cultures prennent promptement un haut degré d'accroissement, le commerce de toutes les Indes, et même celui de France, doivent être entièrement libres. Les compagnies exclusives bornent toujours l'industrie, la population, l'agriculture des Colonies agricoles ; c'est ce que j'ai tâché de démontrer, dans un mémoire que j'ai fait imprimer à Paris, au commencement de 1790, au nom de l'Isle de France, contre le privilège exclusif de la Compagnie des Indes qui existoit alors.

Comme je ne me suis pas proposé de faire l'histoire de l'Isle de France, qui me meneroit trop loin, et que mon projet n'a été que d'en donner une idée ; je terminerai par citer un passage d'un ouvrage que j'ai fait imprimer dans l'Isle, en 1784, pour répondre aux assertions fausses d'un auteur peu éclairé, qui avoit, dans ses écrits, déprisé la Colonie.

« Heureusement pour la France, heureu-

» sement pour nos îles, les rêveries d'un voya-
» geur qui a mal vu, qui a mal observé,
» qui n'approfondit rien, quoiqu'il décide
» toujours, qui est quelquefois en contra-
» diction avec lui-même, qui est presque
» toujours inexact, souvent faux dans ses
» récits, inconséquent dans ses raisonne-
» mens, ne peuvent être d'aucun poids.

» J'ai jusqu'à présent opposé des faits,
» des discussions et des autorités, aux as-
» sertions et aux décisions de l'auteur, dont
» j'ai combattu les opinions. Il me reste à
» en tirer la conclusion ; et ce sera une
» prédiction en opposition aux siennes.

» Je prédis donc que l'Isle de France
» étonnera un jour l'Europe et l'Asie, par
» la richesse, la variété et l'abondance de
» ses productions, et par les ressources de
» sa nombreuse population. Je prédis qu'elle
» aura dans la suite des tems la plus grande
» influence sur le commerce que les Français
» feront dans les Indes, sur l'existence qu'ils
» y auront, sur le rôle qu'ils y joueront.
» Une colonie dont le terroir est fertile,
» dont l'air est salubre, dont la position est
» aussi heureuse pour les opérations du com-
» merce, que pour les projets de la poli-
» tique, doit sortir de l'état de médiocrité où
» elle est aujourd'hui. Elle n'a pas encore ac-
» quis tout ce qu'un ministère constamment

» prévoyant, une administration toujours
» sage, le labeur soutenu et bien di-
» rigé de ses Colons, et le tems qui mûrit
» toutes choses, lui procureront. La nature
» n'a placé que des forêts agrestes sur son
» sol, l'industrie et le patriotisme y ont
» rassemblé la plupart des productions utiles
» des pays chauds, et quelques-unes des cli-
» mats tempérés qui y prospèrent ; de sorte
» qu'elle réunit aujourd'hui plus de plantes
» utiles qu'aucune partie du monde connu.
» M. S. l'a jugée, sans la connoître ; il l'a dépri-
» sée, sans la connoître ; il en a calomnié les
» habitans, sans les connoître. M. de la Bour-
» donnais, ce grand homme, dont l'histoire
» parlera toujours avec éloge, grand général,
» grand homme de mer, grand administra-
» teur, grand négociant, grand agriculteur,
» M. de la Bourdonnais enfin, l'avoit jugée
» bien différemment, et il la connoissoit
» bien, puisqu'il l'a gouvernée pendant plu-
» sieurs années, et que c'est à lui qu'on devra
» les sources de sa prospérité. Il regardoit
» l'Isle de France, comme la clef du com-
» merce des Indes pour la nation, comme le
» boulevard de nos établissemens dans l'Asie,
» et comme un moyen de conquêtes. Il a
» fait plus, il a prouvé la justesse de ces
» dernières vues, en chassant l'escadre an-
» glaise de la Côte de Coromandel, en

» assiégeant et en prenant Madras. Il vouloit
» que l'Isle de France devînt l'entrepôt du
» commerce des Indes pour la nation, et le
» dépôt de nos forces de terre et de mer.
» AGRICOLE, COMMERÇANTE ET MILITAIRE,
» c'étoit l'idée qu'il s'en étoit faite ; c'est aussi
» sa vraie définition.

» Ajoutons une autre autorité aussi res-
» pectable à bien des égards. *Sans l'Isle de
» France*, dit l'auteur de l'Histoire Philo-
» sophique, *il n'y a point de protection
» pour les établissemens de l'Inde*. (in-8°.
» édition 1780, tom. II, pag. 546.) Et plus
» bas. *l'Isle de France sera toujours prête
» à porter des secours à Pondichéry, ou
» à agir offensivement, suivant les cir-
» constances*. Oui, l'on doit tout attendre
» de l'Isle de France, lorsqu'elle sera par-
» venue au degré de prospérité auquel elle
» doit atteindre un jour ; lorsque sa culture
» sera plus étendue, lorsque sa population
» sera plus nombreuse ».

Quoique cette Colonie ait essuyé, en 1792, et 1793, pour la quatrième fois depuis sa fondation, le fléau meurtrier de la petite vérole, qui a ralenti ses progrès et qui a diminué ses forces ; quoiqu'elle ait été, en quelque sorte, abandonnée à elle-même, depuis la révolution, elle en a imposé aux Anglais, par son patriotisme et par son courage. Ils n'ont pas osé diriger contre elle leurs attaques, certains d'y échouer, malgré le nombre de leurs vaisseaux de guerre, et leurs forces de terre. Ils ont préféré des conquêtes faciles sur les Hollandais. Cependant ils savoient que l'Isle de France n'avoit pas un seul vaisseau de ligne à opposer aux leurs, et que sa garnison n'étoit pas nombreuse ; ils avoient le plus grand intérêt à s'en rendre maîtres, pour assurer leur domination dans l'Indoustan, leurs nouvelles conquêtes et leur commerce que cette Isle a troublé par ses corsaires ; mais ils savoient en même tems que ses habitans étoient décidés à faire la plus vigoureuse résistance, à soutenir en vrais républicains l'honneur national, et à se sacrifier pour conserver à la patrie, une possession importante. Si des conseils perfides, dictés par le Gouvernement Britannique, ou inspirés par l'esprit de parti, ou suggérés par le sentiment de la vengeance, venoient à bout d'indisposer le Pouvoir-Exécutif contre une Colonie qui a donné des preuves de son attachement à la mère-patrie, et à qui l'on ne peut reprocher qu'un moment d'égarement suscité par des esprits turbulens... mais je ne puis le croire. La sagesse préside aux délibérations du Directoire Exécutif. Il saura concilier ce qui est dû à la souveraineté nationale, avec l'intérêt public, et dès que les circonstances lui permettront d'envoyer des secours dans cette Colonie, il les réglera sur ses besoins et sur son importance.

La politique, dit Guillaume Thomas Raynal, prévoit que si on abandonnoit les Isles de France et de la Réunion, « les An-
» glais chasseroient des mers d'Asie, toutes
» les nations étrangères, qu'ils s'empare-
» roient de toutes les richesses de ces vastes
» contrées, et que de si puissans moyens,
» réunis dans leurs mains, leur donneroient
» en Europe, une influence dangereuse ».

Il ne faut pas se lasser de le répéter; ce sont les trésors de l'Inde qui ont fourni aux Anglais les moyens de soudoyer l'Empereur dans la guerre de la liberté.

La culture y fait tous les jours les plus grands progrès. J'avois formé sur ma terre une cannellerie qui y prospéroit. Le giroflier réussit dans quelques expositions. Le muscadier, dont la végétation est lente et que l'on dit unisexe, ne s'y est pas encore multiplié. La plupart des fruits de l'Asie y sont naturalisés. On y a transporté des ânes de Mascate qui sont d'une espèce très-belle et très-grande, et qu'on devroit transporter et multiplier en France.

La ville n'est pas aussi riante ni aussi bien bâtie que celle du Cap de Bonne-Espérance;

mais elle est plus grande. Quoique la plupart des maisons soient en bois, et qu'elles n'aient ordinairement que le rez-de-chaussée, elles ne laissent pas que d'être commodes et agréables. Presque toutes les rues sont alignées. Plusieurs sont plantées d'arbres. L'air y est très-sain, mais il est plus frais dans les campagnes. Celles-ci sont très-riantes, très-agréables, et très-bien cultivées; le sol y est fertile. Les forêts sont remplies de beaucoup d'espèces d'arbres indigènes, très-beaux, dont les bois sont employés à tous les usages, même à la construction et à la réparation des bâtimens de mer.

Quoique je me sois fait une loi de n'entrer dans aucun détail sur les productions végétales de la Colonie, je crois devoir faire une exception en faveur du café, pour indiquer aux colons une richesse qu'ils possèdent, sans s'en douter. Le café ordinaire, le même à l'Isle de France qu'à la Réunion, connu en Europe sous le nom de *café de Bourbon* est le seul qui soit cultivé en grand dans les deux Isles. Quelques habitans cultivent par curiosité deux sortes de café, auxquelles on donne le nom d'*Eden* ou d'*Ouden*, dont le grain est extrêmement petit, et qui est bien supérieur à l'autre, et même au meilleur moka du commerce; mais l'arbre rapporte peu; il est très-délicat; il périt facilement. J'avois voulu en faire une plantation; je n'ai pas pu réussir. Il y a dans les forêts de l'Isle, du côté du quartier de la Poudre-d'or, des cafés marrons, ainsi nommés, parce qu'ils sont indigènes, et qu'ils viennent sans soins et sans culture; il y en a beaucoup dans les forêts de la Réunion. La fève est plus longue que celle du café ordinaire; elle est pointue par l'une de ses extrémités; elle m'a paru avoir autant de parfum, mais plus d'amertume. Dans d'autres parties de l'Isle, il y a une quatrième espèce de café qui n'est pas connue. L'arbre est indigène; il s'élève à la hauteur des arbres de la forêt; mais son tronc n'est jamais gros : ses feuilles sont verticillées, longues, larges, épaisses, glabres, d'un verd obscur en dessus, un peu pâles en dessous. Les fleurs viennent en bouquets, à l'extrémité des branches; elles sont blanches et sans odeur; elles ont cinq pétales, et un calice blanc divisé en cinq parties. Le fruit, d'abord verd, est ovale ou rond, un peu moins gros que la cerise du café ordinaire; il blanchit en mûrissant et brunit en desséchant. La pulpe qui est blanche, est pâteuse et a un goût douceâtre; elle enveloppe ordinairement deux grains hémi-sphériques, extrêmement petits, recouverts d'une pellicule brune, ayant une enveloppe coriacée. Ils sont gris, un peu pointus par l'un des bouts. J'en ai fait goûter à différentes personnes qui lui ont trouvé beaucoup de parfum. Mon dessein étoit d'en former des plantations, présumant que la culture, le grand air, le soleil donneroient à ce café de nouvelles qualités ; mais les circonstances m'ayant déterminé à quitter la Colonie, je n'ai pas pu suivre ce projet. Cette espèce de café se trouve aux environs de Palma, et même dans le voisinage du Réduit. Je le crois supérieur à celui de Moka. C'est le jugement qu'en ont porté ceux à qui j'en ai fait goûter.

On est dans l'usage aux Isles de France et de la Réunion de dessécher la cerise du café, et de la piler ensuite, pour dépouiller la fève de ses enveloppes, suivant la méthode des Arabes de l'Yemen. J'ai fait construire sur mon habitation un moulin mû par l'eau, qui fait tourner une meule de pierre au-dessus d'une autre meule immobile. Le café en coques tomboit de lui-même du grenier qui est au-dessus, entre les deux meules, et le broiement de la pulpe s'opéroit sans main-d'œuvre. Il ne s'agissoit plus que de séparer le grain au moyen d'une vanette, et de faire trier ceux qui étoient gâtés, ou écrasés.

Quoique l'air soit très-sain à l'Isle de France, comme je l'ai déjà dit, on y est sujet aux mêmes maladies qu'en Europe. Les fluxions de poitrine y sont très-rares, et moins dangereuses ; mais le tétanos y est plus commun. Le ténia cucurbitin n'y est pas rare. J'ai trouvé un spécifique contre ce ver ; j'ai publié le traitement dans la Colonie et en France. Il consiste à prendre le premier jour de l'Ipécacuana, le second jour de la gomme gutte en poudre et du mercure-doux, et le troisième jour de l'huile de Palma-Christi, préparée suivant la méthode des Indiens. On donne au malade pendant ces trois jours une décotion théyforme à boire, de fleurs de sureau, ou de tilleul, ou de capillaire, etc., sucrée, et des lavemens d'eau pure.

De l'Isle de France, nous avons été à Bourbon, qu'on a nommé depuis, l'Isle de la Réunion. Cette Colonie est plus ancienne que l'Isle de France ; elle a aussi une population plus considérable. On croit que l'air est plus sain et le sol plus fertile à la Réunion. Elle a les mêmes cultures que l'Isle de France, avec les différences qu'occasionnent les localités. Ses montagnes sont en plus grand nombre et beaucoup plus élevées. Elle a un volcan qui fait de tems en tems des irruptions, mais sans causer de désastres, parce qu'il n'y a point d'habitations dans son voisinage, ni sur la route que prend la lave. L'Isle-de-France a été volcanisée dans un tems ancien ; on en trouve des vestiges presque par-tout. Il est fâcheux que la Réunion n'ait pas de port, et que le débarquement soit presque toujours difficile sur ses côtes.

Dans la traversée de la Réunion à Java, nous avons essuyé deux coups de vent qui n'ont pas causé de grands dommages. Je passerai tous les détails nautiques, comme peu intéressans pour la plupart des lecteurs qui ne sont pas marins. Je dirai seulement que nous n'avons pas dépassé dans ce trajet la latitude de trente-trois degrés. Dans d'autres voyages que j'ai faits de l'Isle de France à Batavia, nous avons été jusque par les trente-cinq et trente-six degrés. Il y a des vaisseaux qui ont été jusqu'à la vue de la Nouvelle-Hollande.

Nous avons attéré à cent vingt-quatre lieues de la pointe de Vineroux, la plus occidentale de Java. Nous avons eu cinquante lieues de différence, est. Suivant d'Après, j'en avois soixante-quatre ; mais il marque les ditances trop grandes, dans la première édition de son Neptune-Oriental, ouvrage qui fait honneur à ce savant et à la Nation Française et dont les Anglais font le plus grand cas.

Je ne parlerai pas de la vue des oiseaux que nous avons rencontrés dans cette traversée, tels que les pailles-en-culs, les damiers, les fous, les envergures, les cordonniers, les alcyons, les goilettes, les frégates, etc. La description de la côte de Java, et celle des terres des détroits de la Sonde et de Banca, et des îles qu'on découvre, avant d'arriver à la Chine, seroit très-longue et très-fastidieuse, et ne pourroit être utile qu'aux pilotes qui entreprennent le même voyage; mais je n'ajouterai rien aux détails très-exacts fournis par d'Après. Je ne m'arrêterai donc qu'à ce qui pourra intéresser la curiosité des lecteurs.

Arrivés à l'île du Prince, dans le détroit de la Sonde, où nous avons mouillé, après quarante-quatre jours de traversée, il est venu un bateau Malais à bord, qui nous a vendu des tortues et des cocos; mais le lendemain et les jours suivans, beaucoup de bateaux nous ont accostés, et nous ont vendu des poules, des œufs, des tortues, des anguilles vivantes, des ananas, des bananes et des cocos. Nous n'avons pas vu d'autres fruits.

Les pirogues des habitans de l'île du milieu, ou d'autres îles du détroit apportent quelquefois à bord des vaisseaux une espèce de gazelle extrêmement petite, qui n'est guère plus grosse qu'un fort lapin, et qui est parfaitement semblable au cerf. On pourroit l'appeler cerf-nain. Rien n'est plus joli que ce petit animal ; il est d'une vivacité extrême ; il paroît possédé de l'amour de la liberté, et fait tant d'efforts pour sortir de sa cage, qu'il se casse ordinairement les jambes, et il périt. Je ne sache pas qu'on en ait jamais porté en Europe.

Nous avons rencontré dans le détroit de Banca deux sommes chinoises, faisant la même route que nous. Elles venaient sans doute de Batavia, et allaient à la Chine. Un vaisseau français, venant de Surate et chargé de coton, de poivre et de bois de sandal, pour la Chine, a envoyé son canot à notre bord. Le supercargue nous dit que ce vaisseau avoit été construit à Surate, et qu'il avoit cent soixante-dix ans. J'appris à cette occasion que les Indiens enduisoient le bois des vaisseaux avec une composition, dont je donnerai la recette, et qui est très-connue dans les Indes.

De Sumatra.

Nous avons aussi rencontré dans le même détroit quelques garde-côtes hollandais, qui croisent pour empêcher le commerce du poivre et du calin. Il y en avoit un mouillé à l'embouchure de la rivière de Palembam. Elle nous a paru très-large et très-rapide dans cette saison, c'étoit à la fin de juillet. Cette rivière est l'une des plus considérables

considérables et des plus commerçantes de Sumatra, l'une des plus grandes iles du globe. Elle n'est pas aussi longue que Java ; mais elle est plus large. Elle est peut-être moins peuplée. Elle produit de l'or, du cuivre, du fer, de l'étain, du soufre, du salpêtre, et sans doute d'autres minéraux.

Sumatra fournit beaucoup de poivre aux Anglais, aux Hollandais et aux Malais. Ces trois nations, sur-tout la dernière, y ont des établissemens à la côte occidentale. Les Français n'en ont point, et vont rarement à Achem, situé à la partie occidentale de l'île, Colonie de Malais qui y sont puissans, et qui font un assez grand commerce avec les Chinois, avec Malac et avec les habitans des Célèbes. Ils vendent de l'or, du *calin* qui est de l'étain, de l'arèque et du poivre. Le poivrier est naturel dans cette grande île ; mais abandonné à lui-même, il rapporte peu : Sa culture demande des soins particuliers. Il a besoin d'échalas ou d'arbres qui le soutiennent ; il faut le tailler, et même le provigner pour augmenter son produit. En général, les plantations de poivriers se font avec des plantes enracinées. Tous les terrains ne lui conviennent pas ; ceux trop secs ou trop humides lui sont contraires ; il veut une terre légère, mais fertile. Ceux qu'on a transplantés de la Côte Malabare à l'Isle de

France n'ont pas réussi, parce que la chaleur n'est pas assez forte dans cette colonie, parce que le sol est d'une nature trop compacte, et parce que la culture de cette liane n'y étoit pas connue. C'est à Madagascar, par les quinze à dix-huit degrés, c'est-à-dire, à Tamatave, Foulepointe et la Baie d'Antongil, que nous devons espérer de voir réussir cette culture. Le climat et le sol lui conviennent, et il sera facile d'instruire les Noirs de la méthode d'élever cette plante, dont le produit est d'un commerce si étendu.

Palembam, situé à la côte orientale de Sumatra, dans le détroit de Banca, dépend du roi de Bantam, dans l'île de Java, qui, lui-même est sous la domination des Hollandais; ils sont donc les maîtres de Palembam. Les Javans qui s'y sont établis, font quelquefois des courses dans l'intérieur de l'île, et sont craints des Sumatrans. Cependant des insulaires d'origine malaise, viennent en troupes de l'intérieur à Palembam, vendre leur or, leur calin et les denrées du pays, consistant en poivre, arèque, benjoin (1),

---

(1) Le benjoin est une production de Sumatra, de la presqu'île de Malac et de la côte de l'est. L'arbre qui le produit est médiocre. On fait des incisions au tronc; la résine en découle, ou la recueille soigneusement: il y en a de plusieurs sortes, suivant le degré de pureté.

camphre (1), sagou (2), etc. Il s'y trouve une Colonie de Chinois qui trafiquent avec eux, et qui revendent ces marchandises aux Hollandais. Ceux-ci leur fournissent des toiles blanches, bleues et peintes en couleur, de l'opium et des denrées de la Chine.

On dit qu'il y a dans l'ile de Sumatra des antropophages qui mangent les prisonniers qui ne peuvent pas se racheter, et les criminels qui ne sont pas rédimés par leurs parens et amis. Il paroît que ce sont les Malais de la presqu'ile qui ont introduit quelque germe de civilisation dans cette ile, avec quelques dogmes et quelques pratiques du mahométisme, et qui leur ont enseigné l'agriculture. Les Sumatrans cultivent le riz-sec et le riz aquatique, suivant la méthode des Malais, qui est celle des Indiens; ils

––––––––––––––––––––––––––––––––––––––

(1) Sumatra et Bornéo sont, dit-on, les seuls pays qui fournissent le camphre natif. Il est très-rare et très-recherché, sur-tout des Chinois. On le trouve en très-petite quantité dans le tronc de l'arbre, qu'on a soin de dépecer. On prétend que l'arbre qui le produit est une espèce particulière de camphrier.

(2) Le sagou est le produit d'un grand et gros palmier qu'on nomme sagoutier, qui est aussi à Bornéo, dans les Moluques et à Madagascar. L'arbre meurt, dès qu'il a donné ses fruits. C'est alors que son tronc, assez poreux, comme celui de tous les palmiers en général, est rempli de la substance farineuse qu'on nomme sagou.

le pilent, pour le dépouiller de sa peau. Ils se servent aussi pour le même objet d'une machine en bois que l'on dit ingénieuse; mais qui est d'invention malaise. Le philosophe Poivre a avancé qu'on pouvoit juger de l'état de civilisation d'un peuple, par le degré de perfection de son agriculture; Robertson, par ses progrès dans l'art des calculs; Richardson, par le nombre des termes abstraits de sa langue. Il me semble que tous ces apperçus ne peuvent être que des inductions. Un peuple livré exclusivement au commerce, pourroit être civilisé, avec une agriculture imparfaite, avec des connoissances médiocres dans l'art des calculs, et avec un petit nombre de termes abstraits. Une manière plus simple et plus sûre de juger du degré de civilisation d'un peuple nouveau, c'est par le degré de perfection où sont ses arts. La culture du poivrier et du riz chez les Sumatrans, sont des méthodes d'agriculture très-perfectionnées, et cependant leur civilisation est très-imparfaite.

Ils traversent le détroit et vont à Banca échanger des denrées, contre du calin et du poivre. Cette île est peu connue. Les Européens n'y ont formé aucun établissement.

Il y a souvent des pirates qui infestent ces côtes. Ce sont des Malais qui sont ordinairement bien armés, et qui ont beaucoup de courage, d'audace et de férocité ; ils ne font aucun quartier.

Tous les vaisseaux qui partent du Bengale, ou des côtes de Coromandel et d'Orixa pour aller à la Chine, et quelques-uns de ceux qui partent tard de l'Isle de France, et qui craignent d'attérer sous le vent du détroit de la Sonde, parce que les courans dans l'arrière-saison portent dans l'ouest, prennent le détroit de Malac. Ils peuvent relâcher soit à Quéda, soit à Achem, soit à Malac, où ils trouvent des denrées propres au commerce de la Chine. Souvent des bateaux malais leur en portent. On voit quelquefois des bateaux des *Bouguis* venus des Célèbes qui vendent des épiceries fines, malgré toutes les précautions les plus sévères que les Hollandais ont prises, pour empêcher ce commerce clandestin. Ils entretiennent dans cette vue, des garde-côtes dans le détroit de Malac, comme dans celui de Banca ; mais les Malais ont très-souvent l'adresse de leur échapper, à la faveur des îles qui sont en grand nombre dans ce détroit, parce que leurs bateaux tirent peu d'eau, qu'ils sont très-légers, et qu'ils ont des rames. Les Hollandais n'ont pas su tirer de Malac, qui passe pour un des pays les plus fertiles de la terre, tout le parti dont il est susceptible. Cette ville étoit autrefois l'une des plus florissantes des Indes. Il s'y faisoit un grand commerce. Les vaisseaux indiens, chinois, cochinchinois, siamois, et les bateaux des moluquois s'y rendoient. Aujourd'hui le commerce de cette place se réduit a peu de chose. On prétend même que cet établissement ne rend pas aux Hollandais les dépenses qu'il occasionne. Je ne cesserai de le répéter. La République Batave doit changer le régime de sa compagnie, si elle veut la relever de sa ruine. Ce n'est qu'en favorisant l'agriculture, en attirant des colons dans des contrées aussi favorisées de la nature que celle-ci, en accordant la liberté du commerce, qu'elle pourra retirer des avantages d'un établissement aussi bien situé. En employant ces moyens, elle peuplera la Colonie de Chinois dont on connoît le labeur et le goût pour l'agriculture, et leur activité la fera fleurir.

Je ne parlerai pas de toutes les îles que l'on rencontre sur la route, en allant à la Chine. Elles sont peu connues, on ignore même si la plupart d'entr'elles sont habitées. Il y en a beaucoup qui ont des Colonies de Chinois. C'est de ces îles que l'on retire la canelle épaisse et forte qui se vend à Canton, et que les Européens nomment *Canelle de Chine*, quoique cet Empire n'en produise pas. Cette canelle est inférieure en prix et en qualité à celle de Ceylan qui, elle-même, est très-inférieure à celle de la Cochinchine, que les Chinois nomment *bois de sucre*, et qui est en effet très-sucrée naturellement.

De la Chine.

En abordant les terres de la Chine, un pilote, vieillard vénérable, est venu nous prendre sous voile à huit heures du soir, et nous a fait mouiller cinq quarts-d'heure après en rade de Macao (1). Je m'étois proposé d'y descendre le lendemain matin, mais la mer étoit mauvaise, le vent et la marée favorables, et nous avons fait route sur la bouche du Tigre. A sept lieues de là, est la *Tour-du-Lion*. Les vaisseaux sont obligés d'y passer à haute mer, parce que dans la basse, il n'y a que dix-sept pieds

---

(1) Cet établissement qui appartient aux Portugais, est le seul que les Chinois aient permis à une nation européenne de former dans l'Empire; et quoiqu'il soit bien déchu de son ancienne splendeur, il fait encore quelque commerce avec les Philippines et avec la Cochinchine. Cette situation est une des plus heureuses pour le commerce, si la nation qui y est établie avoit de grandes vues, des moyens et de l'activité, et si elle comprenoit que les Colonies qui n'ont d'autre ressource que le commerce doivent jouir de la plus grande liberté pour le faire.

d'eau. Le lendemain nous avons mouillé par le travers de l'Isle de *Vampou*. Nous avons trouvé en rade, six vaisseaux anglais, six hollandais, un danois, trois suédois et un français, le même que nous avions rencontré dans le détroit de Banca. Quelques jours après, sont arrivés plusieurs vaisseaux français, anglais et danois.

La navigation dans le cours de la rivière a de quoi frapper un Européen. La quantité immense de bateaux allant et venant, les plaines inondées qui présentent des champs de riz, sur lesquels on voit voguer quelques bateaux, les tours placées sur les bords de la rivière, les montagnes pittoresques, et qui présentent des cultures, les forts placés de distance en distance, pour défendre l'entrée de la rivière, et pour empêcher la fraude des droits de douane, tout présente l'idée d'une nation civilisée depuis long-tems, et d'un peuple nombreux, laborieux et industrieux.

Dès qu'on est mouillé à Vampou, deux bateaux chinois viennent s'amarrer aux deux côtés du vaisseau, avec des commis de la douane, et ne le quittent, que lorsqu'il est chargé, et qu'il part. Comme toutes les marchandises paient des droits d'entrée et de sortie, et qu'il y en a quelques-unes de prohibées, telles que l'introduction de l'opium et la sortie de l'argent; rien ne peut débarquer du vaisseau sans le consentement des douaniers, qui donnent un passe-port. On est obligé de le faire viser par les commis de quatre autres douanes, situées sur la rive gauche de la rivière pour les envoyer à Canton. Il y a trois lieues de Vampou, aux factoreries européennes, et trente lieues de la ville à la Bouche-du-Tigre. Les canots qui portent le pavillon de la nation européenne à laquelle ils appartiennent, sont exempts de s'arrêter aux quatre douanes dont j'ai parlé; mais un douanier vient à la loge faire la visite des canots. Il n'y a que les capitaines de vaisseaux et les premiers supercargues qui aient le droit d'arborer pavillon. On ne peut rien débarquer que le haupou ou intendant de la province n'ait fait sa visite à bord. Il se fait toujours annoncer. Dès qu'il paroit dans sa galère, qui est bien accompagnée, on envoie un officier au-devant de lui, on le salue de onze coups de canon, on le reçoit avec beaucoup de cérémonies et de distinction, et on le régale. Il mesure le vaisseau tant en longueur qu'en largeur, pour fixer les droits d'ancrage, qui sont dus à l'Empereur. Il fait ordinairement présent au vaisseau de deux bœufs, de deux sacs de farine et de quelques pintes de *Sams'ou*. C'est, dit-on, une liqueur spiritueuse d'une odeur forte et fétide, extraite du riz par la fermentation et par la distillation. Les Chinois en boivent et nos matelots finissent par s'y accoutumer. Quand le haupou quitte le vaisseau, il est encore salué par onze coups de canon.

Canton est un des meilleurs ports de la Chine, et des plus considérables. Il est non-seulement le seul qu'il soit permis aux Européens de fréquenter; mais il est encore le rendez-vous d'une grande partie des vaisseaux chinois qui vont à la Cochinchine, Formose, Haynam, Siam, Malac, Achem, Batavia, les Moluques, le Japon, etc. Les Chinois sont, depuis long-tems, les seuls de ces contrées orientales qui fassent le commerce; il n'est cependant pas encouragé par le Gouvernement. Une loi de l'Empire défend aux sujets d'en sortir; d'où il résulte que l'état de marin est méprisé et avili. Ce préjugé qui est faux, et qui paroît très-impolitique, prend sa source dans la haute opinion de ce peuple, pour ses lois, ses usages, ses mœurs; dans le mépris qu'il a conçu pour les étrangers, et qui est fondé sur la comparaison qu'il fait de sa législation, de sa population, de son industrie, avec celles des peuples barbares, ou celles des peuples moins avancés qui l'avoisinent; dans son industrie et son activité, qui paroissent suffire à tous ses besoins ; dans le respect religieux qu'il a pour ses ancêtres et pour sa haute antiquité, qui lui fait regarder toute innovation comme dangereuse ; enfin dans son excessive population qui ne lui inspire pas le désir de l'augmenter par les ressources du commerce.

Canton, situé sur la rive gauche du Tigre, par 23 degrés 8 minutes de latitude, et par 130 degrés 43 minutes de longitude, est très-considérable. Sa population passe pour excéder un million d'âmes : je le crois sans peine, vu la grande étendue de la ville; vu l'affluence des vaisseaux de commerce, et celle des bateaux ; vu le nombre immense d'ouvriers, de marchands, de négocians, de commis, de porte-faix, de bateliers, de pêcheurs, d'agriculteurs, de matelots. La garnison de cette ville est composée tantôt de vingt mille, tantôt de vingt-cinq, tantôt de trente mille Tartares. Le nombre des personnes qui sont obligées d'habiter l'eau sur des bateaux, et qui ne peuvent pas, d'après les lois, se fixer à terre, peut se monter à trois cents mille âmes, en y comprenant les filles publiques, dont le total est évalué à quarante mille.

Les rues sont étroites, pavées avec de grandes pierres, et la plupart alignées ; elles ont presque toutes des barrières, qu'on ferme tous les soirs. La plupart des maisons n'ont qu'un étage, qui est ordinairement construit en bois ; les fenêtres sont faites avec des écailles d'huître, ou avec des nacres de perles. Celles des faubourgs, qui appartiennent à de gros négocians, ont des jardins. J'en ai vu une que l'on bâtissoit. Il y avoit de l'eau dans le jardin, qui étoit assez vaste, des rochers factices qui faisoient un bel effet, un pont, un labyrinthe, et plusieurs petits pavillons d'une forme très-différente les uns des autres, très-agréables, ouverts sur les côtés, dans le goût des Kiosques. Cette demeure étoit destinée aux femmes du négociant. Il n'avoit rien épargné pour la leur rendre agréable.

Le quai où sont les factoreries des Européens est très-long ; il est sur la rive gauche de la rivière. Ils y arborent tous le pavillon de leur nation. Ces bâtimens sont à côté les uns des autres ; ils sont fort longs ; ils n'ont qu'un étage et ils ont plusieurs cours. Ils forment, dans le derrière, une rue, où il y a une grande quantité de boutiques pourvues de marchandises de toute espèce : elle est fermée aux deux extrémités par des barrières que les Européens ne peuvent pas franchir. Autrefois ils alloient partout, excepté dans la ville tartare, qui est contiguë à la ville chinoise ; j'y suis même entré, sans m'en douter ; mais je fus retenu par un corps-de-garde qui m'obligea de rebrousser chemin, sans m'insulter. Nous pouvions alors sortir de la ville et nous promener dans la campagne ; nous n'y allions qu'en chaise-à-porteurs, afin d'être moins exposés aux insultes des gens de la campagne, et surtout des enfans, qui nous jetoient souvent des pierres par mépris.

Il y a de très-grandes *sommes* chinoises, mouillées vis-à-vis de nos factoreries, qu'on nomme des *hans* : c'est le nom chinois. Il y en a du port de 1,000 tonneaux. Ces vaisseaux sont plats, frêles, trop exhaussés aux deux extrémités ; ils ont un gouvernail trop large, et par conséquent trop exposé aux lames. Ces bâtimens ne sont pas faits pour la haute mer : aussi les Chinois ne quittent guère la terre de vue. Les voiles sont des nattes artistement faites ; on dit que les cables sont de rotins, et que leurs ancres sont d'un bois dur, avec des pierres, pour en augmenter le poids. Leur marche est assez lente. Nous avons toujours dépassé, et même assez promptement, tous ceux que nous avons rencontrés en mer. Ils emploient une composition semblable à celle des Indiens de Surate, pour empêcher les vers de piquer le bois de leurs vaisseaux, pour empêcher l'eau d'y pénétrer par les coûtures, et pour prolonger la durée des bois.

Il y a un faubourg très-considérable sur la rive droite du fleuve, vis-à-vis les hans des Européens, où les négocians de Canton ont des magasins. La marée remonte au-dessus de la ville. Nos chaloupes sont obligées, pour faire de l'eau, d'aller à deux lieues au-dessus, et d'attendre la basse-mer pour remplir les futailles. La ville de bateaux est à une lieue au-dessus de Canton. Ils sont tous alignés, et forment des rues ; ils sont assez grands et couverts, et servent de demeure à toute la famille; elle a un esquif, pour aller chercher des provisions, et pour descendre à terre, lorsque leurs besoins le requièrent ; mais ils ne peuvent pas y coucher. Les femmes des bateaux ne sont pas soigneuses à se cacher; j'en ai vu de très-jolies. J'en ai aussi rencontré dans les rues qui étoient en chaise-à-porteurs, très-parées, très-enluminées et d'une figure agréable : il étoit facile de les voir au travers des jalousies des portières, où la curiosité les retenoit pour voir des Européens.

Il y a dans la ville plusieurs canaux, sur lesquels il y a des ponts de pierres d'une seule arche. Je n'en ai pas vu de considérables, mais j'ai ouï dire qu'il y avoit de ces ponts, dans l'intérieur de l'Empire, qui avoient neuf, onze et quinze arches, et même plus. La construction de ces ponts prouve des connoissances en architecture, qui pourroient être appliquées à l'édification des palais, des temples, ou d'autres monumens publics, si tel étoit le goût des Chinois. Il n'y a point d'autres lieux publics que les Pagodes : encore le peuple n'a pas de jours d'assemblée, ni d'heures fixes pour s'y rendre; et comme toutes les religions, à l'exception de la chrétienne, vu son intolérance, sont permises, on ne peut pas regarder tel ou tel temple, comme un lieu consacré au public.

Les usages de ce peuple diffèrent si fort de ceux des Européens, qu'il est bien difficile d'en juger sainement, parce que les hommes sont enclins à rapporter tout à leurs opinions et à leurs habitudes, et qu'ils trouvent étrange tout ce qui s'en éloigne, et absurde tout ce qui y est contraire. Les Chinois sont dans le même cas, lorsqu'ils nous jugent. Combien de Parisiens seront surpris d'apprendre que dans les villes du premier ordre, même à Nankin et à Pekin, il n'y a point de promenades publiques, point de spectacles réglés, de concerts, de bals. Il n'y a point dans ce pays d'oisifs qui cherchent à se faire remarquer, et qui amènent le changement des modes. Il n'y a point de rentiers, point d'hommes jouissant des revenus de ses terres, sans se mêler de leur exploitation. Tout individu est constamment occupé. Les femmes y sont renfermées, d'où il résulte que les occasions de plaire, par la variété, la grâce, l'élégance et la richesse des ajustemens, n'existent pas. Toutes ces raisons établissent la simplicité dans les costumes; ils n'ont ni grâce, ni élégance, ni dorure. Ils sont à-peu-près les mêmes aujourd'hui, qu'ils étoient dans les tems les plus anciens; je dis à-peu-près, car le chapeau actuel est Tartare. Ils portoient auparavant une longue chevelure qu'ils eurent ordre de couper; ils s'y soumirent avec peine.

On porte à la Chine des draps, de l'azur, du corail, de l'ambre jaune, du poivre, du calin, du coton en laine, du sandal, de l'ébène, de l'arèque, des rotins qui viennent de Malac, des toiles blanches et peintes des Indes, de l'opium, des épiceries fines, des nids d'oiseaux, des *bitches-de-mer*, des ailerons de requins, et de l'argent. Les cargaisons, pour l'Europe, consistent en thé, qui fait la plus grande partie du chargement des vaisseaux, en soieries, en nankins, en porcelaine, en vernis, rhubarbe, borax, cinabre, musc, esquine, nacre de perles, etc.

C'est le thé qui attire à la Chine les
vaisseaux

vaisseaux Européens ; les autres articles, qui composent leurs cargaisons, ne sont pris que comme assortiment. On a prétendu que les Chinois faisoient cas de notre sauge ; on a même écrit qu'ils l'estimoient plus que le thé. Si cela étoit vrai, les Européens auroient eu un objet d'échange à leur offrir. La culture de la sauge qui vient avec tant de facilité, et qui, au moyen des coupes que l'on peut répéter dans la même année, donneroit des cueillettes abondantes, auroit pris faveur en Europe. J'ai goûté une décoction théiforme de sauge, et je puis certifier qu'elle est très-désagréable. Son goût aromatique et son amertume, dégoûteront toujours de cette boisson. Les fleurs de sureau et de tilleul, le thé suisse qui a beaucoup de parfum, la véronique, les queues de cerises, qui étant bouillies, donnent à l'eau un goût très-agréable, pourroient être comparées au thé, avec plus de raison que la sauge. On prétend que les Chinois regardent le thé, comme une boisson salubre, qui corrige les mauvaises qualités des eaux saumâtres ou stagnantes. Ils lui attribuent beaucoup de propriétés médicinales; ils ne mêlent avec cette boisson ni lait, ni sirop, ni liqueurs fortes, ni acide quelconque ; en un mot ils la prennent toujours pure, avec un peu de sucre candi qu'ils tiennent dans la bouche. « On a remarqué depuis

» long-tems, que les vaisseaux de la Chine,
» en retournant en Europe, avoient beau-
» coup moins de scorbutiques, que tous les
» autres vaisseaux des Indes qui font leur
» retour : on attribue cet heureux effet à
» l'usage du thé. »

(*Extrait d'une lettre à Sonnerat.*)

Plusieurs médecins ont douté de ses vertus ; d'autres lui ont attribué des qualités nuisibles. L'expérience de plusieurs siècles par la Nation la plus nombreuse du globe, par plusieurs autres qui l'avoisinent et par les Japonais ; celle de plusieurs peuples de l'Europe qui font un usage habituel de cette boisson, me paroissent des argumens sans réplique. Prétendre que les Chinois gardent le bon thé pour eux et ne nous envoient que le mauvais, est une assertion ridicule, qui prouve l'ignorance où l'on est du commerce et la manie de vouloir soutenir une opinion fausse par des conjectures hasardées. Avancer que le thé perd ses qualités pendant le trajet en mer, est encore une supposition gratuite, qui prouve un défaut de connoissances, et même un défaut de raisonnement ; car si le thé perd ses qualités bonnes ou mauvaises, quelle qu'en soit la cause, il ne peut plus être nuisible.

Je suis persuadé que la Chine doit en partie sa grande population a l'usage habituel du thé, non qu'il soit prolifique, mais parce qu'il éloigne les causes des maladies. Je présume que l'Angleterre qui a remarqué l'accroissement de sa population depuis un demi-siècle, le doit aussi en partie à l'usage du thé, qui éloigne celui des liqueurs fortes, et qui rend les maladies plus rares, et en général moins dangereuses. « La lèpre, dit le célèbre Guillaume Buchan, (*Médecine Domestique*, Tome III, page 196, Edition de Paris, 1788) « si commune autrefois dans la
» Grande-Bretagne paroît avoir eu beaucoup
» de rapports avec le scorbut. Peut-être est-
» elle moins fréquente aujourd'hui, parce
» qu'en général les Anglais mangent plus de
» végétaux qu'autrefois, *boivent beaucoup*
» *de thé*, observent un régime plus délayant;
» et enfin parce qu'ils font moins d'usage de
» mets salés, et qu'ils sont plus propres,
» mieux logés, mieux vêtus, etc. ».

J'ajoute à ces réflexions judicieuses que l'usage des viandes boucanées, qui se conserveroient aussi bien, ce me semble, et peut-être mieux que les viandes salées, en prenant des précautions pour empêcher que les différens morceaux n'eussent entr'eux un contact immédiat, et pour prévenir leur fermentation, ou au moins, pour la retarder et la ralentir, seroit beaucoup moins insalubre que les salaisons. Il suffiroit d'arranger ces viandes dans des tonneaux, avec du sablon de rivière bien lavé et bien sec. Peut-être l'industrie trouvera-t-elle quelqu'autre substance plus propre à produire l'effet desiré ?

Je vais transcrire ici un Mémoire qui m'a été remis par un supercargue des vaisseaux de l'ancienne Compagnie des Indes, qui avoit fait plusieurs voyages à la Chine, et qui y avoit résidé.

Du thé en général.

« Le thé croît à un petit arbrisseau, dont
» on cueille la feuille au printems, quand elle
» est encore petite et tendre. Sa forme est
» oblongue, pointue, dentelée en ses bords.
» Sa couleur est verte ; sa fleur est composée
» de cinq feuilles blanches, disposées en
» roses. Il lui succède une coque grosse
» comme une noisette de couleur de châ-
» taignes, dans laquelle on trouve un, deux
» ou trois noyaux gris, ridés, de mauvais
» goût. Sa racine est fibreuse, et éparse à la
» superficie de la terre; il croît également
» en terre grasse, comme en terre maigre.
» Ses feuilles étant cueillies, on les expose à
» la vapeur de l'eau bouillante, pour les

» amollir; quand elles en sont pénétrées,
» on les étend sur des plaques de métal,
» posées sur un feu médiocre. Elles s'y ris-
» sollent d'elles-mêmes, en la figure que
» nous les voyons.

» Il y a deux sortes de thé, savoir le bouy
» et le verd. Ils se subdivisent en plusieurs
» sortes, savoir :

Thé-Bouy.

« Tous les thés-bouys croissent sur une
» seule montagne, du côté d'Emouy. Le
» thé-bouy ordinaire vient au bas de la
» montagne; le camphou au haut, et le saot-
» chaon au milieu, et à l'abri de toutes les
» mauvaises influences; ces trois arbres sont
» les mêmes dans leur espèce. Il n'y a que
» la différente exposition qui leur donne
» différentes qualités, aussi bien que la dif-
» férente manière de les apprêter. Le mot
» de *Camphou-bouy*, veut dire du thé-bouy
» mieux préparé. Le mot *saotchaon* signifie
» quintessence. On donne ce nom au thé
» qui vient de l'arbre qui croît au milieu de
» la montagne, soit parce qu'étant à l'abri des
» injures du tems, il se bonifie plus que les
» autres, soit que l'on ne recueille de cet
» arbre que les feuilles les plus nourries et les
» plus fortes en sève ».

« Le thé pekao ordinaire est composé de
» petites feuilles blanches, veloutées, qui
» poussent au bout des branches de ces
» trois arbres. Il ne peut pas être bon, puis-
» que ces feuilles, ne faisant que naître,
» elles ne peuvent pas avoir beaucoup d'odeur
» ni de sève. On y mêle des feuilles de thé-
» bouy ordinaire; mais le véritable pekao
» croit à un arbre particulier. Les branches
» de cet arbre n'ont des feuilles que des deux
» côtés. D'un côté de la branche, elles sont
» toutes noires, de l'autre toutes blanches;
» mais quand on recueille ce thé, on a grand
» soin d'y mettre beaucoup moins de feuil-
» les blanches que de noires, parce que les
» premières sont fort chères et beaucoup
» estimées en Chine. C'est ce que l'on appelle
» thé-lintchessin, que les Européens ont
» nommé improprement fleurs de thé.

« Pour faire paroitre dans le thé pekao
» beaucoup de feuilles blanches, les Chi-
» nois y mêlent de petites feuilles encore
» blanches et naissantes qui croissent au
» haut des arbres de thé-bouy ordinaire.
» On m'a fait voir du thé pekao, qu'on m'a
» dit être véritable. Il valoit quatre-vingt-
» cinq taëls le pic. Ce thé étoit fort pesant
» et spongieux; il avoit une odeur forte,
» et les feuilles pleines de duvet, égale-
» ment mêlées de blanches et de noires.

» Il faut que tous les thés-bouys en géné-
» ral soient secs et pesans à la main. C'est
» une marque qu'ils ont de la nourriture
» et de la sève. Il faut qu'ils donnent à l'eau
» une couleur jaune tirant sur le verd ; c'est
» une marque qu'ils sont nouveaux, parce
» que les vieux thés donnent une couleur
» rousse. Il faut que les feuilles soient
» grandes et entières ; c'est une marque
» qu'ils n'ont point été gardés; parce que
» plus ils le sont, plus ils sont remués et
» tracassés, ce qui brise la feuille et y fait
» de la poussière.

» La feuille du thé-camphou doit être
» d'un beau noir lustré, grande, pesante,
» donnant à l'eau une couleur fort claire,
» et sur-tout beaucoup de douceur au goût.
» le camphou supérieur est le saotchaon
» qu'on donne aux Européens. Le véritable
» saotchaon est trop rare et trop cher
» en Chine, pour qu'on puisse en avoir aisé-
» ment. »

Thé-verd.

« Il y a trois sortes de thés-verds, savoir :
» thé-sonlo, thé-bin ou impérial, et thé-
» haysuen. Je dis qu'il n'y a que ces trois
» sortes, parce que les autres ou sont in-

» connues aux étrangers, ou ils n'en pren-
» nent pas ordinairement.

» Les Chinois industrieux, dans la ma-
» nière d'apprêter les thés, en ont multiplié
» considérablement les espèces.

» Le thé-bin ou impérial vient d'un arbre
» différent. Sa feuille est plus grande et
» plus enflée que celle des deux autres.
» Tous ces thés doivent avoir un œil verd
» et plombé ; plus ils sont vieux, plus la
» feuille devient jaune. Il faut qu'ils aient
» aussi une odeur de rôti grillé qui flatte
» l'odorat. Lorsqu'ils sont anciens, ils ont
» une odeur de poisson, approchant de
» celle de la sardine. Les thés-verds ne
» viennent pas dans le même endroit que
» les thés-bouys ; ils croissent dans un
» endroit beaucoup plus éloigné de Can-
» ton : aussi y arrivent-ils beaucoup plus
» tard. »

Le thé-bouy vient, des provinces où il est cultivé, à Canton, dans des paniers, qu'on appelle barces, le thé verd dans de petites caisses. On verse toutes les barces en présence des supercargues, qui portent le thé à l'odorat, à mesure qu'il tombe, et qui rebutent celui qui est moisi, ou qui est en poudre. Ensuite on le met dans de grandes caisses de sapin, doublées de plomb laminé en dedans, recouvert de papier. A mesure qu'on le met dans les caisses, un porte-faix le foule avec ses pieds nus. Quand les caisses sont remplies, elles contiennent environ trois cent quinze à trois cent trente livres de thé, et pèsent brut près de quatre cents livres.

Les Anglais voudroient introduire dans le Bengale la culture du thé ; s'ils y réussissent, ce ne sera que dans les parties septentrionales. Nous l'avons essayée à l'Isle de France. J'ai eu dans mon jardin de petits arbres à thé qui ont fleuri et qui ont donné fruit. J'en ai vu plusieurs au jardin national qui paroissoient prospérer ; mais ils ont tous péri. Je crois qu'on pourroit espérer d'établir cette culture sur les montagnes de la partie du sud de Madagascar, et encore mieux sur celles du Cap de Bonne-Espérance ; mais il faudroit avoir l'attention de faire venir des plans de l'intérieur de la Chine, des deux espèces de thé, le bouy et le verd : car celle que les curieux cultivent à Canton est d'une qualité très-inférieure.

Je ne m'arrêterai pas à décrire les lois, les mœurs, les usages, la religion d'un peuple que je n'ai pas pu étudier, dans un séjour trop court, et dont je ne connois pas la langue. Ainsi je ne prononcerai pas entre ses admirateurs et ses détracteurs. Je dirai seulement que sa grande population suppose une police sage, et que nous ne sommes pas assez instruits ni assez dégagés de préjugés, pour porter un jugement sain sur des lois et sur des coutumes si différentes des nôtres. L'exposition des enfans, tolérée en Chine, nous paroît une barbarie. Cependant en y réfléchissant, nous verrons que cette tolérance du législateur est une suite de son humanité et de sa politique. Il a voulu par-là prévenir l'infanticide secret, qui est peut-être beaucoup plus commun dans les Etats de l'Europe qu'on ne le croit communément. Les enfans exposés trouvent souvent des pères adoptifs ; le Gouvernement entretient des agens, dont l'unique fonction est de les recueillir. Et ce qui prouve que cette tolérance n'est pas si funeste qu'on se le persuade, c'est qu'aucun pays n'est aussi peuplé que cet Empire. Il sembleroit que le Gouvernement devroit établir des hospices pour les enfans trouvés ; mais que l'on réfléchisse que dans un pays aussi peuplé, l'entretien de plusieurs millions d'enfans seroit une surcharge au-dessus des moyens du Gouvernement.

Il n'y a point d'hôpitaux à la Chine. Ils y sont moins nécessaires qu'ailleurs.

Les principes d'éducation, d'accord avec les lois, veulent que les enfans prennent soin de leurs pères et mères, de leurs frères et sœurs, et recommandent la bienveillance envers tous les parens. Elle s'étend sur tous ceux qui portent le même nom. Aussi l'on ne voit dans ce pays d'autres mendians que les lépreux. Il est reçu qu'on ne doit pas les refuser, ne leur donna-t-on qu'un grain de riz. Les Japonais qui ont beaucoup de conformité avec les Chinois, et dont la population est peut-être plus grande, proportionnellement à l'étendue du pays, permettent de même l'exposition des nouveaux-nés ; mais ils ont des hospices pour les voyageurs indigens. Il me paroît vraisemblable que c'est la religion, plutôt que la législation, qui les a institués, en ordonnant des pélerinages.

Un auteur moderne qui a nié la grande population de la Chine, dont le voyage de Lord Macartney, à Pekin, nous a procuré des états qui paroissent authentiques, a prétendu que *le jour où l'Empereur descend de son trône jusqu'à la charrue, étoit une cérémonie aussi frivole que le culte rendu par les Grecs à Cérès, et qui n'empêche pas que des milliers de Chinois ne meurent de faim.* Il n'a pas vu que cette fête qui se répète le même jour dans tout l'Empire, par tous les gouverneurs de provinces, et par tous les commandans des villes, de tous les ordres, étoit religieuse, et qu'elle avoit pour objet d'implorer la protection bienfaisante de la Divinité, sur l'agriculture. L'Empereur, et tous ceux qui doivent prendre part à la cérémonie, s'y préparent par trois jours de jeûne. Elle est précédée par un sacrifice solemnel. La récolte du champ labouré est conservée avec respect. On ne s'en sert que dans les grands sacrifices au Chang-ti, ou souverain seigneur.

L'hommage qu'un grand peuple rend à la Divinité est pur ; il n'est point altéré par la superstition ; il n'est point avili par des cérémonies ridicules ou extravagantes ; il peut être adopté par toutes les religions. Le Bonze, le Talapoin, le Lamiste, le Juif, le Mahométan, le Chrétien, le Déiste, tous se réunissent pour célébrer les bienfaits du Créateur. C'est peut-être la seule circonstance où les sectaires de toutes les opinions religieuses répandues sur la terre puissent former un concert unanime. Les prières que des millions de voix élèvent au ciel, les actions de grâces qu'elles rendent à l'Etre-Suprême, ne passent point par l'intermédiaire des prêtres, qui s'arrogent par-tout le droit exclusif de lui adresser les vœux du peuple, et d'implorer sa bienfaisance, comme si leur intercession médiate étoit plus agréable à la Divinité.

La Chine est, dit-on, sujette à des famines ; cela peut être. Cet événement est dans l'ordre naturel des choses, mais son immense population prouve bien qu'il est rare *que des milliers de Chinois meurent de faim*. On voudroit que le Gouvernement encourageât le commerce maritime, afin de tirer des secours du dehors, dans des tems de disette ; mais où les iroit-on chercher ? Et quels secours attendre des pays voisins, pour une population aussi considérable ? Mille navires de mille tonneaux chaque, entièrement chargés de riz, ne donneroient pas six livres de riz à trois cent cinquante millions d'habitans ; c'est donc pour six jours de vivres tout au plus, en réduisant aux deux tiers la ration de chaque individu. Toutes les contrées orientales, jusqu'à Sumatra et Java inclusivement, mises à contribution, ne fourniroient pas, à beaucoup près cette quantité de riz. C'est donc dans son propre sol, dans son labeur, dans son industrie, dans sa prévoyance, que le Chinois doit chercher sa subsistance. Et c'est une erreur de croire que le commerce soit un moyen assuré de fournir la subsistance d'un grand peuple :

car il faut que les autres nations aient un excédent, et cet excédent est, comme l'on voit, une ressource insuffisante. Les Anglais, maîtres de la mer, et dont la population n'équivaut qu'à la plus petite des provinces de la Chine, ou encore mieux à la quarante et unième partie (1) de celle de ce vaste Empire; les Anglais, qui ont un commerce immense, et qui ont enlevé en vrais pirates tous les vaisseaux américains chargés de vivres pour la France, ont trouvé très-peu de ressource dans leur commerce et dans leurs pirateries, lors de la disette qu'ils ont éprouvée l'année dernière.

Pour prévenir la disette, le plus sûr est de favoriser l'agriculture par tous les moyens qui dépendent du Gouvernement, d'établir des greniers dans les années d'abondance, de mettre de l'ordre et de l'économie dans les consommations, lorsque les vivres deviennent rares, de favoriser la culture des productions les plus hâtives et les plus abondantes. Voilà pourquoi je conseillerois aux Chinois d'introduire chez

---

(1) Je suppose la population des trois royaumes, ainsi nommés trop fastueusement, de huit millions d'habitans, et celle de la Chine à trois cents trente-trois millions, d'après le dénombrement fourni par Lord Macartney.

eux la culture des pommes de terre, des patates de Madagascar, et de Malaga, des ignames, du manioc et du camanioc, dans les provinces méridionales, etc.

On leur reproche de n'avoir pas fait des progrès dans les beaux-arts et dans les sciences. Mais est-il prouvé que la perfection dans les uns, et l'habileté dans les autres, rendent un peuple heureux? Nous Européens, qui sommes si fiers d'avoir excellé, depuis hier, dans les premiers, et d'avoir fait, depuis peu, les plus grandes découvertes, qui en promettent de nouvelles, en sommes-nous plus sages, mieux gouvernés, et plus heureux? N'oublions pas que toutes nos connoissances, dont nous nous targuons tant, sont de fraîche date, et que celles des Chinois remontent à la plus haute antiquité. Ils cultivoient le riz suivant une méthode très-ingénieuse, lorsque nos pères vivoient de glands; ils filoient et tissoient le coton et la soie, dans le tems que nos aïeux se vêtissoient des dépouilles des bêtes des forêts. Ils avoient la boussole (1); ils avoient inventé le papier et l'imprimerie, la poudre

---

(1) L'origine de la boussole en Chine date, suivant les Chinois, de plus de 2600 ans, avant l'ère chrétienne; ce qui fait 4400 ans d'antiquité. Elle ne remonte en Europe qu'au douzième siècle.

à canon, la porcelaine et les vernis, dès la plus haute antiquité. Enfin ils avoient la même législation et la même police qu'aujourd'hui.

S'ils n'ont pas fait de progrès dans les sciences, ils sont nos rivaux en fait de morale spéculative et pratique, en agriculture et peut-être en législation; car ils paroissent avoir, depuis quarante ou cinquante siècles, celle qui convient le mieux à une immense population. Si des législateurs modernes étoient chargés de donner des lois uniformes à toute l'Europe, dont la population équivaut tout au plus à la moitié de celle de la Chine, j'ose croire qu'ils seroient fort embarrassés, malgré toutes les ressources de l'instruction, de l'exemple et du génie.

Les établissemens qui me paroissent dignes de remarque, et qui datent de la plus haute antiquité sont ceux d'une académie, d'un tribunal des rites, d'un tribunal de mathématiques chargé d'observer le ciel, d'un tribunal de censeurs et d'un tribunal de l'histoire. Celui de censeurs est composé de lettrés, les plus savans et les plus recommandables par leur probité. Il est chargé de dénoncer les crimes et les abus, et de faire des remontrances à l'Empereur lui-même sur sa conduite publique et privée. Il doit en même tems défendre l'innocence,
soutenir

soutenir la vérité, recommander la justice. L'histoire est à la Chine une affaire d'Etat qui occupe essentiellement le Gouvernement. Il en confie le soin aux lettrés les plus savans et les plus recommandables par leur probité, et il prend toutes les précautions que la prudence suggère, pour s'assurer du mérite et de l'exactitude de leurs ouvrages. Ces mesures prouvent combien les Chinois sont attachés à l'histoire de leur pays, qui a tant d'influence sur les mœurs de ce peuple et sur les actes du Gouvernement, et combien ils sont attachés à la vérité.

Réfléchissons que ce peuple est continuellement occupé, et qu'il n'a pas le tems de se livrer à l'étude des sciences abstraites. La nécessité de pourvoir à sa subsistance et à celle de sa famille, le détourne de tout autre soin. Toutes ses idées se rapportent uniquement à ses besoins présens. Son respect religieux et même superstitieux pour les coutumes de ses ancêtres, qui ont procuré une si longue durée à l'Empire, lui fait regarder toute innovation comme dangereuse. L'amour, cette passion qui fait tant de bien et de mal aux hommes, est inconnu à la Chine. C'est lui qui enflamme l'imagination, qui fait éclore le talent, et qui enfante le génie. C'est lui qui inspire cette délicatesse, ce goût, sans lesquels les beaux-arts languissent dans la médiocrité. Tous les peuples, dont les mœurs s'opposent à la communication libre des deux sexes, ne connoîtront jamais les chefs-d'œuvre du génie; mais en sont-ils plus ou moins heureux? C'est un problême moral à résoudre, dont la solution doit influer sur la législation.

L'esprit de critique nous rend souvent injustes; il nous anime contre les abus, et nous empêche de voir le bien. Avec un peu de réflexion, nous reconnoîtrions que les abus sont inévitables, qu'ils font des exceptions, et qu'une grande population suppose que la masse du bien l'emporte sur celle du mal; et si nous faisions un retour sur nous-mêmes, nous serions plus indulgens, et moins précipités dans nos jugemens.

La polygamie permise à la Chine a excité de tout tems les déclamations des critiques. Je ne sais si elles sont fondées. Montesquieu pense que la polygamie est conforme au climat de l'Asie, non dans ce sens que les désirs y sont plus violens, mais parce que le nombre des femelles est beaucoup plus grand que celui des mâles (1). On pourroit

___

(1) D'après des informations exactes faites du tems du grand *Yu*, 2205 ans avant l'ère chrétienne, répétées 1100 ans après, et dans les années 1615 et 1616, il naît en Chine vingt-cinq filles pour vingt garçons.

en donner une autre raison, qui me paroit plausible. C'est qu'en général, dans l'Asie, les femmes y sont précoces et vieillissent de bonne heure, et que leurs attraits sont fanés dans la jeunesse. Le peuple n'a pas la faculté d'user de la liberté que lui donne la loi d'avoir plusieurs femmes ; ainsi il n'y a que les gens aisés qui soient polygames. Ce n'est aussi que parmi eux qu'il y a des pédérastes. Ils ne s'en font aucun scrupule, et ne cherchent point à cacher leurs goûts. Le Législateur n'a porté aucune loi pour les réprimer, et les préjugés n'y sont pas contraires. Plus d'un Chinois riche a enlevé des enfans exposés, pour en garnir ses deux serrails mâles et femelles.

Le vol est impuni à la Chine, lorsque le voleur n'est pas pris sur le fait. En voici un exemple dont j'ai été témoin. Un homme monta de nuit très-adroitement sur la terrasse de notre pavillon, qui donne sur la rivière. Les portes d'un grand salon qui communiquoient à cette terrasse, n'étoient pas fermées ; il y entra, en se glissant doucement, comme un serpent ; il traversa le salon de cette manière, ensuite un long corridor qui communiquoit à un second, à l'extrémité duquel étoit un magasin, où il y avoit des marchandises d'Europe ; telles que du drap, du ginseng, du corail, de l'azur ; j'occupois une chambre à côté de ce même magasin. Le voleur connoissoit parfaitement les êtres de notre pavillon ; il y avoit été employé plusieurs fois comme porte-faix. Parvenu à la porte du magasin, il vint à bout de l'ouvrir sans bruit et sans fracture, et y entra ; mais il avoit été apperçu, par un de nos gens qui couchoient sur le plancher du salon, dont j'ai parlé. Lorsqu'il jugea que le voleur, dont il devina le dessein, étoit assez éloigné, il réveilla sans bruit ses camarades, et leur fit part de ce qu'il venoit de voir et d'entendre. Ils se mirent à la piste du voleur, en marchant à quatre pattes, et l'attendirent à la porte du magasin où ils l'arrêtèrent. Il avoit fait un paquet de pièces de draps, qu'il s'étoit affublées sur le dos, et il se proposoit de s'en retourner par le même chemin, de la même manière qu'il étoit venu, c'est-à-dire en se glissant sur le ventre. Nos gens ne lui firent aucun mal ; ils le conduisirent au corps-de-garde de notre pavillon, composé d'une soixantaine de soldats Français ; on lui lia les pieds et les mains.

« Sur les plaintes portées, un Mandarin
» de justice se rendit à notre pavillon, accompagné d'un nombreux cortège. Il se
» mit dans un fauteuil, qu'on avoit placé
» dans une cour vis-à-vis d'une table couverte d'un tapis. Ses assesseurs se tinrent

» debout à ses côtés. Ses licteurs, au nombre
» de huit, formoient deux lignes devant lui.
» On fit venir le coupable qui se tint à ge-
» noux. Il fut interrogé au milieu des lic-
» teurs par le Mandarin lui-même; les té-
» moins furent entendus, le jugement porté
» et le châtiment infligé au même instant,
» en présence du juge. Les licteurs étendirent
» le voleur, face contre terre, lui attachèrent
» les bras et les mains à deux bambous, et
» lui donnèrent vingt coups de chabouc sur
» les fesses. Les chefs du conseil de direction
» de Canton, présens, comme moi, au ju-
» gement et à l'exécution, demandèrent et
» n'obtinrent point la grâce du coupable. Je
» vis celui-ci une heure après dans les rues,
» riant et causant avec plusieurs Chinois
» qui l'entouroient, auxquels il racontoit
» vraisemblablement son aventure. Le cha-
» bouc n'a rien de déshonorant à la Chine.
» Le vol n'y est puni, comme à Lacédémone,
» que lorsqu'on est pris sur le fait. Dans ce
» cas, le propriétaire lésé a droit de se faire
» justice lui-même, pourvu qu'il ne répande
» pas le sang du délinquant. On peut aussi
» porter plainte au Mandarin, qui inflige la
» peine du chabouc, mais jamais celle de
» mort et qui n'attente point à la liberté du
» coupable. La justice se rend sans aucun
» frais. Je me rappelle que le *Fiador* (on

» nomme ainsi un négociant chinois, qui ré-
» pond au Gouvernement de chaque Na-
» tion Européenne) rejeta la proposition
» que firent les chefs du commerce de la
» Compagnie française, d'offrir un présent
» au Mandarin qui avoit eu la complaisance
» de se transporter à notre factorerie. Je
» dois ajouter que les gens d'un certain
» ordre, regardent le vol comme indigne
» d'eux, et qu'il n'est toléré que dans ceux
» qui ont des besoins. » (*Extrait d'une lettre
au citoyen S. p. 16 et 17.*)

Le chabouc n'et pas le seul châtiment que les Mandarins de justice puissent infliger. La *Cangue* est composée de deux morceaux de bois échancrés par le milieu, que l'on pose sur les épaules du coupable et que l'on réunit. Ils ont aussi le banissement, les galères; (c'est l'obligation de tirer les barques impériales, pendant un tems déterminé), et la marque d'un fer chaud sur les joues ; mais aucun, de quelqu'ordre qu'il soit, même le *Tsoung-tou*, qui est le gouverneur de la province, n'a le droit de prononcer la peine de mort contre un coupable, de quelque crime qu'il soit convaincu. Les Mandarins de justice instruisent le procès, et l'adressent à l'Empereur qui seul a le droit, par la législation, de prononcer la peine de mort. La loi veut que l'Empereur signe trois fois la sentence, dans trois conseils différens, pour qu'elle soit mise à exécution.

C'est sans doute un sentiment d'humanité qui a dicté cette formalité. Cependant par une contradiction trop fréquente dans les institutions humaines, les Chinois ont des supplices cruels. Ils ont été vraisemblablement ordonnés, dans les premiers tems de la réunion de ce peuple en société, et lorsqu'ils étoient barbares. Comme ils tiennent à leurs anciens usages, la civilisation n'a apporté aucun changement à cette partie de leur législation, et peut-être se sont-ils habitués à croire que la sévérité des supplices étoit un frein nécessaire, auquel ils devoient la rareté des crimes qui se commettent dans l'Empire ; car on prétend, que les exécutions des criminels condamnés à perdre la vie ne se montent guère qu'à deux cents par an.

L'Empereur Can-hy qui a honoré le trône, grand-père de Kien-long a supprimé les mutilations des criminels, mais non la torture. Aucun législateur de cet Empire n'a songé à supprimer l'esclavage ; il est doux, parce que les mœurs sont douces, et il n'est pas nombreux : il est composé des criminels condamnés à perdre la liberté, des captifs, des débiteurs qui sont dans l'impuissance de s'acquitter, des hommes qui se sont vendus dans des calamités publiques, pour avoir leur subsistance, ou des enfans que des pères ont vendus, enfin des malheureux nés dans l'esclavage.

Une institution qui fait honneur à la législation chinoise, et qui vraisemblablement n'a été établie, que lorsque ce peuple a été avancé dans l'état de civilisation, et lorsqu'après son séjour sur les montagnes, il se fut répandu dans les plaines et sur les côtes, c'est celle qui ordonne de traiter avec humanité les naufragés. De quelque nation qu'ils soient, ils trouvent sureté, protection, assistance. Non-seulement tous leurs effets leur sont remis, mais on leur fournit tous leurs besoins, et on les renvoie dans leur pays, aux frais du Gouvernement. Si nous comparons cette loi bienfaisante aux us et coûtumes des Européens, érigés en droits, dans pareil cas, quelle honte pour ceux-ci! Et cependant ils prétendent l'emporter sur les Chinois en législation, en moralité, en humanité!

Ce peuple a en horreur l'effusion du sang humain. Un de nos officiers, jeune étourdi, étoit entré dans une boutique de porcelaine; il en marchandoit des pièces, lorsqu'un des garçons de la boutique, qui peut-être s'impatientoit, de ce qu'il en faisoit étaler une grande quantité, sans en acheter aucune, voulut lui arracher de la main un pot de chambre,

L'officier, soit par maladresse, soit par étourderie, donna un coup violent à la tête du Chinois, avec la pièce de porcelaine qu'il tenoit à la main; le sang coula sur-le-champ avec abondance. Dans un instant la boutique fut pleine de monde. Heureusement que beaucoup de Français, et quelques Anglais et Suédois qui se trouvoient dans la rue, accoururent au bruit; le propriétaire de la boutique, homme de sens, avoit fait retirer l'agresseur et le blessé, et avoit donné ses ordres pour qu'on pansât la plaie, qui ne se trouva pas dangereuse : on fit évader l'officier, on donna de l'argent au malade, qui déclara à la multitude assemblée qu'il étoit satisfait, et que son mal étoit peu de chose. Par ce moyen tout s'appaisa; mais si le blessé s'étoit plaint, il auroit ameuté le peuple, et l'affaire seroit devenue très-sérieuse. Le marchand se conduisit dans cette occasion avec beaucoup de sagesse.

La curiosité nous portoit tous les jours chez les différens marchands de Canton. Nous allions le plus souvent dans les ateliers des brodeurs et de ceux qui peignent la porcelaine. Ce sont des hommes, et non des femmes qui brodent : on connoit leur travail en France, qui est fort estimé. *A Kim-tet-chim*, où sont les ateliers et les fours de porcelaine, on peint sur le biscuit, et on le recouvre d'émail. Lorsqu'on veut avoir des pièces peintes, suivant un dessein apporté d'Europe, il faut l'envoyer à Kim-tet-chim; mais alors, on ne peut avoir les porcelaines que l'année suivante. Les voyageurs qui ne peuvent pas attendre, achètent à Canton des pièces blanches, émaillées, et les font peindre sous leurs yeux. Alors la peinture s'applique par-dessus l'émail, et s'y marie, au moyen du feu; elle est donc relevée en bosse. On peut cependant l'enlever avec un diamant. J'ai vu à Paris des assiettes qui avoient été armoriées à la Chine, et desquelles on avoit enlevé les armes avec beaucoup de propreté, et sans qu'il y parût. Je sais que plusieurs personnes qui ignoroient qu'il fût facile d'effacer la peinture des porcelaines, ont brisé celles armoriées qu'ils avoient, dans le tems du régime révolutionnaire, dans la crainte d'être compromises.

Les Chinois ont plusieurs manières de rajuster ensemble les pièces de porcelaine brisées. 1°. Ils les clouent ensemble très-adroitement, et à-peu-près comme les ouvriers qui raccommodent la fayence; mais ces espèces de clous qui retiennent ensemble les parties brisées, ne passent pas au travers. 2°. Ils les collent. Ce moyen me paroît préférable à l'autre. Ils prennent la partie animale de la farine de froment, qu'ils ont mise en pâte et bien lavée ; ils la mêlent avec du blanc d'œuf ; ils laissent le mélange fermenter, et ils l'appliquent sur les joints des pièces brisées, qu'ils tiennent serrées pendant quelques jours. Les Malais ont un autre procédé. Ils font sécher le lait caillé, la partie caséeuse, pour l'employer dans l'occasion ; alors ils en raclent un peu qu'ils mêlent avec de la chaux et du lait.

J'ai été me promener deux fois dans les dehors de Canton, en chaise-à-porteurs, avec plusieurs Français. Nous avons passé par quelques villages médiocres, et assez mal bâtis. Nous avons vu des tombeaux Chinois, une mosquée, beaucoup de bambous, des arbres fruitiers, des champs de riz. On nous mena, la deuxième fois, au pied du mur de la ville Tartare, dans un endroit où il fait angle ; il est bâti en briques, et m'a paru avoir quarante pieds au moins d'élévation ; il n'a point de fossés, et il décèle une haute antiquité. Il y avoit un belvédère dans l'angle. Je conjecture qu'au moins dans cet endroit, le mur est terrassé, comme nos bastions. Nous vîmes au bas du mur, une très-grande quantité d'ossemens. On nous dit que des criminels étoient quelquefois précipités du haut du mur, et abandonnés aux oiseaux carnassiers. La privation de la sépulture est une grande punition à la Chine. On ajouta que les adultères sont liés ensemble, face à face, entre deux planches, et précipités ainsi du haut du mur.

Vis-à-vis du quai des Européens, la rivière est très-large. Sur cette rive qui est celle de la droite, en suivant le cours de l'eau, est bâtie une autre ville, beaucoup moins grande que Canton, mais qui en est une dépendance. On y décharge beaucoup de grosses machandises, telles que les bois d'ébène, de sandal, de sapan, le rotin, etc. parce que plusieurs négocians y ont leurs magasins. Je fus curieux d'y aller avec un de mes amis. J'assistai à une pesée de bois d'ébène qui venoit de l'Isle de France, où il est naturel. Elle se fit par le moyen d'une romaine, avec beaucoup de promptitude et d'exactitude. Nous y dînâmes. Je vis une pagode qui n'avoit rien de remarquable. Il me parut que les habitations de ce bourg ont presque toutes des jardins.

C'est là où sont les tombeaux des Européens. J'eus le chagrin de rendre les derniers devoirs à un de mes amis, qui mourut d'une fluxion de poitrine, et dont j'accompagnai le corps qu'on avoit mis dans une bière, suivant notre coutume. On mit une inscription sur la tombe. Les Chinois respectent les tombeaux ; j'en vis plusieurs qui avoient des dates anciennes.

Je suis fâché de n'avoir pas pris des instructions sur la manière dont ils traitent les maladies, et sur celles qui règnent le plus communément à Canton. Nous avons pris d'eux le *moxa*. Nous savons qu'ils emploient le *massage*, procédé qu'ils ont appris des Indiens, et qui devroit, ce me semble, être adopté en Europe, dans bien des cas. Ils estiment beaucoup le ginseng, la rhubarbe et l'okiao, ou colle de peau d'âne, qui est employée contre les crachemens de sang. Ils ne saignent jamais. Le mal vénérien est rare à la Chine ; ils le combattent par l'usage d'une forte décoction d'esquine ; ils ne connoissent pas les préparations du mercure, si fort employées en Europe. L'éléphantiasis est assez commun à la Chine, mais sur-tout chez les Malais. Cette maladie ne paroît pas exister à Madagascar ; mais il y en a d'autres assez singulières. Les phalanges des doigts, des mains et des pieds, mais des mains sur-tout, tombent les unes après les autres, sans douleur.

Je ne sache pas que les Chinois soient sujets à la goutte, et je ne crois pas que cette maladie existe chez les Indiens. Cependant les Européens en sont tout aussi tourmentés, à la Chine, dans l'Inde, au Cap de Bonne-

Espérance, aux Isles de France et de la Réunion, qu'en Europe; mais leur manière de vivre est bien différente de celle des indigènes. Je ne sais pas si les Chinois font usage des eaux minérales qu'ils ont dans leur pays. Je n'ai pas ouï dire qu'il y ait aucun volcan dans cet Empire. Il y a cependant quelquefois des tremblemens de terre, surtout aux environs de Pékin. Celui de 1730 a bouleversé cette capitale et ses environs.

Ils aiment beaucoup les odeurs fortes; ils emploient le musc, l'ambre gris, le bois d'aigle, l'huile essentielle de santal, celle du thym, et vraisemblablement quelques autres. Ces substances aromatiques fournissent des remèdes à la médecine, mais j'ignore quand et comment elles sont administrées.

Les maladies qui affectent le plus les Européens à la Chine, comme dans toutes les Indes-Orientales en général, sont la dyssenterie et le flux de sang. L'ipécacuana, administré convenablement, est le spécifique de ces deux maladies; mais il faut en répéter l'usage, jusqu'à parfaite guérison. Je ne crois pas que les Chinois y soient fort sujets.

Il y a plusieurs manières d'administrer l'ipécacuana; voici celle qui m'a réussi constamment à l'Isle de France, où les cours de ventre, les dyssenteries, les flux de sang sont assez communs parmi les blancs et les noirs, mais sur-tout parmi ces derniers qui en général ne sont pas sobres, et ne ménagent guère leur santé. Ces maladies sont en général assez fréquentes dans tous les pays chauds, et sur-tout dans ceux où l'air est mal-sain.

On fait prendre, pendant trois jours de suite, de l'ipécacuana en poudre au malade, pour exciter deux ou trois vomissemens; ainsi la dose est proportionnée, à l'âge, au sexe et à l'état du malade. Au lieu d'eau chaude, on lui donne une tisane qui n'est autre qu'une infusion foible d'ipécacuana, et on lui fait prendre tous les soirs un lavement composé d'une décoction un peu forte de cette racine. Le quatrième jour on le purge doucement, et on lui donne la même tisane à boire et le même lavement. On fait entrer de la rhubarbe dans la composition de la médecine. Ensuite, on lui fait prendre, trois jours de suite, de l'ipécacuana, comme la première fois, et on le purge le huitième jour, comme ci-devant. Si le mal résiste, on réitère le traitement.

Lorsque la maladie n'a pas un principe vénérien, ou qu'elle n'est pas accompagnée de marasme, ou de quelque autre complication, elle cède toujours à ce traitement administré convenablement. Le désir d'être utile à l'humanité m'a engagé à le publier, puisqu'il a en sa faveur une expérience constamment heureuse, depuis plus de trente-quatre ans que je l'ai mis en pratique.

Nous tenons de feu le docteur Pringle, dont les écrits sur la médecine sont estimés à juste titre, que l'ipécacuana, pris en petites doses, mais répétées, faisoit plus d'effet, que pris en grande dose. Il n'en faisoit prendre à ses malades que cinq à six grains à la fois, et répétoit cette dose deux ou trois fois dans la même matinée. L'expérience m'a confirmé l'efficacité de cette pratique ; mais j'ai éprouvé par moi-même et sur beaucoup d'individus, que la décoction théyforme de cette racine avoit autant d'effet que la racine elle-même prise en substance, et que l'addition d'un peu de sucre ne diminuoit pas sa vertu émétique et purgative. Je mets six ou huit ou dix grains d'ipécacuana en poudre dans une tasse ; je verse par-dessus quatre ou cinq cuillerées d'eau bouillante ; j'agite le mélange avec une cuiller à café, ensuite je le laisse reposer, et je décante la liqueur. J'y ajoute un peu de sucre ; je la fais prendre au malade, et je lui donne immédiatement après, une bolle de thé leger, ou de fleurs de sureau, de tilleuls, de bouillons-blancs, ou une décoction de capillaire, légèrement sucrée. Lorsque le malade vomit, il prend à
son

son choix, soit de l'eau tiède pure, ou sucrée, soit du thé, soit une décoction des fleurs susdites, sucrée ou non, à son goût. Lorsque le vomissement est passé, il prend une seconde dose d'ipécacuana, semblable à la première, et même une troisième, quatrième et cinquième dose, dans la même matinée, suivant les cas. Cette méthode d'administrer ce remède m'a paru la plus efficace, et celle qui répugne le moins aux malades. Elle convient sur-tout aux enfans, qui montrent ordinairement tant de répugnance à prendre des remèdes.

Les dartres sont communes à la Chine et encore plus dans l'Inde. On n'emploie que des topiques pour leur guérison, mais ils sont rarement efficaces. Si ces remèdes les font disparoître, ce n'est ordinairement que pour un tems. Elles se dissipent presque toujours d'elles-mêmes, après quelque tems de séjour en Europe. Si à l'usage des topiques, on ajoutoit celui des bains et des frictions sèches, quelques purgatifs, un régime convenable, il est vraisemblable qu'à la Chine même et dans l'Inde, on feroit disparoître ces taches cutanées qu'on appelle dartres, et qui sont quelquefois assez incommodes par les démangeaisons vives et fréquentes qu'elles occasionnent.

J'ai dit qu'il y avoit des lépreux à la Chine.

J'ignore quelle est la police du Gouvernement à leur égard, et quels sont les remèdes employés contre cette cruelle maladie. L'auteur des *Recherches Philosophiques sur les Egyptiens et les Chinois* prétend que le *bouillon et la chair de vipère, connue sous le nom de Coluber, abondante en Egypte,* étoient regardés comme un spécifique contre l'éléphanthiasis. « C'est l'eau du Nil, » ajoute-t-il, qui a réellement la qualité de » produire des pustules sur la peau de ceux » qui la boivent pure, et sur-tout pendant » les premiers jours de sa crue ». *Cette eau,* dit Pococke, *occasionne aussi des descentes et des dyssenteries.* (Description of the East. B. IV). Le premier attribue ces effets au *natron*, ou à *l'alkali*. J'avoue que j'ai de la peine à me rendre à son autorité. Si la lèpre étoit une maladie particulière à l'Egypte, je pourrois croire qu'elle est due aux qualités des eaux du pays; mais la lèpre, qui a été autrefois commune en Europe et qui n'existe plus aujourd'hui, me paroit avoir une autre cause en Egypte. Les prêtres de ce pays qui en étoient aussi les médecins, et qui passent pour avoir eu des connoissances étendues dans la pratique de la médecine, n'auroient pas tardé à reconnoître, que le mélange d'un peu d'acide végétal auroit suffi, pour corriger la mauvaise qualité des eaux du Nil. Quant aux vertus des bouillons et de la chair de vipère, j'ai de la peine à les croire telles qu'on les dit. L'usage de la vipère peut être un bon préservatif contre la lèpre ; mais je doute qu'il soit un remède curatif. On annonça, il y a 15 ou 18 ans, dans les papiers publics de l'Isle de France, la chair des lézards, comme un spécifique contre la lèpre ? on prétendoit tenir ce secret des Indiens. L'expérience qu'on en a faite n'a pas confirmé cette assertion.

Un chirurgien de vaisseaux, d'origine allemande, et qui avoit de la réputation pour son métier, composoit des pilules qu'il prétendoit être un spécifique contre le flux-de-sang. Je n'en sais pas la composition ; je sais seulement qu'il y faisoit entrer des crabes pétrifiées réduites en poudre; il n'avoit pas pu s'en procurer ; je fus plus heureux que lui; j'en achetai une très-grande quantité de trois espèces ; les unes grises, les autres rougeâtres, plus larges que longues, de grandeur médiocre, auxquelles il manquoit beaucoup de pattes ; mais j'en trouvai quatre très-grandes, très-grosses, rondes, plus rouges que les précédentes et plus entières. Elles doivent toutes être au cabinet national, à l'exception de celles que je donnai au chirurgien, qui étoit employé sur le même vaisseau que moi.

J'ai eu quelques entretiens avec un lettré, qui étoit le premier commis d'un des plus gros marchands de Canton; c'étoit un jeune homme de 26 ans environ, de belle taille, ayant une figure agréable, un air doux, un maintien posé, sans affectation, des manières aisées et honnêtes. La difficulté de nous entendre m'a empêché de profiter de ses entretiens. Tous les marchands de Canton parlent un portugais corrompu, que les Français apprennent assez facilement, pour les usages ordinaires, mais qui ne peut guère servir de truchement, lorsqu'il est question d'approfondir la législation, les mœurs, et les procédés dans les arts, d'un peuple si différent de ce que nous connoissons.

Je me rappelle que ce jeune homme qui se formoit aux pratiques commerciales, sans doute pour se mettre ensuite à la tête d'une maison, s'il en avoit les moyens, fit faire à son commettant un marché très-avantageux, avec les supercargues de la compagnie de France. Ils avoient en magasin une quantité assez considérable de ginseng du Canada, qui s'étoit vendu autrefois un prix exhorbitant, mais les Chinois et les Japonais, à qui les premiers en avoient apporté, avoient reconnu que cette racine n'avoit pas les mêmes propriétés que le ginseng de Tartarie, et personne n'en vouloit. La Compagnie en avoit mal à propos fixé la vente à trois piastres la livre. Notre jeune lettré, qui avoit déjà la tête plus commerçante que nos supercargues, paroissant entrer dans l'embarras où ils se trouvoient par la non-vente d'une denrée qui ne pouvoit que se gâter ou se détériorer en magasin, leur proposa de lui livrer tout le ginseng qu'ils avoient, payable dans un an, au prix qu'il auroit alors à Canton. Par ce moyen, ils n'alloient pas directement contre les ordres de leur Compagnie ; ils évitoient l'inconvénient du desséchement, de la carie, en un mot de la détérioration de cette racine ; et comme ils se flattoient de n'en point recevoir d'Europe l'année d'ensuite, ils pouvoient espérer que son prix seroit plus haut. Le marché fut accepté, au grand avantage du négociant, qui fit lui-même tomber le prix de la denrée à une piastre le catis, qui équivaut à près de vingt onces françaises. Il vendit une partie le double ou plus, et il réserva l'autre, pour en faire tomber le prix au bout de l'année. Il eut donc, outre le bénéfice sur la partie vendue, celui résultant de l'intérêt de l'argent, pendant un an, dans un pays où il est très-haut.

Ce lettré, au-dessus des préjugés de sa

patrie, paroissoit avoir conçu une haute opinion des Européens. Quoique flegmatique par caractère et par principe, il aimoit la vivacité française, pourvu qu'elle ne fût pas portée jusqu'à l'étourderie, et la préféroit à la morgue des Anglais, et au froid glacial et intéressé des Hollandais. Le négociant chez qui il étoit, quoique mandarin lui-même, avoit pour notre lettré une grande considération. Toutes les places à la Chine ne se donnent qu'aux lettrés. Pour être qualifié tel, il faut avoir fait des études, avoir subi des examens dans trois grades différens. Il y a même des épreuves pour les mandarins militaires. Elles consistent à faire preuve de force, d'adresse et d'agilité, et sans doute d'intelligence, sur ce qui a rapport à l'art de la guerre. La faveur, dira-t-on, obtient quelquefois les places qui ne devroient être données qu'au mérite ; les présens, l'argent ont souvent des préférences; je n'en doute pas ; mais ce sont des abus inévitables qu'on trouvera partout chez les hommes, dans toutes les constitutions, dans dans toutes les sociétés.

Notre lettré avoit les manières polies et aisées, mais décentes. L'auteur de *l'Histoire Philosophique et Politique*, a dit dans la deuxième édition de cet ouvrage : *Les rites, les cérémonies qui font mouvoir cette* nation, donnent plus d'exercice à la mémoire qu'au sentiment. *Les manières arrêtent les mouvemens de l'ame et affoiblissent ses ressorts.....* L'excès de la politesse chinoise prouve un haut degré de civilisation ; les égards qu'ils ont les uns pour les autres, éloignent les querelles, et leur inspirent des sentimens de bienveillance générale pour leurs semblables. Aussi les meurtres sont-ils extrêmement rares à la Chine. Le grand ressort du Gouvernement n'est pas la religion, puisqu'elles y sont toutes permises, et qu'on peut y être athée sans conséquence ; ce n'est pas non plus une police sévère, quoiqu'en effet elle soit et doive être réprimante ; c'est l'autorité paternelle, c'est le respect infini pour les ancêtres. Ce sentiment inspiré par la nature, par l'éducation, par la législation, confirmé par l'exemple, maintenu par une pratique habituelle, est la base des mœurs des Chinois, et tient un grand peuple dans le respect et la soumission qu'il doit à ceux qui gouvernent.

La piété filiale est la base de la législation chinoise (1). Ce principe, qui est pris dans

___

(1) C'est le seul gouvernement connu des têms anciens et modernes qui ait eu cette base. Quoique le respect des enfans pour les pères ait été con-

la nature, est beaucoup plus étendu, beaucoup plus fécond, et beaucoup plus puissant, quand on l'approfondit, qu'on ne le croit communément. Le respect pour les parens, le sentiment qui en est une suite et qui prescrit aux enfans l'obéissance aux ordres de leurs pères et mères, l'attachement infini qu'ils ont pour les auteurs de leurs jours, s'étendent sur l'Empereur, le père commun, sur les gouverneurs des provinces, sur les commandans des villes, sur les membres des tribunaux, en un mot sur tous les mandarins qui ont quelque autorité. Ils sont tous regardés comme les pères du peuple. Tous donnent l'exemple de la piété filiale. Les Empereurs qui sont sur le trône, soit par politique, soit par sentiment, soit par étiquette de cour, sont exacts à se conformer à cet utile préjugé. Ils montrent tous le plus grand respect pour leurs ancêtres, et pour leurs mères, et ne s'exemptent jamais des

---

sacré par la législation romaine, la base de son gouvernement étoit l'amour de la patrie. Montesquieu a dit que l'honneur, la vertu et la crainte étoient les bases des différens gouvernemens, monarchique, républicain et despotique. Par le mot *vertu*, il a entendu une vertu publique, mais la piété filiale est une vertu privée. Il est donc à propos d'ajouter ce principe à ceux admis par le célèbre jurisconsulte que je viens de citer.

cérémonies publiques qui les assujettissent dans maintes occasions à des démonstrations souvent pénibles, qui manifestent leurs sentimens.

Je ne parlerai pas ici de l'agriculture chinoise. On trouvera ailleurs des détails sur la méthode de cultiver le riz, et sur d'autres procédés assez curieux (1). Ils connoissent l'art des greffes (2), et le pratiquent

---

(1) En voici un que les Européens n'ont pas encore imité, que je sache. Ce n'est point un *provignement*, ce n'est point une greffe ; c'est une combinaison heureuse de deux plantes du même genre, mais ayant des couleurs différentes, pour obtenir des fleurs panachées que la nature n'a pas données. « Ils joignent » deux pieds de matricaire de différentes couleurs, » ils font à chacun par le bas, une entaille assez » longue, et qui pénètre jusque près de la moëlle, et » lient ensuite les deux pieds avec du chaume, pour » qu'ils restent étroitement unis. Ils obtiennent par » ce moyen de belles fleurs panachées, de couleurs » déterminées.

» Le Chinois patient et réfléchi, est venu à bout » d'obtenir d'une plante sauvage et presque infecte, » des fleurs brillantes et parfumées ». *Description générale de la Chine*, page 87. Quel est le pouvoir de l'éducation sur le règne végétal, et même sur le règne animal !

(1) Les greffes réussissent difficilement et bien rarement dans les pays situés entre les deux tropiques : cette opération de l'art du jardinage est

dans toutes les provinces. L'invention des serres chaudes, nouvelle en Europe, date chez eux d'une très-haute antiquité. Elles ont pour objet, non-seulement la conservation des végétaux exotiques, qui demandent une température chaude, mais encore d'avoir des légumes et des fruits précoces, et des fleurs pendant l'hiver.

Ils engraissent leurs terres, en les couvrant

---

employée dans les provinces méridionales de la Chine, et sur-tout dans les septentrionales. Les Chinois greffent par fente des matricaires sur des pieds d'aurône ou d'armoise; ils greffent des pivoines mâles sur des femelles; ils entent des chênes sur des châtaigniers, et des coignassiers sur des orangers, etc. Il y a des arbres dans les pays chauds que l'on multiplie aisément de boutures; mais il y en a d'autres qui ne réussissent pas par ce moyen, quelques précautions que l'on prenne, quelques soins qu'on leur donne. En revanche on les multiplie tous assez facilement en élevant des drageons; pour cela on fouille la terre au pied de l'arbre, on découvre quelques racines que l'on coupe, et qu'on laisse dans la terre; on les arrose de tems en tems; elles poussent des rejetons qu'on enlève, et que l'on transplante où l'on veut.

Les transplantations des arbres réussissent très-bien dans les pays chauds, en prenant les précautions que l'art et l'expérience indiquent; mais j'ai observé que les arbres venus de graines en place, prospéroient mieux que ceux transplantés et qu'ils résistoient davantage aux ouragans, parce qu'ils ont un pivot et que les autres n'en ont pas.

d'eau, après la récolte, avec les herbes et les pailles qui y sont, jusqu'au printems suivant, et même une année entière. Ils les engraissent aussi en y répandant, par irrigation, une eau chargée de fumier, ou de terre grasse, ou de chaux, ou de boue, ou celle des mares. Ils sont très-curieux. Je crois même qu'ils accepteroient, avec reconnoissance, les plantes exotiques et utiles qu'on leur apporteroit, et qu'ils leur donneroient des soins. J'engage les amis de l'humanité qui vont à la Chine à y porter ces présens, plus précieux que tous ceux qu'on pourroit leur faire. Il seroit digne des Gouvernemens de s'en occuper. Au lieu de se regarder toujours, comme en état de guerre avec les autres peuples, principes que la philosophie et une bonne politique réprouvent, que n'agissent-ils comme les amis des nations étrangères avec lesquelles ils entretiennent des relations, comme les bienfaiteurs de l'humanité? On se fait plus de partisans par les bienfaits, qu'on n'acquiert de puissance par la force; et cette puissance n'est pas durable.

L'Empereur Can-hy, bisayeul de celui qui est sur le trône depuis deux ans, a dit dans son ouvrage sur l'histoire naturelle, à l'occasion des trois espèces de vignes qu'il a transplantées à Pekin du royaume de *Hami*:

J'aime mieux procurer une nouvelle espèce de fruits ou de graines à mes sujets, que de bâtir cent tours de porcelaine.

Le même qui avoit de grandes vues, beaucoup de pénétration et d'humanité, et qui n'aspiroit qu'à rendre son peuple heureux, faisoit cultiver sous ses yeux toutes les espèces de blés, de grains, de légumes et de fruits qu'il avoit rassemblés des différentes parties de son Empire. *Il arriva une année, dit-il, qu'un pied de riz monta en épis et mûrit long-tems avant les autres..... Je fis recueillir séparément le riz de ces épis précoces, et les fis semer dans un terrain particulier. Tout ce qui en est venu depuis plusieurs années a mûri beaucoup plutôt que l'autre.* (Mémoires sur les Chinois, par les missionnaires de Pekin. T. IV. pag. 477.) Voilà donc une espèce de riz hâtive, que la prévoyance de ce sage Empereur a procurée à son pays. J'ai cité cette anecdote pour donner l'idée à nos cultivateurs de faire des observations du même genre.

Cet Empereur s'applaudit, dans le même ouvrage sur l'histoire naturelle, d'avoir procuré à la Chine des melons de *Ha-my*, qui sont fondans, sucrés, d'un goût exquis et très-sains. On en fait sécher au soleil des tranches, dont on ôte l'écorce, et elles ont très-bon goût, sept ou huit mois après. Procurer aux hommes des jouissances innocentes est un acte digne d'un vrai philantrope.

L'industrieux Chinois cultive même le fond des eaux. Les lacs, les étangs, les marais, les fossés aqueux leur fournissent des récoltes de fruits. Ils y plantent des végétaux qui font les délices des meilleures tables. Nous pourrions aussi, à leur exemple, multiplier une espèce de châtaigne aquatique que les latins ont nommé *tribulus*, et tâcher de naturaliser chez nous la *nymphœa-nelumbo*, dont les Chinois tirent parti.

Je ne sache pas qu'aucune autre Nation, excepté les Egyptiens de l'ancien tems (1), ait eu l'industrie de cultiver le sol des eaux, et d'en obtenir des récoltes propres à la nourriture de l'homme, et à augmenter la somme de ses jouissances. Je serois tenté de croire que les mares couvertes de végétaux,

---

(1) Ils ont aussi cultivé la *nymphœa-nelumbo* dans les eaux, et celle appelée par les latins *lotometra*, dont la graine très-mince servoit à faire une sorte de pain connu sous le nom de *cace*. L'une et l'autre plante que l'on suppose avoir été transplantées de l'Ethiopie en Egypte n'existent plus dans ce dernier pays. (*Recherches philosophiques sur les Egyptiens et les Chinois*, tome 1, page 157).

sont beaucoup moins insalubres que celles qui n'en ont point, parce qu'ils absorbent en tout ou en partie le gaz méphitique qui corrompt l'air, et le transforment en air vital. Il est possible que l'expérience ait éclairé les Chinois sur cet effet salutaire, et que l'attention qu'ils ont de peupler de végétaux toutes les eaux stagnantes, ait eu pour motifs, non-seulement des récoltes de fruits divers et l'agrément de la vue, car les étangs couverts des feuilles et des fleurs du nénuphar présentent un coup-d'œil agréable, mais encore de contribuer à la salubrité de l'air. Il seroit digne du Gouvernement Français de recueillir les avis des agriculteurs et des botanistes de l'Empire, sur les plantes aquatiques, soit indigènes, soit exotiques, dont la culture promettroit plus de succès et plus d'avantages, et d'en faire faire des essais dans les différens départemens de la République, et sur-tout dans ceux qui présentent des localités où l'air est insalubre. C'est aux philosophes, aux observateurs, aux savans, à éclairer le Gouvernement sur toutes les entreprises utiles. Tous les citoyens de l'Empire sont appelés à remplir ces fonctions. Le patriotisme tient souvent lieu de talent, et supplée quelquefois aux connoissances qui manquent. Je n'ai pas d'autre titre, et je le regarde comme le plus glorieux dont puisse s'honorer un Français. Quelle satisfaction pour un citoyen, pour un ami de l'humanité, lorsque ses conseils ont été utiles à la patrie !....

L'auteur des nouveaux voyages dans l'Amérique septentrionale dit, que les marais et les lacs du pays des *Akanças*, le long du fleuve du Mississipi, sont couverts de *folle-avoine, qui s'élève en touffes au-dessus de l'eau*, (pag. 115) et que les sauvages en font chaque année d'abondantes récoltes ; ils réduisent ce grain en farine, en le pilant dans un mortier. *Nous en mangeâmes*, ajoute l'auteur, (le citoyen Bossu) *en crêpes et en bouillie que je trouvai très-bonne et très-rafraîchissante.* Il propose *d'essayer de semer* les marais de France *de ce précieux grain*, et prétend que notre *climat a quelque ressemblance* avec celui du pays des Akanças.

Je désirerois qu'un agriculteur instruit étudiât toutes les pratiques agricoles des Chinois. Elles sont très-antiques ; elles ont pour elles des expériences multipliées, et répétées de siècle en siècle. Le Gouvernement accorde des distinctions ou des titres honorables aux agriculteurs qui ont défriché des terres, et même aux Mandarins qui ont aidé les défrichemens de leurs deniers. Ceux qui ont défriché cent trente arpens, en acquièrent la propriété, et obtiennent en outre des charges, dans le tems prescrit par la loi, s'ils en sont susceptibles.

On sait qu'ils fabriquent du papier avec la soie, avec le bambou, avec le chaume (1) et sur-tout avec l'écorce du Tchu-Kou (2). On croit que cet arbre est du genre du

---

(1) On fait à *Ning-hia*, ville de la province de Chesni, en Chine, du papier avec du chanvre battu et mêlé avec de l'eau de chaux.

(2) Long-tems avant l'invention du papier, les Chinois écrivoient, dit-on, sur l'écorce du bambou. Il est vraisemblable que ce bambou est d'une autre espèce que ceux des côtes de Coromandel et du Malabar, dont l'écorce très-mince et très-lisse, n'est pas facile à lever. Les Indiens écrivent avec un style aigu de fer, sur des feuilles de palmiers desséchées, quoiqu'ils fabriquent du papier grossier, jaunâtre et brunâtre : j'ai posédé des livres indiens, composés de feuilles de palmier ; un de nos soldats les avoit pris pendant la guerre, dans une pagode abandonnée : on me les a volés, je suppose que ce sont mes domestiques Indiens, qui n'ont pas voulu laisser entre les mains d'un profane, des livres qu'ils regardoient peut-être comme sacrés. Les feuilles des palmiers sont moins altérables que le papier ; les caractères qu'on y trace sont ineffaçables, mais ces feuilles sont inflammables.

Il y a des auteurs qui prétendent qu'après l'usage d'écrire sur les écorces du bambou, on avoit

figuier

figuier. Il seroit peut-être possible de le naturaliser en France. Quoi qu'il en soit, je vais rapporter la manière dont ils le cultivent, pour donner une idée de leurs connoissances en agriculture. Ils ont fait sans doute beaucoup d'essais, avant d'avoir découvert la méthode qu'ils suivent, et qui est la plus profitable, tant pour la quantité que pour la qualité.

Ils lavent la graine de cet arbre; j'ignore s'ils emploient, pour elle, une liqueur prolifique, dont l'usage leur est assez familier pour d'autres plantations. Ils mêlent à cette graine de la semence de Sésame, et les jetent en terre pêle-mêle, au printems. On suppose bien que le sol a été labouré et préparé convenablement. Ils ne coupent point le Sésame; ils se contentent d'en récolter les graines, dont ils extraient l'huile. Au printems suivant, ils mettent le feu dans le champ. Quelque tems après, les jeunes Tchu-Kous poussent

---

adopté celle d'écrire sur la toile et sur la soie. Quoi qu'il en soit, l'invention du papier remonte chez eux à une antiquité de plus de deux mille ans; j'ignore si elle a précédé l'invention de l'imprimerie. Celle-ci n'existe pas chez les Indiens. Il est possible cependant, que les Chinois aient pris d'eux l'invention du papier, et qu'ils aient eu l'industrie d'en tirer parti pour l'impression de leurs caractères et pour la peinture.

I

avec vigueur ; au bout de trois ans, on les coupe, et leurs écorces sont converties en papiers. Il est vraisemblable que le feu détruit les premières pousses de cet arbre, mais non ses racines, qui donnent ensuite de nouveaux jets. Ils suivent la même méthode, pour les plantations des mûriers. Ils en mêlent les graines avec celles de mil, à parties égales. Celui-ci croit plus promptement et défend les jeunes arbres des ardeurs du soleil. Lorsqu'il est mûr, on en récolte la graine, et dès qu'il fait du vent, on y met le feu. Les mûriers poussent au printems suivant avec plus de force. Pour faire réussir un semis de chêne, il faut, disent les cultivateurs de ce pays, y passer le feu, à la fin de la première, ou de la deuxième année. Je conjecture que le feu rend la terre plus productive. J'ai des observations qui me confirment dans mon opinion. Quoique ce ne soit pas ici le lieu de les rapporter, je dirai que dans les Isles à sucre, on est dans l'usage, après la coupe d'un champ de cannes, qui se trouve alors couvert d'un matelas épais de feuilles et des débris de cette plante, d'y mettre le feu, et qu'on a reconnu par l'expérience, que les souches, qui ne périssent pas par l'effet de l'incendie, donnent des jets plus beaux, plus nombreux, et plus sucrés, que lorsque le feu n'y a pas passé. Je conviens que cette pratique n'est pas applicable à toutes les terres et à tous les végétaux. Quelle que soit la matière de leurs divers papiers, soit végétale, soit animale, ils sont moins blancs, mais beaucoup plus lisses que les nôtres. Ils n'écrivent pas avec des plumes, mais avec des pinceaux. Leurs caractères que l'on connoît assez n'ont pas des traits déliés, comme les nôtres.

Je n'ai point vu à la Chine d'animaux particuliers à cet Empire, à l'exception d'une espèce d'Ourang-Outang, dont je vais parler. Je passois un jour devant une Pagode, lorsqu'un Chinois m'arrêta et me présenta un Ourang-Outang dans une cage cylindrique. Il étoit debout; il n'avoit guère plus de vingt-quatre à trente pouces, il étoit assez gros et noir; il avoit peu de barbe, et du poil sur le corps. Son visage étoit alongé, il paroissoit fort triste, comme plongé dans le chagrin. Son sort m'intéressa : je le marchandai, le Chinois convint de me le laisser pour vingt piastres. Il falloit retourner au *Ham* pour les chercher, et pour y conduire mon captif; je me disposois à faire ce voyage, lorsque les amis avec lesquels je me trouvois, m'en détournèrent. Ils me représentèrent que cet animal m'embarrasseroit dans la traversée, et qu'il mourroit avant d'arriver en France. Je renonçai donc à cette acquisition ; mais ce fut avec beaucoup de regret. Je n'eus pas le tems de savoir du marchand l'histoire de cet animal, ni de quel pays il provenoit. C'est le seul que j'aie vu à la Chine. J'en ai vu d'autres à Batavia, et même à l'Isle de France qui venoient de Java ; mais aucun n'approchoit autant de la figure humaine que celui dont je viens de parler. J'ai vu à Chandernagor dans le Bengale un *You-you* qui venoit de très-loin, disoit-on, et qui ressembloit beaucoup aux prétendus Ourang-Outang de Java.

J'achetai un beau chat sauvage tigré, fort doux, plus gros que nos beaux angoras; je l'envoyai à bord. Il sortit de sa cage, je ne sais comment, et fit main basse sur les poules : on le poursuivit, mais il étoit très-alerte, on ne pouvoit pas l'atteindre ; enfin il se jeta à la mer et nagea vers l'Isle de Vampou, où il aborda. Cette espèce d'animal est connue. Je ne parlerai pas des Scarabées brillans, qui sont très-communs, et qui servent d'ornement sur la tête des femmes, avec des fleurs artificielles, parfaitement bien imitées, et dont les couleurs sont très-vives, car ils excellent dans l'art de l'imitation. J'ai vu des fleurs et des arbustes chargés de fruits, en ivoire, avec des couleurs naturelles, si ressemblans, qu'on les prenoit pour la réalité.

Je crois qu'on me dispensera de parler de *Confucius*, ce fameux philosophe Chinois, dont le nom est en grande vénération à la Chine ; je n'ajouterois rien à tout ce que l'on en sait. Sa doctrine peut être regardée comme la religion ancienne et naturelle des Chinois. Ses descendans ont des titres d'honneur. C'est la seule famille de l'Empire qui ait des distinctions et des privilèges. Je ne parlerai pas des petits pieds des femmes. Celles que nous voyons dans les bateaux, ont les pieds de grandeur naturelle. J'ai vu quelques Chinois avec des ongles très-longs ; on sait que c'est un effet ridicule et incommode de la vanité.

On doit supposer qu'un voyageur qui ne séjourne que quelques mois à Canton, et qui est occupé, ne peut pas prendre des notions étendues sur les croyances, et sur les pratiques religieuses de ce peuple. Ainsi je renvoie pour cet objet à ce qu'en ont dit des auteurs plus instruits que moi. Il y a long-tems que les dogmes de *Foé* leur sont venus de l'Inde ; ce qui donne à supposer que les peuples de cette partie étoient civilisés avant les Chinois. Il paroît que c'est aussi l'opinion du savant Bailly, dont les lettres regretteront toujours la perte prématurée. Les pagodes de la Chine n'approchent pas de celles de l'Inde, ni pour l'étendue, ni pour l'appareil des constructions. Les peuples de l'Inde n'ont qu'une seule religion, celle de Brama. Je ne parle pas du mahométisme, qui est la religion des conquérans, les Tartares Mogols, parce que ce sont des intrus d'une autre nation qui font bande à part, et qui ne s'allient pas avec les indigènes. L'unité de religion chez les Indous, l'immensité de leurs pagodes, leurs dogmes religieux, qui ont tant influé sur leur constitution civile, semblent prouver, comme je l'ai dit ailleurs, que le gouvernement chez eux étoit théocratique dans des tems anciens, et qu'ils sont les aînés des Chinois.

Les Bonzes sont respectés du peuple; mais l'hommage qu'il leur rend est purement volontaire, ainsi que les dons qu'il leur fait. Les prêtres ne dominent point à la Chine. Le déisme est la seule religion avouée par le Gouvernement. L'Empereur et tous les Tartares qui sont dans l'Empire sont de la secte du Dalaï-Lama, qui est celle de Foé; mais ils ne cherchent point à propager leur doctrine, ni à étendre ce culte.

Sous le règne de *Out-Song*, de la dynastie des *Tang* (Histoire générale de la Chine, Tome VI, page 488) on a détruit plus de quarante-quatre mille temples de Bonzes, et leurs biens furent confisqués au profit de l'Etat. *Chit-Song*, Empereur des *Héout-Chéou* détruisit trente mille de leurs temples qui n'avoient pas des titres authentiques de leurs fondations. (Ibid. Tom. VII, pag. 445) Cependant leurs temples sont encore très-nombreux aujourd'hui. D'après l'histoire des Chinois, il paroît que ce peuple est crédule et qu'il se livre aisément à la superstition. Il croit que les élémens ont un esprit qui en est le Dieu: ainsi le feu, l'eau, l'air, etc. ont leurs esprits. Les enfans que l'on trouve sur l'eau avec une calebasse au cou ont été consacrés à l'esprit de la rivière. Tel est le fatal effet de la superstition, de rendre l'homme barbare et sanguinaire.

J'ai vu leurs théâtres; ils les élèvent dans la rue; mais ils laissent le passage libre au-dessous. Leurs pièces, à ce qu'il m'a semblé, commencent le matin et finissent le soir. Les spectateurs sont debout; ils se succèdent les uns les autres. Je crois que cette dépense est faite par le Gouvernement.

Les Chinois ont des instrumens de musique qui ont peu d'effet: plusieurs auteurs en ont parlé; mais ce qui me surprend, c'est que ce peuple ne connoît pas la danse; du moins je n'en ai vu exécuter aucune, pas même sur leurs théâtres, pendant mon séjour à Canton. Les Indiens ont leurs bayadères, ou danseuses, qui sont attachées aux pagodes; mais rien de semblable n'existe à la Chine. La gravité chinoise, la retraite des femmes, le défaut d'assemblées publiques ou particulières, la continuité du travail, s'opposent vraisemblablement au goût de la danse. On pourroit ajouter que leur vêtement est le plus grand obstacle. Des caleçons amples, des robes longues, des bottes larges, dont le soulier est très-épais, ne sont pas propres à cet exercice.

Nous voulûmes donner aux Chinois une idée de nos spectacles. Nous fîmes monter un théâtre dans une très-grande salle d'une factorerie; il fut décoré suivant nos usages. Nous y représentâmes Zaïre, ensuite Radamiste, et deux petites comédies, aussi bien que nous aurions pu le faire en France. Nous avions invité les étrangers à y assister, et nous leur donnâmes à souper. Les principaux négocians de Canton s'y trouvèrent; ils en parurent très-satisfaits. Nous faisions quelquefois des concerts, soit dans notre *ham*, soit dans celui des Anglais, soit dans celui des Suédois. Les Européens qui aimoient la musique (1) se réunissoient; elle

───────────────

(1) L'invention de la musique est très-ancienne à la Chine : *Ling-lun* qui a trouvé les douze demi-tons, qui sont renfermés dans les limites d'une octave, et qu'on appelle les douze *Lu*, fleurissoit sous

ne paroissoit pas être du goût des Chinois. Ils n'estiment pas non plus nos ragoûts et préfèrent les leurs. J'ai mangé plusieurs fois chez des négocians qui faisoient servir des mêts apprêtés chez eux, avec d'autres mêts que nous faisions porter, apprêtés par nos cuisiniers, de sorte que la table étoit servie à la chinoise et à la française. Ils ont un ragoût composé de tripes de cochon qui est en général très-estimé des Européens. Ils ne font que deux repas par jour, l'un à dix heures du matin, l'autre à six heures du soir.

Ils ne boivent ni vin d'Europe, ni café, ni chocolat. Leur *sam-sou* est une liqueur forte; mais ils en prennent modérément: car je n'ai pas vu un seul Chinois ivre, tandis que les matelots Européens se soulent souvent avec cette liqueur. De toutes les épiceries, le poivre est celle dont ils consomment le plus. Leurs mêts sont assaisonnés avec du sel et un peu de poivre, ils y mêlent rarement du piment: celui de Chine est plus doux que celui de l'Inde. Le riz est dans les provinces méridionales la base de leur nourriture.

---

le règne de *Hoang-ti*, l'an 2637, avant l'ère chrétienne. (*Mémoire du P. Amiot*, t. *VI*, p. 77.) C'est dans cet ouvrage qu'on trouve développé le système musical des Chinois, et la description de leurs instrumens de musique, qui sont très-nombreux.

Je ne parlerai pas des arts des Chinois; on connoît leurs soieries, leurs porcelaines, leurs vernis. On sait qu'ils ont porté l'art de la broderie au plus haut degré de perfection. Ils travaillent supérieurement l'ivoire, la nacre de perles, l'écaille. Ils font aussi des ouvrages en marqueterie, et des bijoux en or, qui n'ont pas le fini des nôtres, mais qui prouvent leur adresse et leur intelligence. Quoique leurs couleurs soient très-vives et très-belles, la peinture n'a pas fait chez eux de grands progrès; cependant ils sont d'habiles copistes. La sculpture y est peu pratiquée : aussi est-elle restée au-dessous du médiocre. L'architecture y est moins négligée. Je doute cependant que l'on trouvât à la Chine des monumens dignes de remarque, à l'exception de leurs ponts.

« Celui de *Siuen-Tchéou-Fou* ; dans la
» province de *Foukien* est construit sur un
» bras de mer dangereux. Il est tout entier
» d'une pierre noirâtre, ou d'un bleu très-
» foncé, fort dure, et soutenu par plus de
» trois cents piliers, terminés de part et
» d'autre en angle aigu, pour rompre la
» violence des flots. Il n'est point en ar-
» cades, mais cinq pierres égales en lon-
» gueur et en épaisseur occupent l'espace
» d'une pile à l'autre. Il est bordé de ba-
» lustrades enrichies, à distances égales

» de globes, de lions, et de pyramides po-
» sées sur des bases. Il a plus de trois cent
» soixante perches de long, c'est-à-dire, plus
» de trois mille six cents pieds chinois
» (qui équivalent à très-peu de chose près
» à nos anciens pieds de roi). *Histoire gé-*
» *nérale de la Chine*, Tom. XII, pag. 123.

Je crois que leurs connoissances en astronomie et en géographie étoient assez bornées, avant que les Missionnaires Européens les aient instruits. La botanique, la chymie, la physique sont des sciences dont ils n'ont guère d'idée. L'expérience seule leur a appris des procédés curieux, utiles, intéressans, dont ils ne cherchent point à expliquer les causes. On trouvera à la fin de ce volume une notice incomplète de quelques arts des Chinois, sur lesquels on désireroit des connoissances plus étendues.

L'Empereur *Kien-long*, qui est sur le trône impérial depuis long-tems, est un des plus grands princes dont l'histoire de la Chine fasse mention. Il a réuni à ses Etats *la vaste étendue de pays qui formoit proprement le royaume des Éleuthes, la petite Boukarie, les villes de Casghar et d'Yerguen, avec toutes leurs dépendances*; mais ce qui met le comble à sa gloire, c'est l'assujettissement des *Miao-tsé*, peuple sauvage qui habitoit des montagnes de l'intérieur de la Chine, et dont les brigandages et les incursions ne pouvoient pas être réprimés. Poëte, historien, philosophe, grand législateur, ami de l'humanité, il a fait l'admiration de son siècle, il fera l'étonnement de la postérité. Sa bienfaisance, son application constante au Gouvernement, pendant un règne de soixante ans, son amour pour la justice et pour les lois de l'Empire, son goût pour les lettres (1) et son estime pour les lettrés, mais sur-tout sa pitié filiale portée au plus haut degré, lui assigneront un rang distingué dans l'histoire de l'Empire.

On prétend que les lettrés pensent que leur pays a été peuplé par des Colonies venues des hauteurs de la Tartarie. Cette opinion peut être vraie, pour une partie des provinces de la Chine, telles que le *Pé-ché-lée*, et le *Kiang-nan*; mais est-il vraisemblable que des Colonies Tartares, qui quittoient leur terre natale, dans l'intention d'en habiter une meilleure, eussent préféré les montagnes habitées par les Miao-tsé à des

---

(1) Le recueil de ses poésies contient vingt-quatre petits volumes. Il a fait un abrégé de l'histoire des *Ming*, et une collection en plus de cent volumes de monumens chinois, anciens et modernes, dessinés sur les lieux, gravés et accompagnés d'explications qui les font connoître.

plaines fertiles ? Je ne le pense pas, et je présume que ces montagnards sont les indigènes de la Chine, qui se sont retirés dans des lieux inaccessibles aux cavaliers, lorsqu'ils ont été chassés des plaines qu'ils habitoient, par des hordes de Tartares. Il seroit bien intéressant de savoir, si ces Miao-tsé, qui ont été soumis par l'Empereur *Kien-long*, avoient quelques principes de civilisation, s'ils avoient une forme de gouvernement, et quelque idée de religion ; quelle étoit leur langue, quels étoient leurs arts, quelles leurs coutumes, quels leurs usages, quelle leur tradition, quelle leur population ; s'ils étoient agriculteurs ou pasteurs, s'ils avoient des demeures fixes ; en un mot, l'histoire de ce peuple seroit aussi curieuse qu'intéressante, et pourroit fournir des notions sur les premiers âges de l'Empire de la Chine.

Je ne quitterai pas ce pays, sans parler de son commerce. On devine aisément que celui de l'intérieur doit être immense, non-seulement à raison de la population extraordinaire de l'Empire, de la fertilité des terres, de l'industrie et de l'activité de ce peuple, de la modicité des droits et de leur fixation invariable, mais encore parce que ses rivières sont navigables, et parce que les canaux factices y sont très-multipliés. Les Chinois ne se sont établis que sur les bords des rivières et des canaux. Aussi trouve-t-on sur le grand canal impérial, des villes à chaque lieue, pour ainsi dire.

Les lois prohibitives sont en très-petit nombre : elles se réduisent à défendre l'importation de l'opium dans l'Empire, l'entrée et la sortie du verre, et l'exportation de l'or, de l'argent et du riz. La première denrée est regardée comme très-funeste, et propre à troubler la tranquillité publique ; ainsi la politique et l'humanité ont conseillé ce réglement de police. Les matières d'or et d'argent sont regardées comme nécessaires à l'Empire. La loi qui en défend la sortie a plus en vue l'exportation qu'en pourroient faire les émigrans, que celle du commerce ; car il n'est pas difficile aux négocians d'en exporter. Quant au riz, c'est un comestible de première nécessité dans un pays extrêmement peuplé. Toutes les autres marchandises, quelles qu'elles soient, manufacturées ou non, sont permises, tant à l'entrée qu'à la sortie. Ainsi les raisons d'Etat qui, dans d'autres pays, ont mis des bornes à la concurrence ou à la consommation des marchandises étrangères, sont ignorées ou dédaignées à la Chine. Plusieurs écrivains ont, de nos jours, attaqué le principe sur lequel elles sont établies. Ce n'est pas ici le lieu d'entamer cette discussion. Je me borne comme historien, à raconter un fait qui me paroît digne d'être remarqué.

Le commerce extérieur des Chinois est très-considérable, depuis que le Gouvernement Japonais, et celui de la Cochinchine ont défendu à leurs sujets respectifs de sortir de leurs Etats. A l'exception des habitans des îles de Lieou-Kieou, les Chinois sont les seuls qui fassent le commerce de ces contrées orientales. Ils vont à la Cochinchine, au Tonkin, au Camboge, au Tsiompa, à Siam, à Malac, à Achem, à Quéda, à Palembam, à Batavia, à Bornéo, aux Moluques, au Japon, aux Isles Philippines. Ils ont des compatriotes établis dans tous ces pays.

On a beaucoup déclamé contre le goût des Chinois pour le vol, et contre les tromperies des marchands dans les qualités et dans les quantités des marchandises. Il m'a semblé que les friponneries n'y étoient pas plus fréquentes qu'ailleurs. Les négocians et tous les gros marchands sont fidèles dans le commerce. On a même vu un négociant de Canton payer une somme considérable à un armateur français, qui avoit été volé, à l'occasion des marchandises qu'il lui avoit fournies, quoiqu'il n'eût point participé au vol. Il vouloit obtenir, par ce sacrifice, la confiance qu'il méritoit. Je ne sais pas si parmi les Européens, on en trouveroit beaucoup d'aussi nobles et d'aussi délicats.

J'ai connu un négociant chinois, très-âgé, particulièrement attaché à la Nation Française, qui avoit acquis une grande fortune, par un commerce loyal avec elle, et qui, par reconnoissance, fit l'avance à la Compagnie des Indes, de deux cargaisons, dans une circonstance où ses vaisseaux manquoient de fonds. Le plus fameux négociant de l'Europe auroit-il eu une conduite aussi noble et aussi généreuse ? Que l'on fasse attention que le Chinois ne pouvoit être remboursé qu'au bout de vingt ou vingt-quatre mois, au plutôt.

L'or n'est regardé à la Chine, que comme marchandise. Il n'est pas, comme l'argent, un signe représentatif des choses. Le paiement des impôts, qui se perçoivent en argent ne peut pas s'effectuer avec de l'or, non plus que les achats des marchandises et les dettes. Les contributions se paient en denrées. Il résulte de ceci que l'or n'a pas à la Chine la même valeur qu'il auroit, s'il étoit comme l'argent, un signe représentatif des choses. Cette fonction augmente le prix des métaux, d'après ce principe certain, que les choses ont plus de valeur, en proportion du besoin et de la rareté, qui augmentent les demandes. C'est donc le prix que les nations étrangères mettent à l'or, qui soutient sa valeur à la Chine. L'emploi qu'on en fait, en bijoux et en dorures, étant très-borné, ne suffiroit pas pour le soutenir au taux où il est, d'autant plus que la Cochinchine qui en produit avec abondance, peut le fournir à un prix médiocre.

Les Chinois ne connoissent point le commerce de banque. Ils n'ont aucune idée de nos opérations de finances. Il n'y a point chez eux de dettes publiques. Les revenus de l'Empire sont supérieurs aux dépenses. Ils tiennent l'excédent en dépôt, pour les cas extraordinaires. L'Empereur est le souverain dispensateur des revenus, mais il ne les applique point à ses dépenses particulières. Il a des domaines qui y suffisent. Un de leurs Empereurs avoit créé une monnoie de papier, pour un tems limité. Il seroit curieux d'en savoir l'histoire. Les mêmes besoins font naître l'idée des mêmes ressources dans des pays bien différens.

L'intérêt de l'argent est à un taux très-haut. Ce fait semble prouver qu'il n'y est pas répandu à proportion des besoins, ou que les lois sur le prêt ne lui sont pas favorables, ou que les bénéfices du commerce sont très-considérables.

» La Chine, dit *Smith* (1), est depuis long-
» tems un des plus riches Etats du monde, et
» par la fertilité de son sol, et par l'excel-
» lence de sa culture, et par l'industrie, et même
» par le nombre de ses habitans ; mais par-
» venue à cet état d'opulence, on diroit
» qu'elle est devenue stationaire. Marc Paul
» qui la visita, il y a plus de 500 ans, nous
» en décrit la culture, l'industrie et la popu-
» lation, telles à-peu-près que nous les pei-
» gnent encore les voyageurs modernes. Peut-
» être en est-elle, depuis les siècles les plus
» reculés, à cet apogée de richesses que la
» nature de ses lois et de ses institutions lui
» ont permis d'atteindre ». Cette proposition est évidemment erronée. Toutes les
assertions qui suivent sont entachées du
même vice ; il y en a même quelques-unes
de monstrueuses, et toutes les conséquences
qu'il en déduit, partant d'un principe faux,
sont autant d'erreurs graves ; je ne dirai qu'un
mot pour combattre les unes et les autres.
C'est qu'il est démontré que depuis 500 ans,
je dirai même depuis un siècle, la population
chinoise a fait les progrès les plus étonnans.

---

(1) *Recherches sur la nature et les causes des richesses des nations* Tome I, page 149, ouvrage
instructif qui dévoile de grandes vérités, et qui donne
à penser.

L'agriculture s'est aussi accrue dans la même proportion. Le commerce des Européens a augmenté les plantations de thé, de mûriers et de cotoniers, l'éducation des vers-à-soie, et plusieurs autres branches d'industrie. L'accroissement de la population des indigènes a dû nécessairement augmenter, dans la même proportion, les cultures et les manufactures. L'asservissement des *Miao-tsés*, ces montagnards indomptés, qui commettoient de fréquens brigandages, et dont les incursions, arrêtoient dans leur voisinage, les progrès de l'agriculture et de la population, va donner à la Chine une prospérité nouvelle. Pour atteindre le plus haut degré où elle puisse monter, il ne manque à cet empire que de trouver les moyens de prévenir les disettes auxquelles il est sujet.

Quoique la ville de Canton soit sous le tropique, le froid y est assez piquant, pendant l'hiver; cependant il n'y gèle pas; on n'a ni poêles ni cheminées dans les appartemens; dans les provinces septentrionales, on s'habille avec des fourrures; les Chinois en font cas, et sur-tout des peaux de loutres, qui étoient autrefois très-rares et très-chères. Mais depuis les nouvelles découvertes faites en Amérique, ces peaux sont devenues communes, et ont beaucoup diminué de prix. On vend à Canton, des peaux dont le poil est fin et très-blanc, qu'on dit provenir d'une espèce de chats des montagnes, et qui ressemble à l'hermine.

Les vaisseaux étant chargés, nous sommes partis en janvier pour faire notre retour. Nous avons appareillé le 14 de la Tour du Lion, où nous avions été mouiller, accompagnés de beaucoup de champans pour nous touer; nous avons passé la barre, à mer haute par vingt-un pieds d'eau, le vaisseau tirant vingt pieds six pouces devant, et dix-neuf pieds cinq pouces derrière. En passant, le 16, devant Macao, nous avons mis en panne, pour attendre deux missionnaires du Tonkin, l'un Italien et l'autre Tonkinois, qui venoient en Europe. La cargaison du vaisseau étoit de plus d'un million de francs.

Nous nous sommes arrêtés devant Palembam, où nous avons trouvé un vaisseau français mouillé, qui revenoit de la Cochinchine avec une cargaison de sucre. Il avoit essuyé du mauvais tems à l'entrée du détroit de Malac; il avoit perdu toutes ses grosses ancres, et il avoit talonné, ce qui l'obligeoit à se rendre à Batavia. Il avoit envoyé, depuis huit jours, un de ses bateaux à Palembam, pour y chercher des ancres et des cables, et il nous demandoit une autre ancre et un cable, que nous lui avons fournis.

On prétend que dans le même tems, la

mousson n'est pas la même à la côte occidentale, qu'à la côte orientale de Sumatra. On éprouve aux deux côtes les brises de terre et celles du large, tous les jours, à moins que les vents ne soient orageux.

Nous avons fait la même route en revenant qu'en allant, c'est-à-dire, que nous avons passé par les détroits de Banca et de la Sonde. Les vaisseaux qui partent de la côte de Coromandel, du Bengale et de la côte de l'Est, pour se rendre à la Chine, et ceux qui retournent dans les susdites contrées, traversent le détroit de Malac, qui est beaucoup plus long que ceux que je viens de nommer. En tems de guerre, plusieurs vaisseaux français ont passé par les détroits de Baly, ou de Lombok, ou de Combava, pour échapper aux croiseurs. Je crois même que ce sont eux qui ont ouvert cette route; ils l'ont toujours faite sans accidens. En 1761, cinq vaisseaux Anglais partis de Canton en janvier, craignant de rencontrer des corsaires français dans le détroit de la Sonde, se décidèrent à passer à l'Est. Le *Griffin*, l'un d'eux, se perdit la nuit sur des récifs, non loin de Xolo, nommée aussi Yolo ou Solo, île située à environ cent lieues au sud-ouest de Mindanao, et les quatre autres coururent de grands dangers : ils recueillirent l'équipage du naufragé, et ils abandonnèrent le vaisseau.

Nous avons débouqué le 5 février, sans accident, et nous sommes arrivés à l'Isle de France, le 5 mars suivant ; nous en sommes partis le 15. Nous nous sommes arrêtés quatre jours à l'Isle de l'Ascension. Nous avons pris dans trois nuits quatre-vingt-quatorze tortues ; nous en avons embarqué soixante-dix, et nous avons mis les autres à la mer. Les femelles viennent à terre déposer leurs œufs, et c'est alors qu'on les prend. On les tient sur le pont du vaisseau; on a l'attention de les rafraîchir de tems en tems, avec de l'eau de mer, et de les retourner, c'est-à-dire, de les tenir quelque tems sur le dos. On en a nourri l'équipage pendant trente jours. Il est assez étonnant que ces animaux puissent vivre aussi longtems, sans prendre de nourriture. Il est vrai qu'ils maigrissent, mais ils sont encore mangeables le trentième jour. Il y a des vaisseaux où on les a conservés vivans pendant six semaines, et qui même en ont débarqué à l'Orient. On regarde cette nourriture comme anti-scorbutique. Chaque tortue peut peser trois ou quatre cents livres. La viande est succulente et très-nourrissante ; on en fait prendre le bouillon aux malades. La graisse est verte, mais appétissante; le foie, les tripes, et le plastron cuit au four avec de l'assaisonnement, sont des mets très-agréables. Elles avoient toutes des œufs de différentes grosseurs.

La plupart des vaisseaux Français passent à l'Isle de l'Ascension, en revenant des Indes; mais on n'y prend des tortues que dans la saison de la ponte. Il est fâcheux que cette Isle ne soit pas cultivable, et qu'elle ne fournisse ni eau ni bois. Ce seroit une relâche bien située. Elle n'a point de port, mais on n'y éprouve jamais de coups de vents, et quoique la mer brise sur le rivage, elle n'est jamais mauvaise en rade. Il y a plusieurs anses autour de l'Isle, auprès desquelles le mouillage est très-bon. J'ai déjà dit qu'elle montroit toutes les apparences d'une terre nouvellement volcanisée. Il sembleroit que la multiplicité de la chasse des tortues devroit en diminuer le nombre. Cependant on ne s'apperçoit pas de cette diminution. En voici la raison. Il y a sur l'Isle une quantité prodigieuse d'oiseaux de différentes espèces qui dévorent les petites tortues qui éclosent: celles-ci, dès qu'elles sont sorties de leurs coques, ont l'instinct d'aller à la mer; malheureusement pour elles, leur légèreté les retient au-dessus de l'eau pendant les neuf premiers jours; elles sont exposées, pendant tout ce tems, à la voracité de leurs ennemis.

Les Européens qui débarquent dans l'Isle, ont l'attention de détruire le plus d'oiseaux qu'ils le peuvent. Ils trouvent des nids partout, garnis d'œufs, qui sont sur la terre, ou sur des rochers. On s'apperçoit en effet qu'il y a beaucoup moins d'oiseaux qu'autrefois. Je voudrois qu'on y entretînt quelques hommes, uniquement pour détruire les oiseaux.

La rencontre de quelques vaisseaux dans la traversée, la vue de plusieurs espèces de poissons et d'oiseaux, celle d'une grande quantité de goêmons, par le travers des Açores et au-delà, ne fournissent pas des évènemens assez intéressans pour en faire mention. Nous sommes arrivés à l'Orient le 2 juillet, au bout de dix-neuf mois et quatorze jours.

Fin du voyage à Canton.

OBSERVATIONS

Sur le voyage à la Chine de Lord Macartney, Ambassadeur du Roi d'Angleterre, auprès de l'Empereur de la Chine, rédigé par Sir Georges Staunton, en quatre vol. in-8°.

La République des lettres regrettera encore long-tems la perte malheureuse de cette excellent patriote hollandais, qui avoit sacrifié trente années de sa vie à observer le vaste Empire de la Chine. Il avoit passé plusieurs années à Canton, pour y apprendre la langue, les mœurs, les usages du pays. Ensuite il se travestit en Chinois et fut à Nankin. Là, il parvint à se faire admettre au nombre des lettrés, et devint Mandarin. En cette qualité, il a occupé différentes places, et a parcouru une grande partie des provinces de l'Empire. Muni d'une ample collection d'observations, il faisoit son retour dans sa patrie, sur un vaisseau de sa nation, qui périt au Texel, et qui engloutit notre lettré et tous ses manuscrits.

On conçoit qu'un séjour à la Chine, aussi

court que celui de l'ambassade anglaise, ne peut pas fournir des connoissances fort étendues, ni fort exactes, de la constitution, des lois, des mœurs, des usages, des coutumes, de la religion, des arts d'un peuple aussi nombreux. Cependant l'on doit savoir gré à Sir Staunton, d'avoir réuni les observations de ses compagnons de voyage, aux siennes propres. L'auteur prouve qu'il a des connoissances, et paroît avoir été guidé par l'amour de la vérité. Si je le trouve inexact dans quelques points, c'est qu'il n'a pas eu le tems de les constater. La réputation de cet ouvrage, et celle des personnes qui ont coopéré à sa confection, m'engagent à relever les erreurs que j'y ai apperçues, et à noter les détails qui ne m'ont pas paru complets.

Je n'ai pas voyagé dans l'intérieur de la Chine, mais j'ai résidé quelques mois à Canton, dans un tems où il étoit libre aux Européens de sortir de la ville, et j'ai dès-lors conçu une grande estime, pour l'un des plus anciens peuples du globe, et celui dont la population est sans contredit la plus nombreuse.

Les observations que je donne au public, ajouteront aux connoissances que l'on a sur ce vaste empire, et ne seront peut-être pas sans utilité dans quelques points.

Je dévoilerai les vues étendues et ambitieuses du Gouvernement Britannique, dont les désirs ne sont pas satisfaits par l'immensité des possessions territoriales dont il recueille les revenus dans les Grandes Indes. Aveuglé sur ses propres intérêts, insatiable de conquêtes et de domination, aspirant à l'envahissement du commerce du monde entier, il ne voit pas qu'une grande extension feroit sa perte. Ses propres moyens ne lui permettent pas un si grand agrandissement, et tôt ou tard, il rentrera dans les limites que la nature semble lui avoir prescrites.

La France dont les destinées lui promettent de jouer le premier rôle sur le globe, a trop négligé, sous l'ancien régime, les moyens d'étendre ses possessions dans les Indes Orientales, d'y multiplier ses Colonies, et d'agrandir son commerce. La foiblesse du Gouvernement lui faisoit craindre la rivalité des Anglais; l'impéritie de ses ministres les rendoit indifférens aux projets les plus avantageux à la nation; les dépenses d'une cour fastueuse ne laissoient aucuns moyens pour leur exécution. Espérons que le nouvel ordre de choses amènera des résultats plus satisfaisans; et qu'à la paix, la nation prendra en considération les plans d'établissemens qui lui seront présentés par des voyageurs citoyens et observateurs, pour accroître le commerce de la République, et pour lui donner dans les Indes Orientales une puissance qui convienne à son étendue et à sa dignité. J'ai remis, en différens tems, plusieurs mémoires au Gouvernement sur cet objet, et j'ai appris avec satisfaction que mes vues avoient été approuvées par des citoyens éclairés, et quelques-unes adoptées par le public instruit. Lorsque les circonstances le permettront, je les présenterai de nouveau, avec tout le zèle d'un citoyen qui désire ardemment la prospérité de sa patrie.

Je n'ai pas eu le dessein de faire une critique littéraire ; mais de rendre compte des connoissances qui sont le fruit de mes voyages ; de réveiller l'attention de ma nation sur des objets d'utilité publique, et d'inspirer aux voyageurs le goût de l'observation, afin qu'ils puissent se rendre utiles à leur patrie, en lui faisant part de leurs découvertes et de leurs réflexions. Si je me suis trompé sur quelques points, je recevrai avec reconnoissance les avis qu'on voudra bien me donner de mes erreurs. Ma devise est *la vérité* et *l'amour de la patrie*.

OBSERVATIONS

Sur le voyage à la Chine de Lord Macartney.

Le traducteur (J. Castéra) dit dans sa préface, que tout ce que les savans *ont écrit sur l'antique établissement, les coutumes et la population de cet intéressant pays* (en parlant de la Chine), *n'a presque jamais été que conjectural.* Il cherche à justifier cette assertion singulière, en disant que *les uns ignoroient la langue et les usages, les autres ne voyoient ce vaste Empire qu'à travers le voile épais de leurs préjugés religieux.* Les premiers ignorant la langue et les usages, n'ont pas pu en parler, à moins qu'ils n'aient voulu composer un roman. Quant aux seconds, il me semble que quelqu'épais que puissent être des préjugés religieux, ils ne peuvent influer sur la connoissance des lois, des coutumes, des usages, des mœurs, de la constitution, de l'histoire d'un peuple qui a une autre croyance. Je ne vois pas pourquoi ils pourroient altérer ses principes de religion. Si nous n'avions sur la Chine que la relation de l'ambassade anglaise, nos connoissances seroient très-bornées. Les catalogues des plantes de ce pays ne donnent aucune espèce nouvelle. A peine trouve-t-on dans les quatre volumes, deux ou trois procédés nouveaux sur les arts; encore la description en est-elle incomplète. L'agriculture, dans laquelle les Chinois ont excellé, laisse beaucoup à désirer; leurs mœurs y sont décrites très-imparfaitement. Les religions du pays (car elles y sont toutes permises, à l'exception de la chrétienne), n'y sont pas toutes indiquées. Les lois, les principes de morale, les coutumes qui gouvernent ce vaste Empire, n'y sont pas même ébauchés.

Avant le voyage de Lord Macartney, nous savions que l'usage de la boussole, de l'imprimerie et de la poudre à canon, datoient à la Chine de la plus haute antiquité. La connoissance de la poudre à canon *faisoit aussi partie des secrets des prêtres d'Egypte, de qui la tenoit Moyse.* Cela peut être, mais cette connoissance n'est point un secret à la Chine, ni dans l'Inde, où elle existe aussi de tems immémorial. Les prêtres d'Egypte ont pu la prendre des Indiens, plus anciens qu'eux ; mais nous ignorerons probablement long-tems, quel est le peuple qui en a fait le premier la découverte. Il paroît certain que les vaisseaux chinois alloient autrefois à la Côte de Coromandel, où ils ont construit les Tours de Naour, entre Négapatan et Karikal, qui existent encore, et que j'ai vues. L'un de ces peuples a dû communiquer à l'autre l'invention de la poudre, celle du papier, l'usage de la boussole. Je suis porté à croire que les Indiens, dont les tables astronomiques remontent à une antiquité plus haute que celle des Chinois, sont le peuple inventeur. Quoi qu'il en soit, la tradition a conservé le souvenir des voyageurs chinois, jusqu'à Naour ; mais elle ajoute qu'ils n'alloient pas plus loin. Le citoyen J. Castéra soutient que *les annales de la Chine font foi, que dès les premiers siècles de cet Empire, ses vaisseaux naviguoient jusque dans le Golfe Persique et dans la Mer-Rouge.* J'ai de la peine à le croire. Les vaisseaux chinois ne s'écartent guère de la vue de terre. C'est donc en suivant les côtes, qu'ils parvenoient jusqu'à celle de Coromandel. Ce voyage devoit être très-long, très-pénible et très-dangereux ; mais de là au Golfe Persique, et sur-tout dans la Mer-Rouge, quel trajet immense, en cotoyant les terres! D'ailleurs un vaisseau parti de la Chine en novembre ou décembre, qui est la saison favorable, pourroit arriver à Naour, en mars ou avril tout au plutôt. La saison est contraire à la Côte

Malabarre. Ce vaisseau auroit donc été obligé d'attendre à Naour le reversement de saison, jusqu'en octobre. La première difficulté est de traverser le Golfe de Manar, après avoir doublé la pointe de Galle ; il faut pour cela perdre la terre de vue. Ensuite, supposons que les pirates de la Côte Malabarre (1), et ceux du Golfe de Sindi (2), qui peut-être n'existoient pas alors, lui laissassent la route libre ; il n'auroit pu arriver dans le Golfe Persique qu'en janvier, et dans la Mer-Rouge qu'en février au plutôt. Si nous lui donnons quelques mois de séjour, pour se remettre des fatigues d'un long voyage, pour se réparer, pour vendre sa cargaison, et pour en acheter une autre, il est encore obligé de faire une station, puisque dès le mois de mai la Côte de Malabar n'est plus abordable pour lui ; il ne peut donc partir pour faire son retour qu'en octobre ou novembre ; c'est-à-dire, deux ans après son départ de la Chine. Arrivé une seconde fois à Naour, il en repartiroit en mai, et il n'arriveroit à la Chine que vers le mois de septembre. Voilà donc un voyage de trois ans. Les maladies, les tempêtes, la foible construction des

―――――――――――――――――――

(1) Les Angrias.
(2) Les Sanganes.

vaisseaux

vaisseaux sont autant d'obstacles à un voyage aussi long et aussi périlleux. Mais dans quel but les Chinois l'auroient-ils entrepris? Le Golfe Persique et la Mer-Rouge, consomment très-peu des denrées de la Chine, et n'en ont point à offrir en échange qui lui conviennent.

On ne peut pas supposer que, de la Côte Malabarre, ils s'élançoient en pleine mer, pour aller directement au Golfe Persique, ou dans la Mer-Rouge. Cette route, découverte par Hyppale, dans un tems très-postérieur aux *premiers siècles de cet Empire*, ne pouvoit pas être entreprise par des navigateurs d'un caractère timide, tels que les Chinois, et sur des vaisseaux aussi frêles que les leurs, et bien moins solides que ceux des Egyptiens et des Arabes. La passion de la cupidité peut rendre l'homme entreprenant, et l'engager à affronter des dangers; mais les Chinois ne pouvoient pas être déterminés à cette entreprise, par l'appas d'un gain considérable. La seule marchandise qui auroit pu former leurs cargaisons étoit la soie. Toutes les relations que nous avons sur le commerce de l'Inde, attestent que la soie a été long-tems inconnue aux Européens; et que son prix, lorsqu'elle a été connue, a été excessif à Rome, où elle a été l'objet du plus grand luxe. D'ailleurs, l'usage de la soie

L

n'existoit pas à la Chine, dès *les premiers siècles de cet Empire.*

J'ai entendu un de nos Généraux de la marine, dont l'expérience et l'habileté sont connues, et qui a parcouru, en observateur éclairé, la plus grande partie des côtes des Indes Orientales, soutenir qu'il ne lui paroissoit pas vraisemblable, que les Chinois eussent jamais navigué jusqu'à la Côte de Coromandel. Je lui ai objecté la tradition et les Tours de Naour, construites dans le goût chinois, les seules de ce genre qu'il y ait dans l'Indoustan. Il m'a répondu qu'une tradition n'étoit souvent qu'un mensonge accrédité, et qu'il étoit possible que des maçons chinois eussent été transportés à Naour sur des bâtimens arabes. Il fonde son opinion sur la fragilité et la défectuosité des vaisseaux des Chinois, sur leur ignorance en fait de navigation, sur leur pusillanimité, sur la longueur du trajet, enfin sur le peu de profit qu'ils auroient retiré d'un voyage d'aussi long cours; parce que les marchandises de la Chine ne sont pas désirées par les Indiens; parce qu'une cargaison de celles de l'Inde eût demandé des avances trop considérables, pour un pays où l'intérêt de l'argent est à trente pour cent par an; et parce que la mise-hors d'un pareil armement eût été immense.

Si l'on a des raisons plausibles, pour

rejeter la tradition des voyages des Chinois à la Côte de Coromandel, on est bien plus fondé a récuser celle qui prétend qu'ils ont pénétré autrefois jusque dans le Golfe Persique et dans la Mer-Rouge.

Comme je me suis poposé de suivre les voyageurs dans tous les pays qu'ils ont parcourus, et que j'ai visités en partie, je ferai mes observations sur les Colonies Européennes, et sur la Cochinchine, comme sur la Chine.

PREMIÈRE OBSERVATION.

Page 85, *Tome I.* « Lorsque les habitans » du nord, se transportent dans les pays » méridionaux, leurs descendans sont d'une » plus petite taille et moins robustes qu'eux ». Cette assertion n'est pas généralement vraie. Les créoles des Colonies Françoises, et surtout ceux des Isles de France et de la Réunion, n'ont pas dégénéré. Ceux de cette dernière île sont d'une haute stature, forts et vigoureux.

II.

Page 101. Le traducteur semble insinuer dans une note que l'Isle de Madère a fourni les cannes-à-sucre à l'Amérique. Je soupçonne qu'on les a tirées des Indes-Orientales. Elles sont indigènes au Bengale, à

Ceylan, à Madagascar, à la Cochinchine, et vraisemblablement à la Chine.

Le même ajoute qu'elles ont *souvent* au Brésil, *jusqu'à quinze et dix-huit pieds de haut*. J'en doute fort. Si cela étoit, elles seroient vraisemblablement ligneuses et peu propres à la fabrication du sucre.

III.

Page 102. « Il y a aussi à Madère quel-
» ques caneliers de la meilleure espèce. Leurs
» feuilles sont à trois côtes, et parfumées, et
» l'écorce est mince et extrêmement odo-
» rante ». Je ne crois pas qu'il y ait à Madère des caneliers de la meilleure espèce. Les feuilles de celle-ci, ne sont pas à trois côtes, et ne sont pas parfumées; elles ont un léger goût aromatique, agréable et qui tient fort peu de la canelle. L'écorce du canelier n'est mince, que lorsqu'elle est tirée des jeunes pousses; en général elle est peu odorante. Celle de la Cochinchine, la première canelle du monde, n'a presque pas d'odeur, à moins qu'elle ne soit gratée.

IV.

Page 115 « On sait que l'effet que pro-
» duit sur un vaisseau l'impulsion du vent
» se mesure avec un morceau de bois plat,
» mince et triangulaire, qui jeté dans la
» mer, y reste immobile, ce qui lui a fait

» donner le nom de *log*. La célérité avec
» laquelle le vaisseau s'éloigne de ce bois,
» fait juger de la force du vent. » Cette explication est bien incomplète. Je remarquerai d'abord que le traducteur auroit dû écrire *lok*, parce que c'est ainsi que l'on prononce et que l'on écrit en Français. Ensuite j'ajouterai que ce bois plat est attaché à une corde passée autour de plusieurs fuseaux arrangés circulairement, et fixés ensemble à deux planches circulaires, au milieu desquelles sont des tourillons mobiles. Ces fuseaux ont entr'eux la forme cylindrique. Le *lok* étant jeté à la mer, pendant que le vaisseau chemine, tire la corde qui se dévide, avec d'autant plus de vîtesse, que le vaisseau fait plus de chemin. Cette corde a des nœuds de distance en distance. On compte combien de nœuds, au moyen d'un sablier, ont été dévidés par minute; chacun répond à un mille par heure : ainsi lorsque le vaisseau fait cinq, six, et huit nœuds, cela veut dire cinq, six, et huit milles par heure. C'est la manière usitée d'estimer en mer le chemin qu'a fait le vaisseau. Mais comme on ne jete le *lok*, que toutes les deux heures, et que dans cet intervalle, le vent augmente ou foiblit, et que les lames sont tantôt plus fortes, ou plus foibles, et qu'elles varient de direction ; ce qui apporte de grandes variétés dans la

marche du vaisseau, comme on augmente, ou l'on diminue les voiles, c'est au pilote a estimer toutes ces variations; il n'a aucune règle pour se guider dans son estime. L'expérience et la grande attention qu'il donne aux causes des variations, pour en apprécier l'effet, dirigent son jugement. Il est facile de voir combien cette méthode est sujette à erreur. Ainsi l'Auteur a tort de dire. « Mais s'il » se trouve que le vaisseau ait fait plus de » chemin qu'on ne l'a estimé, d'après le *lok*, » la différence prouve qu'il y a, indépendam- » ment de l'agitation des vagues, un courant » ou mouvement progressif de la mer qui, » quelle que soit la cause qui le produit, se fait » souvent sentir. » Je ne nie pas qu'on éprouve des courans en mer; c'est un fait constaté dans mille occasions; je sais qu'ils accélèrent ou retardent la marche du vaisseau; mais le plus souvent on rejette sur les courans les erreurs de l'estime. Jusqu'à présent on n'a point trouvé de méthode, pour apprécier la marche du vaisseau, meilleure que celle que je viens de décrire, quoiqu'on en ait proposé plusieurs, qu'on a jugées plus incertaines. L'observation de la latitude, aide à corriger les erreurs de l'estime; mais les observations qui donnent les longitudes, et les montres marines, sont les seuls moyens que l'on ait pour s'en assurer.

V.

Page 171. L'auteur semble attribuer à une révolution particulière de l'atmosphère, la sécheresse qui régnoit depuis trois ans à Saint-Yague, l'une des Isles du Cap-Verd, lorsqu'il y a passé. Elle est sujette à ce fléau. Elle l'éprouvoit en 1775, lorsque j'y abordai, et j'appris que cet évènement y étoit fréquent. Les montagnes y sont très-hautes et assez multipliées ; mais elles sont dégarnies d'arbres. Je conseillerois aux habitans de les couvrir de forêts. Lorsqu'ils ont des pluies, les terres sont extrêmement fertiles.

VI.

Page 173. Le *Baobab*, ou *Pain-de-singe*, surnommé Adansonia, du nom du savant, membre de l'Académie des Sciences, et maintenant de l'Institut National Adanson, qui l'a observé au Sénégal, croît aussi à la côte orientale d'Afrique.

VII.

Page 174. « Toutes les plantes qui croissent
» au bord du ruisseau étoient dans le meil-
» leur état possible. On y voyoit le manioc,
» ou l'arbre à cassave, dont la racine rend
» un suc qui est un poison mortel, tandis
» que cette même racine, dégagée de son suc

» est un aliment salutaire. Le sédiment que
» dépose ce suc vénéneux sert aussi d'ali-
» ment, et c'est ce qu'on vend en Angle-
» terre sous le nom de *tapioca*.

Le manioc est un arbrisseau du genre des ricins, et vient en buisson. On le cultive dans les terrains secs. On rape la racine, on la met sous la presse, elle rend un suc laiteux, qui dépose par le repos une fécule blanche, semblable à celle de la pomme de terre. C'est une substance amilacée, dont on fait des pâtisseries très-légères et très-délicates, après l'avoir lavée dans plusieurs eaux froides, pour enlever tout le suc de la racine qui est un véritable poison. Cette racine rapée, et desséchée au feu, est ce qu'on nomme *cassave*. Elle se conserve très-long-tems propre à la nourriture de l'homme et des animaux; elle est très-saine et très-nourrissante. Les racines de manioc, cuites sous la cendre, ou dans un four chaud, ne sont plus vénéneuses, quoiqu'on n'en ait pas extrait le suc. A l'Isle de France, où le manioc n'est pas aussi dangereux qu'en Amérique, on en donne des racines coupées par tranches, aux bœufs, après les avoir exposées au soleil pendant deux heures; mais il faut qu'elles soient venues dans une exposition sèche, pour qu'elles n'incommodent pas ces animaux. Celles provenant des terres humides seroient vénéneuses. Au reste il y a plusieurs espèces de manioc et de camanioc; on peut les ranger toutes sous deux classes, manioc et camanioc blancs, manioc et camanioc rouges. Les camaniocs viennent plus promptement et moins hauts que les maniocs; ils sont aussi moins vénéneux.

VIII.

Page 175. « Le secrétaire du gouverneur » avoit dans son jardin un cocotier d'une » énorme hauteur, et couvert de fruits. Le » fruit du cocotier croît à l'extrémité du » tronc, d'où partent aussi les longues feuilles » de cet arbre. Le tronc s'élève un peu obli- » quement. »

Les cocotiers ont souvent plus de quarante pieds de hauteur; mais ils ne peuvent pas être *couverts de fruits*, puisqu'ils ne viennent que près du sommet, entre les feuilles. Ils tiennent à un pédicule fort et long. Dans l'Inde, c'est ce pédicule que l'on coupe, après que les fleurs sont passées; on attache à son extrémité un petit pot de terre, dans lequel coule la sève, qui étoit destinée à l'accroissement des fruits. Cette sève est sucrée, et sert de boisson. Quand elle a un peu fermenté, elle a un goût vineux; elle donne un esprit ardent, au moyen de la distillation. Si on la laisse s'aigrir, elle fait un excellent vinaigre. Si on la fait évaporer, étant fraiche, par le feu, on obtient un sirop; en poussant l'évaporation plus loin, on a une matière sucrée, assez impure, dont on fait cependant une grande consommation dans l'Inde, et qui y est connue sous le nom indien de *Jagre*. On en fait aussi des confitures. Nul doute, qu'on ne pût en obtenir un sucre très-pur, par des procédés recherchés, qui dégageroient ce sel des parties extractives avec lesquelles il est allié.

Le cocotier observé par nos voyageurs s'élevoit un peu obliquement. Il étoit sans doute penché du côté opposé aux vents qui règnent constamment de l'est, dans l'île de St. Yague. Ceux de l'Inde sont en général très-droits, ainsi que les palmiers, dont on retire les mêmes produits que des cocotiers, et par les mêmes procédés. Ces palmiers sont une variété du fameux cocotier de mer, découvert en 1769, dans l'île de Praslin, l'une des Seychelles, qui est la seule terre connue jusqu'à présent qui en produise.

I X.

P. 176. « La noix de coco est revêtue en
» dedans d'une substance blanche assez so-
» lide, et d'un goût très-agréable, mais dif-
» ficile à digérer. Elle contient en outre une

» liqueur claire, aigrelette et très-rafraî-
» chissante..... La noix est enveloppée d'une
» écorce fibreuse, dont on fait des cordes,
» qui, dans les pays où l'arbre croit, tiennent
» lieu des cordes de chanvre. »

Le cocotier a été si souvent décrit, que l'auteur auroit dû supprimer la description incomplète et fautive qu'il en donne. La noix de coco est revêtue intérieurement d'une substance mucilagineuse, transparente et blanchâtre, nullement solide, d'un goût assez agréable, lorsque le fruit n'est pas parvenu à sa maturité. Alors cette substance est solide, très-blanche, assez épaisse, a un goût de noisette, est difficile à digérer. C'est proprement l'amande du fruit. Plus il est mûr, moins il contient d'eau, et moins cette eau est agréable et sucrée. Cette substance rend une huile par expression. Elle est bonne à brûler, on s'en oint les cheveux ; mais elle a une odeur qui ne plaît pas aux Européens. La bourre du coco est très-épaisse, les fibres sont fortes ; on en fait dans l'Inde des cordages, employés par les vaisseaux. Comme ils sont plus gros que ceux des Européens, et qu'ils ont des aspérités, ils conviennent moins que ceux du chanvre aux manœuvres courantes, mais ils valent mieux pour les œuvres mortes, et sur-tout comme cables, parce qu'ils ont de l'élasticité.

X.

Page 182. « L'auteur dit que l'*Amiral Suf-*
» *fren,* en attaquant, dans un port neutre, les
» vaisseaux de guerre anglais, et les vais-
» seaux de la Compagnie des Indes, viola
» d'une manière révoltante les droits des
» nations. » L'Amiral a prétendu qu'il avoit
été attaqué. Il donnoit pour preuve que l'*An-*
nibal, le plus fort vaisseau de son escadre,
dont le Vice-amiral actuel Morard de Galle
prit le commandement, et qui se conduisit
avec tant d'intrépidité dans le combat, ayant
affaire à neuf ou dix vaisseaux, au milieu
desquels il mouilla, il donnoit, dis-je, pour
preuve que l'*Annibal* n'étoit pas prêt, et
que deux vaisseaux de guerre de son escadre, étoient éloignés de lui, lorsque le
le combat commença. Quelle apparence que
l'Amiral Suffren, eût osé, avec trois vaisseaux,
attaquer une flotte composée de cinq vaisseaux de guerre, de plusieurs frégates, et
d'une grande quantité de vaisseaux de la
Compagnie, chargés de troupes destinées
pour l'Inde. S'il avoit eu l'intention d'attaquer les Anglais dans une baie neutre, il y
seroit entré avec toutes ses forces. D'ailleurs,
est-ce bien à eux à reprocher aux Français
la violation des droits des Nations. Ont-ils
oublié la prise du *Lys* et de l'*Alcide* en 1755,

l'attaque de Chandernagor en 1757, au mépris des conventions faites entre les deux Nations ; le combat devant Lagoz en Portugal ; et tant d'autres violations du droit des gens commises par eux ?....

X I.

Page 183. « La Colonie de St. Yague est » livrée au monopole d'une Compagnie. » Ceci explique la misère des habitans, qui manquent souvent de vêtemens et même de vivres, dans les tems de sécheresse.

X I I.

Page 189. Les végétaux sont la meilleure nourriture que l'on puisse donner aux marins, je serois d'avis d'en embarquer beaucoup plus que de salaisons. « On méloit » toujours de l'eau aux liqueurs spiritueuses » que l'on donnoit à l'équipage ». Cette méthode me paroît très-bonne à suivre, non-seulement pour la santé du matelot, mais encore pour prévenir les excès auxquels il est sujet à se livrer. Comme le vin qu'on lui donne quelquefois, dans les vaisseaux français, est de mauvaise qualité, et le plus souvent aigre, je préférerois l'usage de l'eau-de-vie. Je voudrois qu'on n'eût que de très-bon vin, en petite quantité, qui seroit réservé pour les malades et les convalescens, suivant leur état.

« L'eau acquiert ordinairement dans les
» tonneaux, un goût putride et de la mau-
» vaise odeur ; mais avant d'en laisser boire,
» on l'exposoit à l'air dans des jarres décou-
» vertes, et on la passoit plusieurs fois dans
» un cylindre d'étain percé de plusieurs pe-
» tits trous ; ce qui lui ôtoit en grande partie
» ses qualités nuisibles et désagréables ».

Sans doute la putridité de l'eau que l'on boit en mer, est la principale cause des maladies qui affectent les marins. On a trop négligé jusqu'à présent les moyens de prévenir ce grand inconvénient.

Les Ordonnances de la Marine veulent qu'on enduise de chaux détrempée l'intérieur des futailles destinées à contenir l'eau qui doit servir de boisson à l'équipage. Ce moyen la garantit de la putridité. J'ai fait usage en mer, pour toute boisson, et pendant quelque tems, d'une eau qui sortoit d'une futaille chaulée avec soin ; elle n'étoit pas putride, quoiqu'elle ne fût pas extrêmement limpide. Cependant le chaulage est en général négligé, tant sur les vaisseaux de guerre, que sur les vaisseaux marchands. Le Général Rossily, vice-amiral de la République, qui a parcouru toutes les côtes de l'Afrique et de l'Asie, depuis le Cap de Bonne-Espérance jusqu'à la Chine, et qui a donné, dans tous ses voyages, la plus grande attention à saisir les précautions qui pouvoient entretenir la bonne santé des équipages qu'il commandoit, et à prévenir les maladies auxquelles ils sont sujets, a éprouvé les bons effets d'un enduit de chaux, dans l'intérieur des pièces à l'eau. Il a conservé par ce moyen de l'eau de France pendant très-long-tems, et il en buvoit de préférence à celle de l'Inde. Il y faisoit ajouter deux pintes de vinaigre sur cinq cents pintes d'eau. Cet acide étoit propre à absorber les parties alkalines qu'elle pouvoit contenir.

Dans les vaisseaux français, on expose l'eau à l'air dans les futailles qui sont sur le tillac, et qu'on appelle des charniers. *Des jarres* vernissées en dedans seroient très-préférables. L'eau qui est par elle-même incorruptible, ne devient fétide que par le mélange des parties ligneuses qu'elle a dissoutes, et qui sont entrées en putréfaction. L'opération *de la passer plusieurs fois dans un cylindre d'étain percé de plusieurs petits trous*, n'est pas pratiquée sur nos vaisseaux. Elle tend à dégager l'eau des miasmes putrides et des gaz inflammables et méphitiques qu'elle contient, et à lui rendre de l'air atmosphérique. Le matelas imaginé par l'Ecossois Smith, l'ami et le compagnon du célèbre patriote Muir, est une découverte très-précieuse, puisque l'eau qui passe très-promptement au travers est dégagée de toutes ses impuretés. Le mélange de quelques gouttes d'huile de vitriol, essayé par mon père, avec succès, donnant à la boisson de l'acidité, pourroit ne pas convenir à tous les goûts et à tous les tempéramens. J'ai imaginé un moyen de conserver l'eau pure dans les voyages sur mer, dont le succès me paroît plus complet. C'est d'enduire l'intérieur des futailles avec une espèce de *galle-galle*, composée d'huile, de brai sec et de chaux vive, qu'on appliqueroit à chaud sur le bois. Par ce moyen l'eau n'auroit aucun contact avec le bois, et ne pourroit en dissoudre aucune partie. La composition elle-même seroit indissoluble à l'eau. Il seroit aussi à propos d'enduire l'extérieur des futailles, avec une composition semblable, pour prolonger leur durée, et pour empêcher les rats de les percer. Dans cette vue, on y ajouteroit quelque drogue très-odorante, afin d'éloigner ces animaux. Il conviendroit d'exposer en outre à l'air, l'eau destinée à la boisson journalière de l'équipage, et de la battre, ou de la passer plusieurs fois dans un cylindre d'étain percé de plusieurs petits trous. On néglige trop dans nos vaisseaux le moyen employé par le Galion qui va tous les ans de Manille à Acapulco, de se procurer de l'eau l'eau en mer. La traversée est ordinairement de six mois. Le vaisseau est encombré de marchandises. Il n'embarque jamais la quantité d'eau nécessaire à la consommation de l'équipage, pendant tout le voyage. Il est assuré d'avoir beaucoup de pluies dans de certains parages. Il fait de l'eau en mer. Il étend ses voiles pour recevoir celle qui tombe du ciel, et il en remplit ses futailles. Une sécheresse, qui n'est pas encore arrivée, l'exposeroit à périr. S'il embarquoit un ou deux alambics, il éviteroit ce danger. L'importance du sujet m'a engagé à entrer dans tous ces détails, persuadé qu'il se trouvera à la tête du Gouvernement, ou du Ministère, ou de nos armées navales, un patriote, ami de l'humanité qui fera à cette observation, l'accueil qu'elle mérite ; et d'avance je l'en remercie, au nom de la patrie.

XIII.

Page 206. « Un Négociant Portugais établi
» à *Rio-Janeiro* (que nous prononçons en
» français Riogénaire) réfléchissant sur les
» avantages du pays, d'où sortoient ces mar-
» chandises, observa que la prospérité du
» Portugal et de ses Colonies tournoit pres-
» qu'entièrement au profit de l'Angleterre.
» Mais le profit a sans doute été réciproque :
» car tout annonce, du moins à Rio-

M

» Janeiro, que le pays est dans l'état le plus
» florissant ».

Ce Négociant Portugais me paroît un homme de sens, et ce n'est pas détruire la force de son raisonnement que de répondre, *le profit a été réciproque.* Si le Gouvernement Portugais entendoit bien ses intérêts, ce seroient ses sujets qui approvisionneroient ses Colonies des manufactures nationales ; et le profit qui résulteroit de l'échange des denrées des Colons, contre celles d'Europe, seroit partagé entre ceux-ci et les nationaux, au lieu qu'il est partagé entre les Colons et les Anglais, qui ont sans doute la plus grosse part.

XIV.

Page 208. On n'a pas encore trouvé le traitement curatif *de l'Eléphantiasis.* On pense que le bouillon de tortue de mer est un spécifique, mais il faut en prendre plusieurs fois dans la journée et pendant un long tems. Deux hommes attaqués, dit-on, de cette maladie, ayant appris que l'île de Diégo-Garcias (1) située dans l'hémisphère austral,

---

(1) Cette île, située, par la longitude orientale, de soixante-huit degrés, méridien de Paris, et par sept degrés trente minutes de latitude méridionale, a la forme d'un cercle très-étroit. Le port est au milieu ; il est assez vaste, et l'entrée en est étroite. Elle a quelques collines de sable et point de montagnes. Le Gouvernement de Madrast, trompé par

abondoit en tortues, s'y transportèrent. Ils se nourrirent de ces animaux, de biscuit et de cocos, et ils furent rétablis. Je ne puis certifier la vérité de cette anecdote, que j'ai ouï raconter à l'Isle de France.

On croit que les petits lésards de cette île et de l'Inde sont un dépuratif du sang. J'en ai essayé l'usage sur une de mes négresses, avec peu de succès.

X. V.

Ibid. Les Cousins nommés *Mousquitos* en Espagnol, et *Moustiques* dans les Colonies Françaises, sont aussi désagréables à ceux qui y résident, par leur bourdonnement et par leurs piqûres, qu'à ceux qui arrivent. Il est vrai que les piqûres de ces insectes font plus d'impression sur la peau des personnes qui arrivent d'Europe, que sur celle des habitans des Colonies.

---

une description pompeuse de cette Isle, tenta en 1784, d'y former un établissement. Il y envoya des vaisseaux, des ouvriers, des matériaux, et s'empara de l'Isle, quoiqu'il y eût dès-lors des Français résidens, et que la prise de possession ne pût en être contestée à la Nation. Le Gouverneur-Général de l'Isle de France fit des réclamations auprès de celui de Madrast. Elles eussent été sans effet, si l'île eût été susceptible de culture. Sa petitesse, son infertilité, le défaut d'eau et de bois, firent abandonner aux Anglais, le projet qu'ils avoient eu d'y former un établissement.

XVI.

Page 213. Le traducteur dit dans une note, que le Papayer *est une espèce de Dattier.* Il s'est trompé. Il en diffère essentiellement.

XVII.

Page 219. Nous connoissons plusieurs espèces de Nopal, ou *Castus opuntia.* Celle qui est propre à la nourriture de la cochenille, a les fleurs et les fruits rouges. Ceux-ci ont la propriété de teindre en rouge les urines des personnes qui en ont mangé. Les épines viennent par touffes sur les feuilles de cette espèce : au lieu que sur les Nopals qui ont les fleurs jaunes et le fruit verd, elles sont solitaires. Un Médecin Anglais a cru trouver des cochenilles à Madrast ; il les a élevées ; mais il n'avoit pas le Nopal à fruits rouges. Je lui en ai fait passer des plantes de l'Isle de France. J'ignore quel en a été le succès.

J'ai tenté inutilement d'employer à la teinture, la couleur brillante des fruits du Nopal ; c'est une recherche digne des curieux.

XVIII.

Page 231 « Les Sauvages du Brésil conser-
» vent sans doute une antipathie héréditaire
» pour les usurpateurs de leur pays... Tous

» les fois qu'ils rencontrent au loin quelqu'un
» de ces Européens, ils le massacrent sans
» pitié. » Des sauvages n'ont aucune idée de
la propriété d'un pays, et du droit des gens,
qui l'attribue aux Aborigènes. Leur antipathie contre les Portugais, ne peut avoir pour
cause l'usurpation de leurs terres, mais
les mauvais traitemens qu'ils en ont reçus.
C'est donc par un sentiment de haine et de
vengeance, qu'ils ne font point de quartier à
ceux qu'ils rencontrent. Ainsi la politique,
d'acord avec la justice et l'humanité, veut
que l'on cherche à captiver, par la douceur,
et par de bons traitemens, les peuples sauvages, chez lesquels on se propose de former
des établissemens. L'Auteur de *l'Histoire
Philosophique* prétend que les Jésuites
étoient venus à bout d'adoucir les mœurs des
Brésiliens, de commencer leur civilisation,
et de leur inspirer quelque sentiment de religion. Sir Staunton dit précisément le contraire.
» Les naturels du pays, n'ont pas pu être
» réduits à l'esclavage, ni même à l'état de
» civilisation. » (*Page* 230).

XIX.

Page 232. La description donnée par l'auteur d'un moulin de Riogénaire, prouve
que l'art de la mécanique y est encore dans
l'enfance, et ne méritoit pas d'occuper une

place dans l'ouvrage. Les rouets et les fuseaux qu'on ajoute ordinairement aux roues qui reçoivent l'eau, sont une complication nécessaire, et dont le but est d'augmenter la vîtesse de la meule mobile. Celle-ci doit faire, suivant l'occasion, et suivant l'intention du machiniste, cinq, six, sept, huit rotations, ou même plus, pendant que la roue n'en fait qu'une.

X X.

Page 233. « La forêt auprès de laquelle
» se trouvoit ce moulin, étoit remplie de pal-
» miers, de lentisques, de manguiers, de
» goyaviers. La fougère y croissoit à la
» hauteur des arbres. »

Je doute qu'il y ait des *manguiers* au Brésil, je ne dis pas dans les forêts, mais même dans les jardins des particuliers. Le manguier est un arbre fruitier de l'Inde qui n'existoit pas en Amérique. J'ai envoyé les premières amandes de ces fruits, en 1766, à la Martinique ; depuis cette époque, j'ai répété plusieurs fois cet envoi à Saint-Domingue, avec des graines d'autres arbres fruitiers, etc.

Nous avons à l'Isle de France, dans les bois, la fougère arbre ; le tronc qui a huit à dix pouces de diamètre, a dix à douze pieds de hauteur. Les feuilles sont au sommet et forment parasol, comme celles de la plupart des palmiers. Il paroît que ce n'est pas de cette espèce de fougère que l'Auteur a voulu parler.

X X I.

Page 237. « Plusieurs districts du Gou-
» vernement de Rio-Janeiro, produisent
» en abondance du coton, du sucre, du
» café, du cacao, du riz, du *poivre* et du
» tabac. Le District de Rio-Grandé recueille
» beaucoup d'excellent froment. »

Le poivre est une production des Grandes-Indes, et non de l'Amérique, jusqu'à ce que les poivriers transplantés, depuis peu, de l'Isle de France à Cayenne, rapportent fruit. Je soupçonne que l'auteur a voulu parler du piment, ou du poivre de la Jamaïque ; mais celui-ci, quoique très-épicé, est très-différent du grain qui porte le nom de *poivre*, sans accessoire. Nous disons en français Rio-Grande, et non pas Rio-Grandé. Le froment qu'on y recueille est un blé de mars.

X X I I.

Ibid. A l'occasion des huit Gouvernemens du Brésil, dont l'auteur indique les noms, je crois devoir rappeler que celui de Para, ou des Amazones, n'a pas encore ses limites fixées. Il n'est pas hors de propos de citer dans les circonstances actuelles, un passage de mon illustre ami, l'auteur de l'*Histoire Philosophique et Politique des deux Indes*, (Tom. VII, pag. 62 et 63. Genève, édition in-8°.)

« L'Amazone fut autrefois incontestable-
» ment la borne des possessions françaises,
» puisque par une convention du 4 mars
» 1700, les Portugais s'obligèrent à démolir
» les forts qu'ils avoient élevés sur la rive
» gauche de cette rivière. A la paix d'U-
» trecht, la France, qui recevoit la loi, fut
» forcée de céder la navigation de ce fleuve,
» avec les terres qui s'étendent jusqu'à la
» rivière de Vincent Pinson, ou de l'Oya-
» pock. Lorsque le tems fut venu d'exécuter
» le traité, il se trouva que ces deux noms,
» employés comme synonimes, désignoient
» dans le pays, ainsi que sur les anciennes
» cartes, deux rivières éloignées l'une de
» l'autre de trente lieues. Chacune des deux
» Cours voulut tourner cette erreur à son
» avantage. Celle de Lisbonne vouloit s'é-
» tendre jusqu'à l'Oyapock, et celle de
» Versailles, jusqu'à Vincent Pinson. On
» ne put convenir de rien, et les terres con-
» testées sont restées désertes, depuis cette
» époque assez reculée. »

Voici peut-être le moment de terminer cette contestation.

XXIII.

Page 241. L'auteur ne fait qu'indiquer le moyen employé par un *homme de qualité*, de dépouiller le riz de son enveloppe, qu'il nomme improprement sa *pellicule*. On voit que c'est par la mécanique des moulins, et par l'usage d'un *sable vitrifiable*, dont les *angles aigus facilitent beaucoup le nettoiement du riz.*

Ces moulins font-ils mouvoir des pilons ou des meules ? Celles-ci sont-elles en bois ou en pierres ? sont-elles unies ou raboteuses, ou sillonnées ? Le sable n'a-t-il pas l'inconvénient de se réduire en poussière, et de se mêler avec celle du riz ? car il y en a toujours un peu de pulvérisé. Humecte-t-on le grain avant de le mettre au moulin ? Que fait-on de l'enveloppe ? Dans une grande manufacture, on doit en avoir une grande quantité.

On verra dans la description que je donnerai de la méthode des Asiatiques de cultiver le riz, le procédé qu'ils emploient pour le dépouiller de sa balle, et celui que j'ai essayé, au moyen d'une meule de pierres, tournant sur son axe.

L'auteur indique dans le Tom. III, pag. 294 et 295, les méthodes employées par les Chinois, *pour dégager les grains de riz de la pellicule qui les enveloppe.* L'une est une percussion qui *se fait* quelquefois *en grand,* au moyen *des moulins à eau;* l'autre est un frottement des grains entre deux meules de pierres. Les Malais établis à Malac, à Achem, à Quéda, à Siam, emploient aussi la percussion et le frottement, mais leurs méthodes diffèrent de celles des Chinois. Ils se servent de pilons, et quelquefois *d'une machine, qui n'est autre chose qu'un cylindre creux de bois dur, qu'on fait tourner par le moyen de deux manches, sur un autre cylindre solide de même diamètre, et qu'on presse avec force pour augmenter le frottement. Le grain est mis dans le cylindre creux, qui répond à la trémie, en même tems qu'il fait l'office de la meule supérieure dans nos moulins* (1). Je conjecture que le cylindre creux doit avoir dans la partie inférieure un peu moins de diamètre, que dans la partie supérieure.

Sir Staunton dit qu'à la Chine la même roue fait mouvoir *quelquefois vingt leviers.* Il est vraisemblable qu'elle travaille alors pour le public, comme nos moulins à blé. Il me semble qu'une mécanique semblable à celle de nos moulins à poudre, où une

---

(1). Voyage à Sumatra par William Marsden, tome 1, page 138 et 139.

seule roue à eau fait mouvoir quelquefois trente-six pilons, seroit préférable, non-seulement à la machine malaise, mais même à celle des Chinois, qui me paroît supérieure à celle de Riogénaire. Quelles que soient les méthodes employées pour dépouiller le grain de riz de sa paille, elles sont toutes imparfaites, c'est-à-dire, qu'il y a toujours des grains qui restent entiers. Il faut ensuite les séparer et vanner la paille. Cette opération se feroit très-facilement et très-promptement, au moyen d'une vannette mue à bras d'hommes.

XXIV.

Page 254. L'auteur rend compte des sages précautions qui furent prises dans le port de Riogénaire, pour mettre les vaisseaux en état de supporter les tempêtes dans les parages orageux qu'ils alloient traverser. *Les voiles qui étoient en partie usées, et peu propres à résister à des vents très-forts, furent remplacées par des voiles neuves.* Jusqu'à présent on ne s'est pas occupé des moyens de prolonger la durée des voiles et des cordages, et d'augmenter par l'art leur force naturelle. Cet objet mérite l'attention du Gouvernement. Si l'on parvenoit à trouver un procédé peu coûteux, qui remplît ce but (que je crois très-possible d'atteindre), on obtiendroit une grande économie, très-favorable au commerce, et l'on *préviendroit les désastres qu'occasionnent* souvent *les forts coups de vents.* Que le Gouvernement propose ce sujet à l'industrie, qu'il promette des récompenses à l'inventeur, et bientôt ce désir sera rempli. J'ai quelques expériences sur ce sujet, qui me donnent l'espoir du succès.

X X V.

Page 255. L'Auteur décrit fort bien les effets du mal de mer. Il auroit pu ajouter que l'accablement qu'il occasionne, fait tomber le malade dans un état de défaillance, qui lui ôte l'usage de ses forces. On est persuadé que dans ce cas, il est à propos de prendre l'air et de faire de l'exercice; mais on n'en a ni la force, ni la volonté, quand le mal est violent. Il n'est peut-être pas inutile de dire, que le meilleur remède est l'Elixir de Garus; mais on doit en user avec ménagement, et prendre en même tems du thé, ou de l'eau, très-sucrés. On conçoit aisément, qu'une liqueur confortante, telle que cet élixir, qui est en même tems un bon cordial, est propre à donner du ton aux viscères, et à rétablir par ce moyen, l'équilibre des humeurs; le sucre est adoucissant et nutritif, et convient très-bien dans ce cas, puisque le malade refuse tout aliment solide.

XXVI.

Page 273. Je plains le sort de *Perron* et de ses compagnons de chasse, abandonnés sur l'île d'Amsterdam. Le vaisseau qui devoit venir les prendre, avec les peaux de veaux marins qu'ils se seroient procurées, a été pris par le *Lion* dans les mers de la Chine. Ces malheureux sont peut-être encore dans cette île, si le désespoir ne les a pas fait renoncer à la vie. Un vaisseau allant à la Chine pourroit mouiller près de cette île, sans se détourner de sa route, et donner passage à ces infortunés, en traitant avec eux de l'achat de leurs peaux. Puisse cet avis, dicté par l'humanité, tirer ces malheureux de leur exil, et les rendre à la société, à leurs amis, à leur patrie!...

XXVII.

Page 290. *Les jardiniers des deux vaisseaux anglais plantèrent, auprès de la hutte des chasseurs, des patates et d'autres végétaux qui peuvent, sans doute, être d'un grand secours, non-seulement pour eux, mais pour les autres marins qui séjourneront dans l'île.* Les patates n'y réussiront pas, vu la température trop froide; mais je soupçonne que l'auteur a voulu dire, des pommes-de-terre.

Si tous les voyageurs qui abordent des

îles désertes, avoient l'attention d'y planter des patates ou des pommes-de-terres, suivant leur température, et d'autres végétaux appropriés au climat, ils auroient droit à la reconnoissance de la postérité. Les Portugais, dans les premiers voyages qu'ils ont faits dans les Indes, plaçoient des boucs et des chèvres, des cerfs et des biches, dans les îles désertes qu'ils rencontroient. C'est à eux que l'on doit la multiplication des boucs sauvages qui sont encore à l'Isle de France et à l'Ascension, et celle des cerfs que l'on trouve dans la première.

XXVIII.

Page 303. « Le 25 Février, 1793, on aperçut la pointe la plus occidentale de l'Isle de Java, pointe à laquelle on a donné le nom de *Tête-de-Java*. Bientôt après on vit l'Isle du Prince, et l'entrée du détroit de la Sonde. » D'après cela, il est évident que les Anglais dirigeoient leur route sur la Tête-de-Java. Ils étoient sûrs de leurs points, au moyen de leurs montres marines, et des observations astronomiques qu'ils ne manquoient pas de faire. Sans cela, ils auroient sans doute dirigé leur route au vent du détroit, pour ne pas le manquer.

XXIX.

Page 304. L'île que les Anglais nomment la *Contrariante*, est nommée par les Français l'*Isle du milieu*. Les deux rondes que les premiers nomment le *Bonnet* et le *Bouton*, portent les noms en français de la *Grande* et la *Petite Toque*. Ces deux dernières ne sont pas habitées ; mais elles sont couvertes d'arbres : elles sont extrêmement petites.

J'ai débarqué en 1761, sur la *Grande-Toque*, en allant à Batavia, pour y chercher des coquillages : je n'en trouvai pas de curieux ; mais un spectacle singulier excita mon étonnement. En me promenant sur le rivage, j'apperçus un plateau de pierres, sous l'eau, qui paroissoit couvert d'une belle végétation, d'un beau verd, et qui avoit dans quelques parties les couleurs de l'iris. Quand je fus près du plateau, ces belles couleurs avoient disparu, et le plateau ne présentoit plus qu'une couleur brune. Un peu plus loin, je vis un autre plateau coloré comme le premier ; je m'approchai, et sur-le-champ il se rembrunit. Curieux de connoître la raison de ce phénomène, je détachai avec un couteau quelques parties de ce qui me paroissoit être un végétal marin. Je fus bien surpris de voir que la partie de cette substance, qui adhéroit au rocher, étoit charnue. Voilà donc un animal qui tient du végétal, par des feuilles très-minces et très-déliées, longues de quinze à dix-huit lignes, qui ont du mouvement. C'est un zoophyte qui a de la ressemblance avec l'anémone de mer.

X X X.

» *Page* 305. La nature emploie des êtres
» animés, pour former de nouvelles terres,
» dans les détroits de la Sonde. *Page* 306.
» Indépendamment des animaux aquatiques
» qui produisent les îles de corail, etc. »
D'après ces deux passages, ou voit que l'Auteur est persuadé, avec beaucoup de naturalistes, que les Coraux doivent leur formation à des insectes marins. Cette opinion a pour elle un grand degré de vraisemblance; mais elle n'est pas démontrée. On n'a pas encore des observations assez suivies, assez exactes, pour la regarder comme certaine. On ne peut pas douter que tous les Madrépores n'aient de l'accroissement dans toutes leurs dimensions, mais il pourroit n'être que l'effet d'une sorte de végétation.

X X X I.

Page 307. On trouve aussi dans le détroit de la Sonde, le coquillage connu sous le nom de Bénitier. Je me rappelle qu'un de mes amis, capitaine en second du vaisseau de guerre sur lequel j'étois embarqué, fut à la chasse sur l'île au Prince; il ramassa sur le bord de la mer, un bénitier, très-frais, très-entier, mais médiocre; il le fit cuire, en mangea, et le trouva très-bon; mais il en fut très-incommodé. Une médecine n'auroit pas eu plus d'effet. Cet évènement n'eut aucune suite.

Page 307. J'ai vu des huîtres à l'île de l'Ascension incrustées dans les rochers. On a de la peine à les détacher avec un marteau; on n'en trouve point ailleurs. Cette île, située par huit degrés de latitude australe, a été récemment bouleversée pas un volcan. J'y ai vu une plage entièrement composée de petits grains ronds, de nature calcaire, parmi lesquels il y a des fragmens de corail rouge. Elle est séparée par un rocher de granit, d'une autre plage, beaucoup plus étendue, qu'on appelle l'Anse des Français, et qui est toute composée d'un sable fin vitrifiable. C'est là sur-tout que les tortues de mer viennent la nuit pondre leurs œufs.

XXXII.

Page 310. « Les jounques chinoises, qui
» sont si mal construites pour entreprendre
» des voyages de long cours, et qui mouil-
» loient dans la baie (de Batavia), indi-
» quoient en même tems qu'on n'étoit pas
» loin de la Chine. » Et l'on veut que ces jounques aient été autrefois jusque dans la Mer-Rouge !... Au surplus, l'auteur auroit dû dire que la baie est couverte d'une

quantité immense de ces jounques, et de beaucoup d'autres boths, construits à Java, qui font le cabotage de la côte.

XXXIII.

Page 311. *La secrète appréhension* des Hollandais sur les vues secrètes de l'Ambassade n'étoit pas sans fondement. Je ne serois pas surpris d'apprendre qu'elle avoit été chargée de demander à l'Empereur de la Chine, le privilége exclusif du commerce de cet Empire, avec la permission d'y former un établissement ; à la charge de purger des pirates, les côtes de la Chine, et d'y envoyer autant de vaisseaux pour le commerce, que tous les Européens réunis. Les Anglais se seroient encore engagés à protéger le Grand Lama. Leurs vues ambitieuses, leurs prétentions à la domination des mers, leurs désirs de s'emparer exclusivement du commerce du globe, justifient cette opinion.

XXXIV.

Page 317. « La ville est environnée de
» marais et d'étangs, d'où s'élèvent chaque
» matin, aussitôt que la brise de mer souf-
» fle, une immense quantité de vapeurs
» pestilentielles. Lorsque le soleil est dans
» son midi, ses rayons frappent les canaux
» vaseux qui sont dans les rues, et l'air se

» charge de miasmes corrompus ; enfin les
» arbres qui ombragent les quais et bor-
» dent les canaux, laissent échapper pen-
» dant la nuit beaucoup d'émanations fu-
» nestes ».

Il est certain que Batavia est un séjour très-mal sain : non-seulement *la ville est environnée de marais et d'étangs*, mais la mer des environs est elle-même très-salé, mais les canaux factices qui sont dans les principales rues, ont une eau bourbeuse et corrompue, parce que leur cours est très-lent, et qu'on y jette les cadavres des animaux, et toutes les immondices de la ville. Les brises de terre et de mer seroient très-propres à renouveler l'air, si elles étoient plus fortes. On n'a jamais vu de coups de vents à Batavia. Sa rade vaut donc mieux pour le mouillage des vaisseaux que le port le plus sûr ; mais ces coups de vents purgeroient l'air. Au reste les arbres, loin de fournir des émanations funestes, absorbent une partie du gaz méphitique, le convertissent en air vital et en exhalent une grande partie. Les végétaux, tant qu'ils vivent, sont plus propres à purifier l'air qu'à le corrompre. Les Isles de France et de la Réunion, couvertes d'arbres et de plantations ont une atmosphère très-pure et très-saine.

XXXV.

Page 319. J'ai fait un court séjour à Batavia, dans deux voyages. J'y ai été attaqué de la fièvre du pays. Un médecin Hollandais me fit prendre tous les jours une dose de je ne sais quel sel neutre qui vient de Hollande et qui est apéritif et purgatif. Je me suis bien trouvé de l'usage de ce remède. Je crois que le sel de saignette, ou celui de Glauber pourroient y être substitués avec le même succès.

Page 320. *Les obstructions*, les gonflemens dans les intestins, qu'on nomme *la basse*, les dyssenteries, les abcès au foie, les fièvres malignes et putrides sont les maladies ordinaires des pays mal-sains. Les indigestions y sont quelquefois mortelles, sur-tout dans les climats chauds. L'élixir connu dans l'Inde sous le nom de *drogue amère* est le meilleur remède qu'on ait trouvé contre les indigestions. J'en ai étendu l'usage depuis plus de 35 ans, à l'Isle de France, et même à Paris, toujours avec succès. Cette liqueur est aussi un excellent emménagogue. On en trouve la recette dans ce volume.

XXXVI.

Page 323. La Société Littéraire des arts de Batavia a été établie, vers 1778, sous le généralat de feu Reynier, par les soins de son gendre, feu mon ami, Radermaker, dont je regretterai toujours la perte. Elle a publié des mémoires très-curieux, très-intéressans et très-utiles, qu'il seroit essentiel de connoître. J'invite le Gouvernement à les demander en Hollande, à les faire traduire en français, et à les publier. On y trouvera des procédés ingénieux qui reculeront les bornes de nos connoissances et qui pourront être utiles à nos Colonies.

XXXVII.

P. 323. Parmi les animaux que les curieux élèvent à Batavia, on voit quelquefois dans des jarres d'eau douce, des *Goramis*, poisson exquis, assez gros, ressemblant, pour la forme, à la poule d'eau, qui a été transplanté des Moluques à Java, où il est maintenant assez commun. Nous l'avons transporté à l'Isle de France, et il peuple nos rivières et nos bassins.

XXXVIII.

Pag. 328. « Il est des climats moins chauds,
» où le thermomètre descend quelquefois la
» nuit de vingt degrés ; mais à Batavia, c'est
» tout le contraire ; il monte ordinairement
» de quatre ou cinq dégrés, au-dessus de ce
» qu'il étoit à l'ombre, lorsque le soleil étoit
» au Zénith. » J'ai été deux fois à Batavia

j'y ai séjourné plus long-tems que l'Ambassade anglaise, et je n'ai rien observé de semblable. La nuit m'a toujours paru moins chaude que le jour. Ainsi les observations des Anglais sont sans doute l'effet momentané de quelques circonstances particulières qu'ils n'ont pas remarquées.

XXXIX.

Page 330. Les recrues de la garnison ne sont guère tirées des Provinces-Unies « Ce » sont en général des Allemands » des Belges et des Français. La discipline militaire y est très-sévère. La subordination dans tous les Etats y est portée à un degré étonnant. Quand le Gouvernement veut se défaire d'un mauvais sujet, il l'envoie à *Banda*, l'une des Moluques où l'air est, dit-on, encore plus malsain qu'à Batavia.

XL.

Page 337. « Ce sont les Chinois principale» ment qui cultivent les cannes à sucre. » Les Chinois sont aussi laborieux à Batavia, que dans leur pays ; ils cultivent aussi le riz, l'indigo, etc, et y exercent toutes sortes de métiers. Ils fabriquent l'araque de Batavia, espèce d'eau-de-vie de sucre, qui passe pour la meilleure de toutes celles qui se fabriquent dans les Indes Orientales.

L'Auteur auroit dû dire qu'ils occupent

un des faubourgs, qui est très-grand, et que leur population s'élève à deux cent cinquante mille ames environ. Si la Chine ne la recrutoit pas annuellement, elle ne seroit pas aussi considérable, vu sur-tout l'insalubrité de l'air; mais ce peuple est sobre et laborieux.

XLI.

Page 341. « Une pâle langueur est ré-
» pandue sur leur physionomie (des fem-
» mes) et jamais les couleurs de la rose
» n'embellissent leurs joues. » Il en est de même dans tous les pays chauds; on attribue cet effet à la grande transpiration; aussi les menstrues n'y sont pas aussi abondantes qu'en Europe, par la même cause.

XLII.

Pages 343 et 344. Il n'est pas étonnant que les Hollandais *aient réussi à maintenir leur Empire sur le nombre bien supérieur au leur*, des esclaves, des Javans et des Chinois. « Telles sont les conséquences de
» la domination qu'on a une fois établie, et
» de l'ascendant de l'esprit, sur les moyens
» purement corporels, et d'un pouvoir uni,
» contre des forces divisées. » Ces raisons sont très-bonnes sans doute, mais elles ne sont pas les seules. Les trois classes d'hommes désignées ci-dessus, et qui habitent Batavia,

n'ont aucune union entr'elles, ne parlent pas la même langue, et n'ont ni les mêmes usages, ni les mêmes intérêts à secouer le joug des Hollandais. Les esclaves le désirent sans doute ; mais comment l'entreprendre? Ils ne pourroient pas agir de concert; ils se fréquentent peu les uns et les autres ; ils sont originaires de différens pays, ils n'ont aucuns moyens physiques entre leurs mains, et la nature semble leur avoir refusé l'énergie nécessaire, pour imaginer un complot. Les Javans et les Chinois sont contens de leur sort, et ne désirent rien. Les uns et les autres sont les plus lâches et les plus mous de tous les hommes. Le Général de Batavia, feu Van-der-Para, me disoit que le Javan étoit un peuple de moutons, à conduire avec une baguette. Ainsi une poignée d'Européens doit maintenir facilement sous sa domination une population immense.

XLIII.

Page 345. L'histoire de l'Isle de Java seroit très-curieuse. *Les Arabes, qui en établissant le Mahométisme, ont soumis à leur joug presque tous les premiers possesseurs du pays*, alloient à Canton, dès le neuvième siècle. Ils partoient de la Mer-Rouge et se rendoient en droiture à la Côte Malabarre, de là à celle de Coromandel, d'où ils pénétroient dans le détroit de Malac, et de là en Chine. Ils s'étoient répandus à Sumatra et à Java. Partout, ils ont formé des Colonies, partout ils ont propagé leur religion ; ils étoient commerçans et missionnaires. Ils ont donné un commencement de civilisation et de police aux Peuples agrestes de la presqu'île de Malac, et à ceux de Sumatra et de Java. Plusieurs de leurs compatriotes fréquentoient dans le même tems la côte orientale d'Afrique, où ils ont formé un établissement qui subsiste encore. C'est *Zanzibar*, dépendant de l'Iman de Mascate. D'autres ont été à Madagascar. Ils se sont établis à *Bombetoc*, dans la partie du nord de cette île, et au *Fort-Dauphin* dans la partie du sud. Il n'est pas de mon sujet de faire l'histoire de ces émigrations, ni des effets qu'elles ont eus sur les contrées où elles se sont fixées. Je dirai seulement que les Maures partis de la Mer-Rouge ont formé dans le même tems des établissemens à la côte orientale d'Afrique, qui subsistent encore, tels que Mélinde, Monbase, Quiloa, Patte, etc., qui sont indépendans les uns des autres ; mais ils n'ont pu venir à bout de civiliser les Africains. J'ai sur Quiloa des Mémoires curieux que je pourrai faire connoître, si le public paroît les désirer, et s'il applaudit à mon travail.

J'ai ouï dire qu'on voyoit dans l'intérieur de Java des ruines d'anciens monumens, qui attestoient qu'elle avoit été autrefois habitée par un peuple civilisé. M. Hooyman, Ministre Luthérien, avec lequel j'entretenois correspondance, a trouvé près de Batavia, en faisant faire des fouilles sur ses habitations, deux planches de cuivre sur lesquelles il y a des caractères gravés, qui sont inconnus.

XLIV.

Pages 347 et 348. L'anecdote de la rebellion des Chinois, en 1740, citée par l'Auteur, me paroît fabuleuse. Il est bien vrai que la même année on en fit un grand massacre, et qu'ils furent accusés de conspiration. Le Baron d'Imoff, Gouverneur de Ceylan, les accusa auprès du Gouvernement qui fit faire des perquisitions inutiles. Il renouvela les mêmes accusations de Colombe où il séjournoit ; enfin il se rendit à Batavia. Il abusa de l'ascendant qu'il avoit sur *Falquenir*, pour lors Général, et lui prouva que les Chinois faisoient des amas d'armes, en lui faisant voir celles qu'il avoit trouvées dans leurs tombeaux, et qu'il y avoit fait cacher secrètement. Il arracha du Général l'ordre du massacre, se chargea de l'exécution, et obtint de lui la commission d'aller en rendre compte aux États-Généraux. Arrivé en Hollande, il s'attacha à noircir la conduite du Général, et rejeta sur lui tout l'odieux du massacre. Il avoit des talens, de la fortune ; il vint à bout d'obtenir pour lui-même le généralat, et partit avec l'ordre d'arrêter *Falquenir*. Celui-ci, après le départ d'Imoff, ouvrit enfin les yeux sur sa trop grande confiance, et s'embarqua pour rendre compte de sa conduite aux États-Généraux. Les vaisseaux qui portoient Falquenir et le Baron d'Imoff se rencontrèrent au Cap de Bonne-Espérance. Le Baron avoit toute l'autorité. Il arrêta Falquenir, le mit aux fers sur son vaisseau, le conduisit à Batavia, et le relégua prisonnier dans l'île de Harlem, où il mourut de chagrin peu de tems après.

Le Baron d'Imoff a gouverné long-tems à Batavia. On peut dire qu'il y a régné, et c'est avec regret que j'ajoute que ce scélerat y a déployé beaucoup de talens.

XLV.

Page 352. L'auteur dit qu'aux Isles Philippines, *les Chinois n'y sont ni moins nombreux, ni moins nécessaires qu'à Java.* Il se trompe. Il y a beaucoup de Chinois à Manille, située dans l'île Luçon, capitale des Philippines, mais ils n'y sont pas à beaucoup près, aussi nombreux qu'à Java. Après la prise de Manille par les Anglais, en 1761, le Roi d'Espagne rendit un édit qui ordonnoit à tous les Chinois qui n'étoient pas chrétiens, de sortir de l'île Luçon. Beaucoup d'entr'eux se firent baptiser, pour ne pas quitter leurs propriétés, leurs familles, leurs amis. Le Gouvernement Espagnol qui sentoit combien ce peuple étoit utile, même nécessaire à l'établissement, ne mit pas beaucoup d'exactitude dans l'exécution de l'édit, et la plupart des Chinois restèrent. Au lieu de les chasser, il auroit fallu en appeler un plus grand nombre. Les Chinois exercent dans Luçon tous les arts et métiers. Ils sont agriculteurs, pêcheurs, matelots, etc.

X L V I.

Page 352. « Les Dames de Batavia, parlent
» non-seulement la langue Javanoise, (on
» doit dire la langue Javane) comme la Hol-
» landaise; mais elles jugent à propos d'ap-
» prendre celle des Portugais, laquelle con-
» tinuant à être en usage, dans tous leurs an-
» ciens établissemens en Asie, montre com-
» bien cette nation a été autrefois répandue
» dans cette partie du monde » Ceci n'est pas particulier à Batavia. Dans toutes les Indes, aux côtes de Coromandel et de Malabar, dans le Bengale, à Pondichéry, et même à Madrast et à Calcutta, à Colombe, à la Chine; (je veux dire à Canton) l'on parle un portugais corrompu.

XLVII.

Page 354. « On sait, dit le traducteur, dans une note, « qu'avant de vendre les noix » muscades, les Hollandais les font passer » au four, afin qu'elles ne puissent pas ger- » mer ». Il est mal instruit. Les noix muscades veulent être plantées fraîches pour pouvoir germer. Les Hollandais, qui savent qu'elles sont très-sujettes à être piquées des vers, les font passer dans de la chaux, pour qu'elles se conservent saines plus long-tems. Cette opération détruit le germe de la noix.

XLVIII.

Page. 356. Je trouve plusieurs choses à reprendre dans cette page, au sujet du muscadier. Nous en avons des arbres à l'Isle de France, qui y prospèrent par les soins infatigables du citoyen Céré, Directeur du Jardin national, qui a donné la description de leurs fleurs blanches, monopétales, très-petites, et qui ont une odeur très-forte. *La surface intérieure des feuilles* de l'arbre, n'est pas *brune*. Le fruit est ordinairement plus gros qu'un *brugnon*. Il est comme lui, recouvert d'une pulpe très-épaisse, ferme, aromatique. La muscade n'est pas une *amande*. J'ignore si, *originairement*, c'est-à-dire au moment de sa formation, elle est *molle*; mais je sais bien que dans l'état de maturité, elle a de la consistance. Il y a plusieurs sortes de noix muscades, la longue, et la ronde, et une très-petite espèce, que je n'ai vue qu'une fois dans ma vie, et dont j'ignore le pays natal.

Le clou de girofle est le calice, que l'on cueille, dès que les pétales sont tombées, et qui, comme la plupart des *Eugenia*, devient le fruit. Celui-ci est presqu'aussi gros qu'une aveline ordinaire; il a une pulpe noirâtre, et une véritable amande. J'ai bu du ratafiat fait avec des girofles mûres, infusées dans de l'eau-de-vie, à laquelle on avoit ajouté du sucre. Il étoit un peu amer, et cependant agréable. Je crois cette liqueur stomachique. Peut-être que si elle avoit été distillée, son amertume se seroit dissipée. C'est un essai à faire, que je propose aux colons des Isles de France et de la Réunion, qui ont des girofleries; ils doivent prendre des précautions, pour que la liqueur ne sente pas l'empyreume.

LXIX.

Pages 356 *et* 357. J'ai distillé, étant à l'Isle de France, des branches et des feuilles d'un jeune camphrier, ayant environ vingt pieds de hauteur. Je n'ai pas obtenu de camphre, mais une huile essentielle, blanche, limpide, qui a une odeur très-pénétrante de camphre. Peut-être que le tronc des vieux arbres où leurs racines donnent, à la distillation, cette substance dans l'état concret.

Pages 356 *et* 357. Les feuilles du canelier ont très-peu d'odeur et peu de goût. Les fleurs ont une odeur fétide.

Ibid. Le poivrier est une liane, une plante sarmenteuse, qui a des mains à chaque nœud, au moyen desquelles elle s'attache aux arbres voisins; mais il n'est pas parasite, parce qu'il ne se nourrit pas de la sève de ses tuteurs; ses fibres ne pénètrent pas leur écorce. Il tire sa nourriture de la terre, de l'air et du soleil, comme les autres plantes, et il vient très-bien, quoique solitaire. « Le poivrier croît par groupes, » comme la vigne; mais il est plus petit ». Je n'entends pas ce que cela veut dire. S'il y a ici une faute d'impression, et que le mot *groupes*, ait été mis, pour celui *grappes*, je dirai que c'est une erreur. Le poivrier porte un épi, dans lequel sont placés les grains de poivre. Le cubèbe qui est une espèce de poivrier, porte des grappes.

Ibid. Les feuilles de bétel, avec lesquelles on enveloppe de petits morceaux d'arèque, et non d'*arraque*, un peu de chaux éteinte, et quelquefois du cachou, du cardamome, ou quelqu'autre aromate, pour mâcher le tout, sont fort en usage dans l'Asie.

Ibid. L'arbre qui porte la noix d'arèque,

n'est pas un des plus petits de l'espèce des palmiers, quoique ce ne soit pas un des plus grands. Il s'élève à vingt pieds et plus. Il y a des palmiers qui n'atteignent jamais plus de quatre à cinq pieds. L'itchapalou de l'Inde, dont les branches servent à faire des paniers, parce qu'elles sont très-souples, est encore plus petit.

L.

Pages 357 et 358. L'auteur a dit partout, *la noix d'arraque*; il faut dire la noix d'Arèque, ou simplement Arèque. Ce fruit est un grand objet d'importation pour la Chine, qui en tire des cargaisons de la Cochinchine. Les Chinois le mangent avec du bétel, et s'en servent aussi pour la teinture.

L I.

Page 359. Je confirmerai ce que dit l'auteur que les propriétés vénéneuses de l'*Upas* sont fabuleuses. J'avois chargé un de mes amis qui alloit à Batavia, de prendre à ce sujet des informations exactes ; je l'avois adressé à feu Hooyman, ce ministre luthérien dont j'ai déjà parlé. Celui-ci conduisit mon ami sous des upas touffus, et lui demanda, en riant, s'il en sentoit l'influence.

L I I.

Page 360. Le *Mapou*, arbre extrêmement poreux, qui croît à l'Isle de France, rend

rend un suc qui fait enfler les parties du corps, sur lesquelles il tombe : aussi prend-on des précautions pour l'abattre.

L I I I.

Page 361. L'ancienne médecine employoit plus souvent le feu que la moderne. Les pierres à cautère, qui sont moins effrayantes, et moins douloureuses, en ont fait négliger l'usage. Il y a cependant des cas où elles ne remplacent pas le Moxa. J'ai vu le savant médecin Rougnon, employer avec grand succès ce moyen curatif, sur un de mes amis. Les Madécasses, qui n'ont aucune teinture des sciences, se servent souvent du feu, et quelquefois avec succès. Je les ai vus choisir trois espèces d'herbes du pays, les mêler ensemble sur des feuilles de *sonzes* (espèce de chou-caraïbe), qui brûlent difficilement, les exposer sur un brasier ardent, et lorsqu'elles étoient bouillantes, les appliquer sur les *crabes* de leurs compatriotes, après les avoir nettoyées. Ils appellent crabes, des crevasses qui viennent aux pieds, le plus souvent à la partie inférieure des talons, et qui les empêchent de marcher. Ils répètent trois fois l'application bouillante des mêmes herbes. J'ai vu quelquefois les crabes disparoître, d'autres fois non ; mais dans ce cas, ils prétendent que les herbes n'étoient pas assez chaudes, et ils recommencent l'opération. Ce mal est, je crois, inconnu en Europe, et paroît provenir de ce que les Noirs marchent nus pieds.

L I V.

Page 362. La *Mangouste* est un animal de l'Inde très-vorace, qui fait la guerre aux poules, etc. Le mangoustan est un fruit délicieux qui vient à Batavia, à la côte de l'Est, à la Cochinchine.

L V.

Page 363. On cultive aussi à l'Isle de France des Ananas en plein champ ; mais la population de cette Colonie, n'approche pas de celle de Batavia. Les Chinois tirent parti du fil des feuilles de l'Ananas, et prétendent qu'il est beaucoup plus solide qu'aucun autre. Je ne sais pas quel est leur procédé pour l'extraire, ni à quel usage ils l'emploient. Quoi qu'il en soit, c'est vraisemblablement la raison pour laquelle ils cultivent beaucoup d'Ananas. Le fruit n'est pas précisément l'objet de leurs soins ; c'est le fil des feuilles, qui se vend très-bien à la Chine. Voilà pourquoi les Ananas sont à si bon marché à Batavia. Si les Chinois savoient en faire du vin, ou s'ils imaginoient d'en distiller le suc fermenté, pour avoir de l'eau-de-vie, ces fruits auroient peut-être plus de valeur.

LVI.

Page 363. Le sucre est très-abondant à Batavia, qui en envoie des cargaisons dans l'Inde, dans la Mer-Rouge, et même en Europe. Il y vaut au plus trois sous la livre. Il coûte encore moins à Manille dans l'île Luçon, capitale des Philippines ; mais la Cochinchine est le pays où le sucre est le plus abondant, le meilleur, le moins coûteux.

LVII.

Page 366. « La principale culture à Java » est celle du riz. » En effet, cette île en produit beaucoup. Il ne coûte pas habituellement un sou la livre : on y cultive aussi la canne à sucre, le café, l'indigo. Le café de Java est gros, long, poreux, de qualité médiocre. L'indigo Javan est un des plus beaux et des plus estimés ; je parle de celui de la première qualité.

LVIII.

Page 368. « Plusieurs des maisons de Ba-
» tavia restent inhabitées, ce qui annonce
» une Colonie en décadence. Parmi beau-
» coup d'autres preuves de cette décadence,
» on remarque les navires de la Compagnie,
» qui languissent dans la rade, faute de

» cargaisons et d'équipages. Il n'y a point
» de vaisseaux de guerre, pour protéger le
» commerce, même contre les pirates, qui at-
» taquent quelquefois les navires à la tête de
» la rade de Batavia. » Il est étonnant que
l'Administration de cette Colonie n'ait rien
fait pour corriger l'insalubrité de l'air du
pays. J'ai oui dire que le baron d'Imoff,
qui a laissé après lui la réputation d'un homme
à talens, avoit formé le projet d'accélérer le
cours des eaux qui traversent la ville. J'ignore
pourquoi il n'a pas eu d'exécution. Le manque d'équipages pour armer les navires de
la Compagnie, est très-fréquent ; il est une
suite de l'insalubrité de l'air, peut-être aussi
du défaut de soins des malades, ou d'une
économie mal entendue, qui engage à expé-
dier les vaisseaux de Hollande, avec trop peu
de matelots. Je sais que la Haute Régence a pris
quelquefois le parti de compléter les équipages des vaisseaux avec des matelots chinois;
mais on en tire peu de service et d'utilité ; les
Lascars qui sont des matelots mahométans
de l'Inde, seroient préférables. Il ne seroit
pas nécessaire d'avoir des vaisseaux de guerre
proprement dits, pour protéger le commerce,
contre les pirates. Des vaisseaux ordinaires
de la Compagnie, armés en guerre, seroient
suffisans. Il sera facile à la République Batave de donner à Batavia plus de splendeur

qu'il n'en a jamais eu. Il faut pour cela qu'elle proclame la liberté du commerce, au moins d'Inde en Inde, et qu'elle favorise l'agriculture. Ces deux moyens, s'ils ne sont pas contrariés par le vice du climat, rendront cette ville une des plus opulentes des Indes Orientales.

LIX.

Page 369. Les dehors de Batavia sont moins mal-sains que la ville. Il y a une maison de campagne affectée aux gouverneurs, à vingt-cinq lieues de sa résidence, située au pied des *montagnes-bleues*, où l'on dit que l'air est très-sain. Les chemins qui y conduisent sont très-difficiles. Je ne crois pas qu'aucun étranger y ait jamais été. Le général y va rarement.

LX.

Pages 379 *et suivantes.* Les nids d'oiseaux sont fort estimés des Chinois. Ils leur attribuent des propriétés aphrodisiaques. Ils les font cuire dans de l'eau ou dans du bouillon, et les ajoutent à des ragoûts. Les Hollandais suivent le même usage. Ces nids n'ont aucun goût par eux-mêmes.

LXI.

Page 388. On a vu quelquefois ces pirates malais attaquer des vaisseaux des

Compagnies Européennes. Ils ont une audace comparable à celle des anciens flibustiers.

LXII.

Page 390. Les vaisseaux anglais éprouvoient, dans le détroit de Banca, les contrariétés de la mauvaise saison. Ils auroient peut-être mieux fait d'attendre le retour de la bonne saison, dans quelque mouillage convenable, plutôt que de fatiguer les équipages à lever les ancres, et à manœuvrer, pour faire peu de chemin. Il eût été à désirer que l'auteur eût joint à la fidélité de ses récits, l'exactitude des dates.

Les mouches brillantes dont il parle, existent aussi aux environs de Batavia; il y en a à Madagascar. Lorsqu'un buisson en rassemble beaucoup, on croiroit qu'il est en feu.

LXIII.

Page 391. « La petite escadre ne trouva au
» Cap Nicolas, qui est l'extrémité la plus
» septentrionale de Java, ni marais, ni épais
» nuages. Les brises de terre et de mer s'y
» succédoient constamment; l'air étoit clair,
» le tems très-beau, tandis qu'on voyoit
» tomber sur la côte opposée, un déluge de
» pluie. » Dans la mauvaise saison, les orages, les tempêtes sont fréquentes à l'occident du Cap Saint-Nicolas, tandis qu'à l'est le tems

est calme. Ce Cap n'est pas extrêmement élevé. On n'a jamais essuyé de coups-devent dans la rade de Batavia.

LXIV.

Page 394. Le roi de Bantam est *prêtre de la religion mahométane, à laquelle il mêle beaucoup de rites et de superstitions des Aborigènes de Java. Par exemple, il adore le grand banian ou figuier indien, également sacré dans l'Indoustan.* C'est le *ficus bengalanensis*, autrement nommé dans l'Inde, *arbre de pagodes*. Il est très-grand, très-gros, a des feuilles grandes, fortes, épaisses, une figue d'un beau rouge, ronde, ordinairement plate, qu'on ne mange point. Cet arbre se multiplie par des filets qui partent des nœuds de ses branches, qui parviennent avec le tems jusqu'à terre, et qui y prennent racine. C'est celui dont parle Lucain, lorsqu'il dit qu'un arbre forme une forêt. Il y en a une autre espèce dans les bois de l'Isle de France et de la Réunion, et dans ceux de Madagascar, qu'on nomme *Fonche*, dont les feuilles et les fruits sont plus petits, mais dont le tronc est aussi élevé et aussi gros.

Il paroît singulier que les Indiens et les Aborigènes de Java se soient accordés à regarder cet arbre comme sacré. Les Madécasses n'ont pas le même préjugé.

L X V.

Page 396. L'indigo n'est point une *pierre;* on ne doit plus se servir de cette expression. *Pour fabriquer l'indigo*, dit le traducteur, *on fait pourrir la feuille de cette plante.* Ce seroit le moyen de n'avoir point de fécule. On fait macérer et non *pourrir* la plante. Quoi qu'il en dise, il y a de l'indigo de St.-Domingue d'une qualité très-supérieure à tout celui qui se fabrique aux Indes, excepté celui d'Agra, quoique les Indiens, pour extraire la fécule, séparent les feuilles des branches de la plante.

L X V I.

Page 400. L'Auteur dit que la proposition *de faire des étoffes avec des fils d'araignée,* est une chose *extrêmement ridicule pour ceux qui n'ont vu que les toiles inconsistantes que ces insectes tissent en Angleterre.* Ce n'est pas avec les toiles d'araignées qu'on a proposé de faire des étoffes, mais avec leurs cocons. On est parvenu à en faire des bas.

L X V I I.

Page 404. « Banca est connue en Asie par

» ses mines d'étain, et on sait que le même
» avantage avoit rendu l'Angleterre célèbre
» en Europe, long-tems avant que ses armes
» eussent porté sa gloire dans toutes les par-
» ties du globe. » L'Angleterre étoit célèbre
dans un tems ancien, par ses mines d'étain,
qui étoient alors les seules connues en Europe.
Banca qui est peu peuplée, n'est pas le seul
pays des Indes qui fournisse de l'étain.
Sumatra, Bornéo, Malac, le Pégou en envoient beaucoup à la Chine, où l'on en fait
la plus grande consommation.

LXVIII.

Page 411. *Un nid de tortues* seroit une
chose assez curieuse. La tortue est amphibie,
pond à terre ; elle fait un creux dans le
sable avec ses nageoires, y dépose ses œufs
en grande quantité, les recouvre de sable,
et retourne à la mer. Je ne conçois pas ce
que c'est que *l'espèce de placenta adhérent
à leur ventre.* J'ai vu sur l'Isle de l'Ascension
beaucoup de petites tortues qui venoient
d'éclorre, et qui couroient à la mer ; mais
elles n'avoient rien sous le ventre qui pût
donner l'idée d'un placenta ; je ne sache pas
que les ovipares en aient.

LXIX.

Page 436. L'Evêque de la Cochinchine

conduisit en France le fils aîné du Roi détrôné en 1786, et non le Roi lui-même. Ce Prince s'étoit refugié à Siam, où il y a beaucoup de Cochinchinois, et où il fut accueilli par le Roi. Pendant son séjour, celui de Siam eut la guerre avec les Pégouans. Le monarque détrôné saisit cette occasion de prouver sa reconnoissance à son bienfaiteur. Il inspira son courage aux Cochinchinois, qui voulurent bien le suivre, et il contribua le plus à la défaite des Pégouans.

La guerre étant terminée, le Roi de Siam, pour montrer sa reconnoissance à son hôte, lui donna des troupes et des vaisseaux pour recouvrer son trône ; mais il ne laissa au Cochinchinois que l'apparence du commandement, et réserva la principale autorité sur les forces siamoises, à un vieux général de cette Nation qui avoit toute sa confiance. Celui-ci barra tant qu'il put le Roi de la Cochinchine dans ses mesures ; et cette première tentative échoua.

De retour à Siam, le Prince Cochinchinois espéra long-tems déterminer une autre entreprise, et la sollicita vivement, mais inutilement. Enfin, ne consultant que son courage, il prit la résolution de tout tenter par lui-même. Il descendit la rivière sur ses propres bateaux, avec ceux de ses sujets qui lui étoient restés attachés. Il ne trouva d'obstacle qu'au dernier poste, situé à l'embouchure de la rivière. Le commandant de ce fort fit mine de l'arrêter. « Je suis Roi, » dit ce Prince, à l'officier qui commandoit » ce poste. J'ai demandé asyle à votre maî- » tre, j'y renonce maintenant, pour aller à la » conquête de mon Royaume. N'espérez pas » me retenir de force, je suis déterminé à » tout. » Le Siamois qui étoit le plus foible céda, et le Prince continua sa route.

Le Roi de Siam, se croyant offensé, expédia sur-le-champ ses forces navales à la poursuite du Prince fugitif, qui fut joint au bout de quelques jours. Il mit aussitôt ses bateaux en ordre de bataille, et salua le pavillon siamois arboré sur les vaisseaux qui le poursuivoient. Cette générosité, et la contenance fière du Prince, en imposèrent au Général siamois, et il retourna sur ses pas.

Le Roi continua sa route. En abordant sur les côtes de son pays, il y trouva les dispositions les plus favorables. Il osa y débarquer seul ; mais il fut bientôt entouré d'une grande partie de ses sujets, déjà fatigués du règne tyrannique de l'usurpateur, et que la valeur de son roi avoit entraînés dans son parti. Il rangea en peu de tems, une partie de ses Etats sous son obéissance.

Il paroît, d'après la relation de sir Staunton, que l'usurpateur a conservé son autorité sur une partie de la Cochinchine, et que le port de Turon lui appartient. Ce n'est pas le plus considérable de ce Royaume ; mais c'est celui que ce prince avoit promis à la France, pour y former un établissement, si elle lui fournissoit les secours nécessaires pour recouvrer son Royaume. Ils ont été promis et même expédiés de France aux ordres de M. de Conway, Gouverneur de Pondichéry, qui a jugé à propos de n'en faire aucun usage.

Les Anglais ont fait des offres magnifiques à l'Evêque d'Adran ; il les a constamment refusées. Voilà pourquoi l'Ambassadeur a été à Turon avec ses vaisseaux. Il vouloit sonder les dispositions du Roi de la Cochinchine, et s'il les avoit trouvées favorables, faire avec lui un traité d'alliance, au nom du Roi d'Angleterre. Sans ce motif, il n'eût pas été à la Cochinchine, il auroit dû se rendre directement à Canton, ou à Chasan. Un port voisin de la Chine, dans un pays qui produit plusieurs denrées propres au commerce, dont quelques-unes ne se trouvent que là, seroit fort à la convenance des Anglais. Il est heureux pour nous que les circonstances aient empêché cette vue de se réaliser.

La confiance qu'a le Roi de la Cochinchine dans la Nation Française, lui a été inspirée par l'Evêque d'Adran, par ses sentimens de religion, et par la haute estime qu'il a conçue de la valeur et de la fidélité des Français, à l'occasion d'un fait que je vais citer. Cette anecdote ne paroîtra pas déplacée à tous ceux qui ont dans l'ame et dans le cœur toute l'énergie du patriotisme.

Lorsque la guerre civile éclata, le Roi de la Cochinchine étoit mineur, et fut trahi par les personnes qui devoient lui être le plus attachées. L'Evêque d'Adran joignit à la petite flotte qui étoit restée fidelle à son Roi un bâtiment dont il avoit donné le commandement à un matelot breton, venu de la Chine à la Cochinchine; et lui recommanda de faire la plus grande résistance. Il s'agissoit d'arrêter dans une rivière la flotte nombreuse de l'usurpateur. Au premier signal du combat, l'armée qui tenoit pour le Roi, trop inférieure pour résister, chercha son salut dans la fuite. Le Breton resta seul, et fit tête à la flotte ennemie. Nouveau Cochlès, il la retint trois jours; mais à la fin, les rebelles animés par les discours, par les promesses et par les menaces de l'usurpateur, abordèrent en foule le bâtiment du Breton. Tout son équipage composé de Cochinchinois l'avoit abandonné ; il se jeta à fond de cale, et lorsqu'il supposa que son bâteau étoit chargé de rebelles, il mit le feu aux poudres qu'il y avoit amassées, et fit sauter le bâtiment. Cette explosion coûta la vie au brave matelot, et à une quantité immense de Cochinchinois.

La Cochinchine produit la meilleure canelle du monde ; elle est payée cinq à six fois plus cher à la Chine, que celle de Ceylan. Elle a un goût exquis, et n'est pas connue en Europe. Les Chinois l'appellent *bois de sucre* ; elle est en effet très-sucrée ; elle n'est pas dépouillée de sa première écorce ; elle est plus large et beaucoup plus épaisse que celle de Ceylan, et n'est pas roulée (1).

---

(1) Outre ces deux canelles, on en trouve à la Chine une troisième espèce qui vient des îles voisines et des Moluques, dont les bâtons sont plus longs, plus gros, plus épais que ceux de Ceylan, dont le goût n'est pas si fin, mais plus piquant, et dont le prix est inférieur. Comme les Européens l'achètent à Canton, ils l'appellent improprement *canelle de Chine*, quoique cet Empire n'en produise point. Le canelier n'y réussiroit pas, même dans les provinces méridionales ; cet arbre demande une température plus chaude. Celui de Ceylan, celui de la Cochinchine, celui des Moluques, forment trois espèces d'arbres qui diffèrent par leurs

Les autres productions de ce Royaume, propres au commerce, sont les suivantes :

Du poivre.

Du thé. Il n'est pas roulé, comme celui de la Chine, parce que les Cochinchinois ne lui donnent pas la même préparation.

Des soies écrues de bonne qualité.

Du coton, dont les Chinois font un grand commerce.

Du sucre en abondance, et le plus beau de toute l'Inde. C'est le pays où il est à meilleur marché.

De l'indigo.

De l'or en quantité. Les mines de ce pays sont les plus riches que l'on connoisse.

De l'arèque, et du fil d'ananas, deux articles dont les Chinois font une exportation considérable. Le fil d'ananas est extrêmement fort, et dure très-long-tems. Je crois qu'il est employé à la pêche du poisson préférablement à tout autre.

---

foliatures et par la grosseur de leur fruits. Il y en a une quatrième espèce à la Cochinchine; et une cinquième dans les forêts de l'Isle de France qu'on appelle *bois de canelle*, et qui offre deux variétés, le blanc et le veiné. Les écorces de ces deux dernières espèces n'ont aucun parfum. Le canelier de la Côte Malabarre, forme une sixième espèce. Son écorce est moins estimée que celle du canelier de Ceylan, mais elle se vend dans l'Inde à bas prix.

Une plante inconnue en Europe, nommée *Dina-Xang*, dont la fécule est propre à la teinture.

Des mines de fer.
Du cardamome.
De la cire.
De l'ivoire.
De la gomme-gutte.
Du vernis.
De la lacque.
De l'aloès.
De la casse.

Du bois de sapan, propre à la teinture; c'est le bois du Brésil.

De l'huile de bois, fort recherchée dans toutes les Grandes-Indes.

Du brai-sec.
Du bois-d'aigle.
Du calembac.
Du salpêtre.
Des bois de marqueterie.

Enfin des bois de construction et même des mâtures.

La Cochinchine a plus de deux cents lieues en longueur, en latitude. Sa largeur est très-inégale. Elle a cinquante lieues en quelques endroits, et douze ou quinze seulement dans d'autres. On ne parle pas ici des pays adjacens qui sont tributaires du Roi de la Cochinchine,

Cochinchine, tels que le Camboge, le Tsiompa, et les peuples qui habitent les montagnes.

On estime à quatre millions d'ames, la population actuelle de la Cochinchine, malgré la dévastation occasionnée par la guerre civile.

Ce pays est très-fertile en denrées de toutes espèces ; et sur-tout en riz dont les Chinois exportent tous les ans chez eux des cargaisons considérables. Ils sont presque les seuls étrangers qui paroissent à la Cochinchine. Beaucoup d'entr'eux y sont établis au port de Turon, et à celui de Fay-Fo.

LXX.

Pages 452 et 453. « Pour purifier le sucre,
» lorsqu'il est dégagé de ses parties les plus
» hétérogènes, et qu'il a acquis de la solidité,
» ils l'étendent par couches d'un pouce d'é-
» paisseur, et dix pouces de diamètre, et ils
» le couvrent d'une pareille couche du tronc
» herbacé du bananier, dont la sève aqueuse
» entraine, en filtrant, le reste du sirop ».
Sur quoi le sucre est-il étendu ? Est-ce sur une planche percée ? Est-ce sur une toile bien tendue, ou sur un tamis quelconque ?

LXXI.

Pages 454 et 455. La Cochinchine est le pays, où le sucre est le plus beau, le meilleur, et à meilleur marché. Il n'y a cependant point de grandes manufactures de sucre. Chaque paysan en fabrique. Il exprime le suc de la canne; il le fait cuire devant sa porte, en plein air, dans des vases de terre. Il y a plusieurs espèces de cannes naturelles au pays; on n'en cultive que deux sortes, suivant la nature du terrain, parce qu'elles sont les plus productives. C'est donc à l'espèce des cannes, aux qualités de la terre, et au climat que l'on doit attribuer l'abondance et l'excellence du produit. Il seroit intéressant de procurer à nos Colonies des cannes cochinchinoises.

Pendant le long séjour que j'ai fait à l'Isle de France, j'avois remarqué que les sucreries n'y prospéroient pas. Je savois que les cannes qu'on y cultivoit avoient été tirées de Madagascar, où la nature en produit sans culture. Je conjecturai que ce végétal devoit avoir, comme tous les autres, des variétés, et qu'il devoit en exister de plus productives. Je savois que Batavia, où j'avois fait deux voyages, récoltoit beaucoup de sucre. Je demandai des cannes du pays, des différentes espèces qu'on y cultivoit, à feu mon ami Radermaker, avec lequel j'entretenois depuis long-tems correspondance. Il m'envoya des rejetons de cannes blanches et de cannes rouges, et m'écrivit que les premières demandoient une terre neuve et humide, et les secondes, une terre vieille et sèche; et ajouta que les Chinois établis à Batavia, arrachoient au bout de douze à quinze ans les cannes blanches, et les remplaçoient par les rouges. J'ai cultivé avec soin les unes et les autres sur mes habitations, et je les ai distribuées dans la Colonie où elles prospèrent, et où elles sont aujourd'hui très-multipliées. Leur produit est infiniment supérieur à celui des cannes de Madagascar, et il est d'une bien meilleure qualité. J'en ai envoyé des plants à Cayenne, à Saint-Domingue, à la Martinique. J'ignore ce qu'ils sont devenus dans ces deux dernières îles; mais je sais qu'ils ont prospéré à la Guyanne, par les soins du citoyen Martin, Directeur du Jardin National de cette Colonie, qui les a distribués aux habitans. On doit avoir l'attention de les placer, dans les terrains qui leur conviennent.

Les cannes blanches sont grosses, hautes, touffues, ont les nœuds très-espacés. Les cannes rouges ont la tige et les feuilles, rouges, ou rougeâtres.

J'avois bien remarqué quelques cannes de Madagascar qui avoient la tige rouge, mais non les feuilles, et que cette couleur n'étoit qu'accidentelle; car souvent les nouvelles poussés, après la coupe, n'avoient pas leurs tiges rouges.

Le produit avantageux des cannes de Batavia, prouve assez qu'elles sont d'une espèce différente de celles de Madagascar. D'ailleurs elles sont en général plus grosses, plus hautes, plus touffues; elles ont les nœuds plus éloignés, elles sont d'une autre couleur; elles ont les feuilles plus longues; mais ce qui prouve encore mieux leur différence et qu'elles conviennent mieux au sol et au climat de la Colonie, c'est qu'elles y fleurissent toutes sans exception, lorsqu'elles n'ont pas été coupées : au lieu qu'il est extrêmement rare d'y voir fleurir des cannes de Madagascar.

Je suis entré dans tous ces détails, pour faire connoître la nécessité de chercher dans les variétés des végétaux, celles qui conviennent le mieux au sol et au climat où elles sont cultivées, et pour apprendre aux habitans des autres Colonies, qu'il existe à la Guyanne et aux îles de France et de la Réunion, deux espèces de cannes très-productives, dont l'une est propre aux terres neuves et humides. Jusqu'à présent les propriétaires de ces terres avoient renoncé à la culture des cannes à sucre, parce qu'on avoit reconnu qu'elles y venoient très-grosses, très-hautes, très-aqueuses, mais qu'elles n'étoient pas propres à la fabrication du sucre. Désormais ils pourront se livrer à cette culture. Qui sait si l'on ne trouveroit pas dans les pays où les cannes à sucre sont indigènes, une espèce qui seroit propre à être exploitée, après cinq ou six mois de plantation ? Si cela étoit, on pourroit la transplanter dans les départemens méridionaux de la République, et la France récolteroit du sucre dans son propre sol. Cette idée n'est pas entièrement dépourvue de fondement. Le manioc ordinaire n'est bon à être fouillé, qu'au bout de deux ans de plantation. Le camanioc qui est une variété du manioc, est exploité au bout de douze, dix et même neuf mois. Il y en a une espèce qu'on récolte au bout de quatre à cinq mois de plantation. N'avons-nous pas deux sortes de blé, l'un que l'on sème en automne et l'autre au printems ? le maïs quarentin n'est-il pas beaucoup plus hâtif que le maïs ordinaire ? J'engage les patriotes qui voyagent dans les Indes Orientales, à Madagascar, à Java, à Sumatra, à la Cochinchine, au Bengale, et ailleurs, à observer les cannes à sucre que la nature a placées dans ces différens pays, afin de reconnoitre s'il y en a dont la maturité soit hâtive, et d'en enrichir leur patrie. Par cette acquisition, ils auront bien mérité de leur pays.

Le sucre est une denrée d'une si grande consommation, d'une si grande utilité et d'un si grand agrément, que nous devons employer tous les moyens possibles d'en assurer le commerce à la France, soit que nous parvenions à naturaliser dans notre sol les plantes qui le fournissent, soit que nous favorisions leur culture dans les pays qui conviennent à leur végétation. Ce comestible que l'on peut placer parmi ceux qui sont nécessaires, est non-seulement nutritif, mais encore très-salubre, et fait partie de nos médicamens. Je le regarde comme une denrée propre à entretenir la santé, et je désirerois qu'elle fût à un prix si modique, que le pauvre lui-même pût en faire un usage habituel. Ces considérations doivent engager le Gouvernement à s'occuper essentiellement, à la paix, du rétablissement de nos Colonies, et du soin d'en former de nouvelles, pour augmenter l'importation du sucre en France.

LXXII.

Page 458. Hué-Fou, capitale de la Cochinchine, parce qu'elle étoit la résidence ordinaire du Roi, depuis une centaine d'années environ, est dans la province d'Hué, située au nord du Royaume. Toute la ville est coupée de canaux à la façon chinoise.

Le roi entretenoit ci-devant douze ou quinze mille hommes seulement pour sa sûreté, trois cents galères, et quatre cents éléphans, instruits à faire la guerre. Il est possible que, depuis les troubles du pays, il ait toujours trente mille hommes sous les armes.

LXXIII.

Page 460. Les mines d'or de la Cochinchine sont les plus riches connues ; elles ne sont pas exploitées ; on n'y fouille qu'à quelques pieds de profondeur. On obtient aisément du Roi et des sauvages qui habitent les montagnes la permission d'y travailler. Ce pays est le seul où l'or se vende au marché. On en voit qui est étalé sur des tables, comme toute autre marchandise. La proportion entre l'or et l'argent y varie singulièrement.

LXXIV.

Page 461. L'auteur ne fait pas remarquer, que la *canelle* de la Cochinchine est d'une espèce particulière. L'arbre qui la produit vient sur les montagnes. On trouve dans les plaines une autre espèce de canelier, grand arbre, dont la foliature est très-élégante, et le fruit très-petit, et qui diffère de celui de Ceylan, mais dont l'écorce est sans parfum. Je l'ai cultivé à l'Isle de

France, parce qu'il vient très-promptement, et qu'il est agréable à la vue. L'auteur, dans l'énumération qu'il fait des productions de la Cochinchine a oublié de parler de l'indigo verd, qu'on extrait d'une plante du pays, nommée *Dina-Xang*, et qui sert à teindre les étoffes en verd dans toutes les nuances, comme il a été dit ci-devant.

LXXV.

Page 462. Le riz-sec ou riz de montagnes, n'est pas particulier à la Cochinchine, comme on le verra dans la description que je donnerai incessamment au public, de la culture du riz dans l'Asie. On en cultive sur les Gattes, montagnes qui séparent les côtes du Coromandel et du Malabar, sur celles de Madagascar, et aux Isles de France et de la Réunion. Il y en a même dans le Bengale, où il est plus estimé que le riz aquatique, et je suppose qu'on en cultive dans beaucoup d'autres pays à riz, parce qu'il demande moins de soins, qu'il a meilleur goût et qu'il est plus nourrissant.

C'est à la Cochinchine qu'on a trouvé le *riz-pérenne*. J'ignore s'il y est soigné, et s'il a des propriétés particulières; mais je sais que ce grain diffère de tous les riz que je connois. Il y en a à l'Isle de France.

LXXVI.

Page 463. Les Cochinchinois, ainsi que les Chinois, consomment peu de viande, mais beaucoup de poissons, très-abondans sur les côtes et dans les rivières.

LXXVII.

Page 464. Dans les villes, les femmes font » fréquemment l'office d'agens et de cour- » tiers pour les étrangers qui viennent y » faire le commerce.... Elles sont remarqua- » bles par leur fidélité. » C'est un usage établi à la Cochinchine. Lorsque des étrangers y débarquent, plusieurs femmes, dont le métier est d'être courtières, se présentent à eux, pour remplir cet office. Ils choisissent celles qui leur plaisent le mieux; elles sont très-fidelles, très-actives, très-intelligentes, et point exigeantes. Cet usage provient de ce que les femmes sont beaucoup plus nombreuses que les hommes, qui sont occupés à d'autres travaux.

LXXVIII.

Page 466. La description de l'insecte qui répand une poudre blanche, de la nature de la cire, sur un *arbuste qui ressembloit un peu au troène*, est incomplète. On ne dit pas s'il est ailé.

On trouve le même insecte à la Chine, et l'on y fait usage de la cire qu'il produit; je n'avois jamais entendu dire que *la cire blanche de l'Inde provenoit d'une substance poudreuse.* J'ai vu beaucoup de cire des Isles de France et de la Réunion, de Madagascar, de la Côte d'Afrique, de la Côte de l'Est, du Bengale, de Java, toute jaune, et que l'on blanchit par les mêmes procédés que ceux employés en Europe; mais elles proviennent toutes des abeilles. J'ai vu une cire très-blanche et brillante de la Chine, tirée de l'arbre à suif; j'en parlerai en son lieu. J'ai vu une cire verte, provenant d'un végétal du Cap de Bonne-Espérance. Celle dont parle Sir Staunton n'est pas connue dans l'Inde, non plus que le blanc de baleine. Il y a cependant des baleines dans les mers du Cap de Bonne-Espérance, et sur les côtes de Madagascar; mais on ne les pêche pas.

Je suis surpris de ne trouver dans cet ouvrage aucune mention de l'ornithologie, de l'ichtyologie, et de la botanique de la Cochinchine. J'ai ouï dire à feu M. Poivre, qui y avoit voyagé, et qui a donné au public des notions curieuses sur cet intéressant pays, dans le *Voyage d'un philosophe*, qu'il y avoit une grande quantité d'oiseaux, et sur-tout de poissons inconnus et très-curieux.

LXXIX.

Page 467. « La Cochinchine doit être
» regardée en général, comme un pays très-
» heureusement situé pour le commerce. Le
» voisinage de la Chine, du Tunkin, du
» Japon, du Royaume de Cambodia, de
» celui de Siam, des îles Philippines, de
» Bornéo, de Sumatra et de Malaca, la met
» à portée de communiquer facilement avec
» ces différens pays. » Cette énumération
est très-incomplète. La Chine, le Ciampa,
le Laos, qui touchent à la Cochinchine; la
presqu'île Malaie, qui en est voisine; les
Moluques et Java, qui n'en sont pas éloignés; le Pégou, et la partie de l'Amérique
nouvellement découverte par le capitaine
Cook, ont été oubliés.

LXXX.

Page 488. « Les côtes étoient fréquentées
» par un grand nombre de jonques chi-
» noises, du port de quarante, jusqu'à cent
» cinquante tonneaux. Elles alloient y
» prendre des cargaisons, composées en très-
» grande partie de noix d'arèque et de sucre...
» Les cargaisons étoient payées avec de
» l'argent et quelques marchandises de la

» Chine... Comme les jounques partent de la
» Chine sur leur lest..... » D'après cela, on
pourroit conclure que les Chinois ne portent
guère de marchandises à la Cochinchine, et
qu'ils n'en rapportent que de l'arèque et
du sucre, tandis qu'ils y transportent de la
toutenague, du cuivre rouge, jaune et blanc,
du thé, de la porcelaine, des pièces de soie
brochées, des drogues et médecines de toute
espèce, en grande quantité; des épiceries,
des racines diverses, beaucoup de papier
grossier qui sert à la sépulture des morts, du
papier coloré et doré, pour les pagodes et
les sacrifices, et pour les festins, du papier
blanc de Nankin, des artifices, toutes sortes
de couleurs propres à la peinture, du vermillon, de l'azur, de l'orpin, de la rhubarbe,
du ginseng, des vernis, des toiles de chanvre et de coton. Les Sommes d'*Haynam*
sont chargées de toute sorte de terrailles.
Celles qui viennent de la Côte Orientale
de la Chine, soit d'*Emouy*, soit de *Nimpo*,
apportent des marchandises du Japon.

Les Chinois prennent en retour du sucre,
de l'arèque, comme il a été dit, en trèsgrande quantité, et du riz en abondance,
de l'or qui est un produit du pays, du bois
de sucre (c'est la canelle de la Cochinchine),
de l'ivoire, du bois d'aigle qui se vend si
cher, du sucre candi, dont ils font une grande

consommation, puisqu'il est le seul dont ils fassent usage, pour prendre du thé. (Ils n'emploient la cassonnade qu'à des confitures, et à en fabriquer du sucre candi). Ils prennent du bois pour la teinture et pour le placage, du poivre, article d'un grand encombrement, du musc, certaines espèces de poissons salés, des nids d'oiseaux, des drogues que les Cochinchinois tirent des montagnes, comme de la gomme-gutte, et d'autres résines, des cornes de rhinocéros, etc, du bois de sapan, de l'huile de bois, du coton, du fil d'ananas, de l'aloës, etc. etc.

En parlant des bâtimens de mer chinois, il me semble que l'usage chez nous et chez eux, est de les nommer des *Sommes*, et que le mot *jounques* est affecté aux bâtimens qui naviguent sur les rivières.

LXXXI.

Page 495. Le Traducteur dit, dans une note, que les *patates* dont parle l'Auteur, sont de l'espèce qu'on *cultive aux Antilles, et qui est extrêmement sucrée*. Je supposerois plutôt que ce sont les mêmes que celles que nous nommons à l'Isle de France, *patates* de la Chine. Elles viennent originairement de ce pays, elles sont beaucoup plus grosses, moins sucrées, moins substantielles que celles des Antilles, et beaucoup plus hâtives. On cultive dans cette Colonie les unes et les autres, et même celles de Malaga, qui sont longues, jaunes, et les plus sucrées de toutes les patates.

Le sucre blanc de la Cochinchine a la la forme d'un parallélipipède, et n'est pas *en pains ronds*. La manière dont l'Auteur a dit lui-même qu'on y purifioit le sucre, en est une preuve.

LXXXII.

Pages 495 et 496. « Les champs sont sépa-» rés, non par des claies, mais par de petits » sentiers. » Ces sentiers sont des bermes plus élevées que les champs, pour retenir l'eau des arrosemens. Je suis bien surpris d'apprendre qu'on porte de l'eau *dans des jarres*, pour arroser les champs.

« Le sucre se vend au marché trois demi-» pences la livre. » (Trois sols tournois.) Il y a ici erreur ; ou l'Auteur a voulu parler du sucre en pains, ou M. Jackson a été trompé sur le prix. La cassonnade ne vaut à la Cochinchine, guère plus d'un sol et demi la livre, au détail ; et d'un sol en gros.

Observations sur le second volume, du voyage dans l'intérieur de la Chine, par Lord Macartney.

LXXXIII.

Page 58. On avoit supposé que les Chinois avoient l'art de fondre la corne, et que c'étoit par la fusion, qu'ils parvenoient à en faire des feuilles minces, de toute grandeur, propres à la construction des lanternes. Suivant les détails fournis par sir Staunton, le procédé consiste à séparer les lames qui composent la corne, au moyen de l'eau bouillante, et à les coller ensemble. Pour cela, on les expose à *l'effet pénétrant de la vapeur qui les rend*, dit-il, *extrêmement molles*; on *racle les bords* des pièces qu'on veut joindre; on les applique l'une sur l'autre, et *on les presse avec des tenailles*, pour qu'elles s'incorporent l'une dans l'autre. Si ces détails sont complets, voilà un art nouveau à introduire en Europe.

Le citoyen Rochon, de l'Institut National, et ci-devant membre distingué de l'Académie des Sciences, a fait des essais infructueux, pour fondre la corne, dans la vue d'en construire des fanaux pour la marine. Il a inventé un moyen très-ingénieux d'en construire. Il a fait faire des toiles métalliques, de fil de fer, ou de fil de laiton, et il les passe dans une liqueur, composée avec de l'eau, de la colle ordinaire, et de la colle de poissons, ou avec de l'huile ou de la résine élastique. Ces liqueurs remplissent les mailles de la toile, très-exactement, se dessèchent promptement, et laissent passage à la lumière; mais l'air ne peut pas les pénétrer, et l'eau ne les dissout pas. On a construit des fanaux avec ces toiles ainsi préparées, et l'on s'en est servi sur les vaisseaux de la République, dans un tems où l'on manquoit de corne; mais la recette Chinoise seroit encore plus utile, si elle donne les succès annoncés.

L'Auteur craint d'avoir oublié quelques précautions que l'industrie européenne saura bien découvrir. Il se peut que les Chinois enduisent les bords des cornes destinées à être jointes, avec de la colle de poisson. Ils en font chez eux qui est assez belle et assez bonne. Au lieu de tenailles, on pourroit employer deux barres d'acier poli qu'on serreroit avec une vis, après avoir placé, entre deux, les cornes que l'on voudroit joindre.

Ils emploient souvent la vapeur de l'eau bouillante dans les arts. Ce procédé chimique n'est pas usité en Europe, et mérite d'être essayé dans de certains cas.

LXXXIV.

LXXXIV.

Page 61. La méthode des Chinois de rendre nains les arbres de haute tige est très-curieuse. J'avois ouï dire à un de mes amis qui a fait plusieurs voyages à Canton, qu'elle consistoit uniquement à enlever un jeune arbre avec ses racines, et à le transplanter renversé, de manière que les branches et les feuilles fussent dans la terre, et les racines exposées à l'air; mais j'ai plus de confiance dans le procédé décrit par sir Staunton.

Je ne sais quel est celui qu'ils emploient pour faire porter à des citroniers, qu'ils rendent nains, des fruits monstrueux, sans jus, et sans pépins, qu'on appelle des monstres, qui deviennent très-gros, qui sont très-parfumés, et dont ils font d'excellentes confitures.

LXXXV.

Page 65. Le bonnet ou chapeau des Mandarins, est terminé par une petite boule de corail rouge, d'ambre jaune, d'ivoire ou d'autres matières qui désignent la classe et le rang de celui qui le porte.

LXXXVI.

Page 73. « Suivant les Chinois, les autres pays qui environnent le leur sont extrême-

» ment bornés et situés sur les bords de la
» terre. » S'ils ont été autrefois jusque dans
la Mer-Rouge, en suivant les côtes, ils
devroient savoir, que le globe terrestre a
plus d'étendue qu'ils ne le croient.

LXXXVII.

Page 89. Les habitans de la Nouvelle Guinée repoussent en effet tous les Européens qui y abordent. Cette Isle qui est très-considérable, est peuplée; mais on n'en a que des notions très-imparfaites.

Si le Gouvernement Français désiroit en prendre sur ce pays, qui paroît très-intéressant à connoître, je lui indiquerois les moyens d'y aborder sans danger, et même d'y être acueilli. La politique ne me permet pas de publier les connoissances, que je dois au hasard, sur ce pays.

LXXXVIII.

Pages 141 *et suivantes.* Les présens à faire aux personnes en place, sont regardés dans tout l'Orient, comme un devoir indispensable. On ne peut approcher d'elles sans avoir quelque chose à leur offrir. La richesse des présens de l'Ambassade, leur multiplicité, leur choix, les dépenses considérables de l'armement destiné à leur transport, prouvent bien l'importance des vues du Gouvernement dans cette expédition.

LXXXIX.

Page 152. « La cale des Jonques est divisée en une douzaine de compartimens, formés avec des planches de deux pouces d'épais... *Page* 153. De là il arrive quelquefois qu'un négociant a ses marchandises sans avaries dans un compartiment, tandis qu'un autre a les siennes avariées, dans les compartimens voisins, où il se trouve une voie d'eau. »

Cette construction est fort bonne pour les jonques chinoises qui ne s'exposent pas dans des mers orageuses, qui naviguent dans les beaux tems, et qui n'éprouvent pas des roulis violens, et des tangages forts, parce qu'elles sont larges et plates.

J'ai lu, il y a quinze ou dix-huit ans, un Mémoire fait par un officier de mer distingué, qui avoit pour épigraphe *divide et impera*, dans lequel il proposoit de placer de fortes cloisons dans la cale des vaisseaux, et de la distribuer en compartimens, non-seulement pour empêcher les avaries, mais encore pour préserver les vaisseaux du naufrage.

Le ciment qui est appliqué sur les joints des planches, est, dit l'Auteur, *composé de chaux et d'huile*. Il ne dit pas si la chaux

doit être vive ou éteinte. Ce ciment est la gallegalle de Surate, composé de chaux vive réduite en poussière, et d'huile, dans laquelle on a fait fondre du brai sec. « Cette compo-
» sition devient très-dure, très-tenace, et
» résiste au feu......Il n'y a pas de doute
» qu'elle ne soit préférable au goudron, à la
» poix, au suif. » Puisque les Chinois ont une quantité considérable de *jounques* pour la navigation des rivières, et de *sommes* pour les voyages par mer, et qu'ils tirent des forêts de l'Empire, tous les bois nécessaires à la construction de ces bâtimens, il étoit à propos d'apprendre au public quelles sont les espèces de bois qu'ils emploient, s'ils sont durs, s'ils sont lourds, s'ils sont durables, comment ils forment la mâture de leurs bâtimens, etc. etc.

X C.

Page 158 *et suivantes.* « Les instructions données par l'Ambassadeur au Capitaine du *Lion*, méritent notre attention. Quand je compare les vues étendues du Gouvernement Britannique, avec celles étroites de notre ancien Gouvernement, je suis jaloux des unes mais forcé de les admirer, et indigné des autres.

Nous avons déjà vu que l'Ambassadeur n'avoit été à la Cochinchine que pour proposer une alliance au Roi, et exiger de lui la cession du port de Turon, afin d'y former un établissement. Il est expédié auprès de l'Empereur de la Chine, pour lui demander la cession, en toute propriété, soit de Macao, soit de l'ile de Vampou située dans la rivière de Canton, trois lieues au-dessous de cette ville, où les Français ont seuls, d'entre les Nations Européennes, la permission d'y établir leurs bancasseaux, et d'y déposer leurs malades ; soit de quelqu'autre local, propre à un établissement. Peut-être avoit-il pour objet de demander le privilège exclusif du commerce de la Chine, à la charge de faire la guerre aux pirates qui infestent les côtes de l'Empire.

Il porte ses vues plus loin. Il veut reconnoître *quelques-unes des principales îles des mers de la Chine*, pour connoître celle où sa nation pourroit former quelque établissement utile et avantageux, d'où elle pourroit faire la loi aux Chinois, en croisant sur leurs côtes, et en s'emparant de leurs vaisseaux de commerce.

Après cela, il veut tenter d'ouvrir à sa nation les portes du Japon. Il n'envoie ensuite le *Lion* à Manille sous le prétexte d'y prendre des provisions, dont il ne peut pas avoir besoin en sortant du Japon, que pour *avoir des renseignemens utiles sur l'état naturel et civil du pays, sur son commerce et sur le caractère des habitans.* Il n'est pas difficile de deviner dans quelles vues. Elles ne se bornent pas là. Sous le prétexte *du perfectionnement de la navigation et de la géographie*, l'Ambassadeur recommande la *reconnoissance de l'île de Lakutaya, qui a un bon port et beaucoup d'autres avantages.* Elle est voisine des Moluques et des Philippines, et n'est pas éloignée du Japon, de la Chine et de l'Amérique; et l'on devine encore dans quelles vues cette reconnoissance est ordonnée.

Ce n'est pas tout. Le *Lion* se rendra dans l'île de *Mindanao* (1), *la plupart du tems, sinon toujours, indépendante des Espagnols, et son Gouvernement est sans cesse en querelle avec cette nation.* Ceci est-il clair? L'intention d'enlever Mindanao aux Espagnols est-elle assez marquée? Si on en doute qu'on lise le paragraphe de la page 166 (2).

―――――――――――――――

(1) J'ai remis, en 1773, un Mémoire au ministère sur Mindanao. Je viens de voir dans un ouvrage nouveau, que mes vues étoient d'accord avec celles du fameux Cardinal Albéroni. Il me semble que les circonstances actuelles en permettroient l'exécution à la paix.

(2) Les Mores des Philippines sont toujours en guerre avec les Espagnols. Le commerce de Luçon

Ce n'est pas tout. Le *Lion* poursuivra son voyage jusqu'à *Gilolo*. « Quoique cette
» île soit une des Moluques, elle n'est point
» soumise aux Hollandais, et peut par con-

n'est pas entièrement libre ; les prohibitions, les gênes de toute espèce, les droits de douane qui y sont très-forts, les vexations qui sont fréquentes, arrêtent la prospérité de cette Colonie, l'une des plus fertiles du monde, et l'une des mieux situées. Le port de Manille n'est ouvert qu'aux Mores, aux Arméniens et aux Portugais, et devroit être ouvert à toutes les nations. Ce sont les Anglais qui font le commerce de Manille, sous le pavillon de ces nations. Le monopole de la Compagnie des Philippines, n'est pas propre à donner au commerce l'extension qu'il réclame, et à l'agriculture les débouchés dont elle a besoin pour devenir florissante. Les Mores de Mindanao, de Mindoro, de Panay et des autres îles des Philippines sont des Malais qui ont embrassé le mahométisme ; ils sont toujours en armes ; ils font souvent des incursions et des dévastations sur les terres. Cet état continuel de guerre nuit beaucoup à la prospérité de l'Isle de Luçon. Le Gouvernement devroit employer tous les moyens qui sont en son pouvoir pour mettre un terme à ces hostilités. La paix, la liberté du commerce, et celle de tous les cultes, une administration sage qui favoriseroit l'augmentation de la population des Chinois, qui adouciroit les mœurs des sauvages de l'intérieur de Luçon, et qui parviendroit à les rendre agriculteurs, changeroient bientôt la face de cette intéressante Colonie. Dans l'état actuel, elle coûte beaucoup au Gouvernement Espagnol, tandis qu'elle devroit lui rendre de grands revenus.

» séquent fournir des connoissances très-cu-
» rieuses et très-utiles ». Le Roi de Gilolo, comme il nous plaît de l'appeler, est souvent en dissention, pour cause d'intérêt, avec les Hollandais ; mais profiter de ces dispositions, pour chercher à enlever à ceux-ci le commerce des épiceries, ce n'est pas là le trait d'un allié fidèle. Dans le tems de l'ambassade, les Anglais étoient les alliés des Hollandais. C'est apparemment pour leur prouver leur amitié (à l'anglaise) qu'il leur ont enlevé toutes leurs colonies des Indes Occidentales.

Ce n'est pas tout. Il a des vues sur Célèbes, la plus grande des Moluques, regardée comme la clef des épiceries, où les Hollandais sont établis.

Ce n'est pas tout encore. *Ce Ministre lui en dit autant pour l'île de Bornéo*, dans la vue *d'étendre la consommation des marchandises anglaises, dans toutes les parties de l'Asie, d'où il est possible de faire en Europe des retours avantageux.* Cette île, la plus grande du globe, n'admet dans ses ports que les Chinois et les Hollandais qui y sont établis.

Ce n'est pas tout. « L'Ambassadeur croit que » le commandant du *Lion* pourroit encore » tenter d'entrer à Pulo-Lingen », *et l'engage à visiter en passant, la partie orientale de*

Formose. Il lui *indique également les îles de Lieoo-Keoo, au midi de la Corée.*

Je crois qu'il est inutile d'ajouter aucune réflexion à tous ces détails, et que le lecteur saura bien les faire de lui-même.

Qu'on me permette de citer, en opposition des vues ambitieuses que je viens de détailler, un passage du voyage de la Peyrouse. Il servira à augmenter nos regrets de la perte de ce navigateur philantrope. Il s'exprime ainsi : Tom. II, pag. 124.

« Je ne crus pas devoir prendre posses-
» sion de l'île de Mowhée au nom du Roi.
» Les usages des Européens sont à cet égard
» trop complettement ridicules. Les philo-
» sophes doivent gémir sans doute, de voir
« que des hommes, par cela seul qu'ils
» ont des canons et des baïonnettes, comp-
» tent pour rien soixante mille de leurs
» semblables ; que sans respect pour leurs
» droits les plus sacrés, ils regardent comme
» un objet de conquête, une terre que ses
» habitans ont arrosée de leurs sueurs, et
» qui depuis tant de siècles, sert de tom-
» beau à leurs ancêtres... Les navigateurs
» modernes n'ont pour objet, en décrivant
» les mœurs des peuples nouveaux, que de
» compléter l'histoire de l'homme. Leur
» navigation doit achever la reconnoissance
» du globe ; et les lumières qu'ils cherchent

» à répandre ont pour unique but de rendre
» plus heureux les insulaires qu'ils visitent,
» et d'augmenter leurs moyens de subsis-
» tance ».

XCI.

Page 180. Les Chinois ne mettent guère de carreaux de verre aux fenêtres. A Canton ils se servent de nacre de perles et d'une espèce de coquilles d'huîtres, taillées très-minces, au travers desquelles passe la lumière, mais affoiblie. Je ne connois pas le papier de la Corée qui sert au même usage, à moins que ce ne soit le même que celui qui est employé à quelques lanternes.

XCII.

Page 182. *Six cents ballots et caisses,* pour des présens !... Cette magnificence confirme ce que nous avons dit des vues secrètes de l'ambassade.

XCIII.

Page 183. « La viande la plus abondante
« à la Chine, est le bœuf et le cochon ».
Cela peut être dans les provinces septentrionales ; mais dans celle de Canton on n'y consomme guère de bœuf. Le cochon y est très-abondant, et il est exquis. La viande en est succulente et très-légère. Le cochon

de la Chine est, comme on sait, d'une autre espèce que celui d'Europe.

XCIV.

Page 183. En parlant des nageoires de requins et des nids d'oiseaux, l'auteur dit, que *ces deux choses sont très-grasses et remplies de jus.* L'assaisonnement les lui a sans doute fait paroître telles, car ces deux choses n'ont ni graisse, ni jus, ni goût. C'est par cette raison qu'on y ajoute souvent de la graisse et du jus. Pour en donner une idée, je les comparerai au cartilage. Je dirai à cette occasion, que je suis surpris que l'auteur n'ait pas parlé du *Souy* de la Chine. C'est un jus fait avec de la viande de cochon et des pois du pays, auquel on ajoute beaucoup de sel pour le conserver. Les Chinois en mettent très-souvent dans leurs ragoûts. Le *Souy* du Japon est plus estimé. Les Européens eux-mêmes en font cas.

XCV.

Page 184. « On recueille du froment dans
» plusieurs provinces de la Chine. On y re-
» cueille aussi ce grain appelé *blé sarasin*,
» dont la farine, bien tamisée, est parfaite-
» ment blanche, et sert aux Chinois à faire
» des gâteaux, qu'on fait cuire à la vapeur
» de l'eau bouillante. » Il eût été intéressant

de savoir si le froment et le blé sarasin de la Chine sont d'une autre espèce que ceux cultivés en Europe, et d'avoir des détails sur la culture de l'un et de l'autre, et sur leurs produits.

XCVI.

Page 189. La manière de servir le thé chez le Vice-Roi de la province, est celle que j'ai vue en usage à Canton, chez tous les négocians et marchands de cette ville, sans exception. On met le thé dans de petites bolles de porcelaine, que nous nommons *cobes*, et qui ont des soucoupes. On verse de l'eau bouillante par-dessus, et on les couvre avec leurs couvercles de porcelaine. On prend le thé, lorsqu'on le juge assez fait, en mettant dans sa bouche un morceau de sucre candi. C'étoit ainsi qu'en usoient les Chinois eux-mêmes.

XCVII.

Page 199. « La campagne étoit parfaite-
» ment bien cultivée, et on y voyoit en grande
» quantité le plus haut des granigères (*Ho-*
» *leus sorghum*) dont la production sert à la
» nourriture des hommes, celui qui donne
» le grain communément appelé *millet des*
» *Barbades*. Il s'élève à dix ou douze pieds;
» d'après les calculs les plus modérés, son
» rapport est de cent pour un. » Les cannes

à sucre, dans des terres légères et humides, s'élèvent aussi haut. Le bambou qui est aussi un *granigère* s'élève beaucoup plus haut. On auroit été bien aise de connoître les détails de la culture de ce millet, qui vient par touffes, quelle préparation les Chinois donnent à la terre qui le produit, ce qu'ils font des tiges et des souches, s'ils emploient le grain en farine, etc. Le même millet est cultivé à la Côte Orientale d'Afrique, et à Madagascar; mais ces peuples ne donnent aucun soin à la plante. Ils se contentent de nettoyer le terrain, quand elle est jeune, et de préserver les plantations des dégâts des oiseaux, autant qu'ils le peuvent, lorsque le grain approche de la maturité. On admettra sans peine que son rapport est au moins de cent pour un; mais comme il occupe beaucoup de place, l'essentiel est de savoir si la même étendue de terrain planté en millet, donne une récolte plus abondante, que lorsqu'elle est plantée en froment, ou en blé sarasin, ou en riz, ou en tout autre grain.

XCVIII.

Page 202. « On voyoit dans cet enclos
» beaucoup de moutons et de chevaux. Jus-
» qu'alors on n'avoit apperçu que fort peu de
» bétail d'aucune espèce. Quoique le sol soit
» bas et propre à former des pâturages, les

» prairies y sont très-rares. Il n'y a pas un
» seul coin de terre en friche. » L'avantage
des prairies naturelles et artificielles est érigé
en principe parmi tous les agronomes européens. On ne s'est pas encore avisé d'en contester la nécessité. Voilà cependant la nation la plus ancienne, la plus nombreuse et la plus habile en agriculture, qui n'a point de prairies, et qui a reconnu sans doute par l'expérience, que la méthode qu'elle suit depuis long-tems, de cultiver toutes les terres, est préférable. Les Chinois consomment moins de viande que les Européens, ils ont besoin d'une plus grande quantité de productions végétales pour leur subsistance. Les débris de ces productions suffisent sans doute à la nourriture des bestiaux qu'ils élèvent, et leur immense population fournit des bras à la culture. Quelque bonnes que puissent paroître ces raisons, pour justifier la méthode des Européens, je désirerois que des agriculteurs éclairés voulussent bien discuter ce sujet, sans prévention. Il est un des plus intéressans pour les progrès de l'agriculture, et, par conséquent pour la prospérité de l'Empire, et pour le bien de l'humanité.

XCIX.

Pages 203 et 204. Tout le sel consommé à la Chine est tiré de la mer. Il n'y a point dans l'Empire de sel gemme, ni de fontaines salées. Les Chinois n'ont point de mines profondes, dans aucun genre. Leur industrie ne les a pas portés à fouiller dans les entrailles de la terre, pour y chercher ce qu'elle y recèle, propre aux besoins de l'homme. Les pierres, les glaises, le charbon fossile, sont tirés des montagnes.

C.

Page 204. « Le sel est un objet de revenu » considérable pour le Gouvernement Chi- » nois. » Lorsque j'étois à la Chine, en 1753, un des gros négocians de Canton, le grand Sioukois, (1) reçut de l'Empereur les patentes qui lui donnoient le privilège de former des salines dans la province. En conséquence il prit le bouton affecté à la classe des Mandarins dans laquelle il entroit. Il se seroit, dit-on, fort bien passé de cet honneur, qu'on n'accorde qu'aux riches marchands, parce que cette entreprise cause presque toujours leur ruine. Il ne pouvoit pas refuser.

C. I.

Ibid. « Dans plusieurs Districts de cette

---

(1) Cette épithète lui étoit donnée, parce qu'il étoit d'une haute taille, pour le distinguer du vieux Sioukois, autre négociant de Canton, extrêmement riche et fort attaché aux Français.

» province, il y a en abondance une espèce
» de nitre mal purifié, dont le peuple se sert
» au lieu de sel marin, ce qui a également
» lieu dans quelques parties de l'intérieur de
» l'Inde. » Le sel marin à base terreuse, qui
est amer, se trouve souvent mêlé avec le
nitre. Il n'y en a point dans celui du Bengale,
même avant qu'il soit purifié. Il est mêlé d'argille et non de terre calcaire, et sa base naturelle est l'alkali fixe. Je ne connois pas les
parties de l'Inde, où le peuple fasse usage
d'un nitre impur, à la place de sel marin. Je
sais que les Madécasses emploient les cendres d'un arbre, sans les purifier, en guise de
sel. Ces cendres sont très-salées. Les Indiens
de l'intérieur de la Guyane extraient du sel
marin des cendres d'un palmiste momme *pinot* qui croît dans les terres noyées.

Au Royaume d'Assem, où le sel qu'on y
exporte du Bengale est très-rare et très-cher,
on fait un sel propre à l'assaisonnement des
alimens, en ramassant la verdure qui se
trouve sur les eaux dormantes ; on la sèche,
on la brûle, et les cendres servent de sel.

On brûle aussi, dans le même pays, les feuilles du figuier ; c'est le *ficus bengalanensis* on
met les cendres dans de l'eau ; on la passe
au travers d'une toile, on la fait bouillir,
jusqu'à ce qu'elle soit entièrement évaporée :
on

on trouve au fond de la chaudière un sel blanc et de bon goût.

Le nitre impur, dont on prétend que le peuple de la Chine se sert au lieu de sel marin est, sans doute soumis à quelques procédés qui le purifient, pour être employé, comme sel. On auroit désiré connoître les détails de ces procédés.

L'abondance du nitre à la Chine fait présumer que les Européens qui vont commercer à Canton trouveroient de l'avantage à en transporter en Europe. Les cargaisons de la Chine ne sont pas aussi précieuses, ni aussi riches que celles du Bengale, d'où l'on a l'habitude d'emporter du salpêtre en Europe. Je suis étonné que cette branche de commerce ait échappé aux Anglais et aux Hollandais.

C I I.

« *Page* 215. Le dehors du théâtre étoit
» peint de couleurs très-brillantes, très-
» gaies, très-variées : car les Chinois ont un
» art particulier pour produire des effets
» extrémement agréables par le contraste
» des couleurs. Le théâtre et les décora-
» tions avoient le même avantage ». Dans les fêtes, dans les cérémonies, ils emploient une grande quantité de lanternes de papier de

différentes formes, et de différentes couleurs, qu'ils disposent avec beaucoup d'art, pour produire des contrastes et des effets agréables. J'ai vu plusieurs grandes Sommes chinoises dans la rivière de Canton, chargées de lanternes allumées, depuis le haut des mâts jusqu'en bas. Le reflet de toutes ces lumières sur l'eau faisoit un effet surprenant. C'est un spectacle dont on ne peut guère se faire d'idée, lorsqu'on ne l'a pas vu. Voilà deux arts qui ne sont pas pratiqués par les Européens, et qui méritent de l'être. Les illuminations en verre, qui peuvent être perfectionnées, tant pour le dessein, que pour la variété des couleurs, tiennent à ces arts, et ne peuvent pas être imitées par les Chinois qui ne fabriquent point de vases de verre.

CIII.

Pages 218, 219 et 220. L'auteur parle des difficultés qu'éprouvèrent deux missionnaires, envoyés de Paris, pour se rendre à Pékin, où ils ont enfin obtenu de l'Empereur, la permission d'y aller. La politique veut qu'à la paix, le Gouvernement avise aux moyens de faire passer comme ci-devant, des missionnaires dans les pays étrangers, et qu'il leur assure un traitement. Il prendra sans doute les précautions que dicte la prudence, dans le choix des sujets ; car il seroit contraire aux intérêts de la Nation, d'envoyer dans les pays étrangers des ennemis du Gouvernement. Ceux d'entre ces missionnaires qui auront des sentimens patriotiques peuvent être très-utiles à la République.

C I V.

Page 222. « Il n'y a point à la Chine
» de poste établie pour la commodité du
» peuple. L'Empereur seul reçoit continuel-
» lement des messagers à cheval, qui lui
» apportent des nouvelles de toutes les par-
» ties de ses vastes États, et qui voyagent
» avec une célérité presqu'égale à ce que
» les Européens peuvent faire de mieux en
» ce genre. Les dépêches du Souverain font
» en un jour cent cinquante mille. Mais les
» correspondances ordinaires du Gouverne-
» ment et celles des Mandarins, sont por-
» tées par des messagers qui vont moins
» vite. Ceux-ci sont quelquefois chargés
» des paquets des individus, qui obtiennent
» cette permission comme une faveur par-
» ticulière ». Dans un autre endroit, l'auteur dit que les lettres de l'Empereur *sont mises dans un sac ou panier plat*, attaché autour du corps du messager. *Au bas du sac sont suspendues des clochettes, dont le bruit*

annonce à chaque station l'arrivée du courier. La distance entre les stations est de dix à douze mille. Il est étonnant que cet établissement ne soit pas fait pour le public. Dans un pays aussi peuplé, le commerce de l'intérieur est immense, et nécessite des correspondances entre des provinces éloignées. Il est vrai que les Chinois n'ont pas le goût des voyages, comme les Européens, et qu'ils ne sont pas, comme ceux-ci, appelés à leurs capitales qui sont les centres de la plupart des affaires. Dans l'Indoustan, il n'y a point de postes. Les correspondances se font par des exprès, ou par les marchands qui voyagent, ou par les pèlerins qui vont faire leurs dévotions aux pagodes. Les Anglais avoient établi dans le Bengale, le Bahar et l'Orixa, une poste de coureurs, qu'on nommoit le *Dack*, pour le service de l'administration. Une caste d'indigènes, qu'on appelle *Bérars* étoit consacrée à ce service. Il consistoit non-seulement à porter les lettres, mais les palanquins, et les paquets des voyageurs. Lord Cornwallis, cédant aux plaintes de ces malheureux, qui éprouvoient toutes sortes de mauvais traitemens, et aux cris de l'humanité, a supprimé cet établissement, pendant son Gouvernement dans le Bengale. Cette disposition fait l'éloge de son cœur.

C V.

Page 225. Les avis donnés à Lord Macartney, pendant qu'il étoit en route pour Pékin, par un missionnaire, qui déclare qu'il avoit une extrême envie, ainsi que ses collègues « de témoigner à la Nation Anglaise, combien ils étoient reconnoissans » de la protection qu'elle accordoit dans ses » établissemens de l'Inde, aux missionnaires » employés à propager le christianisme, » me fournissent l'occasion de faire remarquer combien la politique de cette nation est supérieure aux préjugés. Elle a une autre religion ; cependant elle a favorisé de tout tems les missions étrangères, par tous les moyens qui sont en sa puissance. Cette observation pourra servir de réponse aux esprits inquiets et soupçonneux, qui me reprocheroient le conseil que j'ai donné ci-devant à notre Gouvernement, de favoriser, à la paix, les missions dans les pays éloignées. Si mes vues sont erronnées, le patriotisme sera mon excuse.

C V I.

Page 227. Dans toutes les villes de la Chine, une partie du peuple est naumade. J'ai vu à Canton la ville de bateaux qui est sur la rivière. Ils sont rangés en file et forment des rues. J'ai ouï dire qu'il étoit défendu à ces habitans des eaux, de démeurer à terre. *Ils y sont nés, et y passent leur vie.* J'ignore si c'est un précepte de religion, ou un ordre de la police qui les oblige à fixer leur séjour sur l'eau, et quel en est le motif.

Un homme digne de foi, qui a résidé près de cinq ans à Canton, et qui possède la langue Chinoise, m'a dit que *le nombre des personnes qui sont obligées d'habiter les bateaux, peut se monter à trois cents mille ames, en y comprenant les filles publiques, dont le total est évalué à quarante mille, et qui ne peuvent pas demeurer à terre dans la ville.*

CVII.

Page 228. « Les briques bleues ont reçu » l'action d'un feu de bois, dans un four- » neau construit exprès, et où la flamme » ne peut pas atteindre la surface de la » brique. Celles qui au contraire sont tou- » chées par la flamme, deviennent rouges ». Je crois que c'est précisément le contraire qui arrive. J'ai vu cuire aux environs de Pondichéry, bien des fourneaux de briques, depuis quarante, jusqu'à cent et cent vingt milliers. On n'y consomme point de bois; mais seulement l'enveloppe du riz et des bouses de vaches desséchées. Toutes les briques sont rouges. J'en ai fait cuire à l'Isle de France, j'ai eu chez moi un fourneau de poteries, pendant huit à dix ans ; la flamme n'avoit aucun contact avec la terre. Après la cuisson, elle étoit toujours rouge, et jamais bleue. J'attribue cette dernière couleur à des matières phlogistiques qui, pendant la combustion, se combinent avec les parties ferrugineuses contenues dans les argilles. Pour que cette combinaison ait lieu, il faut un bon coup de feu, et le contact immédiat de la flamme sur la terre. On pourroit aussi soupçonner que le fer contenu dans la terre est brûlé par un trop grand feu, d'où il arrive qu'elle prend une couleur bleuâtre.

Pour empêcher l'adhérence des briques entr'elles, il n'est pas nécessaire d'interposer de la paille ; un peu de sable suffit. Lorsqu'elles ont été desséchées, à l'ombre, avant la cuisson, elles n'adhèrent point les unes aux autres.

CVIII.

Pages 233 et 234. « Quelquefois sur le
» bord de la rivière, dans des coins où l'on
» avoit par hasard négligé de semer du
» grain, ou bien tout le long des champs
» de blé, on voyoit une espèce de plante
» légumineuse, qui ressembloit aux haricots.»

Je ne crois pas que les Chinois aient des *haricots*. Ce seroit même un présent à leur faire, que de leur en porter des différentes espèces. Ils ont une plante légumineuse, qui est le *pois catian*. J'en parlerai dans un autre endroit.

C I X.

Page 234. « Quelquefois aussi on voit des » champs de fèves, de blé de Turquie, et » d'autres plantes, dont les graines donnent » une huile bonne à manger ». Ceci est incomplet. Quelle étoit cette espèce de fèves, et de blé de Turquie? Quelles ces plantes dont les graines donnent une huile bonne à manger? Quels sont les détails de la culture de ces végétaux? Quels sont leurs usages? Comment extrait-on cette huile?

Les Chinois expriment l'huile des amandes des abricotiers sauvages qu'ils multiplient sur les montagnes et dans les lieux les plus arides, sans leur donner aucun soin. Cette huile est bonne à manger. On dessèche la pulpe au soleil, après l'avoir trempée dans du sirop; elle fait partie de leurs confitures sèches.

C X.

Ibid. « Le sol avoit déjà fourni cette année, » une première récolte de blé et de légumes » pareils à ceux qu'on y voyoit. Le froment » dans les terrains secs, et le riz dans les

» terrains humides, sont, dit-on, cultivés
» avec le plus grand avantage ». Ce passage est remarquable. On pourroit en conclure qu'il y a en Chine, une espèce particulière de blé qui donne annuellement deux récoltes ? Ce seroit une importante acquisition à faire ! On cultive du blé au Cap de Bonne-Espérance, où le climat est un peu plus chaud, que dans la province de Pé-ché-lée ; on en cultive dans le Bengale, l'Orixa, la côte Malabarre, qui sont sous des latitudes plus hautes, et dans les îles de France et de la Réunion, situées par vingt et vingt-un degrés. Dans tous ces pays on n'a qu'une récolte de blé annuellement ; mais un autre passage de l'auteur, (Tome 3, page 259,) fait voir qu'il ne parle ici que du blé de Turquie. Il s'est donc servi d'une expression fautive, en disant simplement blé.

C X I.

Page 234 ».La famine se fait quelquefois
» sentir dans cette partie de la province ; et
» ce désastre est dû, tantôt aux débordemens
» qu'occasionnent dans certaines saisons,
» les torrens qui tombent des montagnes,
» tantôt aux ravages des sauterelles. » Il est étonnant que la Chine ait une population si extraordinaire, quoiqu'elle soit sujette à éprouver des famines. Ce peuple laborieux

et industrieux n'a pas sans doute trouvé le moyen d'empêcher les effets funestes des débordemens des torrens, ni les ravages des sauterelles. Les personnes qui n'ont pas vu les dégats causés par ces insectes, ne peuvent pas s'en faire une idée. Ce sont des nuées qui interceptent les rayons du soleil, et qui détruisent les champs les plus verds, dans un jour ; ensuite elles prennent leur vol, et vont ravager les champs voisins.

L'Isle de France étoit autrefois exposée à ce fléau, mais depuis qu'on y a introduit des *martins*, espèce d'oiseaux, très-communs dans l'Indoustan, qui se nourrissent d'insectes, et qui multiplient beaucoup, cette Colonie n'a plus vu de sauterelles. J'engage les amis de l'humanité, qui vont à la Chine, soit du Bengale, soit de la Côte de Coromandel, soit de celle de Malabar, soit des iles de France et de la Réunion, à porter à la Chine des martins. Je n'assurerai pas qu'ils se multiplieront dans les provinces Septentrionales, ni qu'ils viendront à bout de détruire les sauterelles ; mais au moins ils en diminueront la quantité, et ils détruiront d'autres insectes, fléaux de l'agriculture.

CXII.

Page 235. L'aviron dont parle l'auteur, placé à la poupe, et que les Chinois nomment *you-you*, par onomotapée, sert en même tems de gouvernail et de moteur, pour faire avancer le *Cham-pan*. Si le courant n'est pas fort, et si le bateau n'est pas grand, les mouvemens alternatifs, qu'un seul homme imprime au *you-you*, à son extrémité, suffisent pour remonter la rivière. Si le bateau est plus grand, il faut deux hommes pour mouvoir le *you-you*, et quelquefois quatre, suivant la dimension de ce levier qui est proportionné à la grandeur du bâtiment, et suivant la résistance que le courant oppose à sa marche. En un mot il fait l'effet de la queue des poissons. J'ai cru cette explication nécessaire, pour l'intelligence du texte.

CXIII.

Page 264. Il y a des impôts à la Chine qui sont exigés en argent. Ce sont les droits d'ancrage, ceux d'entrée des marchandises et la capitation. La Chine n'a d'autre monnoie que des *caches*, qui sont de cuivre et fort petites; elle n'a point de monnoie d'or, et d'argent. L'un et l'autre sont reçus au poids et au titre. L'argent est divisé en cent toques qui représentent nos douze deniers de fin. C'est à ce titre que sont reçus les impôts. La piastre gourde d'Espagne vaut soixante-douze condorins, elle passe pour soixante-quatorze et quelquefois pour soixante-quinze condorins, parce qu'elle est connue depuis très-long-tems, et qu'on n'a pas l'embarras de la peser et de vérifier son titre.

C X I V.

Page 265. Le procédé des Chinois, pour clarifier l'eau bourbeuse des rivières est simple, et peut être utile en Europe. Il consiste à faire fondre un peu d'alun dans cette eau. Les Bengalis emploient un autre moyen. Ils frottent pendant quelque tems une petite graine qui se nomme *Titan - Coté* à la Côte de Coromandel, contre un morceau de terre cuite neuf, afin qu'il ait des aspérités, dans lequel ils ont mis un peu d'eau. Cette graine se dissout, par le moyen du frottement ; ensuite ils mêlent cette dissolution à l'eau qu'ils veulent clarifier ; au bout de quelques heures, elle est claire et limpide. Une seule graine suffit pour clarifier une barrique. Lorsque ces graines sont vieilles, on ne peut pas parvenir à les dissoudre. J'ai clarifié, à l'Isle de France, par le même moyen, du vin de Xérès qui étoit trouble; après l'opération, il n'étoit pas reconnoissance.

C X V.

Page 266. Les Chinois boivent chaud, dans leurs repas. Ils prétendent que le thé corrige les mauvaises qualités de leurs eaux, qui sont toutes crues, c'est-à-dire, séléniteuses ou saumâtres. La croûte qui se dépose sur les parois du vase, où on les fait bouillir, est de la sélénite : ainsi le feu est un moyen de les purifier.

C X V I.

Page 267. Les Chinois ne se servent ni de plats ni d'assiettes, mais de bolles petites, moyennes et grandes, dans lesquelles ils mettent leur riz et tous leurs ragoûts.

Leur *Sam-son* qui est une liqueur forte, extraite du riz ou du mil fermentés et distillés, m'a paru avoir une odeur très-fétide.

C X V I I.

Page 268. Ils ne font que deux repas par jour, l'un à dix heures du matin, l'autre à six heures du soir.

L'opium est une denrée de contrebande à la Chine. Il y a peine de mort, contre les fraudeurs. Sans doute qu'ils ont éprouvé que l'usage de cette drogue étoit pernicieux.

« Les jouissances sensuelles et casanières,
» plutôt que les exercices du corps, et les
» plaisirs de l'ame semblent être les principa-
» les ressources des Chinois, pour remplir les
» heures où ils n'ont point d'occupations sé-
» rieuses ».

Ils sont toujours occupés. Dans ce pays,

on ne voit point d'oisifs qui cherchent ailleurs les moyens de tuer le tems : aussi il n'y a point à la Chine de promenades publiques; le peuple n'a pas le tems de se promener.

CXVIII.

Page 269. Les Chinois qui quittent l'Empire sont déshonorés. C'est pourquoi ils ont du mépris pour les Européens qui viennent chez eux. Étant à Canton, j'ai été me promener en chaise à porteurs, dans les dehors de la ville, avec plusieurs Français ; nous traversâmes un village, ou plutôt un hameau; les enfans nous jetoient des pierres, et nous accabloient d'injures, auxquelles on nous avoit recommandé de ne faire aucune attention. Il paroît que l'ambassade a été accueillie plus honnêtement. Je conjecture d'une part que le préjugé de flétrissure contre les étrangers qui ont quitté leur pays, n'influe pas sur les Ambassadeurs; et de l'autre, que les ordres sévères de l'Empereur ont imprimé du respect à son peuple, pour l'ambassade.

CXIX.

Page 271. *La marche* de tous les Gouverneurs de provinces, est toujours *précédée par des soldats, qui annoncent à haute voix son approche, pour qu'on lui laisse le chemin libre.* Je crois même que cet usage est commun au *Houpou*, l'intendant de la province, et à quelques autres des premiers mandarins.

C X X.

Page 280. « Les voiles étoient, les unes
» de nate, les autres de toile de coton. Les
» cables et les cordages étoient pour la
» plupart de chanvre, et paroissoient bien
» travaillés ». Les voiles de coton ne durent pas autant que celles de chanvre. Puisque les Chinois emploient les fils de cette dernière plante à faire des cables et des cordages, il est surprenant qu'ils n'en tissent pas des toiles. Ce chanvre est-il le même que celui d'Europe. Il y en a une espèce à Madagascar, qui s'élève très-haut et qui est rameux. C'est un arbrisseau touffu ; j'en parlerai ailleurs. On ne dit pas ici que les Chinois emploient ce végétal à d'autres usages, ni quelle culture ils lui donnent. J'ai déjà dit qu'ils faisoient grand cas des fils de l'ananas ; je conjecture qu'ils en font des cordes qui ont plus de durée, que les fils de toute autre espèce de végétaux.

C X X I.

Page 284. « On mit le bagage et les pré-
» sens, dans deux magasins qu'on construisit
» exprès avec des bambous très-forts, et des

» nates d'un tissu tellement serré que la
» pluie ne peut les pénétrer. Chacun de ces
» magasins avoit plus de deux cents pieds de
» long.... Ils furent construits en peu d'heures.
» Tous les effets qui appartenoient à l'am-
» bassade, et qui composoient la cargaison
» de trente bâtimens, furent mis à terre et
» emmagasinés en un seul jour ». Il est vraisemblable que les bambous qui furent employés à la construction de ces magasins,
provenoient des provinces méridionales de
la Chine. S'ils provenoient des environs de
Pékin, ils seroient d'une espèce particulière,
et inconnue aux botanistes. Dans ce cas ce
seroit encore une acquisition à faire pour
l'Europe. Le climat de Paris est moins froid
que celui de Pékin. L'auteur ne dit pas quel
est le végétal qui avoit servi à former les
nates dont il parle. On construit aussi dans
l'Inde avec des bambous, des bâtimens semblables, qu'on appelle *pandales*, soit pour
des fêtes, soit pour célébrer des nôces, soit
pour tout autre usage. On en garnit les côtés
et le toit avec des branchages qui les garan-
tissent de la pluie, et l'on y place des lanternes et d'autres ornemens.

CXXII.

Page 288. Il y a dans l'Inde un scorpion
noir, dont la piqûre est, dit-on, mortelle.
Celle

Celle des scorpions blancs, et des scolopendres, dont il y a plusieurs espèces, fait beaucoup de mal ; mais elle est sans danger. J'ai vu à Batavia les Malais prendre adroitement des gros scolopendres, que nous nommons des *cent-pieds*, parce qu'ils ont beaucoup de pattes, leur arracher leur dard, et leur rendre ensuite la liberté. Je me rappelle qu'un jeune scolopendre qui étoit sur mon chapeau, passa sur mon visage et y laissa une trace de feu, quoiqu'il ne m'eût pas piqué.

CXXIII.

Page 291. Il y a des mendians à la Chine, ce sont sur-tout des lépreux. La loi ou la morale du pays qui a force de loi, veut qu'on ne refuse pas celui qui demande l'aumône, ne lui donna-t-on qu'un grain de riz, dont il est obligé de se contenter. J'ai été témoin d'actes de charité exercés envers des mendians.

J'ai dit dans un de mes ouvrages, imprimé à l'Isle de France, que la contrainte par corps pour dettes n'existoit pas à la Chine ; mais que le créancier avoit le droit d'envoyer des lépreux chez son débiteur, qui est obligé de les nourrir à ses frais, et qui ne peut les chasser de sa maison, jusqu'à ce qu'il se soit acquitté.

S

CXXIV.

Pages 291 *et* 292. Je ne puis me refuser au plaisir d'approuver les réflexions sages de l'auteur, et qui prouvent sa philantropie, et sa philosophie, au sujet des détails qu'il donne sur les secours que l'Empereur de la Chine distribue à ses sujets dans les tems de calamités. « Il
» ordonne d'ouvrir les greniers publics ; il
» remet les impôts à ceux qu'accable l'infor-
» tune ; il leur accorde des secours, pour ré-
» tablir leurs affaires. ». Nous qui affectons une supériorité de connoissances sur les Chinois, nous qui nous flattons d'être plus habiles qu'eux dans tous les genres, même en fait de législation, nous n'avons pas encore adopté un moyen de prévoyance, contre les disettes, aussi simple que celui de l'établissement des *greniers publics*, le seul qui puisse assurer l'existence de l'empire, contre un renversement du cours ordinaire des saisons, qui est dans l'ordre des possibles. Une sécheresse, comme celle qui a désolé le Bengale, en 1769, ou des pluies continuelles et extraordinaires, ou des météores mal-faisans et généraux, mettroient l'Empire à deux doigts de sa perte. C'est aux philosophes, naturalistes, amis de la patrie et de l'humanité, à faire sentir que ces évènemens, tout extraordinaires qu'ils soient, ne doivent pas être

regardés comme impossibles. L'histoire que nous appellions sacrée, dont tous les détails ne peuvent pas être rejetés comme fabuleux, lors même que l'exagération paroît évidente, dit que l'Egypte, du tems de Joseph éprouva sept années de stérilité, après sept années d'abondance. Quand même ce récit ne seroit qu'une adresse de l'historien, pour faire sentir la necessité des approvisionnemens, il mériteroit d'être rapporté; mais on doit supposer qu'il étoit fondé sur quelqu'évènement notoire, dont les circonstances ne nous sont pas parvenues.

C X X V.

Page 300. « On voit assez ordinairement un voyageur chargé et fatigué, poser un moment son fardeau, se rafraîchir avec une tasse de thé, et poursuivre ensuite sa route. » J'ai éprouvé maintefois, dans mes courses, qu'une bolle de thé chaud me désaltéroit beaucoup plus qu'un verre de limonade, ou même que du punch froid.

C X X V I.

Page 301. « Parmi les Chinois, l'argent est proprement une marchandise. » Oui ; mais, comme ailleurs, cette marchandise représente toutes les autres.

« La valeur de l'argent varie, suivant la

» plus ou moins grande quantité de ce métal » sortie du trésor Impérial. » On auroit dû ajouter, et suivant celle importée à la Chine, par les étrangers, combinée avec les exportations qui peuvent s'en faire. Au surplus, la valeur de l'argent varie dans tous les pays, suivant son abondance ou sa rareté.

CXXVII.

Pages 3o3 et 3o4. Les détails fournis sur l'édifice antique *Prez-tong-chou-fou* sont incomplets. *Les étages,* dit l'auteur, *au nombre de onze, sont distingués par une espèce de corniche, ou un rang de briques saillantes, qui règne tout autour de l'édifice.* On demande quelle hauteur a chaque étage, s'il y a des portes et des fenêtres, quelle est sa largeur, comment il se termine, c'est-à-dire, quelle forme a sa couverture.

CXXVIII.

Page 3o7. « Il n'y a point en Chine de » religion dominante. » Elles y sont toutes permises, excepté la chrétienne. La religion n'y forme pas un des ressorts du Gouvernement. Le Mahométisme y a fait quelques progrès. On prétend que la plupart des lettrés sont athées. Les disciples du Dieu Foé ou Fo, sont les plus nombreux. Ils préchent *la doctrine de la transmigration des ames.* Cette religion tire son origine de l'Inde.

CXXIX.

Page 312. Les Chinois ont un respect religieux pour les morts ; ainsi il n'est pas étonnant que les tombeaux y soient respectés.

CXXX.

Page 313. En parlant des *mulets* qui se *vendent plus cher que les chevaux, parce qu'on les nourrit plus facilement, et qu'on peut les faire travailler davantage,* l'ateur ne dit point s'ils sont dociles, s'ils ont le pas sûr, s'ils sont grands et forts. Il ne parle pas des ânes chinois, de sorte qu'on ne sait pas s'ils sont d'une autre espèce que ceux d'Europe, ni quel est le service qu'on en retire. « Beaucoup de chevaux ont la peau » tachetée avec la même régularité, que celle » des léopards.... Pour avoir des chevaux » ainsi marquetés, on se sert entr'autres » moyens, de celui de croiser ceux qui sont » de race opposée ». Ce moyen est propre à mélanger les couleurs, mais donneroit bien rarement des chevaux tachetés avec la même régularité que celle des léopards.

LXXXI.

Page 314. « La couleur jaune que porte
» l'Empereur de la Chine, est affectée par
» tous les Souverains de l'Orient de l'A-
» sie. » La couleur jaune est exclusivement
affectée à l'Empereur et à sa famille. Aussi
les Chinois se sont-ils industriés, pour donner, à leurs étoffes, le plus beau jaune possible, et ils y ont réussi. Leur jonquille, leur
citron sont de toute beauté.

CXXXII.

Pages 314 et 315. « On battoit quelque-
» fois le blé avec des fléaux pareils à ceux
» d'Europe, quelquefois on le faisoit fou-
» ler sous les pieds des chevaux.... Les Chi-
» nois se servent aussi d'un grand rouleau,
» pour séparer le grain de l'épi ». Ce grand
rouleau est apparemment un gros cylindre de
bois; mais par quel moyen le meuvent-ils?
Quel qu'il soit, je ne conçois pas, comment
un rouleau comprimant des épis, peut séparer le grain qu'ils contiennent, à moins que
la balle ne soit disposée à s'ouvrir avec la
plus grande facilité.

CXXXIII.

Page 318. Les soi-disant philosophes qui,
dans leurs grandes spéculations, pour amé-

liorer l'espèce humaine, ont voulu par leurs préceptes, ou par des lois positives, éteindre les sentimens de la nature, devroient prendre des leçons à la Chine. Je regrette de ne pouvoir citer tous les détails intéressans et les sages réflexions de l'auteur, dans les pages 317, 318 et 319. Je n'en extrairai qu'un passage fort court. « Le fils est obligé » de travailler pour l'entretien et le soula- » gement de son père, et de sa mère. Le » frère doit prendre soin de son frère et » de sa sœur, lorsqu'ils sont dans l'infor- » tune ; et l'oubli de ces devoirs exciteroit » une telle horreur, qu'on n'a pas besoin » de les prescrire, par une loi positive... Si » quelqu'un éprouve des besoins, tous les » parens l'aident sans délai, et sans » lui faire éprouver la moindre humi- » liation ». Qu'il est sage le peuple qui a des mœurs aussi saintes, aussi charitables ! Et que nous sommes loin de pareilles ins- titutions !...

CXXXIV.

Page 326. « Les murailles de la ville sont » d'environ quarante pieds de haut. » Il se- roit curieux de savoir pourquoi toutes les principales villes de la Chine sont murées. Comme elles ont des tours et des creneaux, et même des canons, on ne peut pas douter que l'intention n'ait été de les mettre en état de défense. La facilité avec laquelle les Tartares ont envahi la Chine, prouve que ces précautions étoient inutiles ; mais peut-être que ces murs qu'on a soin d'entretenir, sont une affaire de police, pour contenir le peuple.

CXXXV.

Page 336. « Le Lienwha, (*Nymphœa nelumbo*) qui résiste au froid rigoureux » de l'hiver de Pékin, est très-difficilement » conservé dans les serres de l'Europe ». Comme *ses graines sont très-agréables au goût*, on doit multiplier et varier les essais. Peut-être cette plante réussiroit-elle mieux en plein air, que dans des serres ; peut-être exige-t-elle un sol particulier, ou des eaux qui aient telles ou telles qualités ; peut-être veut-elle un air plus ou moins humide, une exposition où elle éprouve des chaleurs fortes dans l'été, et un froid rigoureux dans l'hiver, comme la température de Pékin.

CXXXVI.

Page 336. « Quelques-unes de ces Tartares étoient fort bien parées, avoient des » traits fort jolis, et un teint relevé par le » secours de l'art. » Les Tartares qui ont conquis la Chine dans le dernier siècle, sont plus blancs que les Chinois. Si leurs femmes *mettent beaucoup de rouge sur le milieu de la lèvre inférieure*, les Chinoises en mettent sur le visage. Elles ont des cotons ronds, pénétrés d'un suc rouge, dont la couleur paroît obscure, et que je soupçonne tirée du règne végétal. Elles mêlent ce coton avec un peu d'eau, qui dissout la teinture, elle prend alors de l'éclat. Les femmes se frottent le visage avec ce coton, et la couleur, qui est très-belle et qui imite parfaitement la nature, adhère fortement à la peau, même pendant plusieurs jours. Il seroit curieux de connoître la composition de cette teinture, que je crois préférable au rouge employé par les Européennes.

CXXXVII.

Page 346. « Sous le règne qui précéda celui de l'Empereur actuel, de pareilles considérations empêchèrent l'Ambassadeur de Russie de se soumettre aux cérémonies d'usage, pour approcher le trône Chinois. » Ces cérémonies consistent *en neuf prosternations*, à chacune desquelles le front doit frapper la terre. L'Ambassadeur Portugais, que j'ai vu revenir, en 1753, de Pékin, s'étoit soumis à cet usage. *Kien-long* étoit alors sur le trône. On doit lui savoir gré d'avoir consenti à ce que Lord Macartney fût dispensé de cet usage. Cette cour a son étiquette, comme toutes les autres. L'Empereur lui-même l'observe avec exactitude dans toutes les cérémonies. Lorsque *Kien-long*, à raison de son grand âge, qui ne lui permettoit pas de soutenir les fatigues du sacrifice qu'il est obligé de faire tous les ans au *Chang-ti*, voulut s'en dispenser, il s'adressa au tribunal des Rites, qui régla, par une délibération, les parties du cérémonial dont l'Empereur pouvoit se décharger sur les princes de son sang, à son choix.

Qu'on me permette de citer un usage suivi constamment à la Chine, dès la fondation de l'Empire, et qui mérite, ce me semble, d'être remarqué, parce qu'il est opposé aux usages des autres princes de l'Asie. L'empereur, dans tous les édits, dans toutes les ordonnances, dans toutes les déclarations, dans toutes les proclamations, ne prend aucun titre. Tous ces actes publics commencent par ces mots, *Kien-long, l'an vingt-six*; ou quarante, ou soixante de son règne, *le troisième*, le sixième, ou le septième jour *de la huitième*, ou de la neuvième lune, etc. Quelle sublime simplicité ! *Kien-long*.... et ce mot dit tout. Le reste fixe la date de l'acte.

CXXXVIII.

Page 348. Je doute fort que le Gouvernement de la Chine pût être alarmé de la Révolution française; je doute même qu'il pût en comprendre les principes. Il n'a pas plus d'idée d'une démocratie que ce Roi de Siam, qui se mit à rire aux éclats, quand il entendit dire à des Hollandais qu'ils n'avoient point de Roi. L'ignorance de la langue française, celle de nos usages et de notre constitution, le défaut d'énergie dans le caractère chinois, doivent éloigner toute crainte du trône Impérial. D'ailleurs, il n'y a nul moyen d'inspirer à ce peuple le goût de la liberté; il ne la connoit pas, et n'en a même jamais entendu parler. En outre, l'autorité est si grande, qu'il faut renoncer à l'espoir, du moins pour long-tems, de voir cette partie du monde rentrer dans ses droits primitifs.

CXXXIX.

Page 348. Les réflexions du traducteur contenues dans une note, ne me paroissent pas justes. Il prétend que *la passion emporte l'auteur, dont l'esprit est*, dit-il, *en général très-calme*. L'auteur dit simplement, *sans passion*, sans affectation, et même sans esprit de critique, qu'il n'y a *point de Gouvernement qui haisse et redoute autant, que celui de la Chine, les principes de la Révolution française*. Je le crois comme lui, et cela doit être. Le Chinois a un respect religieux pour l'antiquité ; ce sentiment qui lui est inspiré dès la plus tendre enfance, est confirmé par le bonheur dont il jouit. Nul peuple n'est autant attaché à ses usages, à ses mœurs, à ses lois. Nul peuple n'a autant d'estime pour lui-même. Il redoute donc toute innovation, et croit qu'elle amèneroit la destruction de l'Empire. Quant au Monarque, il n'est pas difficile de concevoir qu'il doive détester la Révolution française, et avoir horreur des principes qui l'ont amenée et soutenue. Que les Anglais aient contribué à inspirer aux Chinois de l'aversion pour les principes de notre liberté, cela peut être. Ils n'ont fait en cela que profiter des dispositions qu'ils ont trouvées chez ce peuple. En rendant justice à la précision et à l'élégance du stile du traducteur, j'ai cru devoir relever, par esprit d'impartialité, une critique qui m'a paru mal fondée.

C X L.

Page 368. « Conformément à l'ancien » usage, l'Empereur prend en main la char- » rue et la dirige à travers un petit champ, » pour honorer la profession de laboureur.» Cette auguste cérémonie qui a lieu tous les ans au printems, et qui est répétée le même jour dans toutes les provinces de l'Empire, par les Gouverneurs, est non-seulement politique, mais encore religieuse. C'est un hommage que l'Empereur rend à l'Être-Suprême, c'est une prière qu'il lui adresse de favoriser ses travaux agricoles, et ceux de son peuple. Il s'y prépare par trois jours de jeûnes, il commence la cérémonie par un sacrifice, et il réserve les grains qu'il recueille, pour les offrir à la divinité.

C X L I.

Page 368. « Les anciennes annales de » l'Empire attestent que pendant très-long-» tems, les habitans y jouissoient de la terre, » ainsi que des autres élémens, presqu'en » commun. Le pays étoit divisé en petits » districts égaux. » Dans une société naissante, on peut admettre la culture des terres en commun et un partage égal des récoltes ; mais dans une société nombreuse, où il est nécessaire qu'une grande partie de sa population soit occupée à d'autres travaux qu'à ceux de l'agriculture, pour la défense du pays, pour l'administration de la police, pour l'exercice des arts, pour le commerce, la propriété devient une loi fondamentale du corps social. Partager un pays en petits districts égaux, paroît une chose impossible, vu les grandes différences qui existent dans la nature des sols, dans leur exposition, dans leur situation, dans les climats, et dans les influences de l'atmosphère.

CXLII.

Page 375. « On ne peut remonter l'échelle
» de l'ambition que par des études longues
» et pénibles, et en excellant dans les let-
» tres, qui seules rendent capables de rem-
» plir les emplois publics ». Partout on a
adopté le principe que les emplois doivent
appartenir aux talens, au mérite, à la vertu. Les Chinois seuls ont mis cette maxime
en pratique; elle est chez eux constitu-
tionnelle, et tient à la forme de leur
Gouvernement; et ce qui doit surprendre,
c'est qu'elle établit et maintient le principe
de l'égalité primitive.

Lorsqu'on voit l'Empereur appeler auprès
de lui le talent, pour l'employer utilement,
récompenser dignement les services, honorer le mérite, faire lui-même et publier le
panégyrique d'un homme de lettres, quelle
noble émulation n'inspire-t-il pas à tous ses
sujets! C'est ce qu'a fait Kien-Long pour
plusieurs lettrés dignes de sa confiance et
de ses éloges. C'est ce qu'ont fait beaucoup
d'autres Empereurs dont les noms sont en
vénération à la Chine.

CXLIII.

Page 381. L'Auteur disserte avec sagacité
sur l'exposition des nouveaux nés permise à

la Chine; mais il n'a pas considéré cette tolérance, qui nous paroît barbare et contraire à la morale, sous le point de vue politique. Comme on ne peut pas supposer que le législateur ait eu le dessein féroce d'autoriser le meurtre et d'éteindre dans les hommes les sentimens naturels qui sont la base des institutions morales, civiles et politiques, il est à propos de chercher quel est l'esprit de cette loi, afin de porter un jugement sain, sur une coutume qui paroît si opposée à l'humanité. 1°. La législation chinoise a pour principe l'autorité absolue des pères sur leurs enfans. De là vient le respect infini de ceux-ci pour les auteurs de leurs jours; de là résulte, par une fiction morale, le sentiment de l'obéissance des subordonnés aux ordres de ceux qui commandent, qui sont regardés comme les pères du peuple. La tolérance de l'exposition des nouveaux nés est donc une suite du principe qui a donné aux pères la plus grande autorité sur leurs enfans. 2°. Le législateur a compris que les sentimens de la nature, entretenus et fortifiés par les institutions de la législation, s'opposeroient à l'infanticide d'une manière plus efficace que les lois les plus sévères. 3°. Il a vu, que dans une population aussi nombreuse que celle de la Chine, il seroit impossible à la police d'empêcher et de punir ce crime, parce qu'on pourroit le dérober facilement à sa connoissance. 4°. Préjugeant que la nécessité, c'est-à-dire, l'impossibilité absolue de fournir la subsistance à leurs enfans, ou que le délire de la superstition qui engage les pères à les consacrer à l'esprit de la rivière, pouvoient être les seules causes de ces sacrifices volontaires, il a préféré que l'exposition fût publique, afin de laisser aux pères l'espérance du salut de ces innocentes victimes. Des hommes charitables et aisés les recueillent et les élèvent. Le Gouvernement entretient dans tout l'Empire des agens qui sont chargés de ce soin, et fait la dépense de l'entretien des enfans-trouvés.

On assure que les Mahométans Chinois recueillent beaucoup d'enfans exposés. Ils en achètent même dans les tems de famine, pour les élever dans leur religion, qui leur fait un précepte de la charité, et qui leur enseigne que la propagation de leur foi, est un acte méritoire. On doit en dire autant des chrétiens, mais je les crois moins nombreux.

Je m'étonne que les Compagnies Européennes, qui envoient des vaisseaux à la Chine, et qui font des bénéfices considérables sur le commerce, n'aient pas pensé à en distraire annuellement une petite somme, pour l'affecter à cette œuvre d'humanité. On éleveroit dans les *hans* les enfans qu'on auroit sauvés;

sauvés ; on auroit par ce moyen des serviteurs attachés, fidèles et intelligens qui connoîtroient la langue et les usages des Européens. Puisse cette idée plaire à quelque philantrope, qui ait assez de crédit, pour la faire adopter ! Les services de ces nouveaux Moïses pourroient un jour payer avec usure les frais qu'ils auroient coûtés.

« Les enfans-trouvés de la Chine » dit le Clerc dans son Histoire *d'Yu le Grand*, page 607 « sont tous nourris dans les campa-
» gnes. Chacun d'eux porte au cou le chiffre
» Impérial... Chaque enfant coûte à l'Etat
» douze taëls par an, (quatre-vingt-dix francs
» environ.) Lorsqu'ils sont parvenus à leur
» dixième année, les cultivateurs et les ar-
» tisans s'en chargent et les nourrissent. »

Observations sur le troisième volume, du voyage de Lord Macartney dans l'intérieur de la Chine.

CXLIV.

Page 2. « Un champ étoit couvert de *po-*
» *lygonum*, dont les feuilles macérées et
» préparées comme celles de l'indigo, pro-
» duisent une couleur bleue, égale à celle de
» l'indigo, ou qui du moins en approche
» beaucoup. » Il est fâcheux que la description de cette plante ne soit pas complète. J'ai

eu dans l'idée qu'il seroit possible d'extraire la fécule bleue du pastel, et même de quelques autres plantes qui croissent dans l'Empire. J'en ai fait la proposition au Directoire Exécutif. Mon Mémoire n'a pas été accueilli par l'Institut National. *Il ne présente*, dit le rapport, *ni dans les principes, ni dans les procédés, des bases suffisantes pour asseoir son jugement, sur la probabilité du succès de l'entreprise proposée*...Ce n'est pas ici le lieu de discuter le mérite de cette assertion. Je dirai seulement que j'ai appris, depuis peu, qu'il y avoit en Europe des fabriques d'indigo extraites du pastel. *H. Struve* le dit positivement dans les Additions au Supplément du *Dictionnaire de Chimie*, Tome V, page 93, Édition de Neufchatel, 1789, à l'article, *Indigo tiré du pastel*. Je n'en avois aucune connoissance, lorsque j'ai adressé au Directoire Exécutif le Mémoire très-court, par lequel je proposois cette entreprise. Voilà donc *la probabilité du succès*, prouvée par l'expérience. J'engage les bons citoyens, qui ont plus de moyens que moi, et qui peuvent avoir des connoissances étendues sur la fabrication de l'indigo, à tenter des essais par patriotisme. Le même rapport convient *que ce seroit une découverte précieuse que celle qui nous apprendroit à retirer du pastel une matière colo-*

rante qui pourroit remplacer l'indigo. Avant qu'on eût retiré une fécule bleue de *l'anil*, et *du polygonum*, je voudrois bien savoir quels sont *les principes*, quels sont *les procédés*, qui ont pu établir *la probabilité du succès de l'entreprise.* On ne teint point en bleu avec *l'anil* ; pour ce qui est du *polygonum*, je l'ignore ; mais je sais qu'on teint en bleu les étoffes avec le pastel. Voila donc une manière connue depuis très-long-tems d'en *retirer une matière colorante.* Elle se trouve donc dans le pastel. Il ne s'agissoit plus que de trouver des procédés, pour réunir cette matière en masse, et c'est ce qu'on a découvert suivant *H. Struve.* La grande réputation des Commissaires qui ont fait le rapport en question, la profonde estime que j'ai pour eux, ne sauroient balancer dans mon opinion les preuves fournies par l'expérience. J'espère revenir en tems et lieu sur cet objet intéressant, et proposer mes doutes sur toutes les assertions du rapport que j'ai cité. Les recherches très-nombreuses que j'ai faites sur la fabrication de l'indigo extrait de l'anil, et dont le résultat est consigné dans un ouvrage in-4^b, imprimé à l'Isle de France, en 1779, par l'ordre du Gouvernement, aux frais du Roi, ouvrage qui a obtenu l'approbation de l'Académie des Sciences de Paris, m'ont fait voir que l'anil n'étoit pas la seule plante, d'où l'on pouvoit extraire une fécule bleue. Je pense que l'indigo est aussi répandu dans le règne végétal que la matière sucrée. Pour les extraire avec profit, il faut que le végétal en contienne une grande quantité. C'est ce qui me paroit démontré à l'égard du pastel. *On tire le bleu de différentes plantes. Celle de Pékin est une espèce de persicaire* que les Chinois nomment *siao-lan*. La méthode qui y est employée pour extraire la fécule de cette plante, est la même que celle que nous connoissons ; mais il y a d'autres plantes dont ils obtiennent l'indigo, sans avoir recours à la fermentation et au battage. On peut consulter là-dessus les Mémoires sur les Chinois, par les Missionnaires de Pékin, Tome V, page 499.

C X L V.

Page 3. « On cita en même tems aux » Anglais une petite espèce de *colutea* dont » les bourgeons et les feuilles les plus tendres » produisent une substance qui donne une » couleur verte. » Les réflexions que j'ai présentées dans l'observation précédente sont applicables à celle - ci. Le même Mémoire dont j'ai parlé, indique une plante d'Europe, que je crois propre à donner une fécule verte.

Les Cochinchinois, comme je l'ai dit, ont une plante, dont ils savent extraire un indigo verd, propre à la teinture, dans toutes les nuances. Quoique je l'eusse citée, cette proposition n'a pas été mieux accueillie que la première. C'est à l'expérience qu'il appartient de prononcer.

CXLVI.

Page 4. « Les Chinois tirent du cartha-
» mus leur plus beau rouge, et emploient
» rarement le vermillon. » Les fleurs de carthame, ou safran bâtard, sont employées en Europe à la teinture en rouge : on en retire aussi une fécule rouge. Le vermillon est un minéral, qu'on emploie en peinture. Les Chinois font usage de la cochenille ; il leur en vient de Manille, qui la tire d'Acapulco.

J'avois aussi dans l'idée d'extraire la fécule rouge de quelques végétaux, dans l'espérance qu'elle pourroit suppléer à la cochenille. Je n'en désespère pas encore. J'en parle ici, afin d'exciter l'industrie des citoyens. Cette découverte seroit l'une des plus intéressantes pour la République.

CXLVII.

Ibid. 4. « Le calice du gland leur sert à
» teindre en noir, et ils nourrissent le ver-
» à-soie, avec les feuilles du frêne, comme
» avec celles du mûrier ». Voilà deux bonnes observations, dont nous pouvons tirer parti.

Nous savions bien que l'écorce du chêne est propre à teindre en noir; mais je ne crois pas qu'on ait employé à cet usage le calice du gland. S'il pouvoit remplacer la noix de galle, ce seroit une découverte intéressante. J'ajoute que les Chinois retirent une fécule du gland, et qu'ils s'en nourrissent. Un général Chinois a sauvé son armée de la famine, en la nourrissant avec des glands de chêne préparés. Ils font avec les bourgeons tendres de cet arbre une infusion théyforme. Ils délaient dans de l'eau les cendres du gland et du calice; ils en retirent le sel et le font prendre aux personnes attaquées de diarrhées et de dyssenteries. Enfin ils lavent et détergent les plaies et les ulcères qui ne se ferment pas, avec la décoction des écorces. Ils font usage de la même eau dans plusieurs maladies cutanées. Ils entent des chênes sur des châtaigniers, et prétendent que les glands acquièrent de la douceur.

Ibid. Il y auroit beaucoup de questions à faire sur l'espèce de mûrier, sur la culture que les Chinois lui donnent, sur le choix des feuilles, et sur les soins qu'exigent les vers-à-soie; mais au moins devroit-on dire, si les feuilles du frêne exposent les vers à des maladies, et si la soie provenant de ceux qui en ont été nourris, a autant de qualités, que celle des vers nourris avec les feuilles du mûrier,

Un de mes amis digne de foi, m'a dit que dans sa jeunesse, il s'amusoit à élever des vers-à-soie, et que manquant de feuilles de mûriers, il s'avisa de leur donner des feuilles de rosiers de jardin. Cet expédient lui réussit, mais tous les cocons sans exception se trouvèrent verds. L'année d'ensuite il répéta cette expérience, elle eut le même résultat. Ainsi dans les années et dans les circonstances où les feuilles de mûriers manquent, il paroît qu'on peut leur substituer des feuilles de frêne, et de rosiers de jardin, peut-être aussi celles de l'églantier et de quelques autres végétaux; ce sont des essais qu'il conviendroit de faire.

Ils sont d'autant plus nécessaires que les Missionnaires de Pékin prétendent que ce sont des vers-à-soie d'une autre espèce que ceux du mûrier qu'on élève à la Chine sur le frêne. Ils les nomment vers-à-soie sauvages. Leurs cocons sont gros comme un œuf de poule, et leur soie est inférieure; mais ils distinguent trois espèces de vers sauvages qui donnent de la soie; les uns sont élevés sur le *fagara*, les autres sur le frêne, et les derniers sur le chêne à feuilles de châtaigniers.

Les mêmes Missionnaires ajoutent qu'il existe à la Chine deux sortes de frênes, le puant et l'odorant; que le *premier avoit toujours paru être le même que le nôtre*, mais qu'un examen plus attentif avoit fait remarquer des différences dans les fleurs.

CXLVIII.

Page 5. « On charrie des marchandises
» qu'on tire de Tartarie, ou qu'on y transporte, sur le dos des dromadaires ou chameaux à double bosse, animaux qui
» sont plus gros, plus forts, plus rapides,
» que les chameaux ordinaires. Ils sont
» aussi beaucoup plus velus que ces derniers,
» et conséquemment plus propres aux climats froids. C'est sur le dos de ces animaux qu'on transporte le charbon qui
» sert à faire cuire tout ce qui se mange à
» Pékin. »

J'ai plusieurs observations à faire sur ce passage. 1°. Voilà une espèce de chameaux propres aux climats froids. Le Professeur Pallas parle aussi, dans son voyage, des chameaux des Kirguis, et des Barschkirs, qui habitent des pays froids. Ce seroit une acquisition bien importante à faire pour la France, et qui mériteroit toute la sollicitude du Gouvernement. On me dispensera d'en donner des preuves ; l'utilité de ces animaux pour les transports est assez connue. 2°. L'auteur ne dit pas quelle est l'espèce de charbon consommée à Pékin. Est-il végétal ? Est-il minéral ? Dans le premier cas, on eût désiré savoir quelles sont les espèces d'arbres convertis en charbon, quelle est la méthode d'opérer cette conversion, si cette substance donne beaucoup de feu et long-tems, enfin quel emploi l'on fait des cendres.

Les Missionnaires de Pékin disent, dans les Mémoires concernant les Chinois, que le charbon le plus en usage dans l'Empire est celui de terre. Il est surprenant que la France ne tire pas de ce fossile tout le parti qu'il lui offre, puisque son sol en contient des mines très-multipliées. Les auteurs qui ont traité de la science Politico-économique prétendent que c'est principalement à l'exploitation de ses mines de charbon de terre, que l'Angleterre doit l'extension de son commerce et de ses arts, et celle de sa marine. Je le pense ainsi ; mais j'ajoute que la banque de Londres est aussi un des principaux mobiles de la puissance de cet Empire. C'est elle qui a favorisé toutes les exploitations, toutes les manufactures nouvelles, toutes les grandes entreprises et sur-tout les canaux de navigation. Si la France veut parvenir au même degré de prospérité, elle doit établir chez elle une banque sagement combinée, et fouiller ses mines de charbon de terre.

CLXIX.

Page 8. « Les substances calcaires de di-
» verses espèces qui avoient été vues par les

» Anglais dans leur long trajet, étoient très-
» peu considérables, en comparaison des pro-
» duits d'un feu volcanique, et des énormes
» masses de granit, qui se présentoient si
» fréquemment sur leur route ». L'auteur oublie la quantité immense de madrépores qu'il a vus dans le détroit de la Sonde, et le long de Java, en allant à Batavia, puisqu'il prétend que leur accumulation progressive a formé des îles. Sans doute les matières volcaniques sont très-communes sur la surface du globe, et sur-tout dans les îles; mais il y a aussi des bancs énormes de matières calcaires, tant à la surface que dans le sein de la terre, ou couvertes par les eaux de la mer.

C L.

Page 9. « Les Européens supposent que le
» tabac a été porté de l'Amérique dans tou-
» tes les parties de l'ancien Continent. »
L'auteur a raison de réfuter cette opinion. Le tabac est indigène à l'Inde, à la côte orientale d'Afrique, à Madagascar, et vraisemblablement à la Chine, et à beaucoup d'autres pays.

L'auteur auroit dû nous apprendre quelle est l'espèce de tabac cultivée à la Chine, quels sont les soins qu'on lui donne et quelle est la manière de l'apprêter. Les graines qui me sont venues de la Chine à l'Isle de France ont produit un plant d'une petite espèce, à fleurs jaunes, monopétales, à feuilles recoquillées, petites, larges, un peu gluantes, d'un verd pâle. J'en ai vu des plants en France dans le jardin du citoyen Baumé aux Termes, près la barrière du Roule. Je n'ai fait aucun essai sur ce tabac que je cultivois par curiosité.

J'ignore si les Chinois en ont de plusieurs espèces, si celui qu'ils prennent en poudre est de bonne qualité ; et s'il est le même que celui qu'ils fument. Je sais que dans les Indes, le tabac de Manille qui est en petits rouleaux, qu'on nomme des *chiroutes*, et que l'on fume sans pipe, est préféré par les Européens, comme un tabac dont la fumée est douce et agréable.

On prépare aussi à Manille un tabac en poudre, dans le goût de celui de Mazulipatan. Je préfère le premier au second. L'un et l'autre sont noirs et très-forts. Ils tiennent cette qualité de leur préparation. Cette espèce est recherchée en France de ceux qui la connoissent. Il seroit facile d'en préparer de semblables.

C L I.

Page 10. « Ils prennent souvent du cina-
» bre en poudre, au lieu de tabac. » Le cinabre en poudre est ce que nous nommons le

vermillon, qui est sans odeur ; de sorte qu'il n'est pas aisé de concevoir quel effet cette poudre peut exciter sur le nerf olfactoire. Peut-être les Chinois la prennent-ils comme remède.

Quant à l'opium pris en fumigation, ses effets sont connus.

C L I I.

Page 17. La grande muraille de la Chine qui a, dit-on, *quinze cents milles de long*, et qui a été achevée *trois siècles avant l'ère chrétienne*, prouve que dès lors la Chine avoit une population nombreuse, et la connoissance des arts les plus utiles. Dans le tems où elle a été construite, elle pouvoit former une barrière insurmontable à des peuples qui ne connoissoient pas l'usage de l'artillerie, et qui ne savoient faire la guerre qu'à cheval, comme les hordes des Tartares. Aujourd'hui une pareille muraille seroit en Europe, d'une foible défense. Une ligne de places fortes seroit bien préférable.

La Pagode de Jaguernat à la Côte d'Orixa dans l'Indostan remonte à une époque plus ancienne, et a peut-être quelque chose de plus étonnant. Ces deux monumens sont les plus considérables qui aient été construits par la main des hommes. L'un est dû à une sage prévoyance, pour le tems où il a été construit ; il est aujourd'hui sans utilité ; l'autre est dû à la superstition, et fait encore à l'humanité tous les maux qu'elle lui a toujours causés. Si l'on met sur la même ligne les fameuses pyramides d'Egypte, nous dirons que le but de leur construction paroît oublié. Il est difficile de se persuader, qu'elles n'eussent d'autre objet que de recueillir des dépouilles mortelles, et de servir de tombeaux aux Rois. Je croirois plus volontiers qu'elles ont été construites, pour fixer les points cardinaux au moment de leur édification, et pour servir à la perfection de l'astronomie. S'il est ainsi, elles seroient beaucoup plus recommandables que la muraille de la Chine, et que toutes les Pagodes du monde ; elles seroient dignes d'un peuple philosophe qui auroit travaillé pour la postérité.

La Pagode de Jaguernat est tout d'une pièce, elle est taillée dans une montagne de pierres. Quels travaux !... Quelle dépense !... Quelle patience !... Quelle constance soutenue pendant bien des siècles !... Combien ont dû coûter de tems, de peines, et de dépenses toutes les excavations ! Et dans quel but ?.... Pour asservir l'homme à des préjugés absurdes et extravagans, en un mot, pour le rendre esclave de la superstition. Cette Pagode passe pour être la plus considérable et la plus sacrée de toutes celles des Indous. Les dévots y vont en pélérinage, et c'est, au dire des prêtres, une œuvre très-méritoire, qui obtient la rémission des péchés; mais le plus certain est la considération qu'ils acquièrent, et les présens qu'on leur fait.

La construction des canaux en Egypte, à la Chine et en Europe; celle des digues qui ont enlevé à la mer l'une des provinces les plus fertiles de cet Empire, ou qui ont été construites, pour empêcher les débordemens des rivières; les terrasses qui retiennent les terres des montagnes, et qui les rendent propres à la culture; les jetées dans la mer, pour former un port; les quais et les autres constructions de ce genre; les dessèchemens des marais qui donnent des terres à l'agriculture, et qui rendent l'air salubre; les ponts, les aqueducs, les observatoires, les grandes routes, voilà les travaux dignes de l'homme, et d'un peuple civilisé.

C L I I I.

Pages 46 et 47. Le *goître* porté à un certain point rend imbéciles les sujets qui en sont attaqués dans les Alpes, comme à la Chine. On les connoît sous le nom de Crétins. Il n'est pas aisé d'indiquer la cause de cette maladie locale. Elle dépend peut-être de l'eau, de l'air, et de la qualité des vivres. L'auteur prétend *qu'il est certain que la neige fondue contient un peu plus de terre calcaire que l'eau de pluie, et une très-petite portion d'acide nitreux et de sel marin.*

Mais la neige n'est elle-même qu'une eau de pluie cristallisée par le refroidissement. D'ailleurs, il y a des eaux saumâtres qui ne donnent pas le goître à ceux qui s'en abreuvent.

CLIV.

Pages 48 et 49. Les rochers nus des montagnes, prouvent en général une haute antiquité. L'Inde qui est peut-être l'un des pays du Globe que les eaux ont découvert le plus anciennement, présente des pics de rochers nus, qui s'élèvent comme des flèches. Tout ce que dit l'auteur sur l'affaissement du sol de la Tartarie, dans les parties qu'il a parcourues, est ingénieux, mais purement conjectural.

CLV.

Page 50. « Le rocher de Gibraltar n'est
» pas la seule hauteur dans l'intérieur de la-
» quelle on ait trouvé des os d'animaux, qui
» doivent avoir vécu et péri avant la forma-
» tion des montagnes, dont ils sont devenus
» une partie. » J'ai vu à l'Isle de France, dans une mine de pierres calcaires que je faisois fouiller, élevée de plus de cent soixante toises au-dessus du niveau de la mer, des morceaux de tortues pétrifiées. J'ai vu à Pondichéry, des pierres qu'on avoit fait venir de Gingy, à quinze lieues de là, dans lesquelles il y

avoit des coquilles d'huîtres entières, qui faisoient partie de ces pierres.

CLVI.

Page 57. En parlant du Colao ou Premier Ministre, parvenu à ce haut rang, de simple garde, par la faveur de l'Empereur, l'auteur dit, *qu'une si grande élévation paroîtra peut-être singulière.* Quand on sait qu'à la Chine il n'y a point de noblesse héréditaire, qu'on n'en soupçonne même pas l'existence; que tous les emplois civils sont donnés exclusivement aux lettrés, et que tout Chinois a droit de le devenir; les emplois militaires à ceux qui se distinguent dans les exercices de cette profession, ou à la guerre; quand on sait qu'un Empereur a placé sur le trône un laboureur, etc., on ne doit pas être surpris de voir un garde devenir Premier Ministre.

CLVII.

Page 69. Le Gouvernement Chinois ne sent pas les avantages du commerce étranger, et ne cherche pas à l'étendre. Il pense que l'Empire se suffit à lui-même. Le préjugé qui regarde comme déshonoré tout Chinois qui quitte les terres de l'Empire, existe dans toute sa force; aussi le métier de marin y est-il méprisé. Cependant ce peuple est le seul
de

de cette partie de l'Asie, qui navigue. Il va à la Cochinchine, à Siam, à Malac, à Batavia, aux Moluques, à Bornéo, dans les Philippines, au Japon. Sa grande population, la nécessité de se procurer la subsistance, le désir du gain, mettent les navigateurs au-dessus du préjugé. Toutes ces raisons sont les causes des peuplades de Chinois, dans les pays que je viens de citer. Il y en a même beaucoup dans les iles voisines de l'Empire.

CLVIII.

Page 70. L'importation à la Chine des marchandises d'Europe, qui exciteroient l'industrie de ce peuple, qui exerceroient son goût pour l'imitation, qui lui donneroient la connoissance des procédés qu'il ignore, sur-tout dans les arts mécaniques, l'introduction du coton en quantité suffisante pour alimenter ses manufactures, celle du riz dans les années de disette, la destruction des pirates de la côte, les secours de quelques forces navales, pour des expéditions maritimes, étoient des considérations bien propres à engager l'Empereur, à prêter l'oreille à des propositions d'alliance avec le Roi de la Grande-Bretagne, mais la défiance qu'on y a des étrangers, n'a pu être vaincue.

CLIX.

Page 78. Il y a long-tems que les Anglais

importoient du drap à la Chine. Si la circonstance de l'ambassade en étend la consommation dans l'Empire, ce sera un avantage qu'elle aura procuré aux manufactures Européennes. Il y a lieu de croire que le goût des denrées d'Europe, s'introduira peu-à-peu dans cet Empire, si quelque évènement extraordinaire n'en interdit pas l'entrée aux étrangers.

Ibid. Le Traducteur rappelle dans une note que *les boutons ou globes qui distinguent les ordres se portent au haut d'un bonnet pointu*. Le couvre-chef des Chinois doit porter le nom de chapeau plutôt que celui de bonnet.

Les Mandarins grands et petits obtiennent des degrés à proportion de leurs services. C'est une Cour Souveraine qui les confère, avec la sanction de l'Empereur. Lorsqu'ils tombent en faute, la même Cour leur donne des notes humiliantes, qu'ils sont obligés de rappeler dans tous les actes qui émanent d'eux, publics ou privés, ou bien elle les abaisse d'un ou deux degrés; ou les destitue, si le cas est grave.

C L X.

Page 81. « Le Colao et deux principaux » officiers de la maison de l'Empereur ne » lui parloient jamais qu'à genoux ». Ainsi le cérémonial auquel l'Ambassadeur avoit consenti de se prêter, étoit conforme à l'étiquette de la Cour Impériale, et l'on ne doit pas être surpris que l'Empereur l'ait dispensé des prosternations, front contre terre. Un Ambassadeur Français ne seroit pas admis devant sa Majesté : il ne pourroit pas se prêter à des génuflexions. Il n'auroit d'ailleurs ni ruban, ni plaque, ni diamans. Au surplus ces prosternations répétées trois fois ne sont qu'une affaire d'étiquette. L'Empereur lui-même, lorsqu'il fait la cérémonie de rendre hommage à la mémoire de son père, se met à genoux devant le cercueil, et bat trois fois la terre avec sa tête. Lorsqu'il fait un sacrifice solemnel au Chang-ti, (l'Etre-Suprême) c'est toujours avec un grand appareil. Il se prosterne neuf fois le front contre terre, avec beaucoup de témoignages de respect. Lorsqu'il va saluer sa mère, accompagné de toute sa cour, il se prosterne trois fois à ses pieds.

CLXI.

Page 90. « L'Empereur présenta de sa » main, aux Ambassadeurs Anglais, un » *gobelet* de vin chinois, assez semblable » à du vin de Madère, d'une qualité infé- » rieure ». Les Chinois ne se servent pas de gobelets, ils n'en font même pas ; ils boivent dans des bolles ou dans des cobes de porcelaine.

Il eût été à désirer que Sir Staunton eût pris des informations exactes sur la nature de ce vin chinois. Provient-il de raisins ? Le pays en produit ; on prétend même qu'autrefois on y faisoit du vin de raisins. Provient-il de quelqu'autre fruit ? Les Chinois ne connoissent pas l'art de faire un vin de cannes, ni celui de distiller du tafia ou du rum, qui est plus agréable que leur eau-de-vie de riz ou de mil, leur *sam-sou*. Dans les tems de disette, la distillation en est défendue. S'ils savoient retirer un esprit ardent du jus de cannes, des écumes du vésou, et des gros sirops, ils ménageroient le riz dans tous les tems, et ils auroient une liqueur plus agréable que le sam-sou. Il leur seroit facile de faire du punch.

CLXII.

Pages 91 *et* 92. « Le thé étoit roulé en » boules de différentes grosseurs ». Il y a du thé en boules de différentes qualités. J'en ai pris de très-bon, j'en ai pris de médiocre. On prétend que le thé apprêté de cette manière, se conserve mieux et plus long-tems. J'ai vu aussi des boules de thé médicinal ; elles étoient composées de feuilles de thé imbibées d'une décoction de rhubarbe. Il y a vraisemblablement d'autres préparations du même genre que je ne connois pas.

CLXIII.

Pages 116 *et* 117. La description du temple de *Pou-ta-la*, dédié à *Fo*, construit et doté par l'Empereur Kien-long, est curieuse et intéressante. Ce qui frappe le plus, c'est le nombre des Lamas attachés au service de ce temple. Il y en a huit cents, dit l'auteur. Aucun couvent de moines en Europe n'a jamais approché de ce nombre. Les Anglais n'ont pas eu le tems de prendre des informations sur le régime intérieur de ce monastère, sur les cérémonies de leur réception, sur la vie qu'ils mènent, aussi oisive qu'inutile à l'humanité, sur les rites qu'ils observent, sur leur croyance, etc. etc.

CLXIV.

Pages 118 *et* 119. Il ne seroit pas étonnant que Kien-long, fort attaché à la doctrine du Lama, crût qu'une partie de l'esprit de la divinité se fût incarcérée en lui, pendant un règne aussi long et aussi prospère que le sien, puisque le point capital de la doctrine de cette religion est la croyance de l'incarnation de la divinité dans la personne du Grand Lama. Il se peut aussi que l'Empereur ait jugé à propos d'accréditer cette opinion parmi les Tartares sectaires de la même religion, afin d'en obtenir plus de respect et d'obéissance, sachant très-bien que le crédule et superstitieux Chinois est disposé à adopter les fables les plus absurdes. Aucun de ses prédécesseurs n'a porté aussi loin les armes victorieuses de l'Empire, aucun n'a soumis autant de peuples, aucun n'a régné aussi long-tems sans troubles. Poëte, historien, conquérant, législateur, il a réuni tous les talens, il a recueilli toutes les espèces de gloire.

C L X V.

Page 122. Toute imparfaite qu'est la musique de la Chine, l'Auteur auroit dû dire s'ils savent l'écrire, à quelle époque remonte son origine, si elle a éprouvé des changemens, si elle fait sur les sens des Chinois une forte impression, s'ils l'associent à la danse, s'ils ont des instrumens à vent ; l'auteur a parlé de ceux à corde de leur invention ; mais ces détails sont peu satisfaisans.

C L X V I.

Page 125. Au renouvellement de l'année, les Chinois élèvent des théâtres dans les rues. Comme elles sont étroites, ils en occupent toute la largeur, mais le passage n'est pas interrompu. Les acteurs jouent continuellement, excepté la nuit. Les spectateurs sont debout dans la rue, en plein air, s'arrêtent pour voir le spectacle et s'en vont quand ils veulent. Ils ne paient rien. Sans doute que la dépense est aux frais du Gouvernement. Cette coutume a beaucoup de rapport aux tréteaux de nos foires.

CLXVII.

Page 133. L'auteur trouve *impolitique la préférence* accordée aux Tartares pour former la garde de l'Empereur. Il me semble que l'Empereur étant lui-même de cette Nation, doit se lier plutôt à ses compatriotes, qui n'ont d'existence et de considération que par sa puissance, qu'aux Chinois qui souffrent impatiemment le joug des étrangers. Au reste la politique des Empereurs a été de maintenir la plus grande discipline parmi les Tartares et de traiter les grands Mandarins de cette nation avec plus de sévérité que les Mandarins Chinois. Ils ont eu l'attention d'alterner les grades et les places, afin que les uns répondissent de la fidélité des autres.

CLXVIII.

Page 135. Le droit qu'a l'Empereur de nommer son successeur au trône, est fort éloigné de nos usages ; mais quand on approfondit le but et les résultats de celui-ci, il paroît conforme aux principes d'une sage politique. Le droit de primogéniture ne donne presque jamais que des princes foibles, ou peu éclairés, ou livrés à leurs passions. La certitude de succéder au trône, les rend indifférens à l'enseignement, et ceux qui les entourent sont plus occupés à flatter leurs passions, pour leur plaire, qu'à les combattre. Il est rare que l'éducation de l'héritier présomptif de la couronne ne soit pas manquée. A la Chine, les enfans de l'Empereur n'ont aucun droit à sa succession. S'ils la convoitent, ils n'ont d'autre moyen d'obtenir l'accomplissement de leurs désirs, qu'en se rendant agréables à l'Empereur, afin d'obtenir la préférence sur leurs rivaux. Les personnes chargées de leur éducation font tous leurs efforts, pour rendre leurs élèves dignes de cette préférence, afin de plaire à l'Empereur régnant et à son successeur. Il résulte de là, que l'ambition inspire de l'émulation, et que les princes qui prétendent au trône, sont attentifs aux leçons de leurs maîtres, et qu'ils profitent des préceptes de leur éducation.

Kien-long n'avoit plus que quatre fils vivans, *le huitième, le onzième, le quinzième et le dix-septième*. Il a abdiqué en faveur du quinzième, la soixante-unième année de son règne. On a vu des Empereurs associer au trône l'un de leurs sujets, désigné pour leur successeur; et ces choix ont toujours donné de grands princes à l'Empire.

CLXIX.

Page 137. On peut, ce me semble, deviner la cause de l'animosité du Général du Thibet, contre la Nation Anglaise. L'Ambassadeur aura sans doute tenté tous les moyens de séduction; mais il paroît que ses démarches ont été inutiles. Ho-Choung-Taung étoit Vice-Roi de Canton. Dans cette place il avoit véxé les Européens, et en avoit tiré de grosses sommes. Il craignoit que sa conduite passée ne fût dévoilée à l'Empereur. Il avoit donc intérêt à inspirer des préventions contre les Anglais, afin que leurs plaintes, si elles parvenoient au pied du trône, ne fussent pas écoutées, et qu'elles fussent considérées, comme des calomnies. Un homme de ce rang, qui tiroit de gros revenus de sa place, n'étoit pas facile à gagner.

On étoit persuadé, lorsque j'étois à Canton, que le Vice-Roi de cette province faisoit passer de gros présens à la Cour, qu'il extorquoit des Européens, pour se maintenir en place et en faveur. J'ai ouï dire que l'Intendant de la province, quelques années après mon départ, voulut s'opposer aux véxations de ce Vice-Roi. Celui-ci tout-puissant à la Cour, le calomnia, et le malheureux, mais honnête Houpou, fut relégué en Tartarie, et condamné à recueillir du ginseng. Cependant quelques années après, il rentra en grace, par le moyen de ses amis, et il obtint une place dans une autre province.

CLXX.

Page 147. « Un des gardes de l'Ambassa-
» deur mourut d'une indigestion, qui lui
» fut, à ce que l'on croit, occasionnée, pour
» avoir mangé trop de fruits. » Il eût été bon de connoître les fruits qui peuvent causer une indigestion mortelle. On trouve dans cet ouvrage trop peu de descriptions des fruits et des plantes de la Chine et de la Tartarie. On sait qu'il y en a de particuliers à ces pays qui méritent de fixer l'attention. Sans doute l'Ambassade aura rapporté dans sa patrie une collection considérable de graines de toute espèce. C'étoit pour elle un moyen presque certain de ne pas perdre tout le fruit de ses voyages. Le climat de Pékin, et sur-tout celui de Zhé-Hol sont plus froids que celui de Londres ; il y a lieu de croire qu'une grande partie des végétaux de ces contrées éloignées, réussiroient dans la Grande-Bretagne, et dans l'Amérique Septentrionale.

Ceux du midi de la Chine pourroient être transplantés avec succès dans les Antilles. J'ai tiré beaucoup de plantes et d'arbres fruitiers de Canton, que j'ai naturalisés à l'Isle de France. Ces sortes d'acquisitions, peu coûteuses en elles-mêmes, sont dignes de l'attention du philosophe, du patriote, de l'ami de l'humanité.

Je suis surpris qu'une indigestion ait causé la mort à un garde de l'Ambassadeur, qui avoit avec lui un médecin, d'autant plus que les Chinois ont plusieurs remèdes contre ce mal: entr'autres leur fameux Gin-seng, dont l'auteur ne parle pas, et qui croit auprès de la grande muraille.

CLXXI.

Pages 151 *et* 152. « Le Docteur Scot se
» procura une suffisante quantité d'huile ;
» et avec l'alkali chinois, il fit de très-bon
» savon, pour la consommation de ses com-
» pagnons et pour la sienne. Cet alkali est un
» fossile blanc qui se trouve en abondance
» dans les environs de Pékin. » Le Docteur l'avoit-il rendu caustique ? Quelle espèce d'huile a-t-il employée ? Le savon étoit-il dur ou mou ? Étoit-il blanc ou gris ? Avoit-il de l'odeur ?

L'auteur nous apprend que les Chinois ne composent point de savon, et qu'ils se contentent de laver le linge dans une eau alkaline ; il prétend qu'elle est *trop âcre pour le linge fin*. Il est facile d'affoiblir son âcreté, en étendant le susdit fossile dans beaucoup d'eau.

Il y a un arbre à la Chine qui porte le nom de *savonnier*, du même genre que celui de l'Inde. La pulpe de leurs fruits rend l'eau savonneuse, et propre à blanchir le linge. J'avois ces deux arbres à l'Isle de France, dans mon jardin. Celui de la Chine est plus droit, plus haut, il a l'écorce blanche et très-lisse, une foliature très-élégante et d'un beau verd ; ses fruits sont d'un jaune pâle. Il ne se trouve que dans les provinces méridionales. Le savonnier de l'Inde a l'écorce noire, les feuilles plus grandes, d'un verd foncé, et les fruits noirâtres.

CLXXII.

Page 159. L'auteur parle des forges des environs de Pékin, sans en donner une idée. Il décrit les soufflets qui y sont employés, pour augmenter l'activité et l'intensité du feu, et paroît leur donner la préférence sur ceux des Européens. Ces forges sont-elles destinées à séparer le métal du minérai, ou simplement à le façonner. Dans ce dernier cas, les procédés des Chinois méritoient d'être décrits. Je ne suppose pas qu'ils soient préférables à ceux des Européens, et sur-tout à ceux des Anglais, qui passent pour avoir porté cet art au plus haut degré de perfection. Je le dis dans la vue d'exciter l'émulation de mes compatriotes. Il n'y a qu'un sot orgueil qui puisse empêcher une nation de profiter des découvertes de ses voisins. Nous n'avons pas heureusement ce reproche à faire à la nôtre, qui a eu le bon esprit d'adopter les inventions heureuses ou ingénieuses de ses voisins, au grand avantage de la chose publique.

CLXXIII.

Page 162. L'art de faire la poudre-à-canon est très-ancien à la Chine. Je conviens avec l'auteur qu'il a dû naître naturellement dans les pays abondans en salpêtre ; mais j'aurois désiré que l'auteur eût décrit les méthodes des Chinois de fabriquer la poudre-à-canon, (1) et celle destinée aux artifices.

---

(1) Elle est peut-être aussi simple que celle des Indiens. Ils mettent les trois matières qui composent la poudre dans un mortier de bois avec de l'eau, et les pilent à bras. Leur poudre, comme celle des Chinois, est foible, et n'est pas propre à faire la guerre. Le Général Bellecombe, manquant de poudre, pendant le siège de Pondichéry, où il a acquis beaucoup de gloire, a employé ce moyen avec assez de succès, mais il étoit dirigé par l'intelligence européenne. Pour les cas semblables, j'ai imaginé une manipulation, dont les résultats sont plus prompts et plus assurés.

On sait qu'ils n'ont point de moulins semblables aux nôtres et qu'ils fabriquent une *poudre cuite* ; nous ignorons leurs procédés. J'ai fabriqué, il y a plus de quatre ans, de la poudre par le moyen du feu, en une heure de tems. Je l'ai éprouvée à Essonne et à Vincennes, en présence des Commissaires aux poudres de ces établissemens, et du Citoyen Senneville, Officier-Général d'Artillerie, qui m'accompagnoit par amitié et par zèle. Elle a donné les portées les plus satisfaisantes. J'ai rendu compte de cette découverte au Comité de Salut Public, et j'en ai parlé au Directeur Carnot. Ils se sont bornés à des éloges. Dans les recherches que j'ai été engagé de faire, pendant mon séjour à l'Isle de France, par le Gouverneur-Général de cette Colonie, sur la fabrication de la poudre à canon, recherches que j'ai entreprises par pur zèle, qui m'ont occasionné beaucoup de dépenses, pour lesquelles je n'ai reçu aucun dédommagement, quoiqu'il ait été sollicité par les Administrateurs en chef de cette Colonie, j'avois découvert une méthode de fabriquer la poudre en quatre heures de tems, sans danger ; on employoit en France vingt-une heures à la battre dans les moulins-à-poudre. Depuis quatre ans ma méthode a enfin prévalu ; on la fabrique maintenant en quatre heures ; mais on n'en a pas encore adopté tous les détails, qui éloignent les dangers des sauts spontannées des moulins.

J'ai proposé de la fabriquer en une heure de tems; je n'ai pas été accueilli; j'ai demandé un dédommagement, j'ai obtenu du Ministre des Finances une lettre par laquelle il déclare que j'ai des *droits à la reconnoissance du public, et à celle du Gouvernement.* S'il n'a pas les moyens d'encourager et de récompenser les découvertes utiles, il est à craindre qu'elles ne passent à l'étrnager qui les accueille. La Société des arts de Londres a proposé cette année un prix de cent guinées à celui qui découvriroit les moyens de prévenir les incendies spontannées des moulins à poudre. Cette découverte qui apporteroit une grande économie dans la fabrication, et qui sauveroit la vie à beaucoup d'ouvriers, mériteroit une récompense beaucoup plus forte. J'ignore quel a été le succès de cette proposition en Angleterre. Malgré sa modicité, j'aurois désiré concourir pour ce prix, qui intéresse l'humanité; mais les circonstances m'en ont empêché. Je crois avoir reconnu la raison physique des sauts spontannées des moulins à poudre, pendant la fabrication. Ce qu'il y a de certain, c'est que depuis 1781, que j'ai indiqué les précautions à prendre, pour les prévenir, aucun des deux moulins à poudre de l'Isle de France, l'un à cylindre, l'autre à pilons, n'a sauté. Avant ce tems, cet accident y étoit beaucoup plus fréquent qu'il ne l'est en Europe, quoique la poudre fût d'une qualité très-inférieure à celle qu'on y fabrique aujourd'hui.

Je transcrirai ici un passage d'un Mémoire que j'ai adressé au Gouvernement, dans le courant de messidor dernier, pour donner une idée du résultat de mon travail sur la fabrication de la poudre-à-canon.

» Le citoyen C*** n'entrera pas ici dans
» le détail de toutes les découvertes qu'il
» a faites. Il a déjà mentionné celle de la
» cause physique des sauts spontannées de
» moulins, comme la plus intéressante, puis-
» qu'elle lui a suggéré les précautions pro-
» pres à prévenir les incendies.

» Les procédés qu'il a inventés pour la
» purification du salpêtre et pour la pulvé-
» risation du soufre; les moyens qu'il a ima-
» ginés d'opérer le mélange des trois matières,
» avant leur battue ; son travail sur plusieurs
» espèces de bois de l'Isle de France, pour
» reconnoître chymiquement celui dont la
» conversion en charbon convient le mieux
» à la poudre; la découverte des deux inflam-
» mations et des deux détonnations succes-
» sives de cette composition; celle de l'élas-
» ticité très-forte qu'acquiert le bois, lorsqu'il
» est mouillé, celle de l'affoiblissement d

degré

» degré de force de la poudre, proportionnel-
» lement au tems employé de trop à la per-
» cussion, ou à la pression des matières;
» enfin celle de la raison physique de la
» détonnation de la poudre, et de ses effets,
» qu'aucune théorie n'a encore expliquée,
» avant lui, d'une manière sensible, pour-
» roient rendre son travail recommandable
» aux artistes, aux physiciens et au Gou-
» vernement ».

La méthode nouvelle, simple, expéditive, de fabriquer la poudre sans danger, par le moyen du feu, en soixante-quinze, ou quatre-vingt minutes au plus, lorsqu'on n'y emploie aucune mécanique, peut être pratiquée dans un camp, et n'exige pas des artistes au fait des manipulations, ni des manouvriers adroits; elle conserve à la poudre toute son énergie, beaucoup mieux et beaucoup plus long-tems que toute autre méthode, et lui ôte la faculté d'attirer l'humidité de l'air.

Je n'ai pas parlé d'un procédé nouveau de grainer la poudre, parce que je ne l'ai essayé qu'une fois à l'Isle de France, procédé qui seroit plus expéditif qu'aucun de ceux connus, et qui donneroit à cette composition plus de compacité. Je n'ai rien dit de mes expériences et de mes observations sur la trituration et sur ses effets. Cette opération mécanique, n'a pas encore été examinée

X

avec l'attention qu'elle mérite. Enfin dans la crainte d'être prolixe, et de paroître minutieux, j'ai supprimé dans le susdit Mémoire quantité de détails nouveaux, relatifs à la manipulation, et dont l'exécution ne peut que contribuer à la perfection de la poudre. Quoi qu'il en soit, j'insisterai toujours, pour les progrès de l'art, pour l'avantage du commerce, et pour l'économie que le Gouvernement trouveroit dans l'achat de ses approvisionnemens, à demander la liberté de la fabrication de la poudre dans la République, à l'instar de l'Angleterre, de la Hollande, de la Suisse, et de plusieurs autres États de l'Europe.

CLXXIV.

Pages 163 et 164. Il me semble que la meilleure raison que l'on puisse donner de ce que *l'art de l'imprimerie a été découvert à la Chine long-tems avant d'être connu en Europe,* provient d'abord de ce que ce peuple a été réuni en corps de société civilisée, long-tems avant les Européens, et de ce qu'il a connu, dès les tems les plus anciens, les vrais principes de la législation, qui consistent à propager l'instruction, à la faire goûter, et même à la rendre nécessaire à tous les individus qui ont de l'ambition, et qui sont ordinairement ceux que la nature a doués d'organes plus sensibles.

L'auteur dit que l'art de graver qui approche de si près l'invention de l'imprimerie, a été porté à un haut degré de perfection chez plusieurs nations de l'antiquité. Cette assertion paroît confirmer ma conjecture.

CLXXV.

Pages 165 *et* 166. « Le papier dont on se » sert pour les livres, à la Chine, est trop » foible pour être imprimé des deux côtés ». Je crois que les Chinois lui donneroient facilement plus de corps, s'ils vouloient adopter cet usage. Leurs papiers peints, dont les couleurs sont si vives et si agréables, ont du corps et de l'épaisseur, et souffriroient l'impression des deux côtés. Au reste tout celui qu'ils font est plus lisse, mais il n'est pas aussi blanc que le nôtre.

CLXXVI.

Page 169. « Le crime des femmes adul- » tères, n'est pas regardé comme capital ». J'avoue que j'ai pris une notion différente de la législation chinoise sur l'adultère. Peut-être cette assertion de l'auteur ne regarde-t-elle que les femmes tartares.

J'ai déjà dit que pendant mon séjour à Canton, je fus me promener dans les dehors de la ville, en chaise-à-porteurs. On nous conduisit auprès d'une tour très-élevée, l'une de celles qui flanquent les murs de la ville tartare. Nous y vîmes beaucoup d'ossemens. On nous dit que c'étoient ceux des criminels condamnés à mort, qu'on précipitoit du haut de la tour et qu'on abandonnoit aux oiseaux carnassiers. On nous ajouta que les adultères étoient mis ensemble entre deux planches fortement liées avec des cordes, et qu'on les précipitoit du haut de la tour.

CLXXVII.

Page 169. « *L'Orphelin de la Chine*, per» fectionné sans doute en Angleterre par un » poëte dramatique très-estimable. » Il me semble que c'est le très-estimable Voltaire qui a mis le premier ce sujet au théâtre en Europe.

CLXXVIII.

Pages 170 *et* 171. « Les Mandarins affir» mèrent aux Anglais, que depuis des siècles, » il y avoit à la Chine une secte, dont les » principes avoient pour base la haine de la » monarchie, et qui se nourrissoit de l'espé» rance de la renverser. » Je ne puis pas admettre que cette secte politique ait des principes de républicanisme. Je suppose qu'elle nourrissoit une haine très-forte de la domination tartare, et que c'est là le sens de ce qu'ont dit les Mandarins aux Anglais. Quand on est obligé, pour converser avec des étrangers, de se servir d'interprêtes, on n'est jamais bien assuré du sens précis des expressions. De la manière que je les entends, il n'est pas surprenant que les sectaires fussent surveillés, *enlevés et séparés de la société*. Ils sont les ennemis jurés des Gouvernans, plutôt que du Gouvernement. Ils voudroient voir sur le trône un homme de leur nation. *Comme les ouvrages politiques, moraux et historiques des Chinois ne contiennent point des idées abstraites de liberté, qui puissent les conduire à prétendre à l'indépendance*, ils n'ont pas imaginé une forme de Gouvernement Républicaine. On aura beau dire, qu'elle est la plus naturelle, qu'elle émane des droits de l'homme, que les premières peuplades qui se sont réunies en société, ont dû l'admettre, d'après les principes d'égalité, qui faisoient la base de leur union, je répondrai que les Chinois ne trouvant, ni dans leur histoire, ni dans celle d'aucun peuple voisin, un seul exemple d'un Gouvernement libre, ne peuvent pas en avoir une notion exacte et positive ; que leurs préjugés, leurs mœurs, leurs habitudes les en éloignent; et que si par un effort de génie, ils parvenoient à en concevoir la possibilité morale, ils seroient forcés d'en regarder l'exécution comme impossible.

CLXXIX.

Page 171 « L'auteur pense que les Chinois
» sont plus susceptibles d'impressions fortes,
» et plus disposés aux entreprises que les
» Indous. » Je le crois : car ces derniers qui
ne font jamais la guerre, et à qui la religion
défend de tuer tout animal qui a vie, sont les
plus lâches de tous les peuples. Il ajoute, en
parlant des Chinois « c'est une race très-hardie. » J'avoue que je ne suis pas du même
avis. Un peuple immense qui s'est laissé
dompter par une poignée d'étrangers, et qui
se laisse gouverner par elle, un peuple qui a
horreur de l'effusion du sang, qui fait rarement la guerre, qui regarde sa législation
comme la plus accomplie qu'il soit possible
d'imaginer, et qui est superstitieux, ne peut
pas avoir dans l'ame cette énergie qui fait
tout entreprendre, pour conquérir la liberté
dont il n'a d'ailleurs aucune notion.

CLXXX.

Page 173. Les *révoltes* n'ont lieu dans
les provinces que dans les cas de famine.
Les Chinois croient que l'Empereur commande aux saisons. Lorsqu'ils en éprouvent
l'intempérie, et qu'ils manquent de subsistances, ils s'en prennent à lui : aussi l'auteur,
dit-il, page 174, que *l'attachement* qu'ont

les Chinois pour la personne du Souverain, *cesse dès qu'ils éprouvent quelques calamités qu'ils lui imputent d'avoir occasionnées, ou de ne pas s'efforcer de soulager.*

Les notions d'égalité sont reçues à la Chine. Les places seules font toute la distinction qu'il y a entre les hommes.

CLXXXI.

Page 173. L'observation du traducteur me paroît aussi impolitique, que peu juste. Il reproche à l'auteur de montrer de la partialité pour son pays. C'est reprocher à un homme d'aimer sa patrie ; c'est lui reprocher une vertu. Nous, qui nous vantons d'être patriotes, osons louer dans les autres un sentiment dont nous nous glorifions. Je n'ai point vu, dans le passage qui a donné occasion aux réflexions du traducteur, aucune démonstration d'*antipathie* de la part de l'auteur, contre le Gouvernement Français, puisqu'il n'en est pas question, et que le raisonnement de l'auteur, qui est un éloge, peut très-bien s'appliquer à la France, quoiqu'il soit certain que ce n'a pas été son intention. « Certes, dit-il, il est toujours » le plus solide le Gouvernement où, comme » en Angleterre, la plus grande partie des » sujets savent qu'ils sont intéressés à sa » conservation ».

CLXXXII.

Page 174. « Mais le soupçonneux Gouvernement de la Chine, prévoyant l'avidité avec laquelle des notions d'égalité seroient adoptées, particulièrement par des jeunes esprits des classes inférieures de la société, que doit naturellement enflammer cette lumière flatteuse et nouvelle, a commencé de bonne heure à prendre des mesures, pour en arrêter l'introduction ». L'égalité civile ne peut exister dans aucun Gouvernement, parce qu'ils sont tous composés de gouvernans et de gouvernés. Quant à l'égalité politique, elle existe constitutionnellement à la Chine, autant qu'elle peut s'accorder avec une Monarchie.

CLXXXIII.

Page 188. Le traducteur cite *l'observation*, qu'il appelle *ingénieuse et judicieuse d'un voyageur célèbre* qui prétend que le rhinocéros et l'éléphant se servent *l'un de sa corne, l'autre de ses longues dents, pour fendre en une multitude de lates, le tronc des arbres les plus mous*, pour pouvoir aisément *les brouter*. Il y a des rhinocéros qui, comme quelques-uns de nos bœufs, ont les cornes jetées en arrière. Ceux-ci ne les ont pas reçues de *la nature*, pour fendre les troncs d'arbres. Que ces animaux *broutent* du bois, après l'avoir fendu, c'est ce que j'ai de la peine à croire. La côte orientale d'Afrique nourrit des éléphans et des rhinocéros et des bufles et des bœufs, etc. Il y a aussi des éléphans sauvages dans l'Isle de Ceylan; mais l'un et l'autre pays sont couverts de forêts, et je ne crois pas que ces animaux soient forcés de s'industrier, pour y trouver leur pâture.

CLXXXIV.

Page 191. « L'art de la chirurgie est si » peu connu en Chine, qu'on n'y fait pas » même usage de la saignée ». Je ne connois point de pays dans toute l'Asie, où l'on fasse usage de la saignée, excepté dans les établissemens des Européens. Les habitans des iles de Java, Sumatra, Banca, Bornéo, les Moluques, les Philippines, ceux de Madagascar et de la côte orientale d'Afrique, ne connoissent pas la saignée. Les habitans des Isles de France et de la Réunion la pratiquent très-rarement. Les Chinois, ainsi que les Indiens, font usage des purgatifs et des topiques. Ils pensent que toutes les maladies proviennent de l'abondance ou du vice des humeurs.

Ibid. « On doit cependant remarquer « qu'à la Chine, on guérit toutes sortes de

» maladies accidentelles, plus rapidement que dans la plupart des contrées de l'Europe, et qu'elles y sont accompagnées de moins de symptômes dangereux ». L'auteur attribue cet effet à la pureté de l'air et à la manière de vivre des Chinois qui ne sont *enclins à aucune sorte d'excès*, et qui se nourrissent de végétaux. Il en résulte que l'art de la médecine et celui de la chirurgie sont moins nécessaires et moins en vogue à la Chine que parmi nous. C'est la raison pour laquelle l'un et l'autre ont fait moins de progrès dans ce pays qu'en Europe ; plus un art est nécessaire, plus on l'étudie, et plus il se perfectionne. Est-ce que les Anglais qui avoient avec eux des interprêtes Chinois n'auroient pas pu prendre à la Chine quelques notions sur la médecine pratique du pays ? Il est vraisemblable qu'ils auroient pu apprendre d'un peuple si ancien quelques recettes données par l'expérience, dont la connoissance auroit pu être utile à leurs compatriotes. Il paroît qu'ils ont négligé de prendre des informations à ce sujet, puisqu'ils n'en ont pas rendu compte au public.

CLXXXV.

Page 191. « Si les habitans de l'Indoustan guérissent constamment et avec promp-

» titude les blessures les plus terribles, » il n'en est pas de même des Européens transplantés aux Indes. On en a vus qui n'avoient que des blessures légères, périr en quelque sorte subitement, du tétanos qui est très-fréquent dans ce pays, lorsqu'on est blessé. Les Indiens ont contre les blessures des remèdes dont l'effet prompt est surprenant. Au surplus ces peuples, ainsi que les Chinois, ne donnent ni bouillon ni viande à leurs malades, et je crois que dans ce cas l'usage de l'un et de l'autre est pernicieux, au moins dans les pays chauds.

CLXXXVI.

Page 234. » Les Chinois ne regardent le » célibat d'aucun sexe, comme une vertu ». Cette opinion est conforme aux principes de la philosophie. La vertu consiste dans la pratique des actions utiles à la société. L'obéissance aux lois, l'exactitude à remplir ses devoirs, l'attachement à ses proches, sentiment qui porte à faire des sacrifices pour eux, les actes de bienfaisance et d'humanité, ceux de patriotisme, voilà les vertus considérées des Chinois.

CLXXXVII.

Ibid. « Quelque ressemblance que l'on » trouve entre le paganisme de la Chine

» et celui de l'Indoustan, le premier semble
» n'avoir emprunté de l'autre aucune de ces
» figures obscènes, sculptées quelquefois
» jusque sur le dehors des temples Indiens,
» et représentées comme l'emblême des pre-
» miers desseins de la nature ». La religion
de Fo a en effet beaucoup de rapports avec
celle des Indiens. L'une et l'autre ont vraisemblablement une origine commune. Les
figures sculptées sur les dehors et dans l'intérieur des temples de l'Indoustan, celles qui
y sont peintes, et qui nous paroissent *obscènes*, ne font pas la même impression sur
le peuple, pour lequel elles sont faites. Nous
n'avons pas les mêmes yeux que lui. Jean
Jacques l'a dit, à l'occasion de la danse publique des jeunes filles de Sparte, qui étoient
exposées sans voile, aux regards des Spar-
tiates. Cette coutume, consacrée par les lois,
et par l'usage, étoit chez ce peuple une fête
publique, qui n'amenoit aucun désordre,
qui ne corrompoit pas les mœurs. Y en a-
t-il eu de plus austères que les siennes? Ne
jugeons pas des coutumes des peuples, avec
lesquels nous n'avons aucune ressemblance,
par nos préjugés et par nos habitudes.

Les peintures et les *sculptures obscènes* qui
se trouvent sur les portes et dans l'intérieur des
temples des Indiens sont toutes allégoriques.
Elles choquent les Européens, elles inspirent

aux autres des idées religieuses. C'est ainsi que le *lingam* est l'emblême de la création.

CLXXXVIII.

Page 246. « Non-seulement Sun-ta-Zhin
» avoit l'ame remplie d'une générosité natu-
» relle, mais son goût pour la littérature
» contribuoit à corriger les préjugés étroits
» et nationaux qu'avoient pu lui inspirer et
» son éducation et les maximes et les sen-
» timens des personnes avec lesquelles il vi-
» voit ». Cette réflexion philosophique me paroît juste. Le goût et l'étude des lettres inspirent à l'homme de l'urbanité, et le délivrent des préjugés de l'éducation et de l'exemple.

CLXXXIX.

Page 247. *Le manteau jaune* qui se porte par-dessus la robe, *est la plus haute distinction connue à la Chine.* Cependant les Lamas *ne retirent aucun avantage d'être entièrement vêtus de jaune.* Le manteau jaune est une marque d'honneur ; le vêtement jaune est un uniforme.

CXC.

Ibid. «Quoiqu'honorés du titre de grands,
» Chow-ta-Zhin et Van-ta-Zhin, évitóient
» de se trouver chez l'Ambassadeur, lorsque

» Sun-ta-Zhin lui rendoit visite, parce qu'ils
» étoient obligés de se tenir debout en sa
» présence ». Les distinctions entre les rangs
des personnes élevées en grade, les marques extérieures qui les accompagnent, et
les cérémonies auxquelles elles assujettissent, sont plus marquées et mieux observées
à la Chine, que par-tout ailleurs. Mais on
doit remarquer que ces distinctions tiennent à la place et au grade, et qu'elles ne
sont pas personnelles. Nulle part la hiérarchie des pouvoirs n'est mieux graduée, n'est
plus sensible, n'est mieux établie. C'est peut-
être à l'observation stricte et exacte de ces
lois, qu'un peuple aussi nombreux est contenu dans la soumission. Si les deux grands
personnages *Chow* et *Van* évitoient de se
trouver chez l'Ambassadeur, en présence
d'un plus grand, ce n'est pas *parce qu'ils
étoient obligés de se tenir debout* devant
lui; mais c'étoit par respect, et pour ne pas
interrompre les entretiens de leur supérieur,
qui pouvoit désirer des conférences secrètes
avec l'Ambassadeur. Les deux premiers rendoient sûrement et fréquemment visite à
Sun-ta-Zhin dans son yacht, et se tenoient
debout devant lui, pendant toute sa durée.
On ne doit pas supposer qu'ils eussent aucune répugnance à se conformer aux usages
et aux lois de l'Empire. Ils étoient faits eux-

mêmes pour les faire observer à leurs inférieurs, dans tous les rapports qu'ils avoient avec eux ; et ils pouvoient espérer d'obtenir par leurs services la même décoration que Sun-ta-Zhin, et les mêmes témoignages de respect des personnes de leur grade.

CXCI.

Page 247. Je ne relève pas la note du traducteur, à l'occasion du manteau jaune des Chinois. En général ses observations sont au-dessous de l'idée qu'il donne de ses talens et de son mérite, par l'élégance et la clarté de son style.

CXCII.

Page 252. « La terre étant dans un état
» de culture continuel, les charrues de la
» construction la plus simple, suffisent pour
» tout ce qu'on a besoin d'en faire. Quand
» le sol est très-léger, des hommes et des
» femmes s'attachent eux-mêmes à la charrue et labourent. Cette charrue n'a pas besoin de coutre, *attendu qu'il n'y a point d'herbes à séparer* ». Ces détails et ceux qui suivent sont très-intéressans. *La terre étant dans un état de culture continuel*, est facile à labourer. Mais les arrosemens continuels, ou très-fréquens, doivent rendre la terre matte ; il faut donc qu'elle soit natu-

rellement très-légère. Ce qui me surprend le plus, c'est *qu'il n'y a point d'herbe*. Les vents, les oiseaux doivent y répandre des graines ; mais le labeur constant des Chinois prévient sans doute leur multiplication. Comme toutes les terres sans exception, qui se touchent, sont cultivées avec le même soin, elles ne produisent aucune graine de plantes inutiles, c'est-à-dire, étrangères à la culture. Ce fait prouve mieux que tout autre, quel est le labeur constant, et quelle est l'intelligence des Chinois, en fait d'agriculture.

C X C I I I.

Page 259. « Les villages sont quelquefois
» aussi grands que des villes européennes ;
» mais quand ils ne sont pas entourés de
». murailles, les Chinois n'en font pas grand
» cas et ils ne les comprennent point dans
» l'un des trois ordres de leurs cités. » On ne devine point quel est le fondement de cette opinion ; car des murailles ne contribuent, ni à l'augmentation de la population d'une ville, ni à son opulence ; et loin d'ajouter à son agrément, elle lui enlève la commodité d'y entrer et d'en sortir à toute heure, et borne son étendue à son enceinte.

Dans un pays qui seroit fréquemment exposé à des guerres civiles ou étrangères, on préféreroit sans doute des villes murées qui
procureroient

procureroient la sûreté des personnes et des propriétés, à des villes ouvertes ; mais la Chine n'est pas dans ce cas.

Pages 260 *et* 261. « Les villes sont entou-
» rées de murailles, plus hautes pour la
» plupart que les maisons qu'elles renferment.
» Les murailles forment en général un carré,
» dont les quatre côtés font face aux quatre
» points cardinaux. L'auteur ne dit pas avec quels matériaux sont construites les murailles des villes, quelle est leur épaisseur, si elles sont terrassées, si elles ont des bastions ou des tours aux angles, si elles ont des fossés. Comme les Chinois n'entendent point l'attaque des places, il est vraisemblable que ces murailles suffisent pour arrêter une armée victorieuse. Cependant la facilité avec laquelle les Tartares ont conquis cet Empire, prouve bien que les murailles dont les Chinois font tant de cas, forment une foible défense, ou qu'ils n'ont pas su opposer de la résistance aux vainqueurs. En effet qu'importe au peuple que ce soit un Chinois ou un Tartare qui règne, pourvu qu'on le laisse suivre constamment ses usages auxquels il est si fortement attaché, et pourvu qu'il trouve dans son labeur les moyens de subsistance pour lui et pour sa famille.

CXCIV.

Page 267. « Les Chinois n'ont point de
» jours fixés pour un repos périodique. Aussi
» on doit en conclure que le travail du
» peuple n'est pas souvent interrompu ».
Page 268. « Ils n'ont point de dimanche, ni
» même de division qui ait quelque rapport
» avec les semaines ».

L'interruption du travail n'a donc lieu à la Chine, qu'à l'occasion du renouvellement de l'année, de la fête de l'agriculture, de celle des lanternes, et de quelques autres fêtes solemnelles et publiques, qui sont très-rares, et à l'occasion des mariages et des enterremens. Les Européens pensent que les jours de repos sont nécessaires pour donner à l'homme laborieux une nouvelle vigueur. Voilà cependant la nation la plus nombreuse, la plus ancienne du globe, et la plus laborieuse, qui suit, depuis un tems immémorial, une coutume opposée, si nous nous en rapportons à Sir Staunton. Cependant on sait que les Chinois célèbrent les nouvelles et les pleines lunes, et qu'ils font alors des réjouissances. Si le travail est alors suspendu, ces fêtes seroient quindécimaires, au lieu d'être hebdomadaires ou décadaires; mais peut-être ces réjouissances n'ont-elles lieu que la nuit.

Je soupçonne que ce sont les prêtres qui,

pour s'attirer plus de considération, en attachant l'homme par devoir aux cérémonies religieuses, ont fixé des jours de repos, qu'ils ont consacrés au culte de la divinité, prétendant que cette institution étoit divine. Ils ont par-là favorisé la paresse naturelle à l'homme; ils ont entretenu son goût pour les assemblées et pour les cérémonies publiques, ils ont fixé sa crédulité, par l'appareil imposant des mêmes cérémonies, par les pratiques du culte, par des préceptes sans cesse répétés. Le repos est sans doute nécessaire. Un travail continuel excéderoit les forces physiques, les épuiseroit, et ne pourroit avoir lieu long-tems : aussi à la Chine, l'homme laborieux se repose deux fois dans la journée, aux heures des repas, et pendant la nuit. Il n'en faut pas davantage pour entretenir ses forces physiques. Une plus longue interruption seroit en pure perte, et relâcheroit ses nerfs, plutôt qu'elle ne les fortifieroit.

Les fêtes périodiques enlèvent au peuple, proportionnellement à leur fréquence, des moyens de pourvoir à sa subsistance, et sont la cause de beaucoup de désordres. Si les Chinois avoient des fêtes hebdomadaires ou décadaires, les crimes qui sont une suite de la débauche, et celle-ci de l'oisiveté, seroient beaucoup plus fréquens, et les exécutions annuelles, qui ne punissent, dit-on, que deux cents criminels, dans ce vaste Empire, se monteroient vraisemblablement à plusieurs milliers. Ainsi la religion, dont le but a été par-tout de réprimer les passions, en a favorisé le développement, contre son vœu, par une institution qui tenoit à sa politique, et qui prouvoit le peu de connoissances qu'avoient les législateurs, de la nature humaine.

Les Indiens, ainsi que les Chinois, n'ont point de jour de repos. Les crimes sont aussi rares chez les premiers, que chez les derniers. Voilà donc les deux nations les plus anciennes du monde terraquée, qui prouvent, que la suspension du travail, à des périodes fixes, n'est pas physiquement nécessaire à la constitution de l'homme. Ajoutons qu'un Empire n'est riche, florissant et puissant que par la masse du travail des sujets, et que les Etats qui ont ordonné impolitiquement une grande quantité de fêtes, ont par cela seul, un grand désavantage dans le commerce, vis-à-vis des Etats qui n'en ont pas.

Quant aux fêtes publiques instituées par la politique, en commémoration de quelque grand évènement d'un intérêt général, comme elles sont rares et qu'elles entretiennent l'esprit public, il est convenable d'en établir dans un état libre, et de leur donner un éclat qui en impose, afin que les faits qu'elles veulent célébrer, se gravent mieux dans la mémoire. L'enfance est frappée de l'appareil qui les accompagne, et l'âge mûr aime à se rappeler les premières sensations qu'il a éprouvées.

Ces réflexions étoient écrites long-tems avant la nouvelle loi, qui a confirmé l'établissement des repos décadaires dans la République Française. Qu'on ne me soupçonne pas de vouloir atténuer le respect dû aux lois. Le philosophe peut en discuter politiquement l'esprit et les effets, mais il recommandera toujours la soumission qu'on leur doit. Ses erreurs ne serviront qu'à en assurer la permanence. Si ses réflexions sont justes, elles éclaireront les législateurs.

C X C V.

Pages 269 *et* 270. Les Chinois plantent le blé *dans des trous faits à la houe*, et ne le sèment pas en plein champ, comme les Européens. « Ils ont trouvé que cette dernière
» méthode faisoit perdre une très-grande
» quantité de grains, et que la récolte en
» diminuoit de beaucoup.... Une des per-
» sonnes de l'Ambassade calcula que ce qu'on
» épargnoit en Chine de semence, suffiroit
» pour nourrir tous les sujets de la Grande-

» Bretagne en Europe ». Aux Isles de France et de la Réunion et dans plusieurs parties de l'Indoustan, on plante le grain dans des trous faits à la houe.

Cette méthode paroît préférable à celle des semailles ; mais celle qui consisteroit à former des pépinières de froment, et à le transplanter, seroit peut-être plus profitable. Cette idée avec laquelle les Européens ne sont pas familiarisés, est trop contraire à leur routine, pour obtenir leur assentiment, même dans la spéculation. Ils dédaigneront de la discuter et ne se prêteront pas à en faire l'essai. Cependant le riz qui est un *gramen*, comme le blé, se transplante brin à brin dans les Indes et à la Chine, et fournit d'abondantes moissons. Je n'en parle ici, que pour engager les lecteurs à suspendre leur opinion, et à lire sans prévention la description que je donnerai de la culture du riz dans l'Asie, et la proposition que je ferai d'essayer d'appliquer cette méthode à la culture du blé. Si nous restons attachés opiniâtrément à nos routines et à nos préjugés, si notre orgueil nous persuade que nous avons atteint le point de perfection, si nous rejetons les conseils de l'exemple, les avis de l'expérience, les découvertes du génie, nous n'étendrons point les bornes de nos connoissances, et nous croupirons dans une uniforme et constante médiocrité.

Jusqu'à présent on n'avoit rien imaginé de mieux que le fléau mu à bras d'hommes, pour séparer le grain de l'épi. Le citoyen Brun a imaginé une machine qu'il vient de faire exécuter, et dont il doit faire l'expérience, comparativement à l'usage ordinaire du fléau, au moyen de laquelle il fait mouvoir neuf fléaux à la fois, qui battent quatre gerbes en même tems, par le moyen d'un seul homme. Si cette mécanique a tout le succès promis par l'inventeur, il aura bien mérité de la patrie, ou plutôt de l'humanité.

C X C V I.

Page 270. « C'est une erreur que de croire, » que la récolte sera augmentée, si l'on étend » la surface du sol, par une courbe que » forme la hauteur des sillons, puisque les » plantes qui croissent perpendiculairement » ne peuvent pas être en plus grande quantité, » sur une courbe, que sur sa base ». On sait qu'il n'y pas plus de lignes perpendiculaires sur une courbe, que sur sa base ; mais les plantes, et sur-tout les arbres, exigeant entr'eux un espace vide, pour que leurs racines ne se dérobent pas mutuellement leur nourriture, et pour qu'elles reçoivent les influences bienfaisantes de l'air et du soleil ; il en résulte qu'une courbe ayant plus de superficie, qu'une surface plane, donne aux racines horisontales les moyens de s'étendre, et que les plantes ou les arbres, se trouvant naturellement dans le premier cas à différentes hauteurs, sont plus exposées à l'air et aux rayons du soleil. D'où je conclus que c'est une *erreur*, fondée sur un problême de géométrie incontestable, mais faussement appliqué, que de *croire* que la surface courbe, n'est pas susceptible de contenir plus de plantes qu'une surface plane. J'en dis autant d'une colline, d'une montagne. Plus elles ont de pente, plus les racines des végétaux ont de terrain où elles peuvent puiser des sucs nutritifs, sans se nuire réciproquement, et plus ils ont d'air et de soleil. Il y a telles parties de montagnes, tellement remplies d'arbres, qu'ils se toucheroient les uns et les autres, s'ils étoient réunis dans les bases de ces mêmes parties.

CXCVII.

Page 272. « Les Chinois fendent les canards, » les salent, les font sécher, et en envoient » beaucoup dans les grandes villes, où ils » sont un objet de commerce ». Je ne devine pas pourquoi les Chinois préfèrent les canards salés et séchés aux canards frais. Il me semble que les viandes, que l'on sale pour les voyages de mer, se conserveroient beaucoup mieux si elles étoient séchées, ou boucanées, qu'elles seroient plus salubres et plus substantielles : car les salaisons perdent toujours dans la saumure, de leurs sucs et de leurs parties mucilagineuses, les seules nutritives. Je crois aussi que les viandes séchées seroient, après la cuisson, moins coriaces et plus agréables au goût ; et je pense qu'elles seroient antiscorbutiques. J'invite le Gouvernement à faire l'essai de cette nouvelle méthode, dont le succès importe à la conservation des matelots.

L'auteur ajoute que « l'art de faire éclorre » les œufs de canard, par une chaleur arti- » ficielle, est, dès long-tems, pratiqué par » les Chinois », et conjecture qu'ils ont pu *l'apprendre du crocodile, dont une petite espèce se trouve dans les rivières du midi de l'Empire.* Ni le crocodile ni l'autruche n'emploient une chaleur artificielle pour faire éclorre leurs œufs.

L'auteur auroit dû détailler quel est le procédé des Chinois « Ils n'emploient pas » le fumier pour l'incubation, comme les » Egyptiens. Ils ont, (dit le Citoyen Paw,) » des caisses de bois, carrées, hautes à- » peu-près d'un pied, qu'ils posent sur une » plaque de fer, sous laquelle se trouve le » fourneau, qu'ils chauffent avec du bois à » demi-verd et qui brûle lentement : on

» range les œufs sur une couche de sable
» qui est au fond de la caisse, dont on re-
» couvre l'ouverture avec des nattes. Il n'y
» a que les œufs de cannes que les Chinois
» soumettent à l'incubation artificielle. »
Ils élèvent infiniment plus de canards que
de poulets, parce que la nourriture des premiers, fournie par les rivières et les étangs, ne leur coûte rien, et qu'ils sont plus faciles à élever et plus robustes.

Les canards sont aussi très-communs dans le Royaume de Siam. Comme les Chinois ont, dès long-tems, des relations de commerce avec les Siamois, il se peut que ceux-ci aient appris des premiers l'art de faire éclorre les œufs par une chaleur artificielle, et celui de conserver pendant plusieurs mois les œufs de cannes, dont ils font grand cas et qui sont très-abondans chez eux. Ils les enduisent avec de la terre glaise. Ce moyen simple pourroit être employé en Europe, pour conserver les œufs de poules, pour la saison où ils sont rares, et pour les voyages sur mer. Le célèbre Réaumur a indiqué un procédé différent ; c'est d'enduire les œufs d'une matière grasse, soit beurre, suif ou huile, pour en boucher les pores. J'ai fait souvent usage de ce moyen avec succès. J'ai même conservé des œufs en mer jusqu'à la ligne ; la grande chaleur qu'on éprouve occasionne dans l'œuf une fermentation qui le gâte : c'est ce qui empêche qu'on ne puisse en avoir jusqu'à la fin d'un long voyage sur mer. Je voudrois qu'on essayât de dessécher le blanc et le jaune de l'œuf dans une étuve ; alors cette substance se conserveroit très-long-tems sans altération ; il me semble qu'en la délayant avec de l'eau, on pourroit en tirer parti, et en préparer différens mets.

CXCVIII.

Page 275. On y voit croître la *plante annuelle qui porte le coton.* Il y a beaucoup d'espèces de cotonniers ; les unes sont annuelles, les autres vivaces ; les unes petites, les autres très-hautes et très-touffues. Ces dernières ne réussiroient pas dans un climat froid. Dans quelques parties de l'Inde, on cultive un cotonier vivace. Cependant il est arraché tous les ans. Apparemment que le premier rapport est plus abondant, ou d'une qualité supérieure. Plus les arbres sont vieux, plus le coton est fin, mais en revanche plus les brins sont courts. On ne dit pas si le cotonier de la Chine est d'une espèce différente de toutes celles connues, ni quelle est sa culture, ni quels sont les procédés employés à la Chine, pour séparer les graines de la laine. Les Missionnaires prétendent qu'on y cultive un cotonier herbacé, et conjecturent qu'il réussiroit dans les provinces méridionales de la France.

CXCIX.

Page 276. L'auteur ne dit pas quel est le procédé des Chinois, pour extraire la fécule bleue de l'indigo, ni si la plante qui le fournit, est de la même espèce que celles cultivées dans les Colonies Européennes et dans les Indes. En suivant sur la carte la marche des voyageurs, je vois que le coton et l'indigo sont cultivés sous la latitude de trente-sept degrés, dans un pays où la température paroît être plus froide à cette hauteur, que par la même latitude dans d'autres parties. J'en conclus qu'il seroit possible d'établir ces deux cultures en Egypte, en Espagne et en Italie, à Corfou, Zante et Céphalonie, à Maroc, et même à Alger et à Tunis. Les cannes à sucre réussiroient vraisemblablement dans quelques-unes des îles de l'Adriatique.

Un Mémoire très-bien fait par les citoyens d'Arbois frères, sur les trois Départemens de Corcire, d'Ithaque et de la Mer Egée, qui a été imprimé cette année, et qui me paroît propre à fixer l'attention du Gouvernement sur ces îles intéressantes, me fait présumer que la plupart des productions de nos Colonies, telles que le coton, l'indigo, la canne à sucre, et même le café, pourroient y être cultivées avec succès.

C C.

Page 276. L'auteur dit dans la page suivante, que la destination des tours chinoises, que nous nommons improprement pagodes, a été de servir de vigie. « Elles sont en grand » nombre dans les parties de la Chine où » il y a des montagnes, sur le sommet des- » quelles elles sont souvent placées. Elles » ont en général, depuis cent-vingt, jusqu'à » cent-soixante pieds de haut », divisés en cinq, sept, ou neuf étages. Il y en a qui ont onze étages. Ne pourroit-on pas soupçonner qu'elles ont été construites dans le dessein de faire passer des avis prompts d'un lieu à un autre, par le moyen de quelques signaux. Les Chinois n'ayant point de lunettes, n'ont pas pu tirer le même parti de ces points élevés, que les Européens.

C C I.

Pages 293 *et suivantes*. La culture du riz décrite par l'auteur, est la même dans la province de Shan-Tung, que celle des Indiens de la Côte de Coromandel ; mais elle diffère un peu de celle des habitans des bords du Tigre, dans la province de Canton. Je ne m'arrêterai pas sur les deux méthodes detaillées, de séparer le grain de son enveloppe, puisque l'une est imparfaite, et peut aisément être perfectionnée, et que j'ai déjà parlé de l'autre, qui consiste à faire passer le riz entre deux meules de pierres plattes.

Je suis surpris que les Chinois fassent annuellement deux récoltes de riz, sous une latitude aussi haute, et je soupçonne qu'il est d'une espèce hâtive ; mais je ne suis pas étonné que les terres où ils cultivent le riz, ne reçoivent d'autres engrais que celui du *chaume* qu'ils enterrent, et du *limon qu'apportent les débordemens*. L'eau qu'on entretient dans les rizières forme elle-même un des meilleurs engrais que l'on puisse donner aux terres, et fournit un aliment à la plante.

Il est fâcheux que les Anglais n'aient pas examiné, si l'on cultivoit dans ce vaste Empire, différentes espèces de riz, de blé, de maïs, etc. Ils n'ont pas parlé du riz-sec que les Cochinchinois cultivent sur les montagnes, ni du *riz-pérenne*, qui vient spontanément dans les marais de leur pays. Peut-être que ces deux espèces n'existent pas à la Chine.

C C I I.

Page 302. Les Chinois ont rendu l'huile de Palma-Christi *propre à être mangée, et il est rare qu'ils s'en servent comme remède*. S'ils ont une espèce de Palma-Christi que nous ne connoissons pas, l'auteur auroit dû le dire; mais s'ils ont un procédé particulier qui détruise la vertu purgative de ce remède, il est fâcheux que l'auteur n'en ait pas fait mention.

CCIII.

Page 304. Qu'il est sage le Gouvernement, « dont la politique est de maintenir par des » canaux, une communication facile entre les » diverses parties de l'Empire, parce qu'elle » favorise le commerce et l'agriculture du » pays, et par conséquent augmente les re- » venus de l'Etat et les ressources du peu- » ple ». Espérons qu'à la paix, le Gouvernement favorisera, par tous les moyens possibles, les entreprises de ce genre, et que la navigation de l'intérieur de l'Empire, d'une extrémité à l'autre, dans tous les sens, sera aussi active que celle de la Chine. Attendons tout des efforts de la liberté, dirigés par un Gouvernement Démocratique.

CCIV.

Page 304 *et suivantes*. Les prières, les sacrifices, les libations que font les Chinois à la divinité du fleuve jaune, dans un passage dangereux, donnent lieu à l'auteur d'entrer dans une discussion savante, mais un peu longue. Je n'y vois qu'un usage superstitieux, imaginé par la crainte, consacré par la crédulité, qui inspire quelque confiance, et rend les matelots plus habiles à

manœuvrer : car ils « ne croient pas que
» leurs offrandes suffisent pour leur faire
» traverser le fleuve jaune ; ils font aussi
» beaucoup d'efforts, pour vaincre la vio-
» lence du courant et atteindre le rivage
» sans accident ».

De tous les travaux qui font fleurir une nation, les plus importans, les plus fructueux, sont sans contredit les canaux de navigation. Ils portent l'abondance et la vie dans tous les pays qu'ils traversent ; ils excitent l'industrie, ils vivifient le commerce, ils augmentent la culture, ils accroissent la population, ils multiplient les richesses. Déjà plusieurs Sociétés de capitalistes et de citoyens industrieux se sont réunis, pour creuser des canaux dans l'intérieur de l'Empire. Le Gouvernement protégera sans doute leurs efforts, et s'il en est besoin, leur prêtera les secours que les circonstances pourront exiger. Il aura contribué par-là à la prospérité et à la félicité de l'Empire. Une compagnie puissante s'occupe en ce moment de la construction d'un canal navigable de Lisy à Paris, et de là à Dieppe. Une branche fera communiquer entr'elles les rivières d'Escaut, de Somme, d'Oise et de Seine. Je cite ce projet, non-seulement parce qu'il est un des plus importans que l'on puisse former, mais encore parce qu'il est

est entrepris sur les principes d'une sage économie. Les bateaux qui seront employés ne porteront que six mille cent quatorze graves et tiers, faisant douze mille cinq cents livres. Ils auront sept à huit mètres de longueur sur deux mètres de largeur. Ils exigeront un volume d'eau peu considérable, et une force médiocre pour les mouvoir. Comme les bois qui composeront leur assemblage seront d'un échantillon médiocre, dix de ces bateaux, ne coûteront pas plus qu'un seul dont le port seroit décuple. Les entrepreneurs sont connus par leur probité, par leur intelligence, par leur exactitude, et méritent toute confiance. Ce système de navigation n'est pas une expérience nouvelle. Les peuples les plus commerçans de l'Europe l'ont adopté. Dans le moment actuel, les Etats-Unis de l'Amérique creusent un canal du même genre, qui doit partir du lac Ontario, et aboutir à Philadelphie, pour communiquer avec le nord de l'Amérique.

L'auteur des Recherches Philosophiques sur les Egyptiens et les Chinois prétend que le canal impérial n'a été construit qu'en 1280, par l'Empereur *Koublay-Kan, prince très-instruit, qui aimoit les arts, et qui appeloit près de lui des savans*, après avoir conquis la Chine. Le chef d'une horde de

Tartares, *très-instruit*, me paroît un phénomène. Le Citoyen Lalande qui a fait les plus grandes recherches sur les canaux de tous les peuples, dit, page 535, qu'on attribue à *Yong-Lo* la réformation du canal impérial. « Il fit ménager de nouvelles dé-
» charges et de nouveaux réservoirs, il
» changea la route du canal, là où il étoit
» nécessaire ; il en fit refaire d'autres par-
» ties différemment, etc.

Il ajoute, *page* 542. « Avant l'an 1260,
» on avoit exécuté, en fait de canaux, des
» choses plus difficiles et plus savantes que
» le *Yu-Ho*, ou grand canal, » et *page* 543.
» Dès le milieu du second siècle, avant l'ère
» chrétienne, toutes les grandes rivières
» communiquoient l'une à l'autre par des
» canaux et étoient navigables. » En effet, on ne peut pas supposer qu'un canal aussi long, aussi large, aussi extraordinaire enfin, que le canal impérial, qui traverse des lacs beaucoup au-dessus de leur niveau, qui se partage en deux branches, ait pu être un coup d'essai.

Yu surnommé *Le Grand*, fondateur de la Dynastie des *Hia*, fut chargé sous le règne d'*Yao* de remédier à une inondation considérable, qui causoit depuis plusieurs années les plus grands maux à l'Empire. Il en vint à bout, après neuf ans de travaux extraordinaires, conduits avec la plus grande intelligence. Le détail qu'en donne le Père de Moyriac de Mailla, dans *l'Histoire Générale de la Chine*, Tome 1, prouve que 2286 ans avant l'Ere Chrétienne, les Chinois avoient des connoissances très-étendues.

La quantité immense de ponts qui traversent les rivières de l'Empire, est une preuve de l'industrie de ce peuple. On n'en voit point d'aucun genre dans tout le reste de l'Asie ; ainsi il a dû en concevoir l'idée, puisqu'aucun pays ne lui en a fourni le modèle. La construction de tel pont, peut être d'une exécution plus difficile, et plus savante, quoique moins longue et plus coûteuse que celle du canal impérial. Ainsi rendons aux Chinois le tribut d'éloges qui leur est dû. Ils ont été les premiers à construire des canaux de navigation, et des ponts, qui sont les travaux les plus utiles que puisse entreprendre une nation policée.

C C V.

Page 325. « Les Chinois considèrent les » Tartares en général, comme des barbares ». Les Chinois considèrent tous les étrangers comme des barbares, parce qu'ils se regardent comme le premier peuple du monde, le plus civilisé, le plus industrieux, le plus spirituel.

CCVI.

Page 327. Il y a dans l'Isle de Madagascar une autre espèce de mûrier, qui est un grand arbre que nous avons transplanté à l'Isle de France, et qui réussit à merveille. Il s'élève droit, il a l'écorce noirâtre et lisse, les feuilles grandes et larges, glabres, épaisses; il porte une mûre longue, verte ou verdâtre, qui a l'apparence d'une chenille, et qui est médiocre au goût. Je ne crois pas que la feuille de cet arbre nommé *Ampalis* par les Madécasses convint à la nourriture des vers à soie : ses feuilles sont trop dures.

Les Chinois ont une espèce de vers qui donnent une soie grossière dont ils font des étoffes peu coûteuses. Je ne connois pas cette soie, ni l'insecte qui la produit. Il y a dans les bois de Madagascar un ver qui a un très-gros cocon, dont on pourroit tirer parti.

CCVII.

Page 328. L'auteur indique succinctement la manière des Chinois de faire éclorre les œufs des vers à soie ; il n'entre pas dans le détail de leur éducation (1), il ne dit rien

---

(1) Le Père Du Halde a donné l'extrait d'un livre chinois qui traite dans le plus grand détail de la méthode de ce peuple, d'élever et de nourrir les vers à soie, pour en obtenir la meilleure soie et en plus grande quantité. Rien n'est plus curieux et plus

des procédés qu'ils emploient pour blanchir la soie sans la décruer. Le Citoyen Baumé, à qui la chimie, la pharmacie et plusieurs arts ont tant d'obligations, a deviné le secret des Chinois : il a fait plus ; il est parvenu à éteindre les cocons, par le moyen de l'esprit-de-vin, qui n'altère point la soie : il obtient par ce procédé, un neuvième de soie de plus, que des mêmes cocons fournoyés, c'est-à-dire, passés au four. Il donne à la soie jaune d'Europe, la même blancheur, le même lustre qu'elle avoit auparavant, en lui conservant la même roideur, et la rend semblable à la plus belle soie de Nankin, par le moyen de l'esprit-de-vin, chargé d'un peu d'acide marin ; mais il a observé que cet acide devoit être parfaitement pur, et absolument exempt d'acide nitreux. Ce dernier ternit la soie, et lui fait prendre ensuite au décruage, une belle couleur jaune dorée. Après cette importante découverte, il a reconnu, par des procédés très-simples, que les industrieux Chinois blanchissoient la soie par les mêmes agens que ceux qu'il emploie. Il a enlevé à la soie de Nankin,

---

instructif. On voit qu'il fait dans l'année, trois récoltes de cette précieuse substance, l'une au printems, l'autre en été, la troisième en automne, et qu'il élève aussi une autre sorte de vers qui donnent une soie plus abondante, mais inférieure en qualité.

par le moyen de l'eau distillée et de l'esprit-de-vin séparément, un petit reste d'acide marin qu'elle conserve quelquefois, lorsqu'elle n'est pas complètement lavée.

Le Citoyen Baumé a fait insérer un bon extrait du travail qu'il a fait sur la soie, dans le *Journal de Physique*, pour le mois de mai 1793.

Il seroit curieux de savoir comment les Chinois, qui n'ont pas imaginé que la chimie étoit une science, viennent à bout de se procurer l'acide marin le plus pur, et de quel mixte ils l'extraient. Tous leurs procédés, dans les arts, ne sont dus qu'à l'expérience et à l'observation ; mais l'une et l'autre sont très-anciennes chez eux, et se transmettent sans altération, de génération en génération, parce que la Chine n'a pas éprouvé ces révolutions qui changent la face des Empires, et qui font perdre la connoissance des procédés compliqués des arts les plus intéressans.

CCVIII.

Page 329. Les Madécasses et les Mozambiques mangent le ver palmiste, tout crû. Je les ai vus manger des sauterelles grillées sur des charbons ardens. Elles deviennent rougeâtres étant cuites; ils prétendent qu'elles ont le même goût que les écrevisses.

C C I X.

Page 333. Voilà un point d'histoire naturelle éclairci. La couleur des nankins est naturelle et non factice. C'est une espèce particulière de cotonier qui produit un coton jaunâtre. *On assure que l'espèce dégénère, quand on la transplante dans une autre province.* Il seroit bon cependant de l'essayer. On peut facilement faire venir à Canton des graines de ce cotonier, pour les répandre dans nos Colonies. Ces sortes d'acquisitions sont peu coûteuses, et peuvent contribuer à la prospérité du pays qui les encourage.

C C X.

Pages 338 et 339. Il y a long-tems que j'ai transplanté l'arbre à suif à l'Isle de France. Ce que l'auteur dit de ses produits n'est ni exact, ni complet. On en retire de la cire, très-belle, très-blanche, très-ferme; elle a même un brillant que n'ont pas la cire et le blanc de baleine. On en retire aussi à volonté une espèce de suif et une huile. Lorsqu'on veut avoir la cire, on met les graines entières mais dépouillées de leurs coques, et fraîchement cueillies, dans de l'eau sur le feu: alors la substance qui enveloppe la graine se fond et nage à la surface; c'est la cire. On pile ensuite les graines, on les remet dans de l'eau sur le feu, et on retire de l'huile, fournie par les amandes. Lorsqu'on veut avoir du suif, on commence par concasser les graines entières, on les met dans l'eau sur le feu ; la cire et l'huile qu'elles rendent, se mêlent ensemble, et forment une espèce de suif, propre à faire des chandelles.

Cet arbre n'a les feuilles rouges, que lorsque ses graines entrent en maturité, parce qu'alors les feuilles tombent.

C C X I.

Page 342. « Le lecteur observera que les » noms des Chinois cités dans cet ouvrage » sont tous d'une syllabe, indépendamment » des additions de qualités ou de titres. Cha- » que mot de la langue chinoise est égale- » ment monosyllabique.» J'ajoute qu'elle n'a pas les lettres b, d, r, z, x, et que ses voyelles et ses consonnes ne sont pas distinctes. D'après cela, il me semble qu'elle doit être privée d'articles et de déclinaisons, qu'elle n'est pas susceptible de tous les modes des verbes, qu'elle ne peut pas peindre toutes les nuances des choses, qu'elle ne peut avoir ni liaison, ni nombre, ni harmonie ; qu'elle est dépourvue de graces et de délicatesse ; qu'elle doit avoir des équivoques fréquentes, parce qu'une légère variation dans la prononciation change le sens des mots ; et que tout son mérite consiste dans une concision assez sèche. D'où je conclus que les Chinois ne peuvent pas connoître le style de la poésie, soit gracieuse, soit héroïque; ce qui n'exclut pas la beauté et le sublime des pensées.

CCXII.

Page 343. « Chaque nom de famille est » porté par des personnes de toutes les clas- » ses ; cependant l'identité de ces noms indi- » que quelque rapport. Tous ceux qui les » portent peuvent fréquenter la maison de » ceux qu'ils croient avoir des communs » ancêtres. » La législation chinoise paroît avoir eu en vue de lier les hommes entr'eux par la parenté. La philosophie qui isole l'homme, qui le rend indifférent et insensible aux sentimens de la nature, qui l'élève au-dessus de tous les préjugés quelconques de l'éducation, le rend égoïste, et ne doit pas être adoptée par le législateur. Celle qui lui inspire des sentimens d'affection pour sa famille, pour ses amis, pour ses concitoyens, pour l'humanité entière ; qui lui prescrit la pratique des actes de bienveillance, celle-là est faite pour l'homme en société ; c'est cette philosophie douce, politique, sublime, qui a dirigé les principes de la législation chinoise.

Elle a voulu que l'affection des vivans

s'étendît même sur les morts, sans doute afin de renforcer ce sentiment. « Il ne se passe » guère de nuit (*page* 361.) sans qu'on vi- » site le cimetière des environs du Lac. Des » Chinois s'y rendent avec des torches, pour » honorer les cendres de leurs parens. Ils » décorent leurs tombes de banderoles d'é- » toffes de soie ou de papier peint ; ils y sè- » ment des fleurs, et ils y brûlent des par- » fums. » On voit par ces usages, et par tout ce que nous connoissons de leurs mœurs, que leur législation a un système dirigé par le même esprit.

Page 343. « En Chine les noms n'annoncent » jamais aucune distinction ; il n'y existe » point de noblesse héréditaire, et cependant » chacun y fait beaucoup d'attention à sa » généalogie. Celui qui jusqu'à une époque re- » culée peut citer ses ancêtres, comme s'étant » distingués par leurs vertus privées, ou par » des services publics, est plus respecté que » des hommes nouveaux. » Cela veut dire qu'on rend hommage aux vertus et aux services d'un homme dans ses descendans. Le respect pour les ancêtres s'allie dans cette occasion avec celui qu'on doit aux vertus et aux services méritoires ; mais ce respect n'obtient aucune préférence, aucune faveur, aucun privilège à celui qui en est l'objet. Il n'y a point de noblesse à la Chine, point de division de castes, comme dans l'Inde. Le systême de l'égalité paroît avoir été un principe de la législation de cet Empire. Tous sont admis à l'instruction et aux fonctions publiques. Elles seules font les distinctions, elles seules donnent des privilèges qui cessent avec elles. Ainsi l'espoir de la louange et la crainte du blâme sont deux ressorts de la police chinoise, pour engager les hommes aux bonnes actions et à s'abstenir des mauvaises.

CCXIII.

Page 375. « L'Ambassadeur passa devant
» un poste militaire, près duquel il y avoit
» une douzaine de canons, de deux à quatre
» livres de balles, lesquels étoient grossiè-
» rement et pesamment faits. L'épaisseur
» du métal égaloit le diamètre du calibre.
» Ils paroissoient fort peu en état de servir. »
Les Chinois font peu d'usage de canons à la guerre; ainsi les Européens n'ont rien à apprendre d'eux sur la fabrication et sur l'emploi de cette arme meurtrière. Je crois même que les premiers ne connoissent pas les mortiers. Cependant on auroit désiré connoître le métal de leurs pièces, s'il y a de l'alliage, et dans quelle proportion, s'il y en a qui soient montées sur des affuts. A la page 41 du Tome III, l'auteur dit: « Les pièces de
» campagne qu'on voit en Chine sont en gé-

» néral, montées avec des porte-mousque-
» tons. Il est vraisemblable que la prétention
» qu'ont les Chinois d'avoir connu très-an-
» ciennement les effets de la poudre-à-canon
» n'est pas sans fondement. » Cette réflexion
est suggérée par la remarque des *trous qui paroissent avoir été faits, lorsqu'on a construit la grande muraille, auxquels il est difficile d'assigner un autre objet que celui de servir pour le repoussement des armes à feu.* Comme la grande muraille a été achevée, trois siècles avant l'ère chrétienne, l'invention de la poudre, et même l'application qu'on a faite de son usage aux armes militaires, qui n'a pas dû être imaginée dans le même tems, datent bien plus haut, puisque cet immense monument a sans doute exigé plusieurs siècles pour sa construction.

Malgré le grand usage que font les Européens des pièces de canon depuis cinq cents ans environ, et l'importance de cet usage qui décide souvent du sort des batailles, et qui est nécessaire à l'attaque des places fortes, on ne connoit pas encore quel est le meilleur alliage pour les pièces de canon. On a employé différentes proportions d'étain avec le cuivre. Quelques personnes désireroient qu'on augmentât celle de l'étain, parce qu'on a reconnu qu'il rendroit le cuivre plus aigre, plus dur, en s'insinuant dans ses pores. Cet effet est certain à froid ; mais lorsqu'il s'est échauffé par le service, l'étain entre en fusion dans les pores du cuivre, et celui-ci n'a plus alors de solidité. Aussi le Citoyen Baumé, qui a fait beaucoup d'expériences sur les alliages des métaux, a proposé dans un Mémoire lu à l'Institut National, le 26 germinal dernier, un alliage de nickel, au cuivre, dans la proportion d'un septième, ou de régule d'antimoine, dans la proportion d'un trentième, à la place de l'étain, qui entre trop facilement en fusion.

On a remarqué que le boulet faisoit une cavité dans les pièces de bronze, de gros calibre, à l'endroit du logement, après un service actif; d'où il résultoit beaucoup d'inconvéniens qu'il est aisé de deviner. On les prévient en partie, en armant les boulets d'un sabot ; mais si le métal a par lui-même assez de dureté, et d'élasticité, pour que ses parties résistent au degré de chaleur causé par la poudre, au poids du boulet, et à la pression qu'elle exerce sur lui, lors de son inflammation, on n'auroit pas besoin de recourir à l'expédient que je viens de citer.

J'ai imaginé un moyen chimique de prévenir l'affaissement du métal au logement du boulet. Les expériences que j'ai faites en petit, promettent du succès ; mais je suis loin de les regarder comme décisives. Il n'y a que des essais en grand et comparatifs, qui puissent en donner la certitude, et l'usage fera voir, si l'exécution en est facile à la guerre, comme je le présume. La refonte de toute l'artillerie de France seroit une opération longue et très-dispendieuse. Que les nouvelles pièces soient fabriquées, suivant l'avis du Citoyen Baumé, après des essais comparatifs qui ne laissent aucun doute sur le succès de l'alliage qu'il propose, rien de mieux ; mais il paroit convenable d'employer les anciennes pièces, jusqu'à ce qu'elles soient hors de service, si l'on trouve un moyen d'empêcher les inconvéniens qui résultent de la trop grande fusibilité de l'étain.

CCXIV.

Page 376. Les arbres desquels on *recueille le camphre en nature*, doivent être très-vieux, comme ceux desquels on recueille le sagou, etc. J'ai déjà dit que d'après mes propres expériences, *les branches, les bourgeons, les feuilles* du jeune camphrier, mises dans un alambic avec de l'eau, donnoient par la distillation, une huile essentielle très-odorante, et non cette substance concrète et volatile qu'on nomme camphre. Si cette même huile, qui est très-fluide, et nullement *glutineuse,* redistillée avec de l'argile et de la chaux, se sublime sous forme concrète, c'est ce que j'ignore, et que je n'ai pas essayé.

On trouve aux pages 336 et 337 de la Description Générale de la Chine, par Grosier, an troisième de la république, une méthode tout-à-fait différente d'extraire le camphre. On n'emploie que les branches de l'arbre, que l'on coupe en petits morceaux; on les met dans l'eau pendant trois jours, ensuite on les fait bouillir, en les remuant sans cesse. On passe la liqueur, on la laisse reposer; elle se coagule par le refroidissement; ensuite on distille ce camphre, avec un mélange, lit par lit, d'une terre de vieille muraille réduite en poudre. Le camphre se sublime. Pour l'avoir très-pur, il faut réitérer l'opération deux ou trois fois.

Au Japon, et dans la grande île de Bornéo, on s'y prend autrement. *On coupe et on fend l'arbre qui produit le camphre*, dit Sir Staunton, pag. 377, *pour pouvoir recueillir en nature cette substance précieuse*. Il sembleroit que ce narré très-succinct voudroit dire, que les copeaux du camphrier, exposés sans mélange, à la chaleur du feu, rendroient le camphre dont ils sont pénétrés. Comme cette substance est volatile, ce ne pourroit être que par sublimation. Ce camphre est beaucoup plus estimé par les Chinois, que celui qu'ils recueillent eux-mêmes.

D'après tout cela, je pense qu'il y a des essais à faire sur les différentes manières d'extraire le camphre, pour connoître la plus profitable.

C C X V.

Page 379. Le traducteur auroit dû écrire *Liéou-Kiéou*. L'*o* doublé des Anglais se prononce *ou* en français. C'est une attention qu'il n'a eu nulle part, et dont le défaut induira bien des lecteurs dans une erreur de prononciation. Le mot chinois *fou* qu'il a écrit *foo*, désigne une ville du premier ordre.

On trouve dans Grosier, des détails curieux sur les îles de Liéou-Kiéou, extraits d'un Mémoire du P. Gaubil, Jésuite. « Ces
» îles (248 *pag.*) placées entre la Corée, l'île
» Formose et le Japon sont au nombre de
» trente-six. L'île capitale ou la grande île,
» s'appelle Liéou-Kiéou. Elle a du midi au
» nord près de quatre cent quarante *lys*
» (quarante-quatre lieues marines) et cent
» vingt ou cent trente *lys* d'orient en occi-
» dent. Le palais du Roi est par vingt-six
» degrés deux minutes de latitude, et par
» cent quarante-six degrés vingt-six minutes
» de longitude. Il paie tribut à l'Empereur
» de la Chine. Il y a plus de neuf cents ans
que

» que les Bonzes ont introduit au Liéou-
» Kiéou le culte de *Fo* et les livres clas-
» siques de leur secte. Ce culte forme au-
» jourd'hui la religion dominante. Ces in-
» sulaires se sont modelés sur les Chinois,
» et tiennent d'eux les lois par lesquelles
» ils se gouvernent depuis plusieurs siècles.
» Ils ont des manufactures de soie, de toile,
» de papiers, d'armes, d'ustensiles de cui-
» vre, etc. Les vaisseaux qu'ils construisent
» sont estimés. Ils vont non-seulement d'une
» île à l'autre, mais encore à la Chine, au
» Tonkin, à la Cochinchine, en Corée, à
» *Nanga-Satki*, à *Satzuma*, dans les îles
» voisines et à Formose. Ils ont des *mines*
» *de soufre, de cuivre et d'étain*. Ils cul-
» tivent le riz. Ils font un commerce *con-*
» *sidérable de leurs nacres de perles, de*
» *coquillages, de corail, d'écailles de tor-*
» *tues et de pierres à aiguiser, extrémement*
» *recherchées tant à la Chine qu'au Japon.*
» Ils n'ont jamais vu chez eux de vaisseaux
» européens. Ces insulaires seroient intéres-
» sans à connoître. »

Observations sur le quatrième volume du voyage de Lord Macartney dans l'intérieur de la Chine.

CCXVI.

Pages 1 *et* 2. Il eût été intéressant de savoir à quelle distance avoient été plantées les cannes à sucre dont il est question ; si elles étoient grosses et touffues ; si elles abondoient en feuilles ; quelle étoit la couleur de celles-ci et des tiges ; à quel âge on les coupoit ; quelle étoit la nature du sol où elles croissoient ; s'il avoit été fumé, ou engraissé ; si on lui donnoit des arrosemens ; si l'on en cultivoit de plusieurs espèces ; combien l'on fait de coupes des mêmes cannes ; par quel moyen on se débarrasse des pailles. Dans les Colonies des Européens, on y met le feu ; les souches n'en poussent que mieux, soit que les cendres qui en proviennent forment un engrais excellent ; soit que le feu ait par lui-même, comme je le présume, d'après d'autres observations, la propriété de fertiliser les terres (1).

---

(1) Ce n'est pas ici le lieu d'expliquer la cause de cet effet, mais le fait me paroit démontré dans plusieurs pays. A la Guyanne, au Cap de Bonne-Espérance, à Madagascar, à l'Isle de France et ailleurs, on met le feu dans les pâturages, lorsque les herbes sont sèches. On a éprouvé que par ce moyen leur reproduction étoit plus belle.

L'auteur ne dit point par quelle latitude étoient les plantations de cannes dont il parle ; mais la troisième des cartes qui sont à la fin du quatrième volume indique qu'elles étoient par vingt-sept degrés et demi : il y a des champs de cannes par vingt-huit degrés, cinquante minutes. Il se peut qu'elles soient différentes de celles des Antilles ; car il y a dans ce genre des variétés, comme dans toutes les espèces de plantes.

Ces cannes chinoises pourroient peut-être se naturaliser dans nos Départemens méridionaux. Si cela étoit, ce seroit une acquisition bien importante à faire.

Il y a dans les Antilles et à l'Isle de France, comme à la Chine, des cannes qui ont plus de huit pieds de hauteur, et dont les nœuds sont éloignés les uns des autres de six pouces et plus.

Dans les sucreries des Européens, aux Antilles, en Amérique et à l'Isle de France, un seul feu fait bouillir plusieurs chaudières : c'est un grand avantage, pour accélérer la fabrication, et une grande économie de combustibles et de main-d'œuvre : ainsi les Chinois, tout industrieux qu'ils sont, n'ont pas perfectionné cet art, autant que les Européens.

Ils n'emploient que *deux cylindres ou rouleaux montés verticalement, quelquefois*

de bois dur, et plus souvent de pierre.
On ne dit point, s'ils passent une seconde fois les cannes pliées en deux, entre les cylindres, pour en exprimer tout le suc. Les Européens repassent les mêmes cannes entre le second et le troisième cylindre. On a imaginé à l'Isle de France une construction assez ingénieuse, en bois, qu'on adapte derrière les cylindres, et au moyen de laquelle les cannes repassent d'elles-mêmes entre le second et le troisième cylindre : on l'appelle une *servante*; elle tient lieu d'un manœuvre. J'ai essayé de fabriquer du sucre avec le peu de vésou qui reste dans les cannes, après les deux expressions dont je viens de parler. Il ne m'a fourni qu'un sucre assez mauvais, en très-petite quantité, rendant beaucoup d'écume, et difficile à fabriquer. Pour empêcher le manœuvre, qui travaille pendant la nuit, et qui seroit emporté malgré lui par un sommeil assoupissant et qu'il ne pourroit vaincre, de se prendre la main entre deux cylindres, accident qui oblige, dit-on, de couper au plus vîte le bras du malheureux qui est dans cette terrible position, j'ai fait placer à demeure une planche percée longitudinalement vis-à-vis le joint des deux cylindres, et je l'ai nommée *garde-main*. Les cannes passent facilement par l'ouverture ; mais la main qui tient le bout de la canne, et qui est par con-

séquent fermée, ne peut pas y passer : elle est donc arrêtée par la planchette, ou garde-main ; alors le manœuvre s'éveille, d'autant plus aisément qu'il sent une force qui tire la canne qu'il tient dans la main. L'utilité de cette invention et la facilité de son exécution m'ont engagé à en faire part au public.

On ne dit point si les Chinois ajoutent au vésou de la chaux ou un fossile alkalin, ni ce qu'ils font des écumes et des gros sirops. On ne dit point comment ils s'y prennent, pour faire cristalliser le sucre, ni s'il est de bonne qualité.

Ils ne connoissent pas vraisemblablement l'art de la fabrication des eaux-de-vie de sucre, dont le goût est bien préférable à leur *samsou*. Celui-ci occasionne une grande consommation de riz, qu'il importe de ménager dans un pays sujet à des disettes. L'usage de la guildive ou du tafia économiseroit le grain qui fait la nourriture de l'homme (1).

---

(1) Les Chinois font du vin avec du riz fermenté *d'une espèce particulière et différente de celui dont ils se nourrissent.*

« Ils laissent tremper le riz dans de l'eau, avec
» quelques ingrédiens qu'ils y mêlent, pendant vingt
» et quelquefois trente jours ; ils le font cuire
» ensuite ; quand il est liquéfié au feu, il fermente
» aussitôt, et se couvre d'une écume vaporeuse assez
» semblable à celle de nos vins nouveaux. Sous cette

J'ai traité de la distillation des eaux-de-vie de sucre, dans deux Mémoires imprimés à l'Isle de France en 1781 et 1782, par l'ordre

» écume se trouve un vin très-pur ; on le tire au
» clair et on le verse dans des vases de terre bien
» vernisés. De la lie qui reste, on fait une eau-de-vie
» qui n'est guère moins forte que celle d'Europe. »
Extrait de l'histoire d'*Yu-le-Grand*, et de *Confucius*, par *le Clerc*, in-4°. p. 542.

Je ne connois pas de riz d'une espèce particulière à la Chine, et je sais que les Chinois qui habitent Batavia, emploient le riz ordinaire pour faire la fameuse araque de ce pays. Les ingrédiens qu'ils y mêlent, sont de la canelle de la Cochinchine, de l'ail, de la badiane, du suc de cocotier et du sirop.

Il font à la Chine un vin qu'ils nomment *Ku-Tchang*, avec du millet noir appelé *Ku*, et une herbe odoriférante appelée *Tchang*.

J'ai lu dans les mémoires sur les Chinois des Missionnaires de Pekin, tom. V, que leur vin se fait avec le gros mil mondé, qu'ils cuisent d'abord à la vapeur de l'eau bouillante ; ensuite ils y ajoutent de l'eau et un levain fermentescible, fait avec une pâte de farine de blé, semblable à notre levain ; ils y mêlent souvent des herbes odoriférantes et des aromates, ou le suc exprimé de quelques fruits, ou du miel, du sirop, du sucre. Ils retirent de ce vin une eau-de-vie par la distillation, ou un vinaigre assez fort, en prolongeant la durée de la fermentation ; ils connoissent aussi la méthode des Européens, de faire germer et dessécher le blé, le seigle et le riz, pour en composer un ferment, qu'ils emploient quelquefois à la place du levain de pâte.

du Gouvernement qui m'avoit engagé à ce travail ; et j'ai indiqué des procédés pour les rendre plus agréables et plus salubres, qu'on ne le faisoit. J'ai décrit les procédés de la fabrication de l'araque de Batavia, de celle de Colombe dans l'Isle de Ceylan, de celle de Mozambique à la Côte d'Afrique, de celle de Goa à la Côte Malabarre, et de celle de la Côte de Coromandel, où l'on distille deux espèces de liqueurs fortes, l'une dite *araque-patai* qui est la meilleure, et l'autre dite *araque-paria* qui est détestable.

C C X V I I.

Page 4. Il y a en effet à la Chine beaucoup d'espèces d'oranges. Celles dont parle l'auteur qui sont *d'un rouge foncé*, que l'on préfère, et dont *la pulpe ne tient à l'écorce que par quelques légers fibres*, sont celles que nous nommons *oranges mandarines*. Elles ont la peau rouge et non la chair ; elles sont plates de deux côtés ; il y en a plusieurs variétés.

C C X V I I I.

Pages 4 *et* 5 « *Le dessert des voyageurs* » *étoit ordinairement composé de rai-* » *sins*, etc. » L'auteur a dit ailleurs que les Chinois n'en faisoient pas de vin. Ils en ont fait autrefois ; mais les Empereurs l'ont défendu, afin de réserver la terre à la culture des végétaux nourriciers. Cependant plusieurs d'entr'eux ont fait transplanter d'ailleurs, et particulièrement du pays de Hamy, dans l'Empire, des espèces de vignes dont les fruits étoient plus agréables que ceux indigènes. Ils sèchent les raisins.

Les groseilles, les framboises, les olives leur manquent. Je crois qu'ils n'ont ni fraises, ni cerises, ni prunes, ni avelines, ni la plupart de nos pêches. Il seroit possible de leur porter tous ces fruits et plusieurs de ceux des Indes qui pourroient réussir dans les provinces méridionales, et surtout dans les îles qui dépendent de l'Empire, et qui sont dans le sud de Canton.

CCXIX.

Page 5. La description que l'on donne du *Lée-Chée*, convient assez au fruit que nous nommons, *let-chi*, ou *lit-chi*, et qui est un des meilleurs fruits qui existe dans le monde. En général les descriptions de l'auteur sont incomplètes. Je ne connois pas le *sée-chée*.

CCXX.

Ibid. L'amande des pins francs se mange aussi en France, comme à la Chine et en Italie. On imprime en ce moment un excellent Mémoire, sur la culture des pins, par le Citoyen Duplessy, qui fait voir les grands avantages qui résulteroient, pour les agriculteurs et pour la république, de la multiplication de cette espèce d'arbres, si utiles par eux-mêmes et par leurs produits.

CCXXI.

Pages 6, 7, *et* 8. Des voyageurs parcourant un pays dont ils n'entendent pas la langue, sont souvent trompés, sur les notions qu'ils prennent des mœurs, des usages, des cultures, des arts d'un peuple étranger. Ce que l'auteur dit du thé en est la preuve.

Il y a deux espèces d'arbres à thé, le verd et le noir, sans parler des variétés, comme il y a deux espèces de raisins, le blanc et le noir. La fleur est blanche; ses cinq pétales sont disposés en rose, mais on ne peut pas dire que la fleur *ressemble à la rose*. Sans doute la qualité des feuilles *dépend du sol*, de l'exposition, du climat, de leur âge, de leur situation sur la branche, du moment où elles sont cueillies, et de *la manière dont on les prépare*; mais il existe toujours une différence essentielle, indépendamment de toutes ces circonstances, entre le thé verd et le thé noir.

Tous les thés bouys, qui sont les thés noirs, croissent, dit-on, sur une seule montagne du côté d'Emouy. Le thé bou ou bouy vient au bas, le camphou dans le haut, le saot-chaon au milieu. Le pékao ordinaire est composé de petites feuilles blanches veloutées qui viennent au bout des branches; mais le véritable pékao croit à un arbre particulier qui a des feuilles noires et d'autres blanches. Celles-ci sont les plus chères, et forment ce qu'on appelle *thé lintchessin*, que les Européens ont nommé improprement fleurs de thé. Il y a trois sortes de thé verd, le sonlo, le bin ou impérial et le haysuen, que les épiciers de Paris nomment hysvin. Le thé impérial vient d'un arbre différent. Sa feuille est plus grande et plus enflée que celles des deux autres. Les thés verds ne viennent pas dans la même province que les thés bouys.

Il paroît bien difficile d'admettre que *chaque feuille passe d'abord par les doigts d'une femme qui la roule*, d'autant plus que la chaleur du feu suffit pour opérer ce changement de forme. Cette manipulation augmenteroit le prix de la denrée, et ne paroît applicable qu'aux thés fins, si en effet elle a lieu.

L'âpreté du thé verd est inhérente à sa nature. Les feuilles qui ont été cueillies de bonne heure, c'est-à-dire, peu après leur développement, sont beaucoup moins âpres, que les feuilles cueillies dans l'état de maturité.

Le thé d'une bonne qualité est plus cher à Pékin qu'à Londres, parce que les Anglais ne portent pas à Londres le thé de première qualité. Ce sont les caravanes russes qui en fournissent à l'Europe. Les frais sont les mêmes pour le transport d'une denrée commune et pour celui d'une denrée précieuse : ces frais peuvent quintupler l'achat de la première, tandis qu'ils augmentent celui de la seconde de moitié. Voilà pourquoi les Russes ne transportent que les thés de la première qualité.

Nous avons transplanté des arbres à thé à l'Isle de France, où ils n'ont pas réussi. Je crois que cet arbrisseau se plairoit à Madagascar, où il seroit facile de trouver sur les montagnes, le sol et l'exposition qui lui conviendroient. J'ai présenté cette vue parmi beaucoup d'autres dans les Mémoires que j'ai remis au gouvernement en 1772, 1773 et 1774, sur Madagascar.

CCXXII.

Pages 10 *et* 11. Les fleurs du *cha-whaw* (*camellia sesanqua*) ainsi que les fleurs entières du jasmin d'Arabie, sont quelquefois mises dans les caisses de thé pour augmenter le parfum. Il y a long-tems qu'on a soupçonné les Chinois d'employer cette tromperie. Cependant on ne trouve point de fleurs dans le thé.

Il y a dans l'Inde un jasmin à fleurs doubles et à fleurs simples, qu'on nomme *mogrites*, et qui répandent une odeur très-suave et très-forte. Les Chinois ont un arbrisseau charmant qui vient assez haut, et qui forme naturellement la pomme, dont les feuilles sont assez grandes, d'un beau verd, et comme vernissées, qui a des fleurs blanches, très-belles et très-odorantes, les unes simples, les autres doubles, qui est aussi une espèce de jasmin. Il y a long-tems que j'en ai fait venir des plants de la Chine à l'Isle de France, où cet arbrisseau réussit très-bien, et où je l'ai beaucoup multiplié par le moyen des boutures. Lorsque les fleurs qui sont doubles, et que l'on peut comparer pour la blancheur et pour la forme à des roses blanches, si ce n'est que leurs pétales sont plus épais, se fanent, elles prennent une légère couleur jaune. Comme cet arbrisseau en porte beaucoup à-la-fois, il seroit possible que les Chinois missent de ces fleurs dans le thé, et qu'ils les retirassent au bout de quelque tems. Etant grosses, elles seroient faciles à retrouver. Je suis fâché que l'idée ne me soit pas venue, pendant mon séjour à l'Isle de France, de faire cet essai.

Quant au *cha-whaw*, je ne le connois pas, et je n'ai pas ouï dire que les Chinois eussent *une huile aussi bonne que la meilleure huile de Florence*, provenant des noix de cet arbrisseau. Si cela est, nous avons tort de porter à Canton de l'huile d'olives pour notre usage. On auroit dû nous dire quel est celui que font les Chinois de cette huile si bonne.

CCXXIII.

Page 12. « Il y avoit une ville non mu-
» rée et appelée Kin-té-Chin, où trois mille
» fourneaux pour cuire la porcelaine, étoient,
» dit-on, allumés tous à-la-fois ». Cette énorme consommation de combustible, auroit bien dû inspirer à nos voyageurs le désir de connoitre d'où les manufactures de porcelaine le tiroient, et quelle est dans tout l'Empire la police des Chinois sur les forêts.

CCXXIV.

Page 19. Les Chinois cultivent *du grain, des légumes, des ignames, des patates douces, des oignons et plusieurs plantes potagères.* Si parmi celles-ci, il y en avoit quelques-unes inconnues à l'Europe, c'eût été un présent à lui faire. Ils ont une espèce de radix blanc, croquant, aqueux, peu piquant, qui est très-estimé, et une espèce de petits oignons blancs, très-délicats qui viennent par touffes. On prétend qu'ils ont des melons délicieux, dont l'espèce nous est inconnue.

Nous pourrions aussi leur donner des légumes et des fruits d'Europe qui n'existent pas à la Chine. La pomme de terre seroit pour eux une acquisition précieuse. Si le manioc pouvoit réussir dans les provinces méridionales, ce seroit rendre un grand service à l'humanité, que d'en introduire la culture à la Chine. Ces sortes d'échange sont plus profitables aux hommes que les gains que procure le commerce. Il y a des îles sur les côtes de cet Empire, où le manioc réussiroit, tels qu'*Hainam* et *Formose*.

CCXXV.

Page 19 *et suivantes.* Les détails que donne l'auteur sur l'agriculture chinoise, depuis la page 19 jusqu'à la page 30, sont la partie la plus curieuse, la plus intéressante et la plus complète de son ouvrage. L'attention des Chinois de recueillir les immondices des rues, des canaux, des rivières et des étangs, les débris des végétaux, les excrémens des animaux, et ceux de l'homme, se fait remarquer dans tous leurs ateliers. Ils y placent des pots de terre cuite vernissés, où les urines sont rassemblées à part. Celles-ci servent non-seulement comme engrais, mais aussi pour en composer une espèce de colle, avec du sang de cochon et de la chaux, dont ils font beaucoup d'usage. Ils ont des pratiques agricoles très-ingénieuses dont nous avons parlé. L'agriculture est l'art dans lequel ils excellent, et qu'ils ont porté plus loin que les Européens.

CCXXVI.

Pages 22 *et* 23. L'auteur ne dit pas expressément que le *pé-tsai* soit pommé. J'ai cultivé à l'Isle de France, une plante annuelle, dont la graine m'étoit venue de la Chine, qui étoit une espèce de chou non-pommé, dont les feuilles avoient une côte blanche très-large, et qui avoient, par leur position respective, la forme d'une cloche très-évasée; mais cette plante n'est pas le *pé-tsai*. J'en ai envoyé il y a long-tems des graines en France qui ont réussi. J'en ai mangé quelquefois dans la soupe, en guise de chou; mais il m'a semblé que notre chou pommé méritoit la préférence.

Les Missionnaires disent que les *pé-tsais* ont depuis deux jusqu'à trois pieds de hauteur, et qu'ils pèsent dix à vingt livres; ils sont pommés. Ils ajoutent que les Chinois ont trouvé plusieurs moyens de les conserver frais pendant tout l'hiver. L'auteur prétend qu'ils en salent pour leur consommation pendant l'hiver. Il est vraisemblable que ceux-ci sont à meilleur marché que les autres. Il auroit dû nous dire quel est le procédé de cette salaison, si les Anglais en ont apporté des graines en Angleterre, et quel en a été le succès.

CCXXVII.

Page 27. « En Chine l'arrosement des terres » est réduit en systême et considéré comme » un des premiers principes de la science de » l'agriculture. » Certes l'arrosement des terres est un des grands moyens de fertilisation. L'eau est le véhicule des sucs nourriciers ; elle est par elle-même un excellent engrais ; elle est nécessaire au riz aquatique. L'Europe qui cultive des végétaux plus secs et qui a des pluies plus fréquentes que la Chine, n'a pas le même besoin d'arrosemens. Cependant ils pourroient être mis en usage avec succès, surtout dans les années sèches, et dans les pays où les pluies ne sont pas assez fréquentes.

CCXXVIII.

Page 31. « A la Chine les auberges sont communes sur les grandes routes. » Cela prouve qu'il y a une communication suivie entre les différentes villes de l'Empire. Dans l'Indoustan, il n'y a point d'auberges, mais on y trouve sur les routes des caravanserais,
bâtis

rais, bâtis par la bienfaisance, qui servent de gîte aux voyageurs.

CCXXIX.

Page 42. « Le vol n'y est jamais puni de » mort, à moins qu'il ne soit commis avec » violence et avec cruauté ». Dans ce cas, ce n'est pas le vol qui est puni, c'est l'acte de violence ou de cruauté. Le vol par adresse, par filouterie, n'est pas puni à la Chine, à moins que le voleur ne soit pris sur le fait ; alors on a droit de se faire justice soi-même, mais il ne faut pas répandre une goutte de sang du coupable.

CCXXX.

Ibid. Dans les cas de famine, « le Gouverne- » ment se borne à tirer des secours de ses pro- » pres provinces, pour celles qui ont des be- » soins, et ces mesures ne peuvent avoir un ef- » fet aussi sûr que la vigilance intéressée et ju- » dicieuse des spéculateurs Européens, qui ne » manquent pas d'apporter des provisions là » où elles manquent. Aussi la famine se fait » plus souvent sentir dans une province chi- » noise que dans aucun pays de l'Europe ». Le Gouvernement ne peut pas faire venir des provisions du dehors, puisqu'il est défendu aux sujets de sortir de l'Empire. Il ne peut qu'établir des greniers dans les tems d'abon- dance. On sait qu'en effet cette mesure de prévoyance a lieu. Les spéculations intéressées des négocians *qui ne manquent pas d'apporter des provisions là où elles manquent*, lorsque le commerce est libre, ne seroient pas aussi avantageuses qu'elles le paroissent, à une population aussi considérable que celle de la Chine. Supposons que mille *Sommes* chinoises apportassent chacune deux cents tonneaux de riz, l'une dans l'autre, (hypothèse inadmissible dans le fait; car tous les pays voisins ne pourroient fournir, à beaucoup près, cette quantité de grains,) cela feroit deux cent mille tonneaux de riz, et par conséquent quatre cents millions, qui ne donneroient que pour un jour de vivres à la population de la Chine. On objectera que la disette ne peut pas être générale dans tout l'Empire; mais aussi tous les pays voisins ne pourroient, dans aucun tems, fournir à la Chine plus de vingt millions de riz.

Ce n'est donc pas sur le commerce extérieur qu'un Gouvernement sage doit fonder la subsistance du peuple : ce moyen est précaire et seroit insuffisant. C'est dans l'extension et la perfection de l'agriculture qui doit être encouragée et favorisée; c'est dans l'établissement des gréniers d'abondance constamment garnis (1); c'est sur-tout dans

---

(1) Les Chinois ont mis en pratique ce qui n'est chez nous qu'un conseil. Le Gouvernement de la

l'ordre et l'économie à établir dans la consommation, dès le moment où l'on prévoit une disette, ou même une récolte médiocre, que le Gouvernement doit trouver des ressources, pour prévenir la famine. La défense de l'exportation des grains, les grands chemins bien entretenus, des canaux de communication entre les différentes parties de l'Empire, sont des mesures qui n'échapperont pas à une administration surveillante. Elle excitera, par des récompenses ou par des exemptions, la culture des racines nutritives, dont les récoltes sont plus abondantes, plus hâtives et plus assurées que celles des grains. Elle accordera des primes, réglées sur les localités, au commerce intérieur et extérieur, car je ne prétends pas que l'on doive s'interdire cette dernière ressource ; je dis seulement qu'elle est insuffisante par elle-même.

Chine ouvre ses greniers dans les tems de disette, et donne le grain à bas prix. C'est sur-tout dans ces circonstances qu'il fait faire des travaux publics, afin d'occuper le peuple et de lui fournir les moyens de gagner sa subsistance. Il faut convenir que le riz conservé avec son enveloppe est d'une garde plus facile, moins dispendieuse et plus sûre que celle du blé Dans une disette qui survint, pendant le règne de *Kien-Long*, après trois années de sécheresse, on découvrit un souterrain rempli de riz, qui avoit plus de deux cents ans; il étoit encore mangeable.

Pendant la disette que la République a éprouvée il y a trois ans, le Gouvernement a pris le parti le plus sage, en faisant faire lui-même la distribution des vivres, réglée sur les approvisionnemens. S'il avoit laissé le public maître des consommations, elles auroient été portées au-delà des ressources, et nous aurions éprouvé une famine horrible ; l'Empire eût été en proie à mille maux affreux ; la constitution et la liberté auroient été renversées ; l'anarchie auroit divisé, déchiré toutes les parties de l'Empire ; l'étranger l'auroit envahi, la guerre civile l'eût dévasté. Nous avons souffert ; cela étoit inévitable ; mais nous avons existé ; la tranquillité n'a pas été troublée ; et l'Etat a été sauvé. On n'a pas rendu justice aux citoyens qui tenoient alors le timon des affaires. Lorsque le Gouvernement, par sa sagesse, par sa prévoyance, écarte les maux prêts à fondre sur le peuple, il mérite sans doute les plus grands éloges, mais c'est alors qu'on lui en donne le moins. On ne lui sait aucun gré d'avoir détourné les calamités qu'on n'a pas senties. C'est à l'histoire qu'il appartient de le venger de l'injustice qu'il éprouve. Si le Gouvernement Chinois, dans les tems de disette, prenoit le parti de faire lui-même avec économie la distribution des vivres aux peuples des provinces qui en manquent, il préviendroit les révoltes, il appaiseroit les inquiétudes du peuple, il éloigneroit tous les maux qui suivent la famine.

CCXXXI.

Page 44. « L'emprisonnement pour dettes » n'est que précaire. » Les Chinois n'emprisonnent pas pour *dettes*, comme je l'ai déjà dit. « Si après qu'un débiteur a livré » à ses créanciers tout ce qu'il possédoit, » ils ne sont point encore satisfaits, on le » condamne à porter publiquement un joug » sur le cou pendant un certain tems, afin » d'engager sa famille à payer ses dettes, » et à mettre un terme à sa honte, si elle » en a les moyens. » Cela peut être pour des cas particuliers. Il est difficile à des étrangers de saisir l'esprit des lois d'un peuple peu communicatif, qui ne leur permet pas une résidence habituelle dans le pays, et de faire l'application de ces lois à tous les cas.

CCXXXII.

Page 45. « Lorsque les débiteurs de l'Em- » pereur le sont frauduleusement, on les » étrangle.... En Chine, les intérêts de l'Em- » pereur sont toujours le premier objet. » C'est que les intérêts de l'Empereur sont ceux de l'Empire. Les revenus appartiennent à la nation, l'Empereur n'en est que le dispensateur, pour l'utilité générale. Il a des revenus particuliers en propre, et qui proviennent de ses domaines, pour l'entretien de sa maison et de sa famille. Dans ce pays, les dépenses publiques sont au-dessous des revenus. L'excédent est mis à part, pour les cas extraordinaires et imprévus.

CCXXXIII.

Page 57. Les Chinois font en effet du papier avec le bambou. Il seroit curieux de connoître leurs procédés, pour *réduire en pâte* cette substance ligneuse, et pour en former des feuilles minces et lisses. Ils ont beaucoup d'espèces différentes de papier, et ils en font une grande consommation. Le bambou n'est pas la seule substance qu'ils emploient à cet usage ; on sait qu'ils font du papier avec de la soie, avec *l'écorce de différens végétaux, les fibres du chanvre et la paille du riz.*

Je ne suis pas surpris qu'ils fassent du papier avec de la soie, avec des écorces d'arbres et avec les fibres du chanvre; mais qu'ils en fabriquent avec le bambou et avec la paille du riz, c'est une industrie qui excite mon étonnement. Si les Anglais connoissent leurs procédés, et qu'ils les aient tenus secrets, pour en enrichir leur patrie, je n'ai rien à objecter; mais s'ils n'ont pris aucune information à ce sujet, je les taxerai de négligence. La paille du riz me paroît être de même nature que celle du blé. Si l'une est convertible en une pâte propre à faire du papier, l'autre est susceptible de la même transmutation. J'engage les artistes intelligens qui ont le moyen de faire des essais, à tenter cette entreprise. Si elle réussissoit, ils se rendroient utiles à leurs compatriotes, et ils en retireroient des avantages.

Peut-être, par l'expression *paille du riz*, l'auteur entend-il l'enveloppe du grain. Au reste cette enveloppe est de même nature que la tige, que le tuyau qui porte le grain.

« Ils mangent avec plaisir les jets de bam-» bous qui commencent à pousser. » Je sais qu'ils les confisent au sucre et au vinaigre. Ce sont les rejetons tendres de la plante qu'ils apprêtent. Les Indiens, et par imitation, les habitans de l'Isle de France et de la Réunion, ont le même usage ; les Chinois apprêtent ces rejetons d'une autre manière, pour les manger ; ils les font cuire dans une lessive de cendres pour leur ôter leur âpreté, ensuite ils les salent. Le vinaigre qu'ils emploient pour les confire est un produit de leur vin qui est fait avec du riz ou du miel.

Le bambou est à la Chine un objet de revenu; on en fait des plantations, on leur donne des soins : on transplante les rejetons avec leurs mottes de terre; on a par ce moyen des jets forts et vigoureux dès la première année.

Il y a dans l'Inde un bambou épineux, qui vient très-haut et très-touffu. Les clôtures qu'on en fait, sont impénétrables; elles servent de défense, en quelques endroits, pour empêcher l'entrée du pays. Elles rapportent une graine qui ressemble au millet, qui est farineuse et nutritive, et qui, dans des tems de disette, procure une ressource pour la subsistance du peuple. On prétend que les Chinois l'emploient dans le même cas. Je n'ai jamais vu les bambous rapporter graines à l'Isle de France; mais cela provient vraisemblablement de ce qu'on les multiplie de boutures.

Il y a à la Chine un bambou dont les nœuds sont séparés de six, huit, et même dix pieds. On en retire des cannes très-jolies, très-légères, solides et très-chères, que les Européens nomment improprement, *bambou sans nœuds*. Il est rare de trouver des jets bien proportionnés et bien droits.

CCXXXIV.

Page 58. « La province de Kian-Sée a
» beaucoup de manufactures de poterie
» commune et de très-belle porcelaine. » On

doit regretter que les voyageurs anglais n'aient pas eu le tems de prendre des notions complètes sur les arts des Chinois. Ils ont plusieurs espèces de poterie, et même plusieurs espèces de porcelaine. Il eût été intéressant de connoître les détails des procédés de ces manufactures.

CCXXXV.

Page 82. C'est une question de savoir si le *brick* qui avoit déposé *Perron* et ses compagnons dans l'Isle d'Amsterdam étoit de bonne prise. Il avoit été armé à l'Isle de France; mais il étoit Américain, et il appartenoit à des Américains, en société avec quelques Français. Son équipage étoit composé en grande partie d'Américains et d'Anglais.

CCXXXVI.

Pages 84, 85 *et suivantes.* L'auteur, dans le cours de son ouvrage, donne plusieurs listes des plantes observées à la Chine et en Tartarie; il n'indique point leurs usages. Parmi celles du quatrième volume entr'autres, j'en vois plusieurs qui ont des propriétés utiles. Il eût été intéressant de connoître le parti qu'en tirent les Chinois, afin d'essayer les mêmes procédés sur leurs analogues qui se trouvent en Europe. De nous apprendre que la Chine produit telle ou telle plante, sans nous indiquer ses usages, ce n'est pas le moyen d'avancer nos connoissances.

CCXXXVII.

Page 89. Les vaisseaux des Européens ne mouillent pas à Canton ; mais à trois lieues plus bas, près de l'ile de Wampou ; c'étoit autrefois l'usage, mais il se peut qu'il ait changé, et que les vaisseaux mouillent aujourd'hui devant la ville. La rivière est très-large en cet endroit. On y voit toujours des grandes Sommes chinoises, mais je doute qu'elle y ait assez de profondeur pour les vaisseaux Européens, qui tirent beaucoup plus d'eau que ceux des Chinois.

CCXXXVIII.

Page 99. L'auteur met au nombre des choses propres à frapper l'imagination des Chinois, pour leur faire sentir la supériorité *des nations européennes, pour ce qui concerne beaucoup de sciences utiles et philosophiques, l'opération par laquelle on rend la vue aux personnes qui ont la cataracte.* J'ai connu une citoyenne à Pondichéry qui devint aveugle, dans sa jeunesse, à la suite d'une maladie, je crois que c'est la petite vérole. Un Médecin Malabarre entreprit sa cure ; elle avoit les paupières fermées ; il leur fit très-adroitement une incision, par laquelle il enleva la cataracte, et rendit par ce moyen la vue à deux très-beaux yeux. Je ne crois pas que les médecins chinois eussent la même adresse; mais je puis certifier la vérité de l'anecdote que je viens de citer, qui m'a été racontée par la personne très-véridique qui en a été le sujet, et confirmée par son père et sa mère.

CCXXXIX.

Page 100. Je pense, avec l'auteur, que *l'art de la médecine est très-peu avancé* à la Chine; mais il y est moins nécessaire qu'en Europe. La vie frugale et active qu'on y mène, exempte l'homme de beaucoup de maladies. Les Chinois ont des livres qui détaillent les propriétés de beaucoup de plantes et de drogues. Ils n'en ont guère de composées. Je crois qu'à cet égard, les Indiens sont plus avancés qu'eux.

CCXL.

Page 101. Il n'est pas surprenant que le *même homme soit dans ce pays, à la fois médecin, chirurgien et apothicaire.* La science de la médecine y est très-bornée. La chirurgie y est à peine connue, et la pharmacie n'a guère de procédés, puisque toutes, ou presque toutes leurs drogues sont simples. Les Chinois n'emmaillotent pas leurs enfans.

Voilà pourquoi il est rare de voir des personnes estropiées chez eux.

CCXLI.

Pages 102 *et* 103. « Quand la personne, » qu'on veut inoculer, a été bien préparée, » en prenant des médecines, ordinairement » apéritives, et en observant pendant quelque » tems un régime exact, on choisit un jour » heureux pour répandre un peu de poudre va- » riolique sur du coton fin, qu'on introduit » dans les narines ». Les Chinois ont plusieurs autres méthodes ; 1º. Ils inoculent, en soufflant dans une narine, par le moyen d'un chalumeau d'argent, du virus sec réduit en poussière ; 2º. Ils trempent un peu de coton dans le pus variolique et l'insèrent dans la narine ; 3º. Ils font porter pendant deux ou trois jours une chemise que vient de quitter celui qui est dans la crise de la suppuration. Je crois qu'il seroit plus convenable d'appliquer le venin sur le bras, ou sur le gras de jambe, retenu avec une compresse, pendant quelques jours, et je présume qu'il pénétreroit par les pores, dans la masse du sang, sans être obligé de faire une incision. Je ne sache pas que cette méthode ait été essayée. Les Missionnaires de Pékin prétendent qu'à la Chine l'inoculation ne préserve pas de la contagion dans les grandes épidémies. Les Indiens ont une opinion contraire. Ils pratiquent l'inoculation, dans le Bengale, avec plus d'art que les Chinois. Ils font une incision au bras, dans laquelle ils insèrent le virus variolique.

CCXLII.

Page 104. L'usage de l'opium, pris intérieurement en petite dose *occasionne* en effet dans l'habitude du corps une *exaltation momentanée*, qui rend le corps plus dispos, plus propre aux exercices, et l'esprit plus agile ; mais il faut en continuer l'usage, si l'on veut entretenir cette disposition, sinon l'on tombe *dans la langueur et dans l'affoiblissement*.

CCXLIII.

Page 105. L'histoire naturelle et la chimie sont absolument dans l'enfance. J'ai vu chez un négociant de Canton un lithophite superbe qui avoit une très-grande quantité de coquilles enfilées naturellement dans ses branches ; mais c'étoit un morceau unique qui prouvoit seulement que le propriétaire en faisoit cas comme d'un ornement rare et curieux. Les Chinois n'ont point de cabinets d'histoire naturelle dans aucun genre. S'ils ont, dans les arts, des procédés ingénieux, ils les doivent au hasard, ou à l'expérience, ou à l'imitation.

La Chine fourniroit au naturaliste une

ample collection de morceaux curieux d'histoire naturelle dans les trois règnes. En 1753, j'y achetai trois espèces de crabes pétrifiées, qui entrent, m'a-t-on dit, dans la composition de quelques-uns de leurs remèdes. Je les donnai au célèbre Réaumur. Ils doivent être dans le cabinet national. J'ai vu des perles-mères qui se trouvent, dit-on, à Batavia. On les met dans une boîte avec du riz. Elles grossissent très-lentement; enfin elles se reproduisent. Ce fait m'a été attesté par des personnes dignes de foi.

CCXLIV.

Page 108. Les Chinois ont l'art de dorer le cuivre et l'argent. Ils y réussissent parfaitement bien. J'ai vu des dorures très-belles et très-solides, sorties de leurs mains.

CCXLV.

Page 113. Non-seulement les Chinois *fournissent aux étrangers des bas de soie, faits au métier ou tricotés dans le pays*, mais même des bas de coton. Ils font des souliers, et taillent très-bien des habits européens. Ils brodent supérieurement les étoffes; ce sont des hommes qui se livrent à ce travail; ils l'exécutent avec beaucoup d'adresse et de propreté.

CCXLVI.

Page 116. « On ne sera peut-être pas surpris de voir avancer que chaque mille carré, en Chine, contient l'un dans l'autre, plus de trois cents habitans ».

Le tableau n°. 1, de la population de la Chine, page 209, donne au total trois cent cinquante-trois millions d'habitans, et un million deux cent quatre-vingt dix-sept mille neuf cent quatre-vingt dix-neuf *milles* carrés. En divisant le premier nombre par le second, on a au quotient deux cent soixante et onze, et non pas trois cent. Si l'on multiplie les milles carrés, c'est-à-dire, un million deux cent quatre-vingt dix-sept mille neuf cent quatre-vingt dix-neuf par trois cent, on a un total de trois cent quatre-vingt neuf millions trois cent quatre-vingt dix-neuf mille sept cent. Ainsi il y a erreur dans l'impression. Les réflexions de l'auteur, sur l'immense population de la Chine, sont justes et très-philosophiques; il auroit pu les étendre davantage; on lui en auroit su gré, parce qu'il joint à un raisonnement sain, des connoissances très-profondes.

Cette multitude extraordinaire d'hommes, vivant sous les mêmes lois, suppose nécessairement une police perfectionnée, une ad-

ministration sage et surveillante, un Gouvernement doux et paternel. Elle prouve aussi que le climat de la Chine est très-sain, que la terre y est fertile, que l'agriculture y prospère, que les subsistances y sont plus abondantes qu'on ne le croit, d'après le rapport des disettes auxquelles on sait que l'Empire est sujet. Elle prouve que le peuple y est frugal, que les épidémies y sont rares, et même que les maladies n'y sont pas aussi fréquentes que dans d'autres pays, ou que les Chinois ont des moyens d'en prévenir le danger et de les guérir. Elle semble prouver que la vie des hommes est à la Chine plus longue qu'ailleurs, que les femmes y sont fécondes, que les mœurs des Chinois sont favorables à la population, à l'entretien de la santé, à la longévité ; en effet, ils évitent tous les excès : le travail continuel auquel ils se livrent entretient leurs forces et leur vigueur, et les préserve en général des passions, qui n'y trouvent pas, comme ailleurs, autant d'occasions de se développer. L'amour y est inconnu ; l'ambition s'y fait à peine remarquer. La cupidité est générale, mais elle excite l'émulation, l'industrie et le travail ; ainsi l'on peut dire que les passions ne sont pas chez eux aussi funestes que chez d'autres peuples ; les maux qu'elles
occasionnent

occasionnent ailleurs, n'ont à la Chine aucune influence sur la population.

Nous devons ajouter que le fléau de la guerre et les dévastations qu'il entraîne n'exerce pas ses ravages sur l'Empire, que la navigation fait peu de victimes, que le célibat n'y est pas pratiqué. Enfin, nous dirons qu'il nous paroit vraisemblable que l'enfance n'y est pas exposée à autant de dangers qu'en Europe, et qu'elle n'y est pas sujette à autant de mortalités. Cette réflexion me paroit digne d'être accueillie par un observateur, pour en rechercher les causes sur les lieux. Quelle est la méthode des Chinois d'élever les enfans, depuis le moment de leur naissance? Quelle nourriture leur donnent-ils? Quelles sont les maladies auxquelles ils sont sujets? Quel est leur traitement? Combien en périt-il annuellement de l'un et l'autre sexe dans les villes et dans les campagnes, la première année de leur naissance, dans les deux années qui suivent, enfin jusqu'à l'âge de sept ans? Nous qui sommes révoltés de la loi qui permet l'exposition des enfans à la Chine, ne sommes-nous pas indirectement coupables d'infanticide, en négligeant de nous occuper des soins qu'exige le premier âge, pour le préserver des maladies auxquels il est sujet, et pour les combattre par des remèdes salutaires et convenables à la foiblesse du physique et du moral des êtres qui en sont l'objet. Le médecin des enfans, tel que je le conçois, est encore à naître parmi nous. Des préceptes généraux ne suffisent pas. Il faudroit un traité complet et approfondi de toutes les maladies auxquelles l'enfance est sujette, des moyens curatifs et des moyens préservatifs, et des soins qu'exige cet âge tendre. Le philosophe qui fera ce présent à sa patrie aura bien mérité de l'humanité, si ses préceptes sont à la portée des gens de la campagne, tant par leur clarté et leur simplicité, que par la facilité de leur exécution.

Aux réflexions philosophiques de Sir Staunton sur la population de la Chine, j'ajouterai celles-ci. Elle est plus du double plus considérable que celle de toute l'Europe, qu'on n'évalue qu'à cent soixante millions d'ames. Par quel art merveilleux une législation, une police uniformes entretiennent-elles cette immense multitude dans la soumission? Comment se fait-il que les passions y soient contenues au point, que, dans tout ce vaste empire, on compte à peine deux cents exécutions par an, pour des crimes capitaux? Imagineroit-on qu'il fût possible de réduire sous les mêmes lois tous les peuples de l'Europe? Quelle constitution pourroit les contenir dans le devoir, je ne dis pas pendant quarante ou cinquante siècles, mais seulement pendant cent ans ? Quelle amélioration le plus profond politique voudroit-il donner à la législation chinoise ? Seroit-elle sans danger ? Les changemens les plus heureux qu'on apporteroit à la constitution de cet Empire, dans la vue de réformer les abus qui sont inévitables, n'amèneroient-ils pas des abus plus crians, plus funestes, plus multipliés, en inspirant à ce peuple le goût des innovations, après avoir détruit le préjugé qui lui inspire un respect religieux et profond pour ses lois, pour ses mœurs, pour ses usages. Toutes ces questions, et beaucoup d'autres que je supprime, sont susceptibles des méditations les plus profondes. Leurs solutions donneroient peut-être des conséquences différentes de celles que l'on peut tirer de toutes les constitutions anciennes et modernes. Nous admirons Solon, Lycurgue, Numa, dont les institutions, faites pour des petites peuplades, n'ont duré, pour ainsi dire, qu'un moment. Nous ne connoissons pas les législateurs des Chinois et des Indiens, dont les institutions faites pour des peuples nombreux durent encore depuis plus de quarante siècles.

CCXLVII.

Page 122. « Van-ta-zhin assura qu'en y comprenant les Tartares, la totalité de l'armée soldée en Chine, s'élevoit à un million de fantassins, et à huit cent mille hommes de cavalerie ».

Il est étonnant qu'un pays qui a rarement la guerre avec ses voisins, dont le peuple est soumis, doux, tranquille, entretienne un état militaire aussi considérable, et aussi dispendieux. Il n'est pas facile de deviner les raisons de sa politique. L'auteur n'en a détaillé aucune; je ne me perdrai pas dans des conjectures qui seroient hasardées.

Lors de la conquête, et quelque tems après, les Princes Tartares durent entretenir une armée imposante, pour contenir le peuple sous le joug; mais depuis qu'il est soumis, on ne voit pas la nécessité d'avoir autant de troupes sur pied. Il est vrai qu'elles ne sont pas astreintes à un service continuel, et qu'elles peuvent se livrer aux travaux des arts et même à ceux de l'agriculture. C'est peut-être le seul pays où les soldats soient laboureurs.

La Chine a été, pendant bien des siècles, en proie à des guerres intestines et étrangères, les plus cruelles et les plus meurtrières, dont l'histoire fasse mention. Elle a été pendant long-tems divisée en plusieurs principautés, ou royaumes (1), dont les princes, vassaux de l'Empereur, cherchoient à se rendre indépendans et à s'agrandir aux dépens les uns des autres. Après des faits aussi notoires consacrés dans l'histoire du pays, il est surprenant que cet Empire soit aussi peuplé, aussi civilisé, aussi cultivé qu'il l'est, et que le nombre de ses villes soit aussi multiplié.

On a le préjugé de croire que les Chinois ont perdu l'esprit guerrier qu'ils avoient autrefois. Cependant les guerres qu'ils ont eues sous le dernier règne, ont prouvé qu'ils étoient capables de discipline, de constance et de bravoure. Ils ont une institution, entr'autres, qui est bien propre à entretenir l'émulation et l'esprit militaire. Les généraux qui ont obtenu de grands succès sont honorés du triomphe à leur retour dans la capitale. L'Empereur va au-devant d'eux en grande cérémonie. Il est accompagné de tous les grands de l'État, des officiers de sa maison, des gardes-du-corps. Le général vainqueur précède l'Empereur. Les lieutenans généraux

---

(1) Elle a été divisée en vingt-une principautés, sous la dynastie des *Tcheou*, réduite à sept grandes vers l'an 244. avant l'Ère Chrétienne, réunie, redivisée ensuite et réunie plusieurs fois.

qui ont eu part à la victoire le suivent immédiatement, ensuite un certain nombre de prisonniers. Les trompettes, les timballes, les tambours, les drapeaux, les étendards, de diverses couleurs, les banderolles donnent à la marche un appareil militaire. Près de l'Empereur sont des musiciens chantant et s'accompagnant de leurs instrumens. Arrivé au palais impérial, tout le cortège se met à genoux, sans excepter l'Empereur, et frappe neuf fois la terre du front, pour remercier le ciel de la victoire.

CCXLVIII.

Page 139 *et suivantes.* L'auteur plaide avec force la cause du privilège exclusif du commerce de la Chine. Il me semble qu'on pourroit répondre victorieusement à tous ses argumens, et qu'en établissant un Consul à la Chine, on préviendroit les querelles et les événemens qu'il redoute le plus. Cet agent, qui n'auroit pas un intérêt direct dans les opérations mercantilles, représenteroit sa nation, et auroit un caractère plus imposant auprès du Gouvernement chinois, qu'une compagnie de marchands. Quelque spécieuses que puissent être les raisons qu'on allègue en faveur des privilèges, nous pensons que la liberté a plus de ressources, plus d'industrie, plus de moyens, et qu'elle fait toujours l'avantage des particuliers et du public.

CCXLIX.

Page 143. Si le Gouvernement chinois a établi une société de marchands à Canton, pour le commerce des Européens, c'est uniquement dans des vues intéressées. Le Viceroi et le Hou-pou, vendent ce pirvilège pour leur compte privé, et forcent cette compagnie à leur faire part de leurs profits.

CCL.

Pages 144 *et* 145. L'ancienne compagnie des Indes de France, qui avoit senti que » la connoissance du langage des pays où » l'on fait le commerce, ne peut manquer » d'être très-utile, parce qu'elle met à l'abri » des fraudes, auxquelles les étrangers sont » ordinairement exposés, » entretenoit à la Chine des jeunes gens, qu'on élevoit dans l'étude de la langue et des usages des Chinois. Si cette compagnie avoit subsisté, plusieurs Français qui avoient fait des progrès dans cette étude, seroient en état de nous donner une histoire de la Chine, plus complète, plus exacte, que toutes les relations que nous avons de cet Empire.

CCLI.

Page 168 *et suivantes*. Macao est bien

déchu de ce qu'il étoit autrefois. Si cette ville appartenoit à une nation active et industrieuse, elle parviendroit promptement à un haut degré de prospérité. Sa situation à l'entrée de la bouche du Tigre, son voisinage de la Cochinchine, du Tonkin, du Japon, des Moluques, des Philippines et autres lieux, lui attireroient un commerce immense. Le Gouvernement portugais néglige cette colonie, comme toutes celles qui lui restent dans les Indes Orientales.

Comme il est défendu aux Européens de passer l'hiver à Canton, les agens des Compagnies européennes, qui sont obligés de résider à la Chine, vont passer ce tems à Macao. C'est là qu'ils pourroient élever les plantes chinoises, qu'ils destineroient à être transplantées en Europe, dans la vue d'en enrichir leur patrie. Pour remplir cette vue, je propose que le Gouvernement français entretienne à Macao un jardin de botanique, dont le Consul de la nation auroit la direction et la jouissance. Les frais à faire, pour remplir cet objet, ne sont pas considérables, et peuvent être payés par le commerce, en établissant un droit modique, sur les marchandises de la Chine, introduites dans l'Empire.

CCLII.

Page 179. Si les évènemens de la révolution avoient permis au Gouvernement d'envoyer à l'Isle de France quelques forces maritimes, et qu'elles eussent été dirigées vers le détroit de la Sonde, le riche convoi qu'escortoit le *Lion*, auroit couru risque d'être conduit dans cette importante et précieuse Colonie. On n'a pas manqué de gens instruits, qui ont donné des projets d'expédition d'une plus grande importance; mais les circonstances n'ont pas permis de les mettre à exécution. Elles nous ont obligé de laisser les Anglais jouir librement de leurs puissances dans les Indes Orientales, et de leur commerce; mais en les attaquant dans le centre de leurs richesses, nous serons amplement dédommagés de notre inaction passée.

CCLIII.

Page 184. « Les Anglais rencontrèrent » près du détroit de Banca un senaut et dix » bâtimens Malais. Ils étoient tous armés. » Le commandant de la flotte ne voulut point » s'exposer à des délais, en cherchant à dé- » couvrir les motifs de l'armement de ces » étrangers, et à les punir s'ils le méritoient. » J'ose improuver cette conduite. Cet armement appartenoit vraisemblablement à des pirates. Il étoit de la loyauté et même de la politique d'une grande nation de le détruire, et de l'empêcher d'exercer ses brigandages contre les Chinois qui en auront été les victimes. Le bruit de cette générosité se seroit répandue à Batavia, d'où il auroit pénétré à la Chine, et il auroit augmenté la considération du nom Anglais. La destruction de ces brigands pouvoit se faire sans danger, et, pour ainsi dire, sans perdre de tems. Il eût été impossible à cette flotille de résister une demi-heure. Je suis surpris que l'Ambassadeur n'ait pas déterminé le commandant de la flotte à cette attaque, après avoir pris les renseignemens nécessaires pour s'assurer de la qualité de ces étrangers.

C C L I V.

Page 185. Il y a long-tems que nous possédons à l'Isle de France *l'arbre à thé*, *l'arbre à suif, et celui qui produit le vernis de la Chine*, dont la végétation est très-lente. Ces végétaux auroient été mieux placés sur le *Lion* ou sur quelqu'autre vaisseau de la Compagnie que sur un brick, trop exposé à recevoir des coups de mer qui les auroient détruits.

C C L V.

Page 194. La petite Isle de Saint-Hélène est très-bien située pour servir de relâche aux vaisseaux qui doublent le Cap de Bonne-Espérance, en revenant en Europe. Les Français s'y arrêtent quelquefois, mais rarement, pour y faire de l'eau et du bois, et pour y prendre quelques rafraîchissemens. « En 1794, » il n'y avoit pas long-tems que l'île avoit » cessé de se ressentir d'une grande calamité. » Les causes générales qui avoient occa- » sionné la sécheresse de San-Yago... éten- » dirent sans doute leur funeste influence » sur toute la mer atlantique, et désolèrent » Sainte-Hélène. » C'est ce qui ne me paroît nullement probable. La distance est trop grande entre ces deux Isles, dont l'une est dans l'hémisphère austral, et l'autre dans l'hémisphère boréal, pour que je puisse admettre des *causes générales* qui influent sur ces deux points dans le même tems. Ces causes peuvent être les mêmes, mais accidentellement, et non pas généralement. J'ai déjà dit que Saint-Yague étoit sujette à éprouver des sécheresses, qui durent trois ans. Celle survenue à Saint-Hélène est vraisemblablement la première qu'on y ait éprouvée, depuis qu'elle est habitée; mais je crains qu'elle ne soit pas la dernière.

J'ai bien vu à l'Isle de France des sécheresses de huit à neuf mois, mais très-rarement et jamais de plus longues.

C C L V I.

Page 209. Il y a une faute d'impression

dans le tableau de la population de la Chine. Le total est porté à trois cent cinquante-trois millions d'ames; et par le calcul, il ne s'élève qu'à trois cent trente-trois millions. Comme dans le cours de la narration, l'auteur n'a pas fait mention du total, et qu'il n'y a point d'errata dans l'édition française, on ne peut pas corriger cette erreur. Mais en nous fixant au nombre moindre, comme le plus juste, on est ravi d'étonnement et d'admiration, en apprenant qu'il existe un peuple dont la population est ausssi immense. Elle seule fait l'éloge de sa police, de sa législation, de son gouvernement. Que les détracteurs des mœurs, des lois et de la police de ce peuple se taisent devant un argument aussi prépondérant et aussi victorieux.

Si l'on vouloit former des doutes sur l'exactitude des documens fournis à Lord Macartney par le premier Mandarin de la Cour, doutes qui ne seroient fondés que sur l'étonnement que produit un tableau qui nous paroît extraordinaire, on ne pourroit raisonnablement se dispenser d'adhérer aux états publiés par les Missionnaires de Pékin. Dans le neuvième volume des Mémoires concernant les Chinois, par les mêmes Missionnaires; on trouve *page* 440, un dénombrement de la population de la Chine, envoyé en France par le Père Amiot, en 1777, tel que l'avoit remis le *Héou-pou* (Tribunal des Fermes), l'an vingt-six du règne de Kien-long. Le total montoit à 198,214,624. Il étoit l'an vingt-cinq, de 196,837,977. La différence pour un an est de 1,376,647. L'an vingt-six du règne de Kien-long, répond à l'an 1762. Depuis cette époque, jusqu'en 1796, il y a trente-quatre ans, ce qui fait d'augmentation, en admettant la même proportion, 46,805,998. Nous convenons qu'elle doit être plus forte, parce que ceux nés avant 1762, et dans les années qui suivent, se régénèrent au bout de vingt et vingt-quatre ans. Nous supposerons donc une moitié en sus, c'est-à-dire, 23,402,999; ce qui fera 70,208,997, à ajouter au total de l'an vingt-six du règne de Kien-long, et je crois cette estimation foible (1). On aura pour le dénom-

---

(1) Dans une lettre du Père Amiot, de Pékin, le 14 septembre 1786, il dit que la population *augmente au moins de deux cinquièmes par génération*, et que *les générations se succèdent rapidement* : en ajoutant deux cinquièmes au total de la population de l'an 26 du règne de Kien-Long, on a 277,500.473. Ce calcul est encore foible, parce qu'il y a plus d'une génération de l'an 1762, à l'an 1796 : ainsi l'on trouveroit, d'après cette base, le total de plus de trois cent millions de têtes.

brement de la Chine, en 1796, le total de 268,423,621 têtes, ce qui est encore très-éloigné du dénombrement donné par l'Ambassadeur anglais. Si la population chinoise suit constamment le même accroissement, le Gouvernement sera obligé d'envoyer des colonies, dans les pays circonvoisins.

Fin des observations sur le voyage de Lord Macartney.

OBSERVATIONS

Sur le voyage à la Chine de l'ambassade de la compagnie Hollandaise des Indes-Orientales; Tome premier.

PREMIÈRE OBSERVATION.

Dans son épître à Georges Washington, l'auteur avance que le peuple Chinois *est le plus ancien de tous ceux qui habitent actuellement ce globe*. Il veut dire apparemment que ce peuple est celui qui a été réuni en société civilisée le plus anciennement, et qu'il est celui qui vit sous les mêmes lois depuis le plus de tems. Je crois que dans ce sens les Indiens sont encore plus anciens. Les Chinois ont changé souvent de dynasties; ils ont été soumis plusieurs fois à des Tartares; mais ces révolutions n'en ont apporté aucune dans leurs lois et dans leurs mœurs. Les conquérans ont adopté celles des vaincus. Il n'est pas difficile, ce me semble, de donner une explication de ce phénomène politico-moral. Les Tartares qui ont conquis la Chine étoient des peuples agrestes, sans lois positives, sans connoissances, et trouvoient un peuple soumis, dont la civilisation et l'industrie excitoient leur étonnement et leur admiration. Ils sentoient qu'il eût été difficile à contenir, s'ils avoient voulu changer sa législation, ses principes, ses mœurs, ses coutumes; que sa subsistance n'eût pas été assurée, et que le défaut de vivres eût pu le jeter dans le désespoir, et lui donner l'énergie qui lui manquoit, pour attaquer ses oppresseurs. D'ailleurs les Tartares n'avoient pas le talent d'imaginer des changemens politiques, et, par conséquent, ne pouvoient pas en avoir la volonté. Formant le très-petit nombre, les vainqueurs ont adopté les lois de la multitude, et ont été entrainés par cette masse imposante.

Ce qui a le plus contribué à perpétuer l'ancienne législation des Chinois, c'est le respect religieux et comme superstitieux, pour tout ce qu'ils tiennent de leurs ancêtres, pour leurs anciens usages, pour leurs lois, pour leurs principes. Ils croient avoir atteint le dernier degré de la perfection humaine, d'où il résulte qu'ils ne sont pas disposés à adopter des changemens. C'est un point de conformité qu'ils ont avec les anciens Egyptiens. Platon dit qu'une loi d'Egypte défendoit de rien changer, ni dans le chant, ni dans les instrumens, ni dans
la

la peinture, ni dans la sculpture. Voici pourquoi je présume que les anciens philosophes regardoient toute innovation dans la musique comme dangereuse. Ce n'est pas seulement parce qu'elle ramollit et qu'elle relâche les mœurs, comme on l'a soupçonné ; mais c'est parce qu'une innovation quelconque en entraîne d'autres.

Les Indiens, qui ont eu, dans des tems très-anciens, des relations de commerce avec les Egyptiens, ont le même respect pour l'antiquité, mais il est porté plus loin à la Chine qu'ailleurs. Les Indiens ont conservé, depuis un tems immémorial, leurs lois politiques et civiles, leur religion, leurs mœurs. Les Tartares Mogols qui les ont conquis n'ont point adopté leurs mœurs, ni leur religion. Attachés au Mahométisme, ils méprisent tous les peuples qui ne sont pas de leur croyance : aussi ne s'allient-ils jamais avec les Indiens, qui auroient la même répugnance à contracter des alliances avec eux, par principe de religion. Les vainqueurs par mépris, plutôt que par tolérance ou par politique, ont laissé les vaincus suivre leurs lois, leurs coutumes, leur religion. Ils n'exigent d'eux que de l'argent, c'est-à-dire, le paiement des contributions.

II.

Page 4. M. Isaac Titsing est, je crois, le même qui a commandé à Chinsurat, en 1787 et 1788, et qui a passé quatorze ans au Japon. Il entretient correspondance avec le beau-père de l'Empereur de ce pays, dont il a gagné les bonnes graces.

III.

Page 6. On dit en Français une *chape*, et non pas *un chap*. C'est un papier qui accorde une permission, ou qui est un certificat. Par exemple, lorsqu'un canot, ou un *champan* (on ne dit pas en français *une champane*) ont été visités par les Mandarins douaniers, ils remettent une *chape* qui certifie la visite. On la fait voir à chaque douane devant laquelle on passe, et il y en a plusieurs sur les bords de la rivière de Wampou à Canton, où l'on est obligé de s'arrêter. Les commis de ces douanes la visent, et par ce moyen les bateaux ne sont pas sujets à de nouvelles visites. Cette *chape* est ce que nous appelions ci-devant un *passavant*.

IV.

Page 43. « Ce moulin à sucre a deux
» rouleaux ou billots de bois cylindriques
» qui, avec deux chaudières, complètent
» tout l'appareil de cette manufacture. La

» canne est pressurée en passant entre ces
» deux cylindres fort pesans, que mettent en
» mouvement deux buffles, au moyen d'un
» arbre à queue auquel il sont attachés et
» qu'ils font tourner. » Cette description est
incomplète. Il sembleroit d'ailleurs que la
pesanteur feroit toute la pression, tandis
qu'elle est occasionnée par la proximité et
par le mouvement des cylindres. Les moulins des Européens en ont trois, au moyen
desquels la canne éprouve deux pressions.
Il en résulte vraisemblablement qu'elle retient
moins de suc. J'ai essayé de passer une
troisième fois, des cannes en les doublant,
entre deux cylindres. J'ai retiré à part
le peu de suc qu'elles ont donné, et je l'ai fait
cuire ; j'ai obtenu fort peu de sucre d'une
qualité très-inférieure.

V.

Page 67. En parlant du chemin scabreux,
qui traverse une montagne, et qui *est le
long d'un précipice, coupé verticalement,*
l'auteur dit, *qu'on a allumé des flambeaux
à cause de la nuit.* Il auroit dû dire quelle
étoit la composition de ces flambeaux : car
tout intéresse d'un pays aussi éloigné de
nous, et dont les habitans sont très-industrieux. Dans l'Inde, on fait des flambeaux
cylindriques avec de vieux chiffons de toile ;

on les arrose d'huile à l'extrémité qui brûle. Le domestique chargé de porter le flambeau, se nomme *Massalgi*. Il le tient d'une main, et il a dans l'autre un vase de cuivre qui contient de l'huile, dont il arrose la flamme fréquemment, et qui est tirée de la moutarde ou du sésame, qu'on nomme *gingeli*. A l'Isle de France, on a pris la coutume des Madécasses. On fend en petites bûchettes longuettes, le bois d'un arbre qu'on appelle bois de ronde et qui est résineux, on les assemble et on les lie avec des lianes; elles brûlent très-bien, et répandent une odeur qui n'est pas désagréable.

V I.

Page 71. L'auteur parle souvent des plantations de tabac, sans dire quelle en est l'espèce, quelle en est la culture, quelle préparation on donne aux feuilles, à quel usage elles sont destinées. Il ne désigne pas non plus l'espèce des cannes à sucre cultivées, ni celle du blé sarrazin, etc.

V I I.

Pages 71, 72 *et* 73. L'auteur auroit dû accompagner d'un plan la description qu'il fait des moulins de la Chine, pour élever les eaux et les conduire dans les champs qu'elles arrosent. La simplicité, le bon marché et l'utilité de ces moulins pourroient nous engager à en adopter l'usage. Il est vrai qu'ils sont plus nécessaires à la Chine qu'en Europe, à cause de la culture du riz, qui demande de l'eau pour végéter; mais dans les tems de sécheresse, les arrosemens seroient très-utiles à nos plantations.

VIII.

Page 75. « J'ai profité de cette circons-
» tance pour aller voir un joli temple con-
» sacré au philosophe Kong-fou-Tsé (*Con-*
» *fucius.*) Ce temple est fort grand et bien
» entretenu. La salle est terminée par un
» superbe dôme octogone. La coupole du
» dôme est chargée de dorure et embellie
» par des peintures. » Ce monument consacré à la mémoire du philosophe qui a éclairé les Chinois sur les préceptes de la morale, ne peut pas s'appeler un temple. Confucius n'est pas honoré comme un Dieu. La construction de ce dôme prouve que les Chinois sont plus habiles en architecture qu'on ne le croit. Je suppose que la coupole est en pierres, quoique l'auteur n'en dise rien, et qu'il ne parle ni des piliers ni des murs qui la soutiennent. Il ne dit pas quel est son diamètre, quelle est son élévation, etc.

IX.

Page 96. Le *savant M. Hooyman*, dont

il est ici question, est le même que j'ai cité, à l'occasion du *Upas* (quarante-deuxième observation sur le Voyage à la Chine de l'Ambassade Anglaise). Il étoit membre de la Société Littéraire des arts de Batavia, à qui il a fourni plusieurs Mémoires très-instructifs. Les lettres regretteront en lui un savant estimable, ses concitoyens un patriote, et ses amis un homme de bien. Qu'il me soit permis de jeter quelques fleurs sur la tombe d'un homme que je n'ai connu que par ses ouvrages, par sa réputation, et par la correspondance qu'il vouloit bien entretenir avec moi.

X.

Page 105. « Nous avons trouvé sur deux » rivières des ponts que portent des bambous » flottans. » J'avoue que sur ce récit, je ne puis pas prendre une idée de la chose. Il sembleroit que ces ponts sont flottans, puisque leur point d'appui l'est lui-même. Ces ponts portés par des bambous, sont vraisemblablement d'un bois très-léger. Ils ne peuvent pas avoir beaucoup de durée, et ne servent sans doute qu'aux piétons.

X I.

Page 108. Rien n'est plus propre à faire connoître l'industrie laborieuse des Chinois, que la description des travaux qu'ils ont faits, pour arroser les champs de riz et pour mettre en culture les terres des montagnes. Plusieurs d'entr'elles ont été plantées de pins et de mélèzes, et de *Camellia Sesanqua*; d'autres sont divisées *en terrasses de quatre à cinq pieds d'élévation, placées par degrés, depuis le haut jusqu'en bas : chaque terrasse a un parapet, et des petites fosses destinées à égouter l'eau de pluie surabondante.* Il y a, sur les parties les plus élevées, *d'amples réservoirs, où l'eau pluviale est recueillie et conservée,* pour être distribuée dans les tems de sécheresse. Ils ont aussi des machines hydrauliques, au moyen desquelles ils élèvent l'eau de la plaine, jusqu'au sommet des montagnes. Ces travaux prouvent une grande population, beaucoup d'industrie, de patience et de labeur. Je ne sache pas qu'aucun autre peuple en ait fait de pareils, excepté les Arabes qui cultivent le café à Bendérabassy sur des montagnes. Il n'y ont pas élevé les eaux, mais ils ont profité des sources qui découlent du haut des montagnes, pour les faire passer successivement au pied des cafés qu'ils y cultivent.

X I I.

Page 138. « Nous avons passé sur un pont
» extrêmement long qui offre cette forme :
» ⌒⌒ Il est au-dessus d'une rivière d'une

» grande largeur, construit partie en pierres
» de taille, partie en briques, parcourant
» un espace de huit cent cinq pas, sur une
» largeur de vingt pieds, à en juger par la
» simple vue. Le pont est composé de quinze
» arches qui ne se suivent pas, parce qu'il
» y a, dans différens points, cinq intervalles
» sans arches ni ouvertures. C'est le pont
» le plus vaste que mes yeux aient apperçu
» à la Chine. » Cette description me paroît
aussi incomplète que toutes les précédentes.
Les Chinois ont eu sans doute des raisons
pour donner à ce pont une forme sinueuse;
on ne peut pas les deviner. Pourquoi cinq
intervalles sans arches ni ouvertures ? Ces
massifs sont-ils factices ou naturels ? Dans
l'un et l'autre cas, quelles sont les matières
qui les composent ? Les arches sont-elles
cintrées, elliptiques ou planes ? Y a-t-il un
parapet ou des gardes-fous ? etc. etc. Le
Voyage de Lord Macartney ne fait mention
d'aucun pont de ce genre ; mais il y est
question d'un pont de quatre-vingt-dix
arches sur le grand canal, (t. III, p. 341,)
dont il ne donne pas les dimensions.

XIII.

Page 147. « Dans l'après-diné, nous
» avons passé sur un beau pont, tout de
» pierres de taille. Sa largeur est d'environ

» trente-cinq pieds, et sa longueur d'en-
» viron huit cents toises. Il est composé de
» cent de ces arches non voûtées, que j'ai
» indiquées ailleurs, et a, de chaque côté,
» une balustrade en pierres, de près de deux
» pieds et demi de hauteur, et ornée de
» quinze pieds en quinze pieds, d'une figure de
» lion couché, mais grossièrement sculptée. »

Il paroît que ce pont est le même que celui de quatre-vingt-dix arches, dont il est question dans le voyage de l'Ambassade anglaise. Elle a fait en revenant, le même chemin que la hollandaise ; l'une et l'autre devroient être d'accord sur la quantité d'arches du pont. Je conçois qu'il n'est pas fort aisé de les compter, à des voyageurs qui ne font que passer, et qui sont obligés de s'en rapporter à ce qu'on leur dit. Il en résulte qu'on ne peut pas se fier à l'exactitude de la plupart de leurs récits.

XIV.

Page 157. « La relation de notre voyage,
» peut faire juger de la ponctualité avec la-
» quelle les ordres de l'Empereur, pour les
» commodités de notre voyage, sont exécu-
» tés ; mais puisque les Mandarins n'ont pas
» sur les *coulis* un pouvoir capable de pro-
» duire l'obéissance, on voit de quelle classe
» du peuple dépendent les désagrémens qui

» ne nous sont pas épargnés. » C'est nous donner une fausse idée du pouvoir des Mandarins et de l'esprit de subordination qui règne à la Chine. L'Ambassade anglaise, qui a été traitée avec beaucoup plus d'égards que la hollandaise, n'a pas été dans le cas de porter les mêmes plaintes. Si l'on avoit fait accompagner les coulis par des soldats, le transport des effets de l'Ambassade eût été plus régulier ; mais les services qu'on exigeoit de ces porte-faix n'étoient pas libres, et vraisemblablement mal payés. Il n'est pas étonnant qu'ils s'y soient soustraits, toutes les fois qu'ils ont pu le faire impunément. Dans une aussi grande population que celle de la Chine, il eût été bien difficile de retrouver les déserteurs.

X V.

Page 161 « Depuis quelques jours, j'ai vu
» de grands troupeaux de moutons, qu'on
» mène paitre dans les champs ; ils paroissent
» très - communs dans cette contrée. » C'est dans la contrée la moins fertile, et la moins propre à la culture que l'on élève des troupeaux. Les Chinois pensent que les bonnes terres rendent beaucoup plus, étant cultivées que mises en prairies ; mais les terres qui, par leur aridité, ne paieroient pas les avances du cultivateur, sont abandonnées à la nature,

et dans cet état fournissent de la pâture aux bestiaux.

XVI.

Page 167. « Au sortir de la ville de Tso-
» tcheou, nous avons passé sur un joli pont
» de pierres d'environ trente pieds de large,
» et ayant neuf cent soixante pas de long.
» Dans les deux cents pas qui occupent le
» milieu de cette longueur, il est arqué, tan-
» dis que les deux bouts ou extrémités sont
» plats et sans pente sensible..... » L'auteur
n'a pas eu le tems d'en compter les arches.
Neuf cent soixante pas font quatre cents toises. Certes c'est un beau travail qu'un pareil
pont... Le Pont-Neuf à Paris, n'a que......
mais il est plus large et il est arqué par-tout.
Un peu plus loin, le voyageur a encore passé
sur deux ponts, l'un qui a deux cents pas,
l'autre cent pas de long, et le lendemain il
en a trouvé un autre, près de la ville de Fee-
Ching-Sé, *d'une rare beauté*, et qui est en
pierres de taille. Sa longueur est de deux
cent seize pas, ou quatre-vingt-dix toises.

XVII.

Page 198. « On m'ajoute que nous sommes
» placés dans l'opinion du Souverain et de
» son Premier Ministre fort au-dessus des
» Anglais, et tous ces détails sont assaison-

» nés d'autres louanges. » Le bon Van-Braam-Houck-Geest paroît avoir été la dupe de sa bonhommie, puisqu'il a la naïveté de répéter ce qu'on lui a dit. Les plus grands Mandarins de l'Empire avoient été au-dedevant de l'Ambassadeur anglais, et l'ont accompagné à Pékin et jusqu'à Canton. Il a été dispensé de la cérémonie humiliante, pour un Européen, de la prosternation. Les Chinois ont bien su distinguer l'envoyé officiel d'un grand Monarque, d'avec l'envoyé des commissaires d'une Compagnie de marchands. Il est vraisemblable aussi que la magnificence, la richesse, le choix des présens de l'Ambassade anglaise, comparés à la mesquinerie de ceux de la Hollandaise a influé sur l'opinion que le Gouvernement chinois a pris de l'un et de l'autre.

XVIII.

Page 259. Van-Braam pense *qu'on ne peut guère supposer tout au plus que huit cent mille hommes* de troupes, tant à pied qu'à cheval, pour les *quinze provinces de l'Empire chinois,* tandis que Sir Staunton, d'après des renseignemens qui ont été fournis à Lord Macartney, par des Mandarins militaires de la première classe, en porte le nombre à dix-huit cent mille hommes, dont un million de fantassins, et huit cent mille cavaliers. Le premier se fonde sur le petit nombre de troupes qu'il a vues sur sa route, et l'autre se fonde pareillement sur toutes celles qui faisoient parade, lors du passage de l'Ambassadeur, pour lui faire honneur. Il paroît, par le récit des deux voyageurs, que l'Anglais a reçu par-tout des honneurs plus distingués que le Hollandais. Il ne seroit donc pas étonnant qu'au passage du premier dans les villes des trois ordres, et même dans les villages, les Mandarins militaires qui l'accompagnoient, eussent ordonné à toutes les garnisons, de chaque poste, de se rassembler, et que le second n'ait vu que les troupes qui étoient de service, au moment de son passage. On ne peut pas accuser Sir Staunton d'exagération dans aucun de ses récits; l'amour de la vérité paroît les avoir dictés ; la candeur semble être le principe de son caractère ; et d'ailleurs il appuie sa croyance, par celle de Lord Macartney et de toutes les personnes de l'Ambassade, et par les témoignages des Mandarins du premier ordre, qu'ils ont eu occasion de connoître et d'étudier, et en qui ils ont pris confiance.

XIX.

Page 265. « Le repas fini, on a apporté
» à chaque convive une tasse de lait de fé-
» ves. (*Catiang*) ». Ces prétendues fèves

seroient-elles le *pois Cattian*, dont il se fait à Batavia une grande consommation par le peuple et par les marins. Les Hollandais en embarquent toujours sur leurs vaisseaux, pour leurs équipages. Ce *Cattian* n'est guère plus gros que nos lentilles ; il est rond et non applati. Nous ne l'avons pas introduit à l'Isle de France, parce qu'il nous a paru d'un goût médiocre, et parce que nous y cultivons beaucoup d'autres espèces de pois préférable à celles-ci. Il eût été bon de connoître la manière de préparer ce *lait de fèves*, qui est vraisemblablement une émulsion. On n'en fait pas mention dans le voyage de l'Ambassade Anglaise. Peut-être qu'on n'obtient ce lait, que lorsque les fèves sont nouvelles, et que la saison en étoit passée, lorsque les Anglais étoient à Pekin.

X X.

Pages 268 *et suivantes.* L'auteur donne sur le palais impérial des détails curieux et intéressans, qu'on ne trouve pas dans le voyage de l'Ambassade Anglaise ; mais ils laissent à désirer, ceux que pourroit fournir un observateur intelligent qui auroit le tems de les examiner, pour en faire une description complète.

XXI.

Page 280. Dans l'avant-dernière rue de
» Pékin, nous rencontrâmes six grands élé-
» phans... C'est un présent envoyé à sa Ma-
» jesté par un grand Mandarin, résidant aux
» frontières de l'ouest. » Si l'Empereur de la
Chine désiroit avoir des éléphans, pour la
parade, il lui seroit très-facile d'en faire venir à la Cour, de la Cochinchine, où il y en a
une très-grande quantité ; mais ces animaux
supporteroient difficilement le climat de
Pékin.

XXII.

Page 300. « L'on nous a servi des pâtis-
» series et des confitures. Ayant goûté de
» quelques-unes, nous les avons trouvées
» aussi bonnes que nous aurions pu les dési-
» rer en Europe ». Les Chinois font d'excellentes confitures, qui ont la propriété de
se conserver beaucoup plus long-tems que
celles d'Europe. Peut-être dépend-elle de la
qualité du sucre. Cependant les confitures
de Batavia et celles de Manille ont la même
propriété, et l'on emploie dans ces deux
villes le sucre du pays. Cette substance,
lorsqu'elle a voyagé par mer, auroit-elle
éprouvé un commencement de fermentation
qui affoibliroit sa propriété conservatrice ?

A-t-on dans ces pays, une méthode de cuire ou de clarifier le sirop, préférable à celle des Européens? Cette qualité dépend-elle de la nature des fruits? Quoi qu'il en soit, le fait est constant. J'ai employé à l'Isle de France, pendant longues années, du sucre de Batavia pour des confitures, que j'ai fait faire avec soin; elles ne se sont jamais conservées long-tems, quoique le climat de cette colonie soit beaucoup moins chaud que celui de Java.

XXIII.

Page 310. Des feux d'artifice en plein jour sont une nouveauté pour les Européens. Notre Hollandais n'a pas été aussi satisfait de ce spectacle que les Anglais. J'ignore jusqu'à quel point les Chinois ont porté l'industrie dans ce genre; mais je puis assurer que celle des Indiens a été fort loin. J'ai vu à Goretti près de Chandernagor, dans le Bengale, un feu d'artifice superbe, qui auroit fait honneur au plus fameux artificier Italien. L'usage des artifices est général dans l'Indoustan. Lorsque les princes Maures veulent témoigner de la considération à quelqu'un qui leur rend visite, ou qui passe chez eux, ils ne manquent pas, s'il s'arrête le soir, de le régaler d'un feu d'artifice; mais ils ne connoissent pas ceux de jour. Il me me semble, qu'ils sont plus à craindre le jour que la nuit, parce que dans le premier cas, on n'apperçoit pas les étincelles. Je crois donc que la Cour de Pékin a eu l'intention de donner aux Européens un spectacle nouveau pour eux.

XXIV.

Page 319 *et suivantes.* C'est avec plaisir que j'ajouterai des éloges à mes critiques. Les réflexions de l'auteur sur le degré des connoissances, où les Chinois sont parvenus, dès la plus haute antiquité, sur le principal ressort de sa législation, qui est le respect filial, sur son attachement à ses lois, à ses usages, à sa morale, sont très-philosophiques, et font honneur au jugement de l'auteur.

XXV.

Page 323. L'auteur pense qu'il seroit facile aux Européens de *contraindre* les Chinois, « à faire des réformes nécessaires, afin » d'arrêter les criantes concussions et les » fraudes que les Mandarins de Canton por- » tent jusqu'au dernier degré, et qui sont » fort onéreuses au commerce de l'Europe ». Il croit « prudent de ne pas s'expliquer plus » clairement sur ce sujet, et de passer sous » silence et le projet et le plan ». Cette discrétion est louable, mais il n'est pas difficile de deviner les vues de l'auteur. Au surplus, quels que soient les moyens qu'on imagine pour remplir ce but, dès qu'ils ont la force et la violence pour principes, ils ne sont ni justes, ni honnêtes. Les Chinois ne recherchent point les Européens, ne les invitent point à venir commercer chez eux. S'il convient à ceux-ci d'aller chercher du thé à la Chine, ils doivent se soumettre à toutes les entraves que ce commerce entraîne, et à toutes les conditions qu'y mettent les vendeurs, ou y renoncer, si elles leur paroissent trop dures et insoutenables. Des représentations sont la seule voie légitime qui leur soit ouverte, pour faire cesser les vexations dont ils se plaignent. Je suis persuadé qu'elles seroient écoutées de l'Empereur; mais il est très-difficile de les lui faire parvenir. Si on réussissoit, il est vraisemblable que leur effet ne seroit que momentané, à moins que les Européens n'eussent, à la Cour, un résident habituel, avec un caractère reconnu; et les usages de l'Empire s'y opposent.

Cette manie des Européens de vouloir soumettre tous les peuples à leurs volontés, ne peut être mieux prouvée que par la déclaration franche et publique d'un Hollandais, à l'occasion de l'Empire le plus étendu et le plus puissant du globe, pour des intérêts purement commerciaux.

XXVI.

Page 337. « Nous n'avons peut-être pas
» apperçu la vingtième partie de toutes les
» beautés que renferme *Yuen-Ming-Yuen*:
» car l'on m'a assuré que la circonférence
» totale de ce séjour est de près de trois
» cents *lys* (trente lieues) ». Un jardin qui
a trente lieues de tour, paroît une chose
incroyable. On est porté à supposer de
l'exagération. Cependant on doit se rappeler qu'une grande partie du terrain est cultivée, qu'on y élève beaucoup de troupeaux
de toute espèce, et que cette habitation est
une des propriétés utiles de l'Empereur,
dont il tire des revenus. Les dépenses particulières de sa maison sont payées avec les
revenus de ses terres. Il en a dans plusieurs
parties de l'Empire. Les plus considérables
sont, dit-on, en Tartarie.

*Observations sur le voyage de l'Ambassade
Hollandaise à la Chine; Tome sceond.*

XXVII.

Page 9. « Un ouvrier réparoit et soudoit
» des poëles à frire, de fer fondu, qui
» étoient trouées ou fendues, et les réta-

» blissoit dans leur état primitif, de ma-
» nière à s'en servir, comme auparavant. Il
» prenoit même si peu de peine, pour y par-
» venir, et il y réussissoit si promptement
» que j'en fus étonné, et cela doit sembler
» impossible à quiconque ne l'a pas vu ».
L'auteur entre dans le détail des outils de
l'ouvrier, et de la manière dont il opéroit.
Il n'y manque qu'une chose, c'est de nous
apprendre quel étoit le fondant du fer; car
sûrement il en employoit un.

XXVIII.

Pages 16 *et* 17. Voilà donc un semoir
en usage, chez la nation la plus nombreuse,
l'une des plus anciennes et la plus fameuse
en agriculture. Il nous seroit très-facile de
l'imiter, et même de perfectionner cette machine. Le Citoyen Brun, que j'ai déjà cité,
à l'occasion d'une machine de son invention, pour battre le blé, en a inventé une
autre très-ingénieuse pour semer le grain, qui
a été, dit-il, essayée et approuvée. Il se propose d'en rendre compte au Gouvernement,
qui s'empressera sans doute d'encourager
l'industrie, et de prendre les mesures nécessaires, pour propager les inventions utiles, et
pour en rendre l'usage général. L'ancien Gouvernement, malgré son insouciance et son
impéritie, en a favorisé plusieurs. J'ai donné

dans mon ouvrage sur la fabrication de l'indigo, imprimé à l'Isle de France en 1779, la description et le plan d'un semoir propre à la culture de l'anil. Il pourroit être employé à d'autres graines.

L'Ambassade Hollandaise n'a rien dit sur la méthode chinoise de cultiver le blé. L'Anglaise ne s'est pas assez étendue sur ce sujet intéressant. J'aurois voulu savoir si les Chinois ont plusieurs espèces de blé, et si elles diffèrent de celles de l'Europe. On nous dit qu'ils le plantent à la houe? Mais cet usage est-il général? Labourent-ils plusieurs fois la terre? Quelle est celle préférée pour cette culture? La fûment-ils? L'engraissent-ils? Avec quelle substance? Trempent-ils le grain dans une liqueur préparée, avant de la confier à la terre? Attendent-ils qu'elle ait été arrosée par la pluie, avant d'en faire la plantation? Combien de tems est-il en terre? L'arrosent-ils, avant et après les semailles, et pendant qu'il végète? Laissent-ils reposer la terre après la récolte? Le blé a-t-il chez eux les mêmes maladies qu'en Europe? Quel est son rapport? Echangent-ils les semences d'un pays contre celles d'un autre? Laissent-ils le chaume pourrir en terre? Quel usage font-ils de la paille? Est-elle haute et forte? Comment font-ils la moisson? Comment séparent-ils le grain de sa paille? Ont-ils des oiseaux destructeurs ? Comment s'y prennent-ils pour les détruire, ou pour les repousser ? Le grain est-il plus ou moins gros, plus ou moins farineux que les nôtres, etc.... J'aurois voulu qu'ils eussent essayé d'en faire du pain, à la façon européenne. J'ai présenté le détail de toutes ces questions, pour rappeler aux voyageurs qui veulent s'instruire et instruire les autres, qu'ils ne doivent pas s'en tenir à des connoissances superficielles, sur les objets de leurs observations.

XXIX.

Page 26. « On remarque un temple très-bien entretenu et couvert de tuiles vertes vernissées ». Les Chinois vernissent les tuiles qui couvrent leurs édifices, et leurs donnent différentes couleurs, sans doute, pour qu'ils aient plus d'apparence. Ce luxe présente un coup-d'œil plus agréable que celui de nos ardoises. On auroit désiré savoir si leurs tuiles sont plus longues, plus larges, plus épaisses que les nôtres, et de quelle manière elles sont assujéties sur les toits.

XXX.

Page 27. « Vis-à-vis de la ville de Canton sur *Honam*, je connois une pagode, où l'on dépose les cercueils de la même ma-

» nière, dans de petites chambres ou espaces
» séparés. L'on m'a assuré qu'il y avoit de
» ces dépôts qui datent de plus d'un siècle.
» Il existe à la Chine un bois considéré
» comme impérissable, et qu'on emploie
» aux cercueils. Il est de ces cercueils qui
» coûtent plus de cent cinquante louis de
» France ».

Il n'est pas étonnant que du bois, qui est à l'abri du soleil et des injures de l'air et de l'humidité, dure plus d'un siècle ; mais il est surprenant que des Chinois tiennent en dépôt aussi long-tems les ossemens de leurs pères, avant d'en faire les funérailles, qui se célèbrent avec beaucoup de pompe. L'auteur auroit bien dû nous dire quel est l'arbre qui produit ce bois regardé *comme impérissable*, et d'où on le tire. Il est sans doute très-rare et vient de très-loin, puisqu'il coûte si cher. C'est vraisemblablement un bois résineux et odorant. Les voyageurs Anglais et Hollandais ne nous ont pas dit, pourquoi les Chinois attachoient tant d'importance à loger leurs propres dépouilles et celles de leurs pères, et pourquoi ils avoient tant de respect pour les morts. Confucius leur a dit : *rendez aux morts les mêmes devoirs que s'ils étoient présens et pleins de vie.* C'étoit un conseil, ajoute Grosier ; mais à la Chine, les conseils de Confucius sont devenus des préceptes. Le respect pour les pères n'est point éteint par leur mort. Ce n'est pas seulement un conseil, ou un précepte, c'est un sentiment religieux qui naît de la persuasion, que les ames des pères existent. Les Chinois croient à l'immortalité de l'ame, depuis un tems immémorial. « Ce » peuple tel qu'il existe, dit Grosier (p. 690), » est à coup sûr, pour tout le reste de la » terre, le plus curieux monument que nous » ait transmis la haute antiquité ».

XXXI.

Page 34. Voilà des poires, des carottes, des navets *dont la peau est de couleur cramoisie*, d'une grosseur extraordinaire, dans la province de Kiang-Nam. Les hommes instruits savent très-bien que les végétaux ont tous des variétés très-nombreuses ; mais les philantropes désirent qu'on en fasse l'acquisition, et qu'on les multiplie par-tout, pour augmenter les moyens de subsistance, ou les jouissances des hommes. Nos voyageurs auroient dû prendre des jeunes arbres de cette espèce de poiriers, et des graines de ces végétaux, pour en enrichir leur patrie, d'où ils se seroient répandus avec le tems dans toute l'Europe. Le philantrope Bernardin de Saint-Pierre est peut-être le premier écrivain, parmi les Français, qui ait encouragé, par ses écrits, la transplantation des plantes exotiques, qui peuvent être utiles à l'humanité. Les Anglais ont adopté cette méthode digne d'un peuple commerçant, chez qui la philosophie a fait les plus grands progrès. Mais je dois dire, à la gloire de la Nation française, qu'elle a été la première à en donner l'exemple. L'ancienne Compagnie des Indes avoit fait transplanter à Bourbon des cafés de Moka, dans un tems très-ancien, et avoit chargé Labourdonnais, en 1735, de transporter du Brésil à l'Isle de France des plantes de manioc. Elle avoit ordonné qu'on y cultivât un jardin, qui fût placé au Quartier des Pamplemousses, et qui est le même que celui qui existe aujourd'hui, et qui appartient à la Nation. Il réunit des végétaux des quatre parties du monde, dans le genre utile, plutôt que dans le genre curieux. On a formé quelque tems après un second jardin dans un autre quartier de l'île, où j'ai vu multiplier, en 1756, les premiers caneliers et les premiers poivriers qui aient été introduits à l'Isle de France, et beaucoup d'autres végétaux utiles.

XXXII.

Page 62. Le *bambou*, dont les Chinois font des cordes et des cordages, est sans doute d'une autre espèce que celui de l'Inde, qui ne paroît pas propre à cet emploi. « Je doute » qu'aucun point du globe offre, dans le rè- » gne végétal, une substance qui ait une » utilité aussi générale que le bambou. » On a dit la même chose du cocotier, et je crois que c'est à plus juste titre. Il fournit une nourriture et des cordages, comme le bambou Chinois, il est propre à la bâtisse et à la couverture des maisons ; mais il procure de plus une boisson (l'eau contenue dans le fruit) un vin, un vinaigre, de l'eau-de-vie et du sucre.

Je remarquerai que la nourriture que fournit le bambou mérite à peine ce nom. Le bambou des îles de France et de la Réunion, originaire de l'Inde, ne rapporte point de graines, quoiqu'il vienne très-haut, très-touffu et assez gros. J'en ai cependant vu dans l'Inde de plus gros. Le bambou épineux de la côte Malabarre produit une graine qui ressemble au petit mil. Je crois qu'on en pourroit nourrir les oiseaux de basse-cour; mais je pense que ce seroit une très-médiocre ressource pour la nourriture de l'homme. On tire encore parti du bambou, en faisant confire au vinaigre les rejetons de la plante, qu'on enlève au sortir de terre ; mais par ce moyen la tige qu'il devoit fournir est détruite.

La manière de multiplier le bambou est

simple et facile. On prend un jet mûr de dix, douze, quinze pieds de long : dans cet état il est jaune. On le place dans une fosse étroite de la même longueur, et on le couvre de terre. Chaque nœud du bambou fournit ordinairement des tiges nouvelles.

XXXIII.

Page 73. L'Hollandais confirme, par son rapport, ce que nous a dit l'Ambassadeur Anglais, que les nankins doivent leur couleur jaune à la couleur naturelle d'une espèce de coton qui croît dans la province de Kiang-Nam, au district de Fong-Kiang-Fou, le long de la mer. Le premier ajoute que les Américains ayant doublé les demandes des nankins, les fabricans, pour les remplir, *mêlèrent au coton roussâtre du coton blanc ordinaire, ce qui donna une couleur pâle* à la toile. Pour éviter cet inconvénient, ils auroient pu, ce me semble, teindre le coton blanc. J'ai teint plusieurs fois des pantalons de nankin qui avoient blanchi, en les mettant tremper, pendant vingt-quatre heures ou plus, dans une décoction d'écorces de chênes, sans les aluner ; il faut les retourner souvent, afin que la couleur prenne également. Plus la décoction est forte, plus la toile est roussâtre. On les trempe ensuite dans l'eau, pour les faire dégorger, et on les met sécher à l'ombre. La Cochinchine produit aussi un coton roussâtre, avec lequel on y fabrique des nankins semblables à ceux de la Chine. Au reste les nankins qui ont été lessivés plusieurs fois blanchissent. J'ai vu des pantalons qui, après plusieurs blanchissages, étoient devenus aussi blancs que des toiles ordinaires. Si l'on vouloit conserver leur couleur primitive, il faudroit ne les blanchir qu'à l'eau.

XXXIV.

Page 77. « La quantité de riz envoyée » annuellement à Pékin, est de plus de » 750,000,000 livres (françaises), quantité » vraiment étonnante. » Si cette capitale de l'Empire a trois millions d'ames, cette quantité de riz ne donneroit la subsistance à cette population, que pendant cent soixante-six jours, à raison d'une livre et demie par jour pour chaque personne. Mais tout ce riz appartient à l'Empereur ; il est destiné à *payer la plus grande partie de ceux qui servent dans l'armée, et ceux qui sont attachés à la Cour.* J'observe à l'auteur que l'armée est répartie dans toutes les provinces, et que ce riz destiné à Pékin doit avoir une autre destination. Au surplus, il provient des contributions imposées sur les terres ; elles se paient en nature.

XXXV.

Page 79 *et* 80. L'auteur parle d'un engrais pour les rizières, qui est inconnu à l'Europe : ce sont des os brûlés, dont on répand les cendres sur le riz, lorsque la plante a un pied de hauteur. Les os ne se réduisent pas facilement en cendres. Les Chinois ont peut-être quelque procédé particulier pour opérer leur incinération. Quoi qu'il en soit, les matières combustibles, qui ont servi à l'opération, et qui sont vraisemblablement imprégnées de la substance oléagineuse des os, peuvent être propres à servir d'engrais. « Il est connu » que toutes les espèces de cendres convien- » nent à la terre. » J'ai vu, ajoute-t-il, répandre de la même manière de la chaux sur le terrain où vient le riz, entre Canton et Macao. C'est apparemment de la chaux éteinte ; car la chaux vive réduite en poussière pourroit incommoder ceux qui la répandroient sur le terrain. C'est encore un engrais trop peu employé en Europe, et qui convient aux terres argilleuses.

Nous avons vu dans le voyage de l'Ambassade Anglaise que les Chinois emploient les matières fécales, les immondices des eaux, et les débris des végétaux, pour engraisser leurs terres ; mais le moyen qu'ils emploient le plus généralement est celui des arrosemens.

XXXVI.

Page 99. « *Ngok-si-faa-Nuntsi*, Mandarin d'un rang très-élevé, que sa vertu et sa fidélité ne purent sauver de la décapitation, accusé par ses ennemis, auprès de l'Empereur *Song-cau-Tsong*, sa mort fut ordonnée. La calomnie ayant été découverte peu de tems après, le corps de cet infortuné Ministre d'Etat fut, par ordre du même Empereur, enterré avec toute la pompe imaginable, et il lui fit ériger un magnifique tombeau. Il éleva en dignité le fils de cet infortuné, en même tems que ses perfides accusateurs furent condamnés au supplice. » Les annales de tous les peuples fournissent des traits semblables. On ne sauroit trop le répéter. La condamnation d'un homme à mort, (puisque toutes les législations les ordonnent, jusqu'à ce que la philosophie ait détruit les préjugés qui regardent ces homicides comme nécessaires à la sûreté des sociétés), la condamnation d'un homme à mort ne doit être portée, que sur les preuves les plus convaincantes du délit. Il vaut mieux sans doute, il vaut mieux mille fois, faire grace à cent coupables, que de faire périr un seul innocent.

Cet axiome est sur toutes les lèvres, il est gravé dans tous les cœurs. Par quelle fatalité ne reçoit-il pas son application dans la pratique?

XXXVII.

Ibid. « Nous sommes arrivés au faubourg
» de *Von-si-Chen*, dans le voisinage duquel
» nous avons vu au moins une douzaine de
» pagodes. Cinq en sont très-rapprochées,
» et elles sont même très-voisines l'une de
» l'autre. » C'est un fait sans doute très-remarquable, qu'une aussi grande quantité de pagodes, dans le même lieu, pour ainsi dire. Cela ne se voit nulle part ailleurs qu'à la Chine. Les Indiens, qui sont aussi superstitieux, ne les ont pas autant multipliées. Je ne connois que le grand et le petit Canjivaron qui rassemblent deux pagodes très-près l'une de l'autre : car il n'y a qu'une lieue de distance entr'elles. Mais aussi les pagodes des Indiens sont des monumens bien plus considérables que celles des Chinois. Une seule des premières a plus coûté de dépense que trente de celles des derniers.

Cette multiplicité de pagodes, dans le même lieu, prouve nécessairement que le pays est très-populeux et très-abondant. On eût désiré que l'auteur eût pu donner quelques détails sur cet objet; mais il est impossible à un voyageur, qui ne peut pas s'arrêter, et qui ne connoît pas la langue du pays, de faire les perquisitions nécessaires à son instruction.

XXXVIII.

Page 105. « Le rouge qu'on emploie à la » Chine est généralement meilleur que celui » dont on se sert en Europe. » Cette assertion me paroît hasardée. Quoi qu'il en soit, l'auteur, après avoir fait l'éloge de ses propriétés, auroit bien dû nous apprendre quelle est la substance qui fournit ce rouge, la manière d'en extraire la teinture, et celle de l'employer. Nous savons qu'ils teignent quelquefois en cochenille, mais alors les étoffes sont plus chères, et leur couleur est plus vive et plus solide.

J'ai parlé des cotons teints en rouge, dont les Chinoises se servent pour se farder; cette couleur est tirée du règne végétal; voilà tout ce que j'en sais. La garance et le carthame sont peut-être les plantes qui fournissent cette teinture.

Les Indiens cultivent une plante qu'ils nomment *chaya-ver*, dont les racines très-longues et menues fournissent une couleur rouge, avec laquelle ils teignent leurs toiles d'une manière très-solide. J'en avois fait venir des plantes à l'Isle de France; elles n'y ont

pas

pas réussi ; la terre y est trop compacte, et le climat n'est pas assez chaud. Cette plante veut une terre légère, sablonneuse, et qui ait de l'humidité. Les Européens ne l'ont pas encore employée dans leurs teintures. Il seroit facile de connoître exactement le procédé des Indiens.

XXXIX.

Page 120. « On est étrangement surpris
» lorsqu'on réfléchit à la quantité de pierres
» de taille employées seulement dans les
» lieux de cette province, qui se sont trou-
» vées sur notre passage, tant en quais qu'en
» ponts, et qu'on sait cependant que le point
» le plus proche d'où l'on puisse les tirer,
» est éloigné de cinquante à cent lys (cinq
» à dix lieues) et quelquefois plus. Ces tra-
» vaux doivent avoir occasionné un travail
» et une dépense énorme ».

Ils me rappelent la pagode de Chalembron, à la Côte de Coromandel, près Naour. Elle a cinq enceintes très-élevées, toutes en pierres de taille. L'intérieur qui est vaste est entièrement pavé en grandes pierres de taille. Les cinq flèches ou pyramides très-élevées, qui servent de portes, sont en pierres de taille, jusqu'au premier étage, élevé de quarante-cinq pieds environ au-dessus du sol ; le haut est en briques ; il a sept étages. Tous les bâtimens que renferme cette immense et curieuse pagode sont en pierres de taille. Je n'en ferai pas la description ; elle ne pourroit qu'être inexacte, je n'en ai pas pris les détails sur les lieux. Je ne parlerai pas de son étang qui est dans la première enceinte, qui sert aux purifications, qui est carré, qui est entouré de marches en pierres de taille, et d'une galerie couverte, à colonnes, en pierres de taille ; je ne dirai rien du sanctuaire, c'est-à-dire la dernière enceinte, où tous les Brames n'entrent pas, où je n'ai pas pénétré; mais je parlerai d'un bâtiment où j'ai logé, qui a neuf cent quatre-vingt dix-neuf colonnes de pierres d'un seul fût ; les murs, le pavé, la couverture elle-même qui est en terrasse, sont en pierres de taille. Ce monument étant élevé de six ou sept pieds environ au-dessus du sol, a des marches sur le devant du frontispice ; elles sont toutes en pierres de taille, et occupent toute la largeur du bâtiment. L'on m'a assuré que toutes ces pierres avoient été tirées de vingt lieues, et qu'on n'en trouvoit point plus près. Le goût et le génie n'ont pas présidé à cette architecture ! Mais quelle dépense énorme ! Quelle patience ! Combien de tems a-t-il fallu, pour achever tant d'édifices réunis dans la même enceinte !

Je reviens à mon auteur. Il ne parle pas du ciment qui lie les pierres des ponts et des quais de la Chine.

Suivant les relations des deux ambassades, l'architecture de ce pays n'offre rien de remarquable que la construction de ses ponts. C'est en ceci que paroit le génie inventif et vraiment créateur des Chinois. Ni l'Inde, ni même la Mer Rouge n'ont pu leur en fournir des modèles. Il n'y a pas un seul pont dans tout l'Indoustan, excepté celui, très-moderne, construit par les Anglais, à *Sédapet*, près Madrast, sur une ravine large et profonde. Les connoissances que suppose la construction en pierres d'un pont de quatre-vingt-dix arches, (voyez Tome III, page 341, du voyage de l'Ambassade Anglaise) et celle de leurs ponts cintrés et elliptiques, prouvent que les Chinois, dans un tems très-ancien, se livroient à l'étude de la géométrie, et qu'ils savoient en appliquer les principes à la pratique des arts utiles. Si la construction de leurs temples n'a rien de remarquable, c'est que la religion n'est pas considérée chez eux, comme une affaire d'État, et qui soit du ressort du Gouvernement; c'est que les temples ne sont pas destinés à des assemblées publiques. Les palais des Empereurs ont une architecture assez simple, parce que le goût des Chinois ne consiste pas dans la grandeur et dans l'élévation des bâtimens, et que leurs idées de luxe sont dans la quantité. Ceci tient à leurs mœurs. Les Empereurs ont un sérail ; ils tiennent leurs femmes dans des maisons séparées les unes des autres. Il faut donc à chaque maison toutes leurs dépendances, leurs cours, leurs jardins, etc.

X L.

Page 121. L'usage de brûler les morts à la Chine n'est pas général, tant s'en faut. La multiplicité des tombeaux qu'on y voit en est la preuve. Il seroit curieux de connoître l'origine et le motif de cette coutume. L'ont-ils prise des Indiens ? Est-ce la religion qui la commande ? Est-elle particulière à une secte, à une province ? Est-ce, comme on l'a dit à l'auteur, parce que « les terres » étoient si basses, qu'on ne pouvoit pas in- » humer les corps, vu qu'ils seroient dans l'eau, » idées que les Chinois ne peuvent adopter, » puisqu'ils sont persuadés que les morts » aiment un séjour sec ». Ce motif ne me paroît pas concluant. Il y a sans doute, dans le pays, des collines, où l'on auroit pu mettre les morts à sec. L'auteur ne dit pas si l'on recueille les cendres des morts.

XLI.

Page 123. « Ici le terrain est redevenu
» uni ; et comme tout est planté sur couches,
» les champs ont l'apparence de jardins pota-
» gers. Il n'y a pas jusqu'aux mûriers (qu'il
» paroit qu'on arrête à hauteur d'homme),
» qui ne soient aussi sur des couches. Il est
» vraisemblable que ce canton est sujet à
» de fortes pluies, qui exigent cette pré-
» caution, pour accélérer leur écoulement,
» et préserver les terres de leurs dommages. »
Si les *couches* sont larges, c'est-à-dire, si
les fossés sont éloignés les uns des autres,
ils ont été pratiqués pour donner de l'écoulement aux eaux trop abondantes ; si, au
contraire, les couches sont étroites et les
fossés très-rapprochés, alors ce travail a été
fait pour faciliter l'arrosement.

XLII.

Page 129. Si le mûrier étoit unisexe, les
arbres à fleurs femelles donneroient seuls du
fruit, tandis que ceux à fleurs mâles n'auroient que des fleurs. Il semble qu'il y a
ici une erreur de la part de l'auteur, à
moins que le mûrier de la Chine ne soit
d'une autre espèce que ceux que nous connoissons.

XLIII.

Page 130. « Près de ce pont sont sept arcs
» de triomphe de pierres. Deux points dif-
» férens en offrent chacun trois réunis en-
» semble ; l'autre est isolé. » Les arcs de
triomphe sont très-communs à la Chine ; ils
sont consacrés à honorer la vertu. C'est une
très-belle institution, dont aucun autre
peuple n'offre l'exemple. Les ponts sont encore
plus communs. L'Ambassade hollandaise
en rencontre à chaque pas, pour ainsi
dire. Une partie de ces ponts prouve les
connoissances des Chinois dans la coupe
des pierres.

On sait que plusieurs de ces ponts ont été
construits aux frais de quelques riches philantropes
pour la commodité du public.
Alors la reconnoissance nationale élève à
leur mémoire des arcs de triomphe qui
perpétuent le souvenir du bienfait, qui excitent
l'émulation, qui entretiennent les
hommes dans les sentimens de bienfaisance
envers l'humanité.

Les Romains décernoient des couronnes ;
mais elles n'étoient la récompense que des
vertus militaires que ce peuple guerrier prisoit
plus que toutes les autres. Les Chinois
estiment davantage les vertus civiles ; c'est
une suite de leur position. Celle où se trouve

la France exige qu'elle honore les unes et les autres. En effet, le Corps Législatif a décerné les honneurs du Panthéon à des militaires, à des ministres, à des philosophes, à des écrivains du premier ordre, à des savans qui ont éclairé leur siècle et la postérité.

XLIV.

Page 133. Il est assez étonnant que les Chinois transportent l'indigo nouvellement fabriqué, et dans l'état d'humidité, c'est-à-dire en bouillie, pour être employé à la teinture. Vraisemblablement ce transport est assez court, ou bien ils ont quelques moyens d'empêcher la fermentation de s'établir dans la pâte et de la détériorer. Peut-être ne connoissent-ils pas les procédés qui opèrent la dissolution de l'indigo, dans l'état de siccité. Quoi qu'il en soit, leur méthode me paroît profitable. L'indigo nouvellement fabriqué se dissout beaucoup plus facilement que lorsqu'il a été desséché. Comme on n'est pas obligé de le réduire en poudre, on ne perd pas les parties que cette opération mécanique fait évaporer.

XLV.

Page 153. L'auteur, ou le traducteur, emploient très-souvent le mot *palanquin*, pour désigner une chaise-à-porteurs de la Chine, est assis, avec cette différence qu'elle est portée sur le dos de quatre hommes. Le palanquin est une voiture en usage dans l'Inde, et non à la Chine; on s'y tient couché, et non assis. Il ne ressemble point pour la forme à une chaise-à-porteurs.

XLVI.

Page 167. L'auteur a raison de dire que « les briques, lorsqu'elles sont bien cuites » et liées avec une très-bonne chaux ne le » cèdent point en solidité à d'autres maté- » riaux ». Nous avons en Europe des constructions en briques très-anciennes. La pagode de Chalambron dans l'Inde et toutes celles que j'y ai vues, grandes et petites, plus anciennes que tous nos monumens, ont des parties, même très-considérables par leur masse, telles que leurs flèches qui sont très-élevées, construites en partie en briques, qui ne donnent aucun signe de caducité. J'y ai vu des voûtes cintrées, faites avec beaucoup d'exactitude et de symmétrie, et des voûtes plates, qui, quoiqu'elles fussent très-anciennes, n'avoient aucune apparence de dégradation. La solidité des briques dépend de la nature de l'argile, dont elles sont composées, de leur préparation et de leur cuisson.

XLVII.

Page 169. « Lorsqu'on prépare à manger
» aux bateliers, je suis incommodé par la
» fumée et par l'odeur abominable de l'huile
» ou de la graisse avec laquelle ils apprêtent
» leurs mets. » Puisque cette huile ou cette graisse ont une *odeur abominable*, il faut bien que l'habitude y ait accoutumé les Chinois. Ils ne font pas usage du beurre ; ils n'ont pas assez de troupeaux pour en avoir ; mais ils pourroient employer le saindoux, puisqu'ils élèvent une très-grande quantité de cochons. L'huile avec laquelle ils apprêtent leurs mets est vraisemblablement végétale, et ne devroit pas être si puante. Sir Staunton prétend qu'ils ont une espèce d'huile semblable à la bonne huile d'olives.

XLIII.

Page 170. « Cela me donne occasion de ré-
» fléchir combien il y a peu d'analogie dans les
» usages des habitans des diverses provinces,
» tellement qu'on croiroit à peine qu'ils
» composent le même peuple, la même na-
» tion. Pas un seul point, pour ainsi dire,
» dans lequel ils s'accordent. Idiôme, ha-
» billement, ornement de tête, navire,
» forme d'administration, agriculture, tout
» enfin diffère dans chaque province... D'une

» province à l'autre, il y a changement de
» dialecte, et nos domestiques de Canton
» avoient beaucoup de peine à entendre le
» langage des Chinois des autres parties. »
J'avoue que je croyois qu'il y avoit beaucoup plus d'uniformité dans l'Empire de la Chine. Il me semble même que l'opinion contraire est particulière à l'auteur. Les dissemblances qu'il y a remarquées, ne sont peut-être pas aussi frappantes qu'il le dit. L'*idiôme* est le même dans tout l'Empire, toute langue écrite est univoque, mais la prononciation peut être différente d'une province à une autre. Il se peut aussi qu'elles aient toutes des dialectes particuliers. L'*habillement* des provinces septentrionales ne doit pas être précisément le même que celui des méridionales, à cause de la différence du climat. Quant aux *ornemens de tête*, on conçoit qu'ils peuvent varier d'un lieu à un autre, d'un individu à un autre, et dans le même individu, suivant l'âge et le caprice, ou les circonstances. Les *navires* (il me semble que l'auteur veut parler des bateaux qui naviguent sur les rivières) doivent être nécessairement différens, suivant les circonstances locales. L'*agriculture* est dans le même cas. Le climat, la nature du sol, la facilité des arrosemens, la variété des végétaux cultivés apportent indispensa-

blement de grandes différences dans les méthodes d'agriculture. Quant à *la forme d'administration*, j'ai peine à croire qu'elle ne soit pas uniforme dans tout l'Empire.

XLIX.

Pages 203 *et* 204. L'auteur parle des *moulins à piler le riz*, sans en expliquer la mécanique. Je suppose qu'il veut parler du dépouillement de l'enveloppe du riz, qui se fait au moyen de la percussion. Nous avons vu des détails plus étendus sur cette opération dans le voyage de l'Ambassade anglaise, et nous avons observé que les Chinois employoient tantôt le frottement, pour séparer la balle du grain, et tantôt la percussion. L'auteur hollandais entre dans quelques détails sur cette opération, aux *pages* 218, 219 *et* 220; mais il ne décrit pas la mécanique des Chinois. Il dit qu'un *moulin met en jeu six ou sept pilons, agissant dans autant de mortiers, qui fournissent chacun environ soixante et quelques livres de riz pilé par jour.* C'est à-peu-près ce que peut faire un homme: *aussi leurs pilons*, ajoute-t-il, *travaillent trop lentement.* En Caroline, on s'applique à diriger les moulins, de manière que chaque pilon donne seize coups par minute. L'auteur a fait construire une machine que deux chevaux faisoient *mouvoir; chacun des six pilons frappoient vingt-quatre coups par minute.* Les pilons des moulins à poudre, au nombre de trente ou trente-six, mus par l'eau, frappent cinquante à soixante coups par minute, et ils pèsent soixante-quinze à quatre-vingt livres.

L.

Page 216. « On ne peut se rappeler, qu'avec
» un grand étonnement que les Empereurs
» ont abandonné leur ancienne résidence
» dans le pays riche et abondant de Nankin,
» (où la température est douce) pour la met-
» tre dans le territoire ingrat et sablonneux
» de Pékin. » L'étonnement cesse, quand on fait attention, qu'ils sont ici plus voisins de la Tartarie, qu'ils ont un palais immense à Pékin, et une habitation plus considérable à Yuen-Min-Yuen. On prétend que l'Empereur a des biens territoriaux considérables, qui lui appartiennent en propre à Zhé-Hol, situé en Tartarie, et que leurs revenus suffisent à la dépense de sa maison. L'Empereur Kien-Long, qui vient d'abdiquer, alloit tous les ans dans l'été passer quelques mois à Zhé-Hol.

L I.

Page 231. Les notes et explications de l'éditeur me fourniront quelques observations.

Il dit, à l'article *arbres*, que ceux de la province de Canton *ne perdent point leurs feuilles, parce que l'hiver y est à peine sensible*. Ce n'est point la véritable raison : c'est uniquement parce que telle est leur nature. Les arbres d'Europe transplantés à Canton, ou même dans des climats plus chauds, où il n'y a pas la moindre apparence d'hiver, perdent annuellement leurs feuilles. Il y en a quelques-uns en Europe qui ne les quittent pas dans l'hiver. Il y en a d'autres, propres aux climats chauds qui s'y dépouillent entièrement de leurs feuilles tous les ans, tels que le bois-noir, espèce d'acacia, l'arbre immortel, autrement dit *nourouk*, au pied duquel les habitans de la côte Malabarre, plantent le poirier, le ouettier, le bois-puant, de l'Isle de France, etc, etc. Cette espèce de mue tient à la nature particulière du végétal.

L I I.

Page 233. « Cati, poids chinois qui vaut
» seize taëls, ou seize onces, dont chacune
» est égale à une once et un quart poids de
» marc. » Le cati est la livre chinoise, le taël est l'once chinoise. Comme le cati équivaut à dix-neuf onces dix-sept vingt-cinquièmes, le taël vaut une once vingt-trois centièmes, poids de marc, ce qui ne fait pas tout-à-fait une once un quart.

LIII.

Page 235. *Cobido* est un mot portugais, nous disons *cove* en français.

LIV.

Page 244. L'Editeur rapporte à l'article *nids d'oiseaux*, un passage de l'Histoire générale de la Chine par Mailla, qui est erroné.

Les nids d'oiseaux ne sont pas *formés de petits poissons*, mais d'une espèce de glu dont on ne connoît pas encore l'origine, soit que les oiseaux la trouvent toute formée dans l'écume ou sur quelques végétaux de la mer, soit qu'ils la tirent de leur estomac. Ce comestible qui n'a aucun goût par lui-même, ne peut pas relever celui des viandes qu'on lui associe. J'en ai mangé très-fréquemment à la Chine, à Batavia et à l'Isle de France, dans différens ragoûts et même dans la soupe. J'en ai fait goûter à quelques personnes à Paris, où j'en avois apporté par curiosité. Je ne crois pas que les nids d'oiseaux les plus chers vaillent en Chine jusqu'à six louis le cati. J'en ai acheté de fort beaux à bien meilleur marché à la Chine et à Batavia. Les Chinois estiment ce mets, parce qu'ils lui attribuent une vertu aphrodisiaque.

L V.

Page 246. Le mot *picol* est apparemment hollandais ; nous disons *pic* ; ainsi un pic est égal à cent catis, et non *latis*, qui font cent vingt-trois livres poids de marc, et non pas cent vingt-cinq livres.

L V I.

Page 253 *et suivantes*. Les desseins de M. Van-Braam, second de l'ambassade hollandaise, sont faits pour fixer l'attention des curieux, des artistes et des philosophes, d'après la description intéressante qu'en donne l'éditeur. On peut y étudier les mœurs, les arts, l'agriculture, la religion, et en quelque sorte la législation des Chinois, et j'ai presque ajouté le sol de l'Empire.

Celui-ci regarde la nation chinoise (*p.* 258) comme la plus ancienne du globe. Je penche à croire que les Indiens sont encore plus anciens, et je ne sais si les Japonais n'auroient pas des titres à fournir, pour disputer aux uns et aux autres une plus haute antiquité.

Une note qui termine l'ouvrage, nous apprend que M. Van-Braam a offert sa précieuse collection de desseins chinois au Directoire Exécutif de France, et qu'elle a été acceptée. J'ignore quelles peuvent avoir été les conditions de cette offre ; mais si elle est gratuite, le Gouvernement ne manquera pas sans doute de reconnoître cette générosité, d'une manière qui convienne à la noblesse et à la dignité de l'Empire Français. Je présume que tous ces desseins seront gravés et enluminés, afin d'en multiplier et d'en répandre les exemplaires dans le public ; mais il seroit à désirer qu'on pût les donner à un prix très-bas. Le Gouvernement ne doit pas, ce me semble, en faire une spéculation de lucre. Le profit qu'il doit en retirer, c'est d'augmenter nos connoissances, et vraisemblablement d'exciter l'industrie de la nation.

Il paroît que l'Ambassade Hollandaise n'a pas été traitée à la Chine avec la même distinction que l'Ambassade Anglaise. L'ambition a conseillé celle-ci ; la rivalité a dicté celle-là. La Haute Régence de Batavia a craint que les Anglais n'obtinssent le privilège exclusif du commerce de la Chine. Elle a voulu parer ce coup, qui eût été très-funeste à la Compagnie de Hollande. Cependant il me semble qu'elle auroit pu, au moyen des Sommes Chinoises qui se rendent tous les ans à Batavia, et qui y transportent des marchandises de la Chine, en continuer le commerce ; mais il auroit fallu purger la mer des détroits des pirates qui les fréquentent
quelquefois

quelquefois. Je suis même surpris que les Hollandais qui y entretiennent des garde-côtes, n'y envoient pas de tems en tems quelques frégates, pour détruire ces brigands.

Je conjecture que les deux nations (les Anglais surtout) chercheront à peindre les Français, auprès du Gouvernement Chinois, comme des esprits turbulens, qui veulent détruire tous les Gouvernemens monarchiques, qui prêchent aux peuples la désobéissance et la révolte, qui ont porté le trouble dans la plupart des Etats de l'Europe, et qui favorisent, par leurs conseils et par leurs armes, les insurrections populaires. Il se peut que ces insinuations perfides soient accueillies par le plus méfiant de tous les Gouvernemens, et par celui qui redoute le plus les innovations. Je ne serois donc pas absolument surpris que l'entrée de la Chine fût interdite aux Français, ou du moins que l'autorité ne fût très-fort en garde contre les premiers qui se rendront à Canton. Voila pourquoi leur conduite doit y être très-circonspecte. Le choix d'un Consul sage, prudent, avisé, ferme, est nécessaire, si la République veut entretenir des liaisons de commerce avec la Chine. Il seroit à propos qu'on lui donnât sur les nationaux une certaine étendue d'autorité, afin qu'il pût les contenir dans les bornes du devoir.

L'Ambassade Hollandaise n'a pas complété ce qui manquoit aux détails fournis par l'Ambassade Anglaise. L'une et l'autre ont ajouté fort peu de choses aux connoissances que nous avions sur la Chine. Il est fâcheux que cette dernière surtout, composée d'hommes de mérite, n'ait pas obtenu de résider à Pékin pendant l'hiver.... L'immense population de ce peuple fameux, son industrie incomparable en agriculture, la tranquillité dont il jouit, et qui est une preuve de la bonté de ses lois, sont des phénomènes politiques qui ne seront plus contestés.

Le commerce des Anglais à la Chine est devenu, pour leur Compagnie, le plus considérable de celui qu'ils font dans les Indes Orientales ; et il est vraisemblable qu'il augmentera, jusqu'à ce que le Bengale leur fournisse la quantité de thé nécessaire à leur consommation, si cet arbre y prospère. Les cargaisons de la Chine sont moins riches que celles du Bengale, mais elles sont beaucoup plus nombreuses. Le thé est devenu une boisson nécessaire aux trois Royaumes par l'habitude. Le Gouvernement doit contribuer à en maintenir l'usage, parce qu'elle éloigne le peuple du goût des liqueurs fortes, et qu'elle est beaucoup plus saine. Par la même raison, on devroit tâcher d'en introduire l'usage en France, surtout si l'on parvenoit à naturaliser et à multiplier l'arbre de thé dans une Colonie française. J'ai indiqué l'Isle de Madagascar, dans la partie méridionale, comme le pays où je présume que ce végétal prospéreroit le mieux. On pourroit aussi essayer de le naturaliser dans l'île de Corse.

Les marchandises, est-il dit, dans le Tome IV de l'Ambassade Anglaise, *page* 215, au Tableau N°. 5. « Les marchandises, que la
» Compagnie Anglaise a tirées de la Chine
» en 1794, coûtoient de premier achat plus de
» 1,500,000 livres sterlings, indépendamment
» du frêt et des frais. Elles ont dû produire plus
» de 3,000,000 livres sterlings, qui font
» soixante millions de francs. »

L'Inde fait avec la Chine un commerce encore plus avantageux en lui-même, mais bien moins considérable. « En 1792, le com-
» merce légal des Colonies anglaises de l'Inde
» à Canton montoit à près de 700,000
» livres sterlings, sans y comprendre l'o-
» pium qui est introduit clandestinement en
» Chine et qui monte à environ 250,000
» livres sterlings ; » ce qui fait 950,000 livres sterlings. *L'Inde* anglaise *n'a tiré de*

Canton, la même année, que pour 330,000 livres sterlings de marchandises, ce qui fait en sa faveur une balance considérable payée en argent. Elle se monte à 620,000 livres sterlings, ou douze millions, quatre cent mille francs.

Le commerce des particuliers au Bengale est beaucoup plus considérable.

Comme la Compagnie n'y importe plus d'argent, depuis qu'elle en est souveraine, et qu'au contraire elle en a retiré de grosses sommes, c'est le Bengale qui est pour elle la véritable source de ses richesses. Le thé, étant consommé en Angleterre, donne des bénéfices à la Compagnie ; mais il diminue le numéraire de la nation, puisque la Compagnie est obligée d'en exporter tous les ans à la Chine.

Le commerce de l'Inde n'est plus ce qu'il étoit autrefois, lorsque les Égyptiens, les Génois et les Vénitiens le faisoient exclusivement par Alexandrie. Il n'étoit pas alors la dixième partie de ce qu'il est aujourd'hui. Le Bengale lui fournissoit peu de choses, et la Chine rien du tout, ou presque rien. C'est donc une erreur de croire, que l'ancienne route de l'Inde par l'Égypte seroit extrêmement profitable à la nation, qui s'en empareroit exclusivement. Les marchandises de l'Inde proprement dite, c'est-à-dire, celles de la Côte de Coromandel, même celles de Ceylan ; à plus forte raison celles de l'Orixa, celles du Bengale, celles des Moluques, du Japon et de la Chine, coûteroient moins cher, à leur arrivée en Europe, dans les ports de l'Océan, en prenant la route du Cap de Bonne-Espérance, que si elles prenoient la route de la Mer-Rouge et de l'Égypte. C'est la principale raison de la chûte du commerce des Vénitiens, lorsque les Portugais entrèrent en concurrence avec eux. Ceux-ci furent en état de baisser en Europe le prix des marchandises de l'Orient, et Venise cessa d'en vendre.

Quand même on viendroit à bout (ce qui est très-incertain) d'ouvrir un canal de communication entre la Mer Rouge et la Méditerrannée, quand même la navigation de ce canal seroit constamment libre (ce qui est douteux, vu le voisinage des Arabes), quand même il ne seroit jamais obstrué par des nuées de sable que les vents promènent souvent dans cette partie, je crois que la route des Indes, par le Cap de Bonne-Espérance, pour le transport des marchandises en Europe, seroit moins coûteuse, emploieroit moins de tems, feroit courir moins de risques, et causeroit moins d'avaries. Quoique ce ne soit pas ici le lieu de fournir les preuves de cette vérité, qui paroitra une assertion hasardée aux personnes qui n'ont que des connoissances théoriques, qu'il me soit permis d'ajouter quelques réflexions qui serviront à la prouver.

Les marchandises des Indes qui prennent la route des Golfes Persique et Arabique, ont passé par plusieurs mains, avant d'arriver sur les bords de la Méditerrannée. Elles sont en outre surchargées de frais considérables par les différens versemens qu'elles ont subis: et leur voyage est plus long (1) que celui des marchandises exportées par la route du Cap de Bonne-Espérance. Celles-ci sortent des mains du tisserand, pour être embarquées, et sont ordinairement transportées sans intermédiaires dans les magasins d'Europe, où l'on en établit la vente.

Au reste le commerce des Indes doit éprouver encore des variations. Déjà les Européens imitent les toiles de coton, blanches et peintes, les basins, les mousselines; ils ont des

---

(1) Les vaisseaux Européens ne mettent pas plus de cinq à cinq mois et demi, au plus, à se rendre de la Chine en France. On en a vu qui n'ont mis que quatre mois, de Pondichéry à l'Orient en Bretagne.

manufactures de porcelaine et des vernis. La récolte de la soie, dont la consommation est si fort augmentée, prend tous les jours de l'accroissement chez eux. Ils peuvent se passer du café de Moka ; leurs Colonies fournissent du sucre, et bientôt leur donneront des épiceries fines. Il est même possible que d'autres pays que la Chine leur fournissent un jour du thé. Il font chez eux des récoltes de salpêtre (1). On en a découvert depuis peu une mine très-abondante dans le Royaume de Naples. Qui sait si l'on ne trouvera pas ailleurs des terres naturellement salpétrées ? Les récoltes de coton peuvent se multiplier dans les Colonies de l'Amérique; on peut en introduire la culture dans les îles de la Méditerrannée, en Egypte, en Barbarie, au Sénégal, et même en Guinée. Le poivrier

---

(1) Le Citoyen Baumé, dont l'autorité est d'un grand poids en ces matières, puisqu'il travaille depuis dix ans sur le salpêtre, avec la supériorité de talens et de connoissances dont il a fourni tant de preuves, soutient que la France pouroit récolter du salpêtre annuellement, beaucoup au-delà de sa consommation ; non en multipliant les nitriaires qu'il regarde comme ruineuses et peu profitables, d'après des expériences multipliées : mais en étendant l'extraction du salpêtre, sur tout le sol habité de la République, et en la rendant, pour ainsi dire, générale et habituelle.

réussira à la Guyanne, au Sénégal et dans les pays situés près de la ligne. Alors le commerce des Indes seroit nul pour l'Europe. Cet évènement doit avoir lieu plutôt ou plus tard. Il dépend de la France d'accélérer le moment où il se réalisera.

L'Europe doit aux Indes plusieurs arts et plusieurs productions. Son industrie et son activité la mettront un jour dans le cas de se passer du produit de leurs manufactures et de leur sol.

ESQUISSE

Des arts des Indiens et des Chinois, dont la connoissance exige des recherches, pour les transplanter en France.

On croit ordinairement que les Européens, qui ont porté les arts mécaniques à un point de perfection inconnu aux anciens, n'ont rien à apprendre dans ce genre, des autres peuples du globe. On se persuade même que depuis le long espace de tems qu'ils fréquentent les nations les plus anciennement civilisées, ils ont dû s'instruire à fond de tous leurs procédés, qui présentent quelque genre d'utilité ou d'agrément. Ce préjugé, qui prend sa source dans l'amour-propre, et dans la supériorité réelle des connoissances des peuples de l'Europe, sur celles des habitans de l'Asie, est une erreur, dont ce tableau fournira plus d'une preuve. On sera sans doute surpris d'apprendre que nous ignorons beaucoup de procédés très-simples, dans les arts des Indiens et des Chinois, qu'il eût été facile de connoître, si les voyageurs avoient été excités par un sentiment de curiosité, ou par cette noble émulation qui porte l'homme sensible et bienfaisant à désirer d'être utile à ses semblables.

Les Indiens nous ont appris à faire des toiles de coton, des basins et des mousselines, et à imprimer sur ces étoffes des couleurs ineffaçables. Ils nous ont fait connoître l'art d'extraire le sucre des cannes, et la fécule nommée indigo, de l'anil, etc. Les Chinois nous ont enseigné à fabriquer de la poudre à canon, (1) à travailler la soie, à faire des porcelaines, des émaux, des vernis, à émailler les métaux, peut-être même à fabriquer du papier ; mais combien

---

(1) On attribue en Europe l'invention de la poudre-à-canon, à différentes personnes. On n'est pas d'accord sur la date de cette découverte. Ces incertitudes me portent à rejeter toutes ces traditions. Il me paroît plus probable de supposer que les Européens, qui alloient en caravanne à Pékin, ont dû être frappés des effets étonnans de la poudre dans les artifices, s'informer du procédé de cette composition, et l'apporter dans leur patrie.

Les Indiens revendiquent aux Chinois l'invention de la poudre, mais je ne sais si cette prétention est bien fondée ; car sans remonter plus haut, nous ne voyons pas que du tems d'Alexandre, la poudre fût connue dans l'Inde. Cependant il ne seroit pas impossible que cette composition qui n'étoit employée que pour des artifices, eût été ignorée ou négligée par des guerriers plus avides de conquêtes que d'instructions, et qui n'auroient vu dans ses effets qu'un amusement momentané et frivole.

nous ignorons de procédés, dans les arts, particuliers à ces deux peuples, dont la connoissance nous procureroit des jouissances, étendroit la sphère de notre industrie et accroîtroit l'activité de notre commerce. Il ne m'appartient pas de donner des détails satisfaisans sur ces objets. Je ne puis que présenter une espèce de nomenclature qui fera sentir combien nous avons de connoissances à acquérir, et qui mettra sur la voie des recherches, les patriotes qui seront à portée de les faire et qui désireront se rendre utiles. Mon but est dont de réveiller, par ce tableau, l'attention des voyageurs, et de leur indiquer les objets sur lesquels il est à propos qu'ils prennent des instructions détaillées, dans la vue de les communiquer à leurs compatriotes.

Je commencerai par citer quelques arts des Indiens, dont les pratiques ne sont pas complètement ou généralement connues ; ensuite, je parlerai de ceux des Chinois qui me paroissent être dans le même cas.

PREMIERE PARTIE.

Des arts des Indiens.

1°. Un fait frappant, pour tous les Européens, c'est celui de la longue durée des vaisseaux indiens. Il n'est pas, dit-on, très-rare d'en voir qui ont deux ou trois siècles de vétusté. Ceux construits à Surate, vieillissent plus que les autres. On attribue cette étonnante propriété aux qualités du bois dont ils sont construits. Comme le tèque est dans les Grandes-Indes celui qu'on emploie par préférence à la construction navale, et que les vaisseaux de Surate durent plus long-tems que ceux de Java, du Pégou et de la Chine, on attribue cette propriété à la supériorité des tèques employés à Surate, sur ceux des autres pays. En admettant cette explication, comme fondée, je suis tenté de croire que le *sarangousty*, ingrédient composé de matières huileuse et résineuse, mêlées avec de la chaux, et que la *gallegalle*, autre composition du même genre, dont je vais donner la recette, contribuent pour beaucoup à la longue durée des bâtimens de mer des Indiens. Il se peut qu'à Surate, on donne plus de soins à ces deux compositions; ou à leur application sur le bois, ou qu'on y renouvelle celle-ci plus souvent. Il se peut aussi que les recettes que j'ai depuis long-tems dans mon porte-feuille ne soient pas complètes. Ce sont des recherches intéressantes que nous chargeons un voyageur patriote de faire sur les lieux, avec l'attention et l'exactitude les plus scrupuleuses. Il seroit sans doute très-important pour la patrie, de connoître, dans le plus grand détail, des procédés qui doubleroient ou tripleroient la durée de nos vaisseaux de guerre et de commerce.

Composition du sarangousty.

De la chaux vive.
Du bray gras.
Du goudron.

Il faut donner à ce mélange une consistance qui égale à-peu-près la poix des cordonniers. On l'applique sur les coutures du francbord avant d'y mettre la gallegalle.

Composition de la Gallegalle.

De la chaux vive.
Du goudron.
De l'huile de moutarde.
Du *jotte* haché par petits morceaux. A son défaut, on peut se servir de bourre, qui doit être au moins aussi bonne.

On croit que le goudron et l'huile de moutarde s'emploient par égale quantité. La gallegalle doit avoir la consistance du mortier. On l'applique sur le francbord du vaisseau d'environ deux doigts d'épaisseur.

N. B. Il faut que ces deux compositions soient bien pilées dans des auges propres à cet effet.

Je me rappelle que j'ai mêlé de la chaux vive avec de l'huile de moutarde, dans laquelle j'avois fait fondre du brai sec, par le moyen du feu. Ce mélange est devenu très-dur, au bout de quelque tems, et n'étoit pas perméable à l'eau.

Je crois qu'on ne me saura pas mauvais gré de placer ici la méthode que suivent les Européens, dans l'Asie, depuis près de trente ans, de préserver les bois exposés à l'air, des kariats, espèce de fourmis ailées, et de tous autres insectes, et même des influences de la chaleur et de l'humidité. Avant la découverte dont je vais parler, on se contentoit de mettre sur les bois exposés à l'air, deux couches d'huile de bois. C'est une espèce particulière au Pégou, dont on fait grand cas dans toutes les grandes Indes. Elle est épaisse et siccative, et forme vernis sans aucun mélange. Lorsque les bois sont à couvert, cette huile les conserve sains pendant des siècles ; mais lorsqu'ils sont exposés à l'air, à la pluie et aux rayons d'un soleil ardent, le vernis se dessèche à la longue, éclate et tombe : alors les kariats en font aisément leur pâture. Un anglais imagina d'enduire d'abord les bois, avec le suc d'aloès qui est très-amer ; il en fit mettre deux couches : ensuite il y fit appliquer l'huile de bois. Ce moyen a éloigné les kariats ; mais les essais n'ont pas une date assez ancienne, pour assurer que leur succès soit complet. Cependant si ce moyen simple et peu coûteux conservoit les bois seulement douze ou quinze ans, ce seroit une découverte précieuse, parce qu'au bout de ce tems, on recommenceroit l'opération de les enduire du suc exprimé de la feuille d'aloès, ensuite d'huile de bois ; et en répétant le même procédé tous les douze ou quinze ans, on conserveroit les bois pendant des siècles.

Les deux compositions indiennes, dont j'ai donné le détail, me fournissent l'idée d'un procédé que je crois plus efficace que celui que je viens d'exposer, et qui auroit pour but la conservation des bois exposés à l'air en France.

Je ferois fondre de l'aloès dans de l'eau, et j'en enduirois deux fois les bois que je voudrois conserver. Lorsqu'ils seroient bien desséchés, je les enduirois avec deux couches d'une espèce de gallegalle, que je composerois avec de l'huile de colza, ou de moutarde, ou de navette, ou même de poissons, dans laquelle j'aurois fait fondre du brai sec, et avec de la chaux vive. Les huiles que je viens de désigner ne sont pas siccatives; mais le mélange du brai sec et de la chaux vive, leur donne cette propriété. J'ai éprouvé à l'Isle de France que la chaux contribuoit à la conservation des bois. J'ai fait appliquer sur des planches deux couches d'eau de chaux épaisses, dans laquelle j'avois fait fondre de la gomme de bois d'olives. Ces planches à l'air, à la pluie et au soleil, se sont assez bien conservées pendant vingt-cinq ans, quoiqu'elles n'aient reçu qu'un deuxième enduit pendant cet intervalle.

La gomme de bois d'olives peut être remplacée en France par celle du pays, ou par celle d'Arabie.

J'invite les bons citoyens à faire des expériences sur ces différens procédés, et à rendre compte au public du résultat. Cet objet est plus important qu'on ne pense aux intérêts de la République.

Les Départemens de la guerre et de la marine emploient une quantité immense de bois façonnés, qui sont souvent exposés aux influences de l'air. Leur conservation apporteroit une grande économie dans les dépenses

dépenses du Gouvernement, et seroit dans bien des cas très-utile au service. Les pièces à l'eau, dont la marine fait une si grande consommation, ne manqueroient plus au besoin, si on avoit l'art de perpétuer en quelque sorte leur durée. Je proposerois de les enduire en dehors, et même en dedans, avec la susdite composition, non-seulement pour prolonger leur durée, mais encore pour conserver saine et pure l'eau qu'elles contiennent. Dans les voyages sur mer, l'eau renfermée dans les tonneaux prend, avec le tems, un caractère de putridité qui est la principale cause des maladies des matelots. L'eau est par elle-même incorruptible : ce n'est donc que le mélange des parties hétérogènes du bois, qui altère sa pureté. L'enduit dont je parle, indissoluble à l'eau, interposé entre les parties aqueuses et les parties ligneuses, empêcheroit leur contact, la fermentation de ces dernières et leur mélange. L'humanité et la politique engageront sans doute le Gouvernement à tenter l'essai du procédé que j'indique.

J'ai imaginé d'en étendre l'usage plus loin, et de l'appliquer aux constructions des bâtimens civils. Les poutres, les poutrelles, les poteaux, les chevrons des toits, en un mot tous les bois qui entrent dans la construction des maisons, soit à la ville,

H h

soit à la campagne, devroient être enduits avec notre composition ou quelqu'autre du même genre. On prolongeroit par ce moyen leur durée (1).

J'ai fait part de ces vues aux Ministres de la guerre, de la marine et de l'intérieur, et je leur ai communiqué les détails du procédé que j'ai décrit. Ils m'ont témoigné l'intention où ils étoient d'en ordonner des essais. L'on connoissoit dès long-tems la propriété qu'ont tous les vernis huileux et résineux de conserver les bois, mais le mélange de la chaux avec l'huile et la résine, pour le même objet, me paroît inusité en Europe.

On m'a fait quelques objections sur les propriétés reconnues, dans les Indes Orientales, du sarangousty et de la gallegalle. On a prétendu que la durée des vaisseaux indiens dépendoit uniquement de la qualité de leurs bois. Si cela étoit, ils n'emploieroient

---

(1) J'ai essayé, il y a très-long-tems, des procédés dont le but est de prolonger la durée des cordages et des toiles à voile. Mes moyens ne m'ont pas permis jusqu'à présent d'en répéter les essais. On sentira combien le succès intéresseroit la chose publique. Cette considération m'engage à en parler, afin d'exciter la sollicitude du Gouvernement, et d'engager l'industrie à s'exercer sur cet objet important.

aucune composition pour les conserver. J'avois acheté un brigantin, en 1763, à Batavia; il étoit construit en tèque. Trois ans après, je lui fis donner un radoubs à l'Isle de France. On trouva deux de ses membres et plusieurs bordages piqués de vers. Il n'y a donc que l'enduit résineux et alkalin des Indiens qui préserve leurs bois de la piqûre des vers.

Les Anglais, m'a-t-on dit, qui ont un si grand intérêt à perpétuer les bâtimens de mer, et qui connoissent la durée de ceux des Indes et la composition du sarangousty et de la gallegalle, en auroient fait usage, si leurs propriétés étoient constatées. Cette objection me paroît très-forte. Pour qu'elle fût sans réplique, il faudroit que les Anglais eussent essayé les deux compositions, et que les résultats eussent été infructueux. Tant que les Européens n'auront tenté aucun essai, on ne peut rien affirmer de contraire aux effets reconnus des pratiques antiques des Indiens. De ce qu'on n'a pas fait, ce qu'on pouvoit et ce qu'on devoit faire, il ne s'ensuit pas que cela soit inutile à faire.

2°. Les Indiens font un stuc très-blanc dont ils enduisent les murailles. Il a le poli, le brillant, la netteté, la blancheur et la dureté du marbre. Ils lui donnent toutes sortes de couleurs.

Voici la recette de ce stuc, telle que je la trouve dans mes papiers. Je l'ai prise dans l'Inde il y a long-tems, et j'ai perdu les échantillons dont elle parle.

N°. 1.

Composition du Stuc de l'Inde.

CRÉPISSAGE BRUT.

On prend deux parties de chaux de coquillages, et trois parties de gros sable de rivière ; celui de la mer ne pourroit être employé, qu'après avoir été bien dessalé. On pile le tout ensemble, avec un peu d'eau. Lorsqu'on en a appliqué contre le mur, l'épaisseur de deux lignes environ, on l'arrose avec de l'eau, dans laquelle on a fait fondre du jagre, ou de la mélasse ; on le frotte pour en faire une liaison solide, et le mettre de niveau, après quoi on y applique la chaux fine, composée comme ci-après.

N°. 2.

CRÉPISSAGE BLANC FIN.

Il faut $\frac{6}{7}$ de chaux de coquillages, pour $\frac{1}{7}$ de gros sable de rivière. On broie le tout sur une pierre à couleurs, très-fin, on en applique un peu sur le mur, et on frotte pendant quatre ou cinq heures, avec une truelle d'un pouce et demi de largeur, sur deux pouces et demi de longueur, ayant la forme d'un cœur; ensuite on éponge le crépissage avec des petits sacs de la composition N°. 2, provenant de la pierre du même numéro (1), que l'on trouve dans les environs de Pondichéry, comme si l'on vouloit faire usage de sandaraque sur le papier; on frotte de rechef environ deux heures, c'est-à-dire jusqu'à ce que le poli ait acquis toute sa perfection.

Lorsqu'on veut enduire de stuc les terrasses, les baignoires construites en maçonneries, et tout ce qui est exposé à l'humidité, on fait entrer dans la composition du crépissage fin, des blancs d'œufs, du lait caillé, du beurre fondu, ou de l'huile et de la poudre très-fine de la pierre N°. 2.

N°. 3.

Le bleu pareil à l'échantillon est composé d'indigo et de la coque de cocos réduite en charbon que l'on pulvérise sur la pierre à broyer. Sur une partie de ce mélange, on ajoute deux parties de chaux de coquillages.

---

(1) Je crois que c'est une pierre siliceuse, un caillou réduit en poudre très-fine.

Lorsqu'on a appliqué cette composition sur le mur, avec la petite truelle, on y passe de l'huile, et l'on frotte jusqu'à ce que le crépissage soit reluisant.

N°. 4.

Le rouge, semblable à l'échantillon, est composé de deux parties de chaux de coquillages, et d'une partie de rouge du Bengale (1) ou de Bassora. L'application est la même que le bleu.

Comme j'ai perdu les échantillons qui étoient joints à cette note, je ne sais pas quelle est la substance employée, pour colorer les murailles en rouge. Est-ce de l'ocre? Est-ce du cinabre? Est-ce de la lacque? c'est ce que des essais apprendroient bientôt.

3°. J'ai vu dans la Pagode de Tirouvalour, située à douze lieues de Négapatan, dans le Royaume de Tanjaour, des voûtes, les unes sphériques, les autres ovoïdes, quelques-unes plates, faites en briques. Elles avoient la plus grande élégance, la plus grande exactitude, et la plus scrupuleuse symmétrie. Leur construction ne peut être que très-ancienne. Cependant elles n'avoient souffert aucune

---

(1) Je crois que le rouge du Bengale, est de la lacque.

dégradation, et avoient une fraîcheur étonnante. En examinant avec attention les briques dont elles étoient composées, j'ai remarqué qu'elles étoient d'un rouge assez vif, que leur grain étoit très-fin, et qu'elles avoient un poli que n'ont pas les briques ordinaires. Si l'on ne s'attache point à considérer l'art avec lequel elles ont été arrangées, ni les moyens employés pour donner à leur ensemble la forme d'une voûte, il paroît que tout le secret de ces constructions consiste dans la fabrication très-soignée des briques, et dans l'excellence de la chaux. Les briques qui composent les voûtes plates, sont posées de champ, dans le sens de leur longueur, n'ont aucune forme particulière, et sont toutes des parallellipipèdes semblables les unes aux autres, ayant toutes les mêmes dimensions, c'est-à-dire, autant que je puis m'en souvenir, sept pouces sur quatre, et deux pouces environ d'épaisseur. La chaux est le seul lien qui les unit.

4°. On fait, dans la province de Cachemire, dépendante des États du Grand-Mogol, des châles de laine de la plus grande beauté (1). Elles n'ont que trois aulnes

---

(1) Ce mot est dans l'Inde du genre féminin : c'est là qu'il a pris naissance.

de longueur, sur une aulne de largeur. Il y en a de tout prix, jusqu'à douze cents francs chaque, dans un pays où la main-d'œuvre et les matières premières sont à bas prix. Est-ce la qualité de la laine ? est-ce le choix qu'on en fait ? est-ce l'apprêt qui rend les belles châles de Cachemire si supérieures à toutes les étoffes connues du même genre ?

On fait dans le Bengale des fichus-châles, qui ont un peu plus d'une aulne quarrée, et qui sont du même genre que les châles de Cachemire. On prétend que c'est la laine des jeunes agneaux que l'on prend dans le ventre de leurs mères. D'autres assurent qu'elle est fournie par une espèce de brebis du Thibet d'une petite taille, dont la queue est très-grosse, et dont la toison surpasse en beauté toutes les autres. Ils ajoutent que les Cachemiriens n'ont que le mérite de savoir la mettre en œuvre. Dans ce cas, il seroit à propos de transporter au Bengale cette espèce de brebis, de l'y élever, de l'y multiplier, et de connoître quels sont les soins, et quelle est la nourriture que lui donnent les Thibétains, afin de pouvoir ensuite la transporter en France.

Je dirai à cette occasion qu'il y a dans le Thibet et le Boutan, une espèce de moutons très-gros, qui sont les bêtes de charge du pays, et qui transportent soixante-quinze livres sur les montagnes les plus hautes et les plus escarpées.

Voilà donc deux acquisitions à faire pour la France. On pourroit obtenir l'une et l'autre par la voie du Bengale.

5°. Les habitans de Cachemire cultivent une espèce de grenade très-grosse et très-excellente qui n'a point de pepins, et que l'on transporte dans le Bengale, jusqu'au bas du Gange. Est-ce à la nature? Est-ce à l'art que l'on doit cette production?

Parmi les observations assez nombreuses que j'ai faites sur l'agriculture, j'ai cru remarquer que la bouture prise sur un arbre qui n'avoit pas rapporté fruit, n'étoit plus aussi féconde que les arbres du même genre; de sorte qu'en prenant une bouture sur un végétal provenant lui-même d'une bouture, avant qu'il ait produit, ou qu'en répétant la même opération une troisième fois, on parviendroit à éteindre la vertu fécondante dans le dernier végétal. Est-ce un moyen du même genre qui est employé par les Cachemiriens, pour obtenir des grenades sans pepins?

6°. Les Indiens font un papier assez grossier avec du bambou. Je ne connois pas leur procédé, et j'ignore s'il est le même que celui des Chinois qui font aussi du papier avec le même végétal.

7º. La teinture des toiles des Indes a été imitée en Europe; mais celle-ci n'approche pas du degré de perfection que les Indiens lui donnent, pour la vivacité et pour la solidité des couleurs. Leurs toiles bleues surtout, sont très-supérieures aux nôtres. C'est avec les racines chevelues d'une plante nommée *chaya-ver*, et qu'ils cultivent, qu'ils teignent les toiles en rouge. Je ne crois pas qu'il fût possible de la naturaliser en France; mais l'on pourroit y transporter ces racines et les essayer; peut-être que des procédés chimiques parviendroient à développer dans ces racines, une couleur encore plus belle que celle de l'Inde, et qui seroit applicable aux étoffes de lin, de chanvre, de soie et de laine, ou même utile à d'autres arts.

8º. On fait à Balassor, situé dans le Golfe du Bengale, une étoffe, avec des écorces d'arbres, qui n'est pas sans mérite. Elle est d'une couleur grise fort agréable, et porte le nom de l'endroit où elle se fabrique. Il seroit bon de connoître l'espèce d'arbres d'où l'on tire la filasse qui est employée à cette étoffe, quelle préparation on lui donne, comment et avec quels ingrédiens on la teint.

9°. On prétend que les Indiens ont eu autrefois l'art de fondre la pierre. Cette opinion est fondée sur la difficulté d'imaginer, comment ils ont pu construire certains monumens de leurs pagodes. J'ai vu dans celle de Chalambron, située à la côte de Coromandel, près de Négapatan, un pagotin, dont la terrasse étoit soutenue par des colonnes en pierres d'un seul fût ; chaque paire de colonnes étoit liée dans le haut par des anneaux en pierres. Si elles ont été taillées dans le même roc, c'est un travail dont l'exécution demande un tems bien long. Leur transport et leur placement ajoutent encore à la difficulté. Pour la trancher, on a donc supposé que ces peuples avoient l'art de fondre la pierre. Cependant, lorsqu'elle est réduite en fonte, elle forme une vitrification ; la construction dont je parle n'en a pas l'apparence. Il faut donc, ou qu'elle ait été faite dans la carrière, ou que les Indiens aient connu jadis l'art de lier ensemble des parties terreuses et sableuses, de manière à leur faire prendre toutes sortes de formes, et à leur donner la consistance, la dureté et l'apparence de la pierre.

10°. Les Bengalis font une étoffe d'écorces d'arbres qui imite la gaze, qui est ordinairement rayée, et de diverses couleurs. Ils la nomment *artégaza*. Ces étoffes sont très-légères, et s'emploient en rideaux de lits; elles sont très-agréables, ne laissent pas que de durer long-tems, et se vendent à bas prix.

11°. Les Jamdanis sont des mousselines à fleurs brochées, très-agréables à la vue, très-rares, même dans le Bengale, où elles se fabriquent, et plus chères que les mousselines brodées. Les Européens ne les ont pas encore imitées.

12°. Pour marquer les toiles de coton, les Indiens emploient une encre indélébile, qu'ils composent de cette manière. Ils mettent fermenter du riz dans de l'eau. Lorsqu'elle est acide, ils la décantent, et ils y ajoutent de la limaille de fer: au bout de quelques jours, ils y mêlent des myrobolans réduits en poudre grossière. Cette espèce d'encre est fabriquée sur les mêmes principes que la nôtre. C'est le fer dissous par un acide, et précipité par un astringent.

La noix d'acajou nommée anacarde sert au même usage; on la coupe en deux, on la presse, il sort des cellules de la coque une liqueur épaisse, d'un brun foncé, avec laquelle on marque le linge, qu'on trempe sur-le-champ dans l'eau de chaux. Cette liqueur est corrosive ; la marque qu'elle a imprimée sur le linge est indélébile.

13º. Les établissemens des Européens au Bengale sont sur le bord du Gange, sous le tropique. Le froid, dans la saison qu'on appelle l'hiver, et qui dure environ six semaines, y est si peu rigoureux qu'on ne fait point de feu dans les maisons ; elles n'y ont d'autres cheminées que celles des cuisines. On y transporte de la glace des montagnes les plus voisines. Pour la multiplier, les habitans emploient un procédé que je vais faire connoître. Ils font un trou dans la terre en plein champ ; ils y mettent de la paille sur laquelle ils déposent une panelle de terre cuite ; c'est un vase de forme sphérique, ouvert par le haut, et qui n'a point de couvercle ; ils la remplissent d'eau, et y ajoutent un petit morceau de glace. Tout étant disposé ainsi, après le coucher du soleil, ils viennent, avant son lever, enlever la susdite panelle, dans laquelle ils trouvent l'eau congelée, si l'air a été calme pendant la nuit. J'observe que leurs poteries sont en général assez poreuses, et qu'elles laissent filtrer l'eau peu-à-peu, d'où résulte une augmentation de froid. A la Côte de Coromandel, où les chaleurs sont excessives, et où l'on ne peut pas se procurer de la glace, on y boit de l'eau assez fraîche. On est dans l'usage de mettre l'eau dans des gargoulettes, qui sont des vases de terre médiocrement cuite, ayant une forme sphérique, et un goulot alongé ; on les enveloppe en dehors, de toile mouillée, et on expose le vase à un courant d'air, qui étant sensiblement chaud, fait évaporer l'humidité de la toile, et donne de la fraîcheur au vase et à l'eau qu'il contient.

14°. L'opium, dont il se fait un grand commerce, est une production du Bengale. On sait bien que cette substance se tire du pavot ; mais l'opium de l'Inde n'est pas la même chose que celui du Levant. Ce dernier est sous forme concrète, et l'autre est en consistance d'électuaire. Comme il est intéressant de connoitre ce qui a rapport à sa récolte, et à la culture du pavot, quelle est la préparation qu'on lui donne, quelle substance on mêle avec l'opium, je vais donner ici la notice des instructions que j'ai prises à ce sujet dans mon voyage au Bengale. J'observe que le pavot se cultive dans les environs de Patna, éloigné d'environ cent trente lieues de Chandernagor qui a été le terme de mes courses.

Il passe pour être aphrodisiaque. Il réveille

et récrée les esprits animaux, il fortifie le corps et rend l'homme plus propre à tous les exercices. Les braves en prennent quelquefois avant le combat, afin d'être plus dispos, et d'exciter leur courage. Il y a des peuples qui en prennent journellement, pour se procurer une existence plus active et plus agréable.

Notice sur la récolte et la préparation de l'Opium, ou Ophium du Bengale.

On sème les graines de pavots dans les champs que l'on arrose, dès qu'elles ont levé ; On y entretient toujours de l'humidité, et l'on a soin d'enlever les mauvaises herbes.

La récolte de l'opium n'a lieu qu'une fois fois l'an à Patna ; on incise les têtes de pavot, à fleurs blanches, rouges et noires indifféremment ; la gomme qui en découle, se recueille tous les jours ; on la met dans des pots de terre. Celle que l'on conserve pure est réservée pour des remèdes. Celle qui est destinée au commerce est mêlée avec égale partie de farine de riz ; on y ajoute de l'huile exprimée d'une graine du pays, nommé Tichi en langue maure, et on pile le tout ensemble, pour opérer un mélange exact. On reconnoît qu'il est bien fait, lorsqu'en prenant un peu de cette pâte entre les doigts, elle file bien. On en fait des pains plus ou moins gros, plus ou moins pesans, que l'on enveloppe dans beaucoup de feuilles de pavot bien desséchées, pour qu'ils se conservent frais ; ensuite on les met dans des caisses, sur des lits de feuilles sèches, de manière que les pains ne se touchent pas. Les caisses d'opium de Patna sont ordinairement de deux maus (cent cinquante de nos livres) un peu plus, un peu moins.

Lorsque les pains se dessèchent dans leur intérieur ; ils ont perdu de leurs qualités et de leur prix : aussi quand l'opium est vieux, on y mêle de la même huile de Tichi, par le même procédé que celui indiqué ci-dessus, et on l'enveloppe avec d'autres feuilles sèches de pavots.

Quand il se moisit, on le met sécher au soleil ; ensuite on le pile avec la même huile, et on l'enveloppe avec des feuilles sèches.

Les Tichis, que les Bengalis nomment *mocheniais*, ressemblent aux *tils* (sésame) sont annuels et demandent la même culture.

Je place ici ce que j'ai à dire des propriétés du chanvre pour n'en pas faire un article séparé ; d'autant plus qu'elles sont analogues à celles de l'opium.

Cette plante vient originairement des Indes Orientales ; elle se trouve aussi à Madagascar, où elle croît sans culture, beaucoup plus forte et plus haute qu'en Europe. Je ne connois aucune partie des Grandes-Indes où l'on fasse usage de sa filasse.

Les Chinois cultivent une espèce de chanvre qui paroît être la même que celle de Madagascar. Le citoyen B. Faujas Saint-Fond, avantageusement connu dans la république des lettres, a multiplié en France le chanvre chinois qui donne beaucoup moins de graines que celui cultivé en Europe, mais dont les tiges sont beaucoup plus hautes, plus épaisses et plus ramifiées, et dont la filasse est plus forte. Nous en avons des plants à l'Isle de France ; un seul forme ordinairement un buisson considérable.

Les Indiens et les Madécasses fument les feuilles sèches du chanvre par régal. Cette fumée les enivre, les endort et même les rend insensibles à la douleur. Un de mes noirs, après avoir fumé du *Ganja* (c'est ainsi qu'ils nomment le chanvre) tomba dans le feu, et se brûla fortement. Il ne faisoit aucun mouvement pour s'éloigner du feu, tant il étoit ivre et insensible : si ses camarades n'étoient pas survenus à tems, pour le retirer du foyer, ses membres, exposés à l'action du feu, eussent été consumés.

La brûlure fut si considérable, qu'il en mourut, malgré tous les soins qu'on en prit.

Ces peuples prétendent que la fumée du chanvre leur procure, pendant le sommeil, les songes les plus agréables, et qu'à leur réveil ils sont plus gais et plus dispos. On attribue les mêmes effets, même l'ivresse et l'insensibilité, soit à la fumée de l'opium, soit à cette substance prise en nature.

15°. Le borax est encore une production du Bengale, sur laquelle nous avons peu de notions. Les Chinois qui tirent le leur du Thibet, en vendent aux Européens. Il y a encore beaucoup d'incertitude sur son origine et sur sa fabrication. Il seroit intéressant d'acquérir des connoissances sur cet objet, et au Bengale, et à la Chine, afin de les comparer entr'elles, et de savoir si ces peuples emploient ce sel dans les arts et dans la médecine.

16°. Le Bengale produit beaucoup de salpêtre; on le retire des terres argileuses: c'est une remarque digne d'attention. Tout le salpêtre que l'on recueille en Europe, tant celui naturel, que celui des nitriaires artificielles, se tire des terres calcaires. Je ne crois pas que les Bengalis forment des nitriaires, ni qu'ils emploient aucun procédé, pour salpétrer les terres argileuses. La nature seule produit le nitre qui se trouve dans leurs terres. Cet objet exige des recherches de la part des voyageurs curieux de s'instruire. On trouve aussi du salpêtre à la Cochinchine, au Pégou, à Sumatra, dans le Golfe Persique, à la Chine et au Japon. Il seroit intéressant d'examiner les terres qui le produisent dans ces différens pays, et les procédés que l'on suit pour l'extraire, afin de les comparer entr'eux.

17°. Les bouses de vaches bien desséchées, et la paille du nély, qui est l'enveloppe du grain de riz, sont les principaux combustibles des Indiens. Les fours de leurs poteries et de leurs briqueteries n'en emploient pas d'autres. Le bois est très-rare et très-cher à la Côte de Coromandel. J'ai été assez surpris de voir arriver un forgeron indigène, avec un fourneau, un soufflet et ses outils, dans une maison de Pondichéry, où il avoit été appelé pour un ouvrage de son métier, et n'employer qu'un peu de charbon de terre du pays, de la bouse de vaches et de la paille de nély pour faire rougir du fer.

18°. Je ne rappelerai pas ici les détails que j'ai donnés dans un Mémoire que j'ai lu au Lycée d'agriculture, des arts et du commerce, sur la plantation et sur la transplantation du riz, dans plusieurs contrées des Grandes-Indes, et sur la manière pratiquée par les Indiens de tenir cette plante dans l'eau, pendant tout le tems de sa végétation. Le point de perfection qu'a atteint chez eux la culture du végétal le plus utile à l'homme prouve une très-haute antiquité.

La conservation de ce grain, dans des puits, mérite l'attention des Européens. Il paroît que la même méthode pourroit être appliquée au blé. Je renvoie à ce que j'en ai dit dans le même Mémoire.

19°. Ce seroit me répéter moi-même, que de détailler ici les différens procédés que l'on suit dans les diverses parties des Grandes-Indes, pour obtenir des eaux spiritueuses. On leur donne à toutes le nom générique d'*Araque*. On trouvera la recette de celle de Batavia, qui passe pour être la meilleure; de celle de Mosambique à la Côte d'Afrique; de celle de Colombe dans l'île de Ceylan; de celle de Goa, à la Côte Malabarre, et de celles de la Côte de Coromandel, dans un ouvrage que j'ai fait imprimer en 1781, à l'Isle de France, intitulé : *Mémoire sur la fabrication des eaux-de-vie de sucre*. Toutes ces liqueurs proviennent d'un suc muqueux et sucré, et par conséquent fermentescible. Les Chinois composent une liqueur vineuse avec le riz, qu'ils nomment *Samsou*; j'en ai parlé ci-devant.

20°. Le procédé des Maures de Patna, pour extraire les huiles essentielles de toutes sortes de fleurs, mérite de trouver place dans ce tableau des arts des Indiens.

On prend des graines de *til*, qu'on nomme *gingely* à la Côte de Coromandel, et *sésame* en France. Les Indiens en cultivent beaucoup; ils en expriment l'huile dont ils font une grande consommation, surtout pour brûler.

On met tremper ces graines dans de l'eau, pendant douze heures environ; ensuite on les fait sécher au soleil, et on les pile légèrement pour détacher leurs peaux; après quoi on les frotte ensemble entre deux grosses toiles, puis on les vane, et on les met sécher une deuxième fois au soleil.

Alors on met dans un vase vernissé intérieurement, un lit épais de deux doigts, des fleurs, dont on veut tirer l'essence, et on répand par-dessus des graines de til émondées, de l'épaisseur d'un doigt, puis un second lit de fleurs, et un autre de graines, et ainsi de suite alternativement, jusqu'à ce que le vase soit rempli, en pressant ce qu'il contient. On le bouche hermétiquement. Au bout de quinze jours, les fleurs sont séches, on les retire, on en substitue de fraîches, et on les arrange comme les premières, avec les mêmes graines de *til*, par lit. Cette opération se répète une troisième fois. On trouvera alors les graines enflées du double, parce qu'elles auront pompé l'huile des fleurs. On les met à la presse ; elles rendent de l'huile qu'on met dans des bouteilles que l'on a soin de bien boucher, et qu'il ne faut remplir qu'à moitié, parce que la chaleur du soleil, auquel il faut exposer les bouteilles, pendant dix ou douze jours, augmente considérablement le volume de l'huile.

Comme les graines de *tils* sont huileuses par elles-mêmes, on obtient par ce procédé l'huile essentielle des fleurs mêlée avec celle des tils. On parvient à les séparer par le procédé suivant.

L'huile essentielle, étant volatile, est exaltée par la chaleur du soleil ; elle occupe le haut des bouteilles, tandis que l'huile des graines étant plus pesante, occupe le milieu et le bas ; alors on retire avec du coton, qu'on trempe dans l'huile, toute celle qui est dans le haut des bouteilles.

C'est par ce procédé que les habitans de Patna font l'huile essentielle de roses et d'autres fleurs.

21°. Nous ne connoissons en France, ce

me semble, d'autres méthodes de conserver, pendant quelque tems, le poisson, en état d'être mangé, que celles de le saler, ou de le sécher, ou de le boucanner. On les connoît aussi dans l'Inde ; mais on en a d'autres qui me paroissent préférables. Je vais donner la recette de deux méthodes indiennes, l'une au vinaigre, l'autre au tamarin.

On fait frire le poisson que l'on veut conserver au vinaigre, après l'avoir vidé à l'ordinaire. Lorsqu'il est refroidi, on le met dans une potiche avec un peu de sel et de poivre, et d'autres épices, suivant le goût; de l'oignon cru, coupé en petits morceaux, de l'ail entier, si l'on veut ; l'on remplit la potiche avec de bon vinaigre, et on la bouche avec soin. Le poisson se conserve trois ou quatre mois, si on tient la potiche à la cave. Lorsqu'on veut en manger, on le lave dans de l'eau, pour enlever le vinaigre, et on l'accommode au roux. On peut se dispenser de le laver, si on désire une sauce piquante.

Pour faire ce qu'on appelle du poisson au tamarin, on le lave, on ôte les arrêtes et l'épine. S'il est gros, on le coupe par tranches, on le sale, on le laisse au moins trois jours dans le sel; ensuite on le lave à l'eau de mer, et on le fait sécher un jour ou deux. On pétrit du tamarin avec du vinaigre, et on en fait une pâte un peu fluide : on trempe chaque morceau de poisson dans cette pâte, et on les arrange dans une potiche, ou dans un baril, que l'on remplit avec la susdite pâte, et on bouche bien le vase qui contient le poisson. On peut le manger sept à huit jours après, soit en friture, soit cuit à l'eau, avec de l'huile et du vinaigre. Il peut se conserver trois ou quatre mois, et même davantage, s'il a été bien salé.

J'ai mangé très-souvent, à l'Isle de France, de la viande de cochon, qu'on avoit préparée, suivant la première méthode, après cinq ou six mois, et qui s'étoit bien conservée. J'en ai vu employer une autre, pour conserver la même espèce de viande mangeable, au bout de quelques mois. Elle consiste à bien faire frire le cochon, par morceaux de de cinq, six, ou huit onces environ, à les laisser refroidir, à les mettre dans une potiche vernissée, et à verser par-dessus du sain-doux fondu. C'est une espèce d'adobage.

22°. Les Indiens ont plusieurs pratiques dans l'art de guérir, qu'il seroit très-intéressant de connoître. Je vais détailler quelques-unes de celles dont j'ai eu occasion de m'instruire.

Ils font un grand usage de l'aloës, qu'ils apellent *mozambron* à la Côte de Coromandel, dans beaucoup de maladies. Ils s'en servent aussi contre les contusions et les blessures, en le faisant dissoudre dans de l'eau, ou dans de l'araque.

Ils emploient l'indigo pulvérisé très-fin en topique, contre les rétentions d'urine. Ils en font une bouillie épaisse avecde l'eau chaude et ils appliquent ce cataplasme, au-dessus du nombril et sur le périnée. Ce remède a sauvé la vie à un de mes amis, qui étoit abandonné des médecins à Pondichéry.

L'indigo de la Côte de Coromandel est mêlé d'une grande quantité de terre glaise. Il est cependant employé à la teinture des toiles que nous appelons *guinées*.

On connoit l'usage où sont quelques fanatiques Indiens de se martyriser dans de certaines fêtes. Ils guérissent très-promptement les blessures qu'ils se sont faites, en y appliquant du jus d'herbes. Il seroit bien intéressant de connoître les herbes qui opèrent de si belles cures.

23°. Une de leurs pratiques est le massage. Elle consiste à pétrir avec les mains, à piler avec les deux poings fermés, à distendre les membres de l'individu qui se soumet à cettte opération ; ils mettent beaucoup d'adresse dans cet exercice, qui s'appelle *masser;* il occasionne une secrétion abondante par les pores de la peau, facilite la circulation du sang, et rend l'homme plus souple et plus dispos : aussi ont-ils recours à ce moyen curatif dans les courbatures. Il pourroit être également employé en Europe, et je ne doute pas qu'il n'eût du succès dans les mêmes cas, et dans ceux de plénitude, ou lorsque le sang est épais. On prétend que le massage enlève, comme par enchantement, le mal-aise que fait éprouver la fatigue; et je croirois volontiers qu'il conviendroit dans les cas d'engorgement de la lymphe, dans ceux de pléthore bilieuse, et lorsqu'on seroit menacé de rhumatismes, soit chroniques, soit aigus (1).

24°. Dans les crises d'asthme humide, ils fument des racines de stramonium à fleurs violettes, qu'ils ont réduites en filasse. Cette fumée qui occasionne une expectoration abondante, a la propriété de diviser les humeurs qui obstruent les bronches des poumons; elle procure sur-le-champ une respiration plus facile, et délivre par conséquent de l'oppression que l'on éprouvoit. Elle dispense

---

(1) Les Indiens ne connoissent pas la goutte. Je crois qu'ils en sont redevables, autant à leur frugalité, qu'à l'habitude qu'ils ont de manger du riz qui fait la base de leur nourriture.

de la nécessité des saignées qui épuisent à la longue les forces du malade. L'usage de ces fumigations rend les crises d'asthme moins fortes, moins douloureuses et moins fréquentes, et guérit quelquefois cette maladie.

Je connois en France plusieurs personnes qui se sont bien trouvées de ce remède, et qui en conservent l'usage depuis très-longtems. Je pourrois citer en témoignage l'autorité du Professeur Rougnon, l'un des savans médecins de France, résidant à Besançon, qui a suivi les effets de ce remède sur plusieurs malades.

A défaut de stramonium à fleurs violettes, j'ai vu des asthmatiques fumer des racines de stramonium à fleurs blanches ; l'une et l'autre espèce ne réussissent pas bien en France, mais elles viennent à merveille dans les pays chauds. Il seroit à desirer que l'on pût les remplacer par quelque plante indigène.

L'expérience a dû faire découvrir aux Indiens les vertus de plusieurs plantes que nous ne connoissons pas encore, ou que nous ne connoissons qu'imparfaitement. J'invite les voyageurs à recueillir toutes les connoissances qu'ils pourront s'approprier, et à les transmettre à leurs concitoyens d'Europe.

Je ne citerai que deux exemples : le premier a rapport à l'acmelle de Ceylan ; ce sont les habitans de cette Isle qui nous ont fait connoître les propriétés de cette plante. La décoction de ses feuilles dans l'état de fraîcheur, ou son infusion théyforme dans l'état de siccité, est bonne contre les rétentions d'urine, contre les maux de reins occasionnés par des graviers, ou par des glaires. Celle naturelle à l'Isle de France, a le même goût piquant et les mêmes vertus que celle de Ceylan. Elle existe aussi à Madagascar; il paroît que les feuilles, lorsqu'elles ont été bouillies, n'ont plus de propriétés; mais elles sont bonnes à être mangées, assaisonnées avec du sel, du piment et du beurre, ou du sain-doux.

Le second exemple a rapport à la *morelle* (Solanum nigrum). On a en France le préjugé de croire qu'elle est un poison. Dans les Isles de France et de la Réunion, à Madagascar et dans l'Inde, on mange habituellement les feuilles et les sommités tendres de cette plante, bouillies dans de l'eau, avec un peu de sel et de piment : j'en ai mangé souvent en France, préparées de la même manière. On les accommode aussi comme les épinards : alors on y ajoute un peu d'oseille, pour diminuer leur amertume, et du beurre et du sain-doux. Si les gens de la campagne adoptoient le même usage en France, ils trouveroient dans cette plante une ressource de plus pour leur subsistance; car la morelle est très-commune, et vient par-tout sans soins et sans culture. Si les fruits ont des qualités vénéneuses, ce ne peut être que lorsqu'ils sont murs, et lorsqu'on les mange crus; car il y en a toujours de verds dans les mets que l'on prépare aux Indes, avec cette plante, parce qu'on mêle les sommités des tiges avec les feuilles. Dans ces pays, on nomme *brèdes* toutes les feuilles qui se mangent cuites, en ajoutant le nom du végétal, d'où l'on les tire; ainsi l'on dit: *brèdes-morelles*, *brèdes-morongues*, etc. Il y a beaucoup de plantes qui servent aux mêmes usages que les épinards.

25°. L'arèque est la noix d'un palmier, qui se cultive dans plusieurs contrées de l'Asie. Les Indiens la mâchent à chaque instant du jour, avec les feuilles de bétel, plante sarmenteuse du genre des poivriers, et un peu de chaux en bouillie. Ils y ajoutent du *catacambe*, qui est l'extrait concret d'un arbre du Pégou; ils prétendent que cet usage fortifie l'estomach, et conserve les dents qui prennent une couleur rougeâtre, laquelle devient ineffaçable. Ils emploient aussi l'arèque réduite en poudre, et le catacambe, à la teinture; j'ignore leurs procédés.

26°. Il y avoit long-tems que je retirois,

par la distillation, une huile essentielle, des branches et des feuilles vertes ou sèches, du canelier transplanté de Ceylan à l'Isle de France, et que j'en recommandois l'usage contre les maux de dents, lorsque je lus dans la relation d'un voyageur anglais, qu'on préparoit de la même manière à Ceylan, une huile essentielle, et qu'elle étoit souveraine contre les rhumatismes. J'en ai recommandé l'usage à quelques personnes qui s'en sont bien trouvées. Je ne doute pas que l'huile essentielle de canelle ne soit encore plus efficace, mais on en trouve très-rarement de pure : elle est d'ailleurs d'un prix si haut, que peu de personnes sont en état d'en acheter ; au lieu que l'huile du canelier, qui n'est pas connue, pourroit se vendre à un prix modique.

J'ai extrait à l'Isle de France, par le même procédé, une huile essentielle du camphrier, très-subtile, très-limpide et très-odorante, qui n'est pas connue, et qui doit avoir beaucoup de propriétés. C'est un nouveau produit de l'art ; car la liqueur, que nous nommons improprement en France huile de camphre, n'est pas une huile, c'est une dissolution de camphre dans l'acide nitreux. L'eau la décompose sur-le-champ ; l'acide se mêle à l'eau, et le camphre surnage ; ce qui n'arrive point à mon huile du camphrier.

J'ai retiré, il y a long-tems, par le même procédé, une huile essentielle très-agréable, des feuilles et des noix de Ravine-saras, cette espèce d'épicerie particulière à Madagascar. On pourroit en retirer de même des feuilles du laurier et de l'oranger, en un mot, de tous les végétaux aromatiques. L'analogie, aidée de l'expérience, leur découvriroit des propriétés utiles.

27°. Les indigestions sont à la Côte de Coromandel, cruelles et mortelles; elles donnent souvent des convulsions violentes et très-douloureuses. On les nomme, dans le pays, *morts-de-chiens*. Comme les Indiens ont beaucoup de frugalité, et qu'ils assaisonnent tous leurs alimens, soit avec beaucoup de poivre, soit avec du piment, ils sont rarement sujets à des indigestions. Ils boivent dans ce cas, beaucoup d'eau chaude et prennent du *cachaye*: c'est une décoction de clous de girofles, de poivre et de gingembre pilés; mais ce remède n'est pas toujours efficace. Un Apothicaire jésuite, le frère Jean Baptiste de la maison de Pondichéry, bon pharmacien, inventa, il y a plus de soixante ans, la composition d'une liqueur qu'il appela *drogue amère*, et qui a constamment obtenu du succès contre les indigestions, auxquelles les Européens sont fort sujets dans ce pays;

je vais en donner la recette. Comme il y a plus de trente ans que j'en compose, et que j'en distribue avec succès, je l'ai perfectionnée.

Recette de la drogue amère de l'Inde.

Aloès soccotrin..	} aa	5 onces.
Myrrhe.......		
Encens.......		
Mastic en larmes....	3 d°.	
Résine de gayac....	3 d°.	
Sarcocolle........	2 d°.	
Résine de takamaka..	2 d°.	
Safran oriental.....	1 d°.	4 gr.

Concassez à part toutes les résines ; mettez-les dans un vase de verre ou de grès, avec quatorze pintes de bonne eau-de-vie. Vous agiterez le tout avec un bâton tous les jours, pendant six semaines. Ensuite vous laisserez reposer la liqueur, pendant quelques jours, et vous la décanterez avec précaution.

Le safran oriental doit être mis à part dans une pinte d'eau-de-vie, et on en mêlera la teinture avec l'infusion des résines.

Remarques.

J'ai vu plusieurs recettes de la drogue amère. Dans l'une, on y fait entrer de la
calombe

calombe en infusion ; j'y ai quelquefois substitué celle de la rhubarbe dans de l'eau-de-vie. Dans une autre recette, on y ajoutoit des noix de Saint-Ignace ; elle m'a paru inutile. Il n'entre point de résine de gayac dans celle de l'Inde. Depuis douze ou quinze ans, j'en ajoute à celle que je prépare pour mon usage, et même en dose plus forte que celle indiquée ci-dessus. Elle m'a paru avoir alors plus de vertus contre la goutte.

Il y a plusieurs moyens d'accélérer la dissolution des résines. 1°. En exposant au soleil le vase qui les contient et que l'on bouche avec soin. 2°. En le tenant sur des cendres chaudes ou dans une étuve. 3°. En réduisant toutes les résines en poudre impalpable, avant de les mêler à l'eau-de-vie. Ce dernier moyen est le plus expéditif; la drogue amère au bout de quelques jours est autant chargée qu'elle peut l'être. On ne doit pas négliger d'agiter souvent la liqueur, quel que soit le moyen que l'on emploie pour dissoudre les résines.

Vertus.

La drogue amère est souveraine contre les indigestions. On la prend pure, à la dose de deux ou trois cuillerées à bouche. Si le malade vomit, peu après l'avoir prise, il en prendra une deuxième dose, et il avalera du thé une heure après. Lorsque le mal d'estomac n'a pas le caractère d'une indigestion, il suffit d'en prendre une cuillerée à bouche, soit pure, soit mêlée avec du vin ou avec du bouillon. Cette teinture échauffe, purge un peu, et provoque les règles et les hémorroïdes. Je l'ai employée avec grand succès, dans les suppressions des règles. Dans ce cas, j'en fais prendre un verre le matin à jeun, à la malade, et je lui donne, une heure après, une tisanne appropriée à son état; je lui fais prendre un lavement le soir. Il faut en répéter l'usage pendant plusieurs jours de suite, lorsque la suppression est ancienne. Cette liqueur est très-bonne contre les coliques d'estomac; j'en ai fait usage contre des maux de reins avec succès.

Un hasard heureux a fait découvrir que la drogue amère étoit l'antidote des champignons vénéneux; mais je dois avouer que je n'ai encore qu'une seule expérience à citer.

Le marc est excellent contre les contusions, contre toutes sortes d'ulcères et autres plaies. On l'emploie pure, ou bien on le mêle avec égale partie de beurre frais ou de sain-doux frais et pur, suivant l'indication.

On peut laver les plaies avec une partie de drogue amère, et deux ou trois parties d'eau de mauve, dont on peut faire des injections dans les sinus des plaies.

Le frère Jean-Baptiste composoit une liqueur, qu'il appeloit élixir de drogue amère, avec le marc. Après avoir retiré la teinture, il y ajoutoit la même quantité d'eau-de-vie et du safran oriental. Au bout de six semaines, il distilloit l'infusion, à laquelle il mêloit de la canelle et des clous de girofle et il y ajoutoit du sucre. Cette liqueur qui est assez agréable a les mêmes vertus que l'élixir de Garus (1).

28°. Il y a dans l'Inde plusieurs espèces de couleuvres, la caly, la manille et la capelle. La première est petite, mince, verte, et se tient ordinairement sur les plantes que l'on nomme *caly* (2), dont le suc laiteux est très-caustique. C'est la plus dangereuse des trois. On prétend que la lumière qui jaillit des yeux l'irrite, et qu'alors elle s'élance sur eux.

On vend dans l'Inde des petites pierres

---

(1) Le citoyen Chomet, apothicaire, rue du faubourg Honoré, à Paris, vend ces deux sortes de liqueurs, qu'il prépare lui-même, et qui ont les mêmes vertus que celles de l'Inde.

(2) Le *caly* vient en buisson. Il a un très-grand nombre de tiges vertes, tendres et cassantes qui n'ont des feuilles qu'à leurs extrémités. Les Indiens en font des palissades qui sont impénétrables, vu la fragilité des tiges, et la causticité du suc laiteux qu'elles rendent.

ovales, plates, bleuâtres, très-lisses, que l'on-dit souveraines contre les morsures des couleuvres et les piqûres des scorpions. Ces pierres sont factices. On en applique une sur la blessure, elle s'y colle, et suce, dit-on, tout le venin ; ensuite elle tombe d'elle-même ; on la met dans l'eau, où elle se dégorge du venin qu'elle a pompé ; après quoi, elle peut servir au même usage. Je ne sais quel fond l'on peut faire sur cette tradition.

Les morsures de ces trois espèces de couleuvres sont mortelles. Les Brames du Maduré, Royaume dans la Presqu'île du Gange, ont imaginé la composition d'un antidote efficace qui sauve la vie aux personnes qui ont été mordues par une couleuvre, lorsqu'on leur donne le remède à tems. Il porte le nom d'onguent du Maduré. Quoique nous ne connoissions pas une partie des plantes qui le composent, je crois devoir en donner ici la recette. Il seroit possible d'obtenir la description de ces plantes, de connoître leurs propriétés, et de substituer leurs analogues en France, ou enfin d'y suppléer. D'ailleurs ce remède me donnera occasion de faire quelques observations, et de citer deux anecdotes qui me paroissent aussi curieuses qu'intéressantes, et qui peuvent devenir utiles.

Recette de l'onguent du Maduré, contre la morsure des couleuvres.

    Nervichon, racine très-purgative.
    Choutrenaley (1), autre racine très-purgative.
    Sel gemme.
    Orpiment rouge.
    Orpiment jaune.
    Borax.
    Assa fœtida.
    Cumin noir.
    Soufre purifié.
    Mercure cru.

De toutes ces drogues, quantité égale.

Graines de pignons d'Inde mondées, autant que de toutes les autres drogues ensemble.

Du charbon de coques de cocos, quarante-cinq parties, sur trente des premières drogues.

De la cassonade brute, dix-huit parties, pour trente des premières drogues.

Une brassée de l'herbe, appelée en Tamoul *Outamani-Ilé*, pour en exprimer une chopine de suc. Cette plante est une espèce de tithymale âcre, et point corrosive.

---

(1) Ces deux mots sont tamouls.

Vous ferez raper l'amande fraiche du coco, pour en exprimer environ une chopine de lait (1).

Procédé de la composition.

Triturez ensemble le mercure et le soufre dans un mortier de marbre, en ajoutant peu-à-peu le suc d'outamani-ilé, jusqu'à ce que le mercure soit bien éteint.

Ajoutez ensuite les deux orpimens, que vous triturez, en les imbibant du même suc, ensuite le nervichon et le choutrenaley, que vous triturerez avec les autres drogues, en ajoutant toujours du suc d'outamani-ilé. Après quoi vous mêlerez le borax, l'assa fœtida et le sel gemme.

Ensuite prenez les graines de pignons d'Inde, faites-les un peu griller dans une terrine, pour les monder (2), puis triturez-les avec les autres drogues, en les imbibant toujours du suc d'outamani-ilé. Le mélange ne doit se faire que dans l'espace de trois jours.

---

(1) C'est une espèce d'émulsion. Celle d'amandes douces pourroit être suppléée. (*Note de l'Éditeur.*)

(2) On n'a pas besoin de torréfaction, pour monder les graines de pignons d'Inde. Comme elles sont très-émétiques, il se peut que cette opération affoiblisse leurs vertus. (*Note de l'Éditeur.*)

Le quatrième jour, on imbibe la composition avec le lait d'amandes de cocos, en triturant toute la journée.

Le cinquième jour, on ajoute le charbon de coques de cocos.

Le sixième jour, on mêle la cassonnade brute, en ajoutant toujours du lait d'amandes de cocos, et l'on donne à la composition la consistance d'électuaire solide. Lorsqu'elle se dessèche, on l'humecte, soit avec le suc d'outamani-ilé, soit avec le lait d'amandes de cocos.

Manière de se servir de cet onguent.

La dose est de quatre à six grains et même huit. Lorsqu'on a été mordu par une couleuvre-caly, on en fait prendre au malade, de six à huit grains. S'il ne peut pas les avaler, on lui en frotte le palais et la langue, et même la plaie. On fait aussi une égratignure à la tête, sur laquelle on frotte de la drogue.

Si le malade peut avaler, cela est inutile. Lorsque dans l'espace de trois ou de quatre heures, elle n'a produit aucun effet sensible, on réitère les mêmes doses ou les mêmes frictions.

L'effet de la drogue est de purger par haut et par bas.

Pendant le tems qu'elle doit agir, et même

pendant vingt-quatre heures, le malade ne doit boire qu'une infusion légère de poivre en grains.

Cette drogue se donne aussi avec succès dans l'apoplexie et dans la paralysie.

Cette composition a été donnée par les jésuites qui la tiennent des Brames du Maduré.

Pondichéri, le 30 mai 1771, signé Collin.

Je tiens cette recette du citoyen Collin, Chirurgien-major de cette ville, qui avoit de la réputation.

La cassonnade brute, qu'on fait entrer dans cette composition, n'est pas indifférente. Nous avons à l'Isle de France une espèce de poissons qui est quelquefois vénéneuse, dans la saison des grandes chaleurs. L'île est entourée de madrépores blancs de toute espèce, qu'on appelle coraux. Souvent le poisson, quelle que soit son espèce, a l'odeur et le goût du corail, sans être malfaisant. On prétend cependant qu'il tient ses qualités vénéneuses des fleurs du corail, dont il se nourrit, parce qu'en effet, dans cette saison, les coraux paroissent suinter une matière blanche et fluide, dont on ne connoît pas la nature, faute d'observations; mais rien ne prouve que cette matière qui est peut-être calcaire, serve de nourriture aux poissons, et qu'elle puisse leur donner une qualité délétère. D'ailleurs si cela étoit, comment se feroit-il que tel poisson seroit dangereux, et que tel autre de la même espèce, qui a dû prendre la même nourriture, puisqu'il a également le goût et l'odeur du corail, ne le seroit pas? La cause qui rend le premier vénéneux est donc encore inconnue. Quoi qu'il en soit, plusieurs faits attestent qu'il y a quelquefois, mais rarement, des poissons dangereux, dans une saison de l'année. On assure que les Malabares qui habitent cette colonie, lorsqu'ils soupçonnent qu'un poisson est venimeux, le font cuire dans l'eau avec du sel et beaucoup de piment, et qu'ils y ajoutent une cuiller d'argent. Si elle conserve son éclat métallique, ils mangent le poisson sans danger. Le piment est un assaisonnement qui est fort de leur goût; mais ils sont persuadés que ce fruit a la propriété d'atténuer la qualité vénéneuse du poisson. Si la cuiller se trouve noircie, après la cuisson, ils jettent le poisson, comme un mets mal-faisant. Lorsqu'ils n'ont pas pris ces précautions et qu'ils se sont empoisonnés, ils usent d'un antidote, dont l'effet est, dit-on, certain. Dès qu'ils ressentent les premières coliques occasionnées par le poison, ils se hâtent de manger de la cassonnade brute, par poignées; ils boivent par-dessus, un verre d'eau fraiche, et ils sont guéris. Le poisson malfaisant de l'Isle de France occasionne des coliques très-violentes dans l'estomac et dans les intestins, des crispations dans les nerfs, des convulsions, des vomissemens, le cours de ventre, des anxiétés, des angoisses (1).

La vertu alexitère de la cassonnade brute, est donc constatée par ce fait, et ne me paroît pas assez connue : en voici un autre qui la confirme.

Feu la Condamine, l'un des académiciens envoyés par Louis XV, au Pérou, pour mesurer un degré de la terre, avoit traversé, dans son retour, l'intérieur de l'Amérique. Il avoit rapporté trois bouteilles du suc vénéneux, dont les sauvages qui habitent les bords du fleuve des Amazones imprègnent leurs flèches, pour rendre leurs chasses fructueuses. Il en donna une bouteille à l'Académie des Sciences de Paris. Feu Réaumur voulut faire l'essai de ce poison en présence de l'assemblée. Il fit ap-

---

(1) Lorsqu'on a mangé à St-Domingue du poisson qui s'est nourri des pommes du machélinier, qui sont vénéneuses, on fait prendre au malade de l'huile d'olives, ou bien de la thériaque. Il faudroit essayer le sucre sur des animaux à qui l'on feroit manger du poisson empoisonné.

porter, au lieu de ses séances, un ours privé qu'il élevoit chez lui. On trempa la pointe d'une aiguille dans le poison des sauvages, on piqua la patte de l'ours ; il mourut au bout de deux minutes. Feu le Prince de Conti eut une bouteille du même poison ; il l'employa à l'Ile-Adam, à faire des expériences sur une grande quantité d'animaux de diverses espèces, auxquels on administroit des remèdes, dans la vue de trouver un antidote. Après une très-grande quantité d'essais infructueux, on s'avisa d'employer de la cassonade ; cette substance fut la seule qui arrêta l'effet du poison. Il seroit curieux de connoitre le détail de toutes les expériences faites à l'Isle-Adam. J'ignore si elles ont été consignées dans quelqu'écrit public ; mais je tiens cette anecdote de l'un de mes amis, qui a été pendant plusieurs années gentilhomme du Prince, et qui méritoit toute confiance.

Voilà donc trois faits qui confirment la vertu alexipharmaque de la cassonnade brute, contre les poisons coagulans.

Je n'ai plus qu'une remarque à faire à l'occasion de l'onguent du Maduré. Le malade doit boire pendant vingt-quatre heures, une infusion légère de poivre en grains. Je sais que les Médecins Indiens ordonnent souvent cette décoction pour boisson, dans plusieurs maladies. Peut-être le climat très-chaud de leur pays, à raison du relâchement de la fibre, exige-t-il une tisane de nature aussi chaude que celle-là. Elle est rarement en usage dans l'Europe, et pourroit, ce me semble, convenir dans quelques cas. C'est aux Médecins, et surtout à l'expérience, de décider du mérite de cette présomption.

29°. Je crois devoir placer ici une observation, qui me paroît intéressante, sur la panification. Je ne la tiens pas des Indiens. Ils cultivent du blé dans les environs de Surate, à la Côte d'Orixa, et dans plusieurs cantons du Bengale. Ils ne connoissent pas, ou dédaignent l'art d'en faire du pain; ils n'ont pas même de moulins. Ils pilent le blé, pour le réduire en farine, et le vanent, pour en séparer le son; ils en font alors des galettes, ou des gateaux, ou des patisseries sucrées. On sait que la principale nourriture des Indiens est le riz. Ils ne consomment du blé que par fantaisie, ou par régal; ils en font des espèces de pâtisseries, dans lesquelles ils mêlent beaucoup de beurre et de sucre, ou de *jagre*, qui est une matière sucrée tirée du suc du cocotier, ou du palmier.

Les Maures qui ont conquis l'Indoustan mangent habituellement du pain; ils emploient du *calou* pour faire lever la pâte.

Les Européens font du pain dans les villes, et les comptoirs qu'ils occupent dans l'Asie ; mais c'est aux Maures qu'ils doivent la connoissance du levain de calou. Il y a plus de quarante-quatre ans qu'un de mes amis m'a entretenu de la bonté et de la légèreté du pain qu'il avoit mangé à Mahé, pendant un séjour assez long qu'il avoit fait dans ce comptoir français, situé à la Côte Malabarre, près de Talichery. Il me dit que le blé étoit pilé et non moulu, vraisemblablement faute de moulins, et qu'on faisoit lever la pâte avec du calou. Depuis une vingtaine d'années environ, les boulangers de Pondichéry se sont avisés de suivre la même pratique, pour faire lever la pâte. Toutes les personnes qui ont été dans cette ville, depuis cette époque, assurent que le pain qu'on y mange, est très-savoureux et très-léger. Le calou est la sève du cocotier, ou du palmier, qu'on recueille dans ce pays. Ce suc est sucré et très-fermentescible. A l'Isle de la Réunion, ci-devant Bourbon, quelques habitans emploient le suc de cannes fermenté, pour faire le levain : alors ils ont un pain excellent, très-léger et semblable à celui de Pondichéry. On ne peut, ce me semble, attribuer ces heureux effets, qu'à la fermentation spiritueuse que le calou et le suc de cannes excitent dans la pâte, et qui produit une bien plus grande quantité d'air, dit air fixe, que la fermentation acide qui est employée en Europe, pour faire lever la pâte. Aussi voyons-nous que la levure de bierre est regardée par les boulangers, comme plus favorable à la fermentation de la pâte, que le levain ordinaire.

Il paroit donc démontré, d'après ces faits, que l'on ne peut pas révoquer en doute, que les vrais principes de la panification ont été jusqu'à présent méconnus en Europe, et qu'au lieu de la fermentation acide, c'est la spiritueuse qu'il convient d'établir dans la pâte destinée à être panifiée. Indépendamment de l'avantage d'avoir du pain meilleur au goût, on retireroit encore celui d'avoir une nourriture plus légère, plus facile à digérer, plus propre à entretenir et à rétablir les forces, et qui préserveroit des maladies auxquelles l'homme est sujet, en prenant habituellement une nourriture de nature acide. Qu'on se rappelle que j'ai dit plus haut qu'on ne connoissoit point la goutte parmi les Indiens qui vivent de riz, et que les indigestions étoient rares parmi eux.

Quelle substance peut suppléer au calou et au suc de cannes, en France ? C'est là-dessus que doivent porter nos recherches, afin de donner à la pâte la fermentation spiritueuse. J'imagine que le cidre, la poirée, la contre-bierre, du miel ou de la mélasse, ou de gros sirop, fermentés avec de l'eau, pourroient être substitués au calou. La levure de bierre mêlée à de l'eau sucrée, qu'on laisseroit fermenter, pourroit, ce me semble, produire l'effet désiré. Les raisins secs, mêlés avec de l'eau, donneroient une liqueur fermentante qui seroit peut-être propre au même usage. L'industrie, en s'exerçant sur le principe que j'ai posé, trouvera plusieurs moyens de le mettre en pratique. Tous les sucs des fruits sucrés sont susceptibles de la fermentation spiritueuse. Sans doute les uns conviendront mieux que les autres à l'objet en question. Les doses des liqueurs à employer, comparativement à la quantité de farine, le plus ou le moins de tems à donner d'abord à la fermentation spiritueuse, ensuite à celle du levain, et à celle de la pâte, le pétrissage convenable, tout cela sera indiqué par l'expérience.

J'imagine que le cidre que l'on feroit concentrer par la cuisson, afin de le purifier, et pour qu'il se conservât plus long-tems, et qu'il fût plus spiritueux, seroit une des liqueurs les plus propres à la panification. On pourroit aussi, sans prendre ce soin, y ajouter de la cassonnade et de l'eau-de-vie, et ne l'employer que quelque tems après ce mélange, afin de donner le tems à ces substances de se combiner entr'elles. En un mot, c'est un nouveau champ offert à l'industrie, et qui ne seroit pas indigne des recherches de nos chimistes.

Je ne dois pas dissimuler, avant de terminer cet article, que le pain produit par la fermentation spiritueuse, ne conserve qu'un jour sa supériorité sur le pain ordinaire, et que lorsque le premier est rassis, il n'a plus rien qui le rende préférable au second, parce qu'apparemment le gaz et les esprits qu'il contenoit sont dégagés, et que la pâte est parvenue à l'état d'acidité.

Comme j'ai parlé de la contre-bierre, je vais détailler le procédé de la faire : ce ne sont pas les Indiens qui l'ont trouvé, car ils ne connoissent pas la bierre ; mais les Européens en transportent dans leurs établissemens en Asie. Les Anglais et les Hollandais en font un usage habituel ; la bierre que les premiers nomment *porter*, est meilleure, quand elle a passé la mer.

Les uns et les autres préparent avec cette liqueur, une boisson extrêmement agréable, que nous nommons *contre-bierre* ; elle est aussi pétillante, aussi mousseuse que le vin de Champagne ; mais elle est moins spiritueuse, et son effet passe plus promptement. On en boit dans les repas, et même hors des repas ; en voici la recette :

Mêlez ensemble trois bouteilles d'eau pure,
et

et une bouteille de bonne bierre, avec du sucre ou du sirop (on pourroit employer du miel); ajoutez-y du levain de pâte de farine de froment, bien délayée, ou du cidre en fermentation, ou tout autre ferment; on met aussi quelques grains de raisins secs, et trois ou quatre clous de girofle, si l'on veut.

Cette liqueur doit être dans un vase de grès, que l'on ne bouche qu'avec de la gaze, jusqu'à ce que la fermentation soit bien établie; alors il faut la boucher avec un fort bouchon, lié fortement, sans quoi il sauteroit, et la liqueur s'epancheroit.

On observe que le vase doit être placé dans un endroit un peu chaud, pour aider la fermentation, jusqu'à ce qu'elle se soit avancée. Le plus ou le moins de tems dépend de la chaleur du lieu, et de la quantité de ferment qu'on a mêlé à la liqueur : il ne faut pas en mettre trop, parce qu'il lui donneroit un goût qui ne seroit pas agréable, et parce que la liqueur passeroit promptement à l'acidité.

Un bon ferment est la contre-bierre elle-même, lorsqu'elle est en bonne fermentation. Cette liqueur ne se conserve pas long-tems, elle est sujette à s'aigrir.

30°. Les eaux du Gange sont bourbeuses, comme celles de la Seine à Paris; les

Bengalis emploient un moyen très-prompt de les clarifier. Ils prennent une graine du pays, qu'ils appellent *titan-coté*, (le mot *coté* signifie graine) elle est mucilagineuse ; ils la font dissoudre dans un peu d'eau, en la frottant sur un morceau de terre cuite et neuve, parce qu'elle a des aspérités qui attaquent la graine. Lorsqu'elle est dissoute, ils jettent cette eau dans un tonneau rempli d'eau du Gange ; au bout de douze heures elle est claire et bonne à boire. Ils prétendent que si l'on mettoit plus de graines, l'eau donneroit des coliques à ceux qui en boiroient. J'ai planté plusieurs fois à l'Isle de France des graines de titan-coté, deux seulement ont levé ; j'ai laissé deux arbres dans le jardin de l'habitation que j'avois dans cette Colonie ; ils viennent très-lentement ; ils n'avoient pas fleuri avant mon départ, je ne puis donc pas en donner la description. Les graines sont assez petites, sphériques, mais un peu applaties ; je m'en suis servi à l'île de France avec succès, pour clarifier deux barriques de vin de Xerès. Il n'étoit plus reconnoissable à l'œil et même au goût.

J'avois, en 1792, apporté en France beaucoup de ces graines; le Citoyen Baumé et moi, nous n'avons pas pu parvenir à les dissoudre, quelques moyens que nous ayons employés; elles étoient sans doute trop vieilles et trop sèches. Ne pourroit-on pas parvenir, en les prenant fraiches sur les lieux, à leur conserver leur dissolubilité, sans altérer leurs propriétés? C'est un problême, que j'engage les curieux qui habitent les bords du Gange, à résoudre ; s'ils réusissoient, ils rendroient service à leurs compatriotes, pour qui ces graines deviendroient précieuses, soit à clarifier les eaux, soit à clarifier les vins.

31°. Je vais copier ici un Mémoire sur l'huile de Ricin ou Palma-Christy, que j'ai envoyé au Citoyen d'Angivillers, Surintendant des bâtimens, avec lequel j'entretenois correspondance, pendant les dernières années de mon séjour à l'Isle de France. J'ignore quel usage il a fait de cet envoi, qui est sous la date du 28 septembre 1785.

Mémoire sur l'huile de Ricin ou Palma-Christy.

Nous avons à l'île de France trois sortes de Ricins, qui y sont connues sous le nom de Palma-Christy, et qui ne diffèrent entre elles, que par leur grandeur et par la grosseur de leurs fruits.

Le plus grand de ces Ricins s'élève, dans une bonne terre, jusqu'à dix pieds de hauteur. Il a les feuilles plus grandes et le fruit plus gros que les autres, le plus petit ne s'élève guère qu'à trois ou quatre pieds au plus. Il a les feuilles plus petites, ses graines sont grosses comme des petits pois, mais alongées et un peu applaties. L'enveloppe des amandes du grand Ricin, est d'une belle couleur rougeâtre marbrée ; celle des amandes du petit est aussi marbrée, mais elle tire un peu sur le gris ; le moyen tient exactement le milieu entre ces deux espèces.

On se sert des graines de toutes les trois, pour en retirer de l'huile qu'on emploie aux mêmes usages. Les Indiens prétendent cependant que celle des graines du petit ricin a plus de vertus que celle des deux autres espèces. A l'Isle de France on cultive communément le moyen.

Ces trois espèces sont annuelles. Il y a cependant quelques plantes qui vont jusqu'à la deuxième année : alors elles rapportent peu de fruits.

L'arbre que nous appelons ici *pignon* d'Inde, quoique de la même classe que le ricin, en diffère totalement dans toutes ses parties. Il est beaucoup plus grand, beaucoup plus gros. C'est un arbre médiocre qui vit longues années ; il est plus touffu, il a les feuilles plus petites. Le fruit est rond, gros comme un œuf de poules, lisse à l'extérieur : au lieu que le fruit des ricins est constamment hérissé. Il a une première enveloppe ligneuse, et l'autre non. Celui du pignon d'Inde contient aussi trois amandes : mais leur enveloppe particulière est dure, chagrinée et noire; elles sont beaucoup plus grosses que celles du grand ricin. Je crois que ce que je viens de dire suffira pour les distinguer.

On ne fait ici d'autre usage de l'huile des amandes du pignon d'Inde, que de la brûler. Elles sont très-agréables au goût. J'en mangeai une seule, il y a douze ans, sur la foi d'un chirurgien, qui m'assura, qu'en retirant le germe et une pellicule blanche très-fine qui se trouve entre les deux lobes de l'amande, elle n'étoit pas malfaisante. Comme je le vis en manger une, je crus que je ne courois aucun danger à suivre son exemple. Nous en fûmes très-malades l'un et l'autre; nous vomîmes beaucoup. J'avois autrefois à mon service un maçon Européen, d'un tempérament très-vigoureux, qui étoit dans l'usage d'avaler trois amandes de pignons d'Inde dépouillées de leurs coques, entières et sans les mâcher, lorsqu'il croyoit avoir besoin de se purger. En effet elles excitoient des vomissemens, et lui procuroient des selles très-abondantes (1).

---

(1) J'ai ouï dire que l'eau-de-vie étoit l'antidote du pignon d'Inde; je ne puis pas l'assurer.

Je reviens aux ricins. Ce n'est pas en substance que les Indiens les donnent aux malades ; ils ne font usage que de l'huile des graines, et nous de même à leur imitation. Elle est si balsamique, si douce, que c'est la médecine ici qui est le plus en usage, surtout pour purger les nouveaux-nés de leur méconium.

Les enfans, pendant les neuf premiers jours de leur naissance, sont sujets, dans les pays chauds, à l'Isle de France, comme ailleurs, à être attaqués de convulsions, sur-tout lorsqu'ils prennent l'air. On appelle ici, cette maladie, la crampe. C'est un fléau qui arrête les progrès de la population, d'autant plus que cette maladie est mortelle et très-commune. C'est une sorte de tétanos contre lequel on n'a point encore trouvé de spécifique. Les blancs, comme les noirs, y sont sujets. La cause de cette maladie n'est pas encore connue. On l'attribue à l'irritation d'un méconium fermenté sur les intestins (1). En

---

(1) D'autres personnes prétendent que le tétanos des nouveaux-nés provient de la blessure du cordon ombilical, sur laquelle on applique ordinairement une compresse imbibée de baume samaritain, qui se refroidit et qui cause par-là une crispation dans le genre nerveux. On sait que dans les pays chauds, les blessés sont sujets au tétanos. Cette explication me paroît plus vraisemblable, et je serois d'avis d'ap-

conséquence on a suivi ici l'usage où sont les Indiens, de purger les nouveaux-nés avec de l'huile de Palma-Christy. Il y a des Européens qui en donnent tous les jours une cuillerée aux enfans qui naissent chez eux, pendant les quinze premiers jours de leur naissance. Plusieurs personnes paroissent persuadées de l'infaillibilité du préservatif; mais d'autres, sans lui attribuer tant de vertu, en regardent l'usage comme une précaution sage, qui peut souvent éloigner le danger de la maladie dont je viens de parler. Quand les enfans ont atteint le terme de neuf jours révolus, cet accident est moins à craindre.

Ce n'est pas seulement contre cette maladie qu'on fait prendre ce remède. On donne aussi aux enfans de tout âge, de tout sexe, et même aux adultes et aux vieillards, de l'huile de Palma-Christy, en dose proportionnée à la force et à l'âge du malade, ou pure ou mêlée pour les nourrissons, avec égale partie du lait de leurs nourrices, ou pour les autres, avec du suc de citrons. Cette huile est constamment un purgatif très-doux, et n'est jamais émétique.

On a en Europe une opinion contraire, sur la foi de plusieurs auteurs, qui en dissuadent

---

pliquer sur la plaie des nouveaux-nés un emplâtre fait avec de l'onguent de la mère, qui n'occasionneroit ni froideur ni crispation.

l'usage, et on la croit caustique. Il n'est peut-être pas difficile d'expliquer cette contradiction apparente. Il se peut que l'huile tirée par expression des graines du ricin soit caustique, tandis que celle que nous employons ne l'est pas.

Voici la manière dont nous la retirons des graines, suivant la méthode des Indiens.

Nous mettons, après la récolte, les fruits du ricin sécher au soleil. La première enveloppe des graines, lorsqu'elles ont été cueillies mûres, éclate et se détache d'elle-même. Nous faisons bouillir les graines entières dans de l'eau, ensuite nous les exposons une deuxième fois au soleil, jusqu'à ce qu'elles soient bien sèches. Après quoi on les pile avec leurs enveloppes rougeâtres, et on en forme une pâte, qu'on humecte avec un peu d'eau chaude, et qu'on jette successivement dans des marmites qui contiennent de l'eau bouillante, et sous lesquelles on fait du feu. L'huile surnage, on la retire avec des plumes, à mesure qu'elle se forme. On la met dans des vases où elle dépose toujours un sédiment mucilagineux qu'on rejette. A mesure que l'eau de la marmite s'évapore par l'action du feu, on en ajoute d'autre bien chaude. Lorsque l'huile a formé son dépôt, on la met dans une casserole sur un feu doux. Par ce moyen, l'eau qu'elle peut contenir s'évapore, et les parties charnues et mucilagineuses qui restent, sont plus disposées à se précipiter, après le refroidissement et le repos.

C'est donc par le moyen de trois ébullitions que nous retirons cette huile. Si les graines de ricin en contiennent deux sortes, comme l'assure Geoffroi, (*Matière Médicale*, Tome III, p. 283,) dont l'une est *douce, tempérée*, et l'autre *très-âcre et si caustique qu'elle brûle la gorge* ; cette dernière est vraisemblablement une huile éthérée, qui s'évapore par les trois ébullitions qu'on lui fait subir. Si cette conjecture est vraie, l'huile tirée par expression contiendroit la partie d'huile éthérée, et seroit caustique, tandis que celle tirée par ébullition seroit douce et tempérée. Geoffroi prétend que c'est de la première que dépend la vertu purgative de cette substance. En effet l'huile de ricin caustique a beaucoup plus de vertu purgative que l'huile douce. Peut-être reste-t-il encore, après les trois ébullitions que nous lui donnons, quelques parties de l'huile caustique, mêlée avec de l'huile douce, et qui n'a pas pu s'évaporer entièrement. L'expérience prouve suffisamment qu'on n'a rien à redouter de leur mélange, dans la proportion où il se trouve suivant ce procédé.

L'huile de ricin préparée ainsi, est bonne à brûler, et n'a aucune odeur. Elle doit être claire, d'un verd mêlé de jaune, quand elle a été faite avec soin; elle est un peu épaisse et visqueuse. Elle n'occasionne jamais de vomissemens. La dose qu'on fait prendre aux nouveaux-nés, est celle d'une petite cuiller à café. On en donne aux adultes deux, trois, quatre, cinq, six, sept et même huit cuillerées à bouche, suivant le tempérament. Cette huile est vermifuge. Les enfans des blancs et des noirs et les nègres, sont très-sujets aux vers à l'Isle de France. Le remède le plus généralement employé est l'huile de Palma-Christi, ou pure, ou mêlée avec un peu de drogue amère, ou avec égale quantité de jus de citrons et du sucre.

J'ai connu dans l'île un vieillard octogénaire qui étoit sujet à des constipations et à d'autres infirmités, et qui prenoit habituellement deux fois par semaine une cuillerée à bouche d'huile de ricin. Il en a fait constamment usage pendant les douze dernières années de sa vie; il en attribuoit la prolongation à ce remède. J'en ai pris plusieurs fois moi-même avec succès, mais je suis obligé d'en prendre une dose très-forte; telle que sept à huit cuillerées à bouche à la fois; et je n'en ai jamais éprouvé que des effets doux et modérés.

Sir Staunton prétend, dans la relation du voyage de l'ambassade anglaise, à la

Chine, que les Chinois ont trouvé le moyen de rendre cette huile *propre à être mangée*. (T. III, p. 302.) Il ne détaille pas le procédé qu'ils emploient. Comme les Chinois ne sont pas fort délicats sur les qualités des huiles qu'ils mangent, je ne serois pas surpris de les voir faire usage dans leurs mets, de l'huile de Palma-Christi, préparée suivant la méthode que j'ai décrite. Elle n'a point alors d'âcreté ni aucun mauvais goût. Mêlée avec des alimens en petite quantité, et subissant une quatrième fois l'action du feu, il est vraisemblable qu'elle n'a plus de vertu purgative. Si elle étoit encore laxative, l'usage lui enlèveroit cette propriété.

32°. Les Indiens ont une pratique, dont le motif n'est pas bien connu. Ils font une piqûre aux orgelets des deux yeux des nouveaux-nés, avec la barbe du riz ; il en découle un peu de sang. On prétend que leur intention est d'augmenter, par ce moyen, le développement des yeux, et que c'est la raison qui fait que les Indiens ont en général les yeux très-ouverts et assez beaux. D'autres soutiennent qu'ils croient préserver par ce moyen leurs enfans du *tétanos*. Ces deux motifs ne me paroissent pas fondés. Peut-être que cet usage n'est que superstitieux. Il sera facile de prendre sur les lieux les éclaircissemens désirables.

33°. La pratique de l'inoculation de la petite vérole est en usage depuis un tems immémorial dans le Bengale. Le bourg de Bendel, situé à neuf lieues au-dessus de Calcutta, sur le bord du Gange, est le seul endroit où l'on fasse cette opération salutaire. Les médecins inoculateurs qui exercent ce métier de père en fils, y ont fixé leur demeure. C'est là que dans une saison de l'année, qui est celle des sécheresses, s'établit un concours considérable de voyageurs qui s'y rendent à pied de toutes les parties du Bengale, hommes, femmes et enfans; les uns de dix, d'autres de vingt lieues, d'autres de trente, quarante, cinquante, cent, cent trente lieues et même plus. Ils ne prennent, pendant le voyage, d'autre nourriture que du riz cuit à l'eau, et d'autre boisson que de l'eau pure. Ils couchent en plein air, couverts seulement de leurs habillemens, qui sont en toile de coton, et se baignent ou se lavent le corps tous les jours trois fois, ainsi que le prescrit leur religion. Le jour de leur arrivée à Bendel, est consacré au repos. Le lendemain matin, ils se présentent devant l'inoculateur qui leur fait une incision grossière à l'un des poignets, qui y applique le virus variolique, et couvre la plaie avec un peu de toile. Le lendemain les inoculés partent et retournent chez eux comme ils sont venus, c'est-à-dire, en se nourrissant de riz, en buvant de l'eau, en se lavant le corps trois fois par jour, et en couchant en plein air. Le venin fait son effet pendant la route ; il n'est jamais violent, parce que d'une part la nourriture que prennent les inoculés est saine et légère, et que d'autre part la marche continuelle pendant toute la journée excite une transpiration abondante dans un pays chaud. On assure que jamais il n'est arrivé d'accident, et l'on regarde comme un fait certain, contre lequel on n'a jamais élevé de doute dans le pays, que cette inoculation préserve pour la vie de la contagion de la petite vérole.

Je ne ferai aucune remarque sur cette pratique ; je laisse aux médecins éclairés le soin d'en faire d'utiles, et aux voyageurs celui de nous apprendre la méthode employée par les inoculateurs du Bengale, pour recueillir du virus variolique, pour le conserver et l'appliquer sur la plaie, et par ce moyen l'insérer dans le sang.

On sait que les Chinois ont une pratique particulière ; ils répandent du virus variolique bien desséché et réduit en poudre, sur du coton qu'ils introduisent dans les narines. L'expérience leur a sans doute prouvé qu'il n'en résultoit aucun inconvénient ; j'en ai parlé ailleurs.

Je propose aux inoculateurs un moyen qui me paroît préférable à tous ceux qui sont pratiqués ; c'est d'étendre sur du linge du virus variolique en poudre, et de l'appliquer sur les bras ou sur les cuisses, sans faire d'incision. On laisseroit ce topique dans le même état pendant plusieurs jours, et on le renouveleroit, s'il étoit nécessaire. La transpiration humecteroit le virus, et les vaisseaux aspirans le pomperoient et le méleroient avec le sang. On épargneroit aux enfans la douleur de la piqûre, et la frayeur qu'ils en conçoivent ordinairement.

34°. Tout le monde connoît le *caoutchouc*, cette résine élastique qui vient de Cayenne. L'arbre qui la produit paroît être, d'après la description incomplète de Fresneau, du genre des ricins. On trouve à Madagascar, une résine absolument semblable au caoutchouc, pour la couleur et pour les propriétés, et qui est le produit d'un végétal sarmenteux de la famille des jasmins, qu'ils nomment *voaène* ou *voaé* par abbréviation.

Les Madécasses font une incision au tronc de l'arbre, dans le tems de la sève. Il en découle un suc laiteux, épais, très-blanc qui est sans odeur, et qu'ils mettent dans un bambou; ils le tiennent près du feu. Les parties aqueuses s'évaporent et la résine se réunit en masse; elle est d'abord très-blanche; mais elle brunit à l'air. Ils n'en font aucun usage qui mérite d'être cité.

Les Chinois ont aussi une résine élastique; j'ignore quel est le végétal qui la leur fournit, et l'emploi qu'ils en font. J'avois envoyé à Canton un Mémoire par lequel je demandois des instructions détaillées sur cet objet; je n'en ai point reçu. Cette nation industrieuse a peut-être trouvé le moyen de tirer parti de cette substance singulière. C'est ce qu'il importe de savoir, et c'est un article que je recommande aux voyageurs d'éclaircir.

Je fus chargé, en 1783, étant à l'Isle de France, par le Ministre de la marine et par le Surintendant des bâtimens, de faire des expériences sur la résine élastique, que l'on croyoit être un produit de la colonie. Il s'agissoit de trouver les moyens de la conserver dans l'état de dissolution, où elle se trouve, en sortant de l'arbre. Je ne rendrai pas compte ici des expériences très-nombreuses auxquelles je me suis livré dans cette recherche, et que j'ai détaillées dans ma correspondance avec le Surintendant des bâtimens. Je dirai seulement que l'esprit-de-vin et tous les acides, ainsi que les alkalis, soit fixes, soit volatils, mêlés avec le suc de voaène, occasionnent sur-le-champ la réunion des parties résineuses que ce suc contient, et j'ajouterai que l'éther est la seule liqueur qui tienne ce suc en dissolution. Si l'on en remplit des bouteilles bien bouchées, sans mélange quelconque, la résine se réunit en masse au bout de quelque tems, et les parties séreuses de ce suc laiteux ont une fétidité insupportable, qu'elles n'ont pas dans l'état de fraîcheur.

Pour avoir des ustensiles, ou des instrumens de résine élastique, il faut ou les fabriquer sur les lieux avec le suc-frais du caoutchouc ou du voaène, ou bien y mêler de l'éther, dans la proportion d'un bon tiers, et le tenir dans des bouteilles bouchées hermétiquement, que l'on peut transporter en France. Ce suc étant ensuite appliqué sur des moules, exposés près du feu, laisseroit évaporer les parties éthérées et les séreuses, tandis que les résineuses prendroient la forme des moules, et conserveroient leur élasticité. Ces dernières ont entr'elles une attraction très-marquée, qui est vraisemblablement le principe de leur élasticité.

Si l'on pouvoit trouver en Europe un dissolvant de cette substance, tel qu'il ne fût pas

pas coûteux, qu'il pût en être séparé facilement, et qu'il n'altérât pas ses propriétés, ce seroit une découverte intéressante. Macquer a dit que l'éther vitriolique étoit ce dissolvant ; ce fait a été contesté mal-à-propos ; car un chimiste anglais est venu à bout de dissoudre complètement cette résine dans de l'éther vitriolique très-rectifié. Cette liqueur ne peut pas être d'un usage étendu, parce qu'elle est trop chère ; j'ai éprouvé que l'éther du commerce dissolvoit cette résine en petite quantité, au bout d'un tems assez long. Il seroit à propos d'essayer l'éther acéteux et le nitreux.

Je crois devoir rendre compte d'une expérience qui a réussi : j'ai mis dans un flacon de verre quatre gros de résine élastique, coupée en petits morceaux, huit onces d'esprit de vin de sucre de trente-six degrés, à l'aréomètre de Baumé, et deux onces de camphre rafiné. J'ai agité souvent le mélange, la dissolution s'est faite complètement, au bout d'un tems très-long, par le moyen d'une digestion spontannée. Le camphre et l'esprit de vin étant volatils, il seroit facile de les faire évaporer. Il y a des huiles essentielles qui, aidées du feu, dissolvent cette substance, mais elle ne conserve pas son élasticité. Ces recherches me paroissent mériter l'attention de nos chimistes.

Description du Voaène, ou Voaé, plante sarmenteuse de Madagascar, qui produit un lait, dont on retire une résine élastique.

Le Voaène est une plante sarmenteuse: c'est une liane qui rampe sur la terre, ou qui s'accroche aux arbres voisins qu'elle entrelace. Il y en a dont les tiges sont plus grosses que le bras d'un homme ; l'écorce est brune, les feuilles sont opposées deux à deux, assez épaisses, d'un verd foncé et luisant en dessus, pâles en dessous. La forme des feuilles n'est pas constante : les unes se terminent en pointe et sont lancéolées ; les autres forment un angle un peu obtus à leur extrémité : elles ont toutes un pétiole assez court : elles ont un pouce et demi à deux pouces de longueur, sur douze et quinze lignes de largeur.

Les fleurs ressemblent à celles du jasmin d'Espagne, et répandent une odeur douce assez agréable ; elles viennent en bouquets ; elles ont chacune leur pédicule particulier ; elles sont monopétales, ayant un tube alongé, cylindrique, dont le limbe est divisé en cinq folioles longues, très-blanches, un peu épaisses, disposées en rose. On trouve renfermées dans le tube, cinq étamines à sommets jaunes qui entourent un pistil. Elles ont un calice verd, pentaphyle ; les fleurs deviennent jaunes quand elles se fanent.

Les fruits ont la forme d'une poire ; il y en a qui sont aussi gros que les poires de bon-chrétien ; leur écorce est plus épaisse que celle de la grenade ; elle est couverte d'une pellicule mince, grise et comme chagrinée, le reste est de couleur brune et noirâtre. L'intérieur est un amas de graines disposées de telle sorte, que l'ensemble a une forme sphéroïde ; celles qui occupent le centre n'ont pas de forme régulière ; les autres sont à-peu-près ovoïdes, c'est-à-dire, qu'elles ont une extrémité plus grosse que l'autre. Elles ont chacune une pellicule brune qui les recouvre, et sont enveloppées d'une pulpe qui est brune dans l'état de siccité : elles sont plus ou moins grosses, suivant la grosseur du fruit ; on peut les comparer à la grosseur d'une noisette. Leur substance est farineuse dans l'état de fraîcheur, mais elle prend du corps et beaucoup de dureté en séchant. Il y a tout lieu de croire que le calice devient le fruit ; il a un pédicule très-long.

Cette plante me paroît être de la classe des jasmins, elle aime les endroits frais, humides, sablonneux et ombragés.

C'est ici où se terminent les notions incomplètes, que j'ai prises des arts des Indiens dans le cours de mes voyages. Je regrette beaucoup de n'avoir pas pris sur les lieux, des instructions plus détaillées sur des objet aussi intéressans. D'autres voyageurs, mieux avisés que moi, plus éclairés, avertis par le tableau que je viens d'exposer, rapporteront dans leur patrie des connoissances plus exactes et plus nombreuses, et acquerront par-là, des droits à la reconnoissance du public.

SECONDE PARTIE.

Des Arts des Chinois, dont les procédés ne sont pas bien connus, et qui exigent de nouvelles recherches.

La Chine est l'Empire le plus vaste et le plus peuplé du globe; c'est aussi l'un de ceux dont la civilisation remonte aux tems les plus anciens. Le tableau de sa population, publié par l'Ambassade anglaise auprès de l'Empereur de la Chine, en 1793 et 1794, porte le total à trois cent trente-trois millions, ou trois cent cinquante-trois millions d'habitans, non comprises les émigrations qui se font tous les jours à la Cochinchine, à Java, à l'Ile Luçon, dans le Golfe de Siam, à Bornéo, aux Moluques, à Malac, à Sumatra, aux îles voisines de la Chine et ailleurs.

C'est là, c'est dans un sol si étendu, et dans une température si variée, qu'il seroit intéressant d'étudier les productions de la nature et de l'art. Que de choses curieuses ou utiles, sont encore inconnues aux Européens !... Le court séjour que j'ai fait à Canton, ne m'a pas permis, dans un âge tendre, d'approfondir les secrets de ce peuple industrieux dans les arts, qu'il pratique depuis un tems immémorial. Puisse cette esquisse, que je vais présenter, inspirer à quelques philantropes que le destin conduira à la Chine, le désir d'enrichir sa patrie de connoissances utiles !

1°. J'ai vu à la Chine, une étoffe qui mérite quelqu'attention, par son bas prix et par son brillant ; elle est de soie ou de filoselle ; elle est brochée avec des lanières très-fines de papier doré, qui représentent toutes sortes de dessins, et qui ont l'éclat des lames d'or, sur-tout à la lumière. Elle imite nos riches étoffes de Lyon, et a plus de durée qu'on ne croiroit ; il y en a de toutes les couleurs.

2°. Les Chinois font aussi une étoffe avec des fils tirés des écorces d'un arbre ; je ne connois ni le nom ni l'espèce du végétal qu'ils emploient, ni la préparation qu'ils donnent aux écorces. J'ai vu de ces étoffes, j'en ai même fait usage. Elles ne laissent pas que de durer, et sont à très-bon compte à la Chine.

3°. C'est ce peuple industrieux qui a fait connoître la soie à tous les autres, et la manière de la fabriquer. Il y a des étoffes dans ce genre, que les Européens n'ont pas encore imitées ; telles que les Mandarines, le Con-cho, le Saye-a-saye, et celle que nous nommons la Soie-torse, qui est faite avec du fil tors : elle est de la plus grande beauté, et d'une longue durée. La Mandarine et le Con-cho, sont des étoffes riches, à fleurs, très-fortes et très-épaisses ; le Saye-a-saye est très-souple et très-moëlleux, ils en font des chemises et des pantalons qui se lavent comme la toile.

Ils font avec la laine une étoffe légère, qui a du rapport avec les châles de Cachemire, qui est très-chaude, et qu'ils nomment Sou-chon.

4°. Ils assemblent des tiges vertes d'herbes, que je crois être des espèces de joncs, au moyen de fils de soie de toutes couleurs, qui représentent des hommes, des animaux, des oiseaux, des arbres, des fleurs, etc. Cet ensemble forme une espèce d'étoffe qui sert d'ornement dans les maisons. Comme les tiges dont j'ai parlé ne se touchent pas, on peut voir au travers, mais on n'est pas vu. Les Français les nomment des stores, parce qu'on les met devant des portes et des fenêtres, et qu'on les tient élevés à la hauteur que l'on veut.

On m'a assuré que ces stores étoient faits avec des brins de rotin artistement fendus et teints en verd. Ils se vendent au plus bas prix, et prouvent l'industrie ingénieuse de ce peuple.

5°. On connoît le ginseng et ses propriétés étonnantes (1), qui sont dues en partie à la préparation qu'on lui donne. La décoction théyforme de cette racine coupée menu a des vertus cordiales et astringentes ; mais ce ne sont pas celles qui rendent cette substance d'un si haut prix à la Chine. Ils exposent le ginseng pendant quelque tems à la vapeur d'une décoction de riz, et le font sécher avec soin ; il prend alors, dit-on, une sorte de transparence et devient sem-

―――――――――――

(1) L'Académie des Sciences de Paris s'exprime ainsi, année 1718, art. *Ginseng.* « Ses principales » vertus sont de purifier le sang, de fortifier l'es- » tomac, de donner du mouvement au pouls foible, » de réveiller la chaleur naturelle, et d'augmenter » l'humeur radicale.

blable au sucre d'orge. C'est dans cet état qu'il a la propriété d'être le restaurant le plus efficace. Ce procédé chimique n'est point employé en Europe, et mérite d'être essayé.

Les Chinois riches prennent habituellement et journellement du ginseng, pour fortifier leur santé, et pour multiplier leurs jouissances.

Ce peuple qui en connoît le prix, plus que tout autre, a plusieurs autres espèces d'aphrodisiaques beaucoup moins chers et beaucoup moins efficaces ; il paroît s'être attaché à l'étude des spermatopées ; il en connoît plusieurs dont il fait usage, tels que les nids d'oiseaux (1), les ailerons de requins, les *bitches de marre* (bêtes de mer); ceux-ci sont une espèce de poissons assez singulière que l'on trouve sur les rochers de la mer. Il y en a une très-grande quantité sur les côtes de l'Isle de France et sur celles de Madagascar. Comme ils se vendent bien à la Chine, j'ai essayé autrefois

---

(1) Ces nids d'oiseaux sont ceux d'une espèce d'Alcyons ou hirondelles de mer. On les trouve sur les rochers. Ils sont composés d'une espèce de gluten qui ne se dissout pas dans l'eau. On les fait cuire, et on les mêle avec d'autres ragoûts. Ils n'ont pas beaucoup de saveur par eux-mêmes.

d'en préparer, mais sans succès. Les habitans de Quéda sont mieux instruits, et en vendent aux vaisseaux qui passent chez eux, en allant à la Chine.

Les peuples de cet Empire ont vraisemblablement d'autres aphrodisiaques qui me sont inconnus. Je pense que nous devrions prendre chez eux les premiers élémens de la spermatologie, science toute nouvelle pour l'Europe, science qui intéresse l'humanité en général, en lui procurant des jouissances qui l'attachent à son existence, en entretenant la santé et la vigueur, en réparant l'abus des excès, en contribuant à l'augmentation de la population. Il seroit digne de la sollicitude des Gouvernemens de s'occuper des recherches qui pourroient donner des connoissances sur une science à peine soupçonnée des peuples éclairés de l'Europe.

Les aphrodisiaques que je viens de citer ne sont ni échauffans, ni irritans, ni même stimulans, et ne causent point d'épuisement; leur usage même habituel n'a rien de dangereux. Ils sont restaurans, et conviennent dans beaucoup de maladies, dans la plupart des convalescences, et après des fatigues excessives.

L'avocat, qui est un fruit de l'Amérique, transplanté dans les Isles de France et de la

Réunion, et de là dans plusieurs parties des Indes Orientales, mangé avec du sel et du poivre, a des vertus aphrodisiaques ; mais lorsqu'on prépare ce fruit avec du jus de citrons, il n'a plus les mêmes vertus. On pourroit en faire des conserves, sur les lieux, et en envoyer en Europe ; elles deviendroient bientôt d'un usage général. J'engage les habitans de l'Amérique à faire ce présent aux Européens.

Je connois la préparation d'une espèce de pastilles, d'autant plus agréables, qu'on peut y mêler la plupart des parfums connus, tels que la vanille, la canelle, la rose, l'orange, la menthe et autres, sans nuire à leurs propriétés. Ces pastilles sont aphrodisiaques, peut-être autant que le ginseng, et conviennent dans la phtisie, dans les maladies de langueur, dans les dyssenteries, dans les flux de sang, dans l'éthisie, dans toutes les convalescences, lorsque les forces sont épuisées, et sur-tout aux vieillards, et à ceux qui ont fait des excès. Je ne puis pas révéler le secret de la composition de cet excellent remède. Je n'en parle que pour réveiller l'attention de nos pharmaciens, sur un genre de médicament trop peu usité.

6°. Les Chinois préparent, avec le jus de viande et avec une espèce de pois très-petits, que je crois être le *Cattian* de Java, une liqueur qui sert à assaisonner les mets, et qui se conserve très-long-tems, parce qu'elle est très-salée. On en mêle un peu avec du bouillon, du jus de citrons, ou du vinaigre, du poivre ou d'autres épices. Cette sauce est très-bonne avec le bouilli, le rôti et le poisson, et avec toutes sortes de légumes. Cette liqueur se nomme *Souy*; celui du Japon est le plus estimé. C'est le seul dont les Européens fassent usage dans les Grandes Indes.

7°. Il y a des choses peu importantes par elles-mêmes, auxquelles on ne fait d'ordinaire aucune attention. Cependant tout ce qui peut être utile aux hommes, même dans le genre de l'agrément, ne doit pas être négligé.

Les Chinois confisent des oranges douces au sucre, et les applatissent; nous les nommons des oranges tapées. Cette espèce de confitures qui se conserve très-long-tems est fort bonne au goût : elle a de plus, des propriétés médicinales. Une orange tapée, cuite dans une pinte d'eau, forme une tisanne très-agréable, qui convient dans beaucoup de maladies, sur-tout lorsqu'on est enrhumé. Elle passe aussi pour être cordiale et pectorale. Toutes les confitures des Chinois se conservent très-long-tems. Je crois que cette propriété est due à la qualité du sucre qu'ils emploient ; celui qu'ils tirent de la Cochinchine est préféré à celui qu'ils fabriquent dans leur pays.

D'autres prétendent que les confitures faites avec le sucre candi sont plus fines et se conservent mieux que celles faites avec la cassonade. Je puis assurer que le vin de framboises (1) que je faisois à l'Isle de France, pour mon usage, et qui a été trouvé excellent en France, étoit plus moëlleux et plus agréable, lorsqu'il avoit été édulcoré avec du sucre candi, que celui qui avoit été sucré

---

(1) Les framboises de l'Isle de France viennent de l'Isle de Bouro, l'une des Moluques. C'est l'illustre Commerson, qui a fait le tour du monde avec le célèbre Bougainville, qui en a apporté des graines dans cette Colonie, où elles se sont multipliées étonnamment. Ces frambroises forment une variété intéressante ; elles sont plus grosses, plus rondes, et d'un rouge plus vif que celles de France. Elles n'ont presque pas de parfum, à moins qu'elles ne soient sucrées. Les confitures qu'on en fait ont un peu de parfum ; mais le vin en a beaucoup ; la fermentation et le sucre le développent. Ce fruit est mucilagineux et très-rafraîchissant. La Colonie doit encore au même Commerson un fruit d'Otaïti, qui se nomme *Evy* dans cette île, et que nous nommons *fruit de Cythère*. L'arbre qui le produit est très-multiplié dans les îles de France et de la Réunion.

avec la cassonade la plus blanche. Quoi qu'il en soit, voici la manière des Chinois de confire les oranges tapées.

Ils les cueillent un peu avant leur maturité : ils les mettent tremper pendant plusieurs jours dans une eau de chaux ; ensuite ils y font quelques incisions latérales, et les mettent à la presse pendant vingt-quatre heures, au bout desquelles ils les font cuire dans du sirop ; après quoi ils les font sécher dans une étuve.

Les oranges tapées se conservent dix ou douze ans, en les tenant dans un lieu sec. Il y en a deux espèces; l'une faite avec les oranges douces ordinaires, et l'autre qui est plus estimée, avec des orangines. Celles-ci sont aigres, de la grosseur d'une petite bille de billard ; elles ont la peau d'un jaune foncé et très-fine. L'arbre qui les porte est de la grandeur des orangers; il a les feuilles et les fleurs plus petites, et vient ordinairement en boule. C'est le plus beau des orangers. On fait à Nankin des gâteaux d'oranges confites ; ils sont très-rares, très-chers, et beaucoup plus estimés que les oranges tapées.

8°. Le Japon fournit une mousse qui croît sur les rochers de la mer, et que l'on trouveroit peut-être sur les côtes de France. On retire les petits coquillages qui peuvent y adhérer ; on la lave à plusieurs reprises dans de l'eau froide, pour la dessaler, et pour enlever l'odeur de marée qu'elle a souvent ; ensuite on la fait bouillir dans de l'eau. Celle-ci se charge de la substance gélatineuse que cette mousse contient ; ensuite on passe la liqueur au travers d'un linge ; on la met sur le feu avec du sucre ; c'est du candi qu'on emploie par préférence. On y ajoute du suc de quelques fruits, tels que celui d'oranges, de citrons, d'ananas, etc. Lorsque le tout est refroidi, il a la consistance d'une gelée très-ferme et très-belle, et le goût du fruit qu'on a employé ; car la gelée n'a par elle-même aucune saveur. Elle convient aux malades, dans bien des cas, aux convalescens, aux personnes épuisées, et peut être rangée dans la classe des spermatopées. Si l'on découvroit cette mousse sur les côtes de l'Europe ; ce seroit une ressource de plus à l'art de la médecine, un moyen d'industrie à l'art de l'office, et par conséquent une jouissance de plus qui seroit aussi utile qu'agréable.

Cette mousse est en général très-fine et très-courte ; elle est couleur de paille et comme transparente. Elle est souvent mêlée avec de la terre calcaire ; ce qui me feroit soupçonner qu'on la trouve parmi des madrépores.

9°. Les Chinois ne connoissent pas l'usage du sucre en pain : aussi presque toute la cassonnade qui leur vient de la Cochinchine est convertie en sucre candi. Ils en mettent un morceau dans la bouche, pour prendre le thé; ils ne le sucrent jamais avec la cassonnade. J'ignore leurs procédés pour candir celle-ci, mais je sais bien que le plus beau candi de France n'approche pas de la blancheur, de la netteté et du brillant de celui de première qualité de la Chine. Les confitures, les sirops, et même les liqueurs de table, faits avec le sucre candi, sont meilleurs au goût, que ceux faits avec le terré le plus beau; les confitures sont moins sujettes à moisir, et les sirops se conservent plus long-tems.

10°. Leurs pratiques médicales demanderoient d'être étudiées. Il est impossible qu'un peuple si ancien, si nombreux, si industrieux, n'ait pas quelques pratiques, quelques remèdes particuliers, dont la connoissance nous seroit utile. Nous tenons d'eux la préparation et l'usage du Moxa. Ils nous ont appris le massage, remède purement mécanique, adopté par les Indiens, et qui devroit l'être parmi nous; ils nous ont donné l'usage de la rhubarbe et de la squine; ils nous ont fait connoître le camphre, le gin-seng, l'o-kiao, la cheuleline; mais combien d'autres moyens curatifs, employés chez ce peuple ingénieux nous sont inconnus!...

Ils ont un champignon qu'ils nomment *lint-chy*, qui croit sur les montagnes, qui ressemble beaucoup à notre agaric, qu'ils réduisent en cendres, et qu'ils emploient dans cet état, pour arrêter le sang des veines et des artères coupés.

Ils attribuent beaucoup de propriétés au cinabre, et le font prendre intérieurement dans bien des cas. Ils le regardent comme un sudorifique et comme un alexipharmaque.

Ils font grand cas du sang de cerf avalé tout chaud, pour réparer les forces épuisées. Ils prétendent aussi que le sang desséché du même animal, et délayé dans du vin, est un spécifique, pour faciliter l'éruption de la petite vérole, et pour en corriger la malignité, contre les maux de reins, contre les crachemens de sang, pour refaire un sang appauvri, pour rétablir un homme épuisé.

Les Médecins Chinois attribuent au borax (1) une vertu spéciale, pour appaiser

---

(1) On trouve du borax à Canton, mais il vient du Thibet. On le recueille aux environs d'un lac qui est dans ce Royaume. Le nitre et l'arsenic peuvent,

les

les maux de gorge, et pour en dissiper l'enflure.

11°. Nous avons plusieurs recettes, pour faire de l'encre de la Chine, mais elles ne sont vraisemblablement pas complètes, ou pas exactes, puisque nos artistes n'ont pas réussi jusqu'à présent à en faire de bonne.

12°. Il en est de même de l'okiao, ou colle de peau d'âne, remède des Chinois, vanté contre les crachemens de sang, dont la recette est connue. S'il devenoit d'un usage familier, peut-être réussiroit-on en France à le préparer. J'en ai vu de très-bons effets.

13°. Ils ont une colle de poisson qui est employée dans plusieurs arts, et qui est à un prix très-bas. J'en ignore la préparation.

Ils emploient une autre colle, pour appliquer du papier sur les caisses à thé. Elle est composée d'urine, de sang de cochon et de chaux.

14°. Ils font du papier de beaucoup d'espèces, avec le bambou, avec les fibres d'une espèce de mûriers qu'ils cultivent pour cet objet, avec celles du chanvre, avec la paille du riz et avec la soie. Leurs procédés seroient

---

suivant les Chinois, suppléer au borax, pour la soudure, la fonte et la purification des métaux.

curieux à connoître, et nous indiqueroient peut-être le moyen de convertir en papier la paille de nos blés et les dépouilles de quelques-uns de nos végétaux dont nous ne tirons pas parti.

Nos papiers peints sont une imitation de ceux de la Chine; mais les couleurs ne sont ni aussi fraîches, ni aussi vives.

15°. Leurs pratiques agricoles mériteroient aussi d'être connues. Ils aiment beaucoup les arbres nains dans leurs jardins. J'ai ouï dire, mais je n'ose l'assurer, que pour rendre nains les arbres et les arbustes, ils les enlevoient de terre avec leurs racines, lorsqu'ils sont encore jeunes, et qu'ils les transplantoient à rebours, c'est-à-dire, les branches dans la terre, et les racines en haut. Je ne puis pas assurer ce fait, auquel je n'ose ajouter foi.

Feu Duhamel a fait cette expérience, pour s'assurer si les branches se changeroient en racines, et si celles-ci donneroient des boutons, des feuilles et des fleurs. Il a obtenu ce résultat, mais il n'a pas porté son observation plus loin.

Cette transplantation exige sans doute des précautions et des soins, qu'un agriculteur intelligent devinera sans peine, tant pour le choix de la saison où elle doit se faire, que pour le retranchement d'une partie des racines., et pour les préserver du soleil et du grand air dans les premiers tems.

Ils ont l'art de rendre nains des citroniers, et de leur faire produire un fruit singulier, qu'on nomme *monstre*, qui a beaucoup d'odeur, qui est charnu, sans pepin et sans suc, qu'ils confisent entier, après l'avoir pelé. C'est une de leurs meilleures confitures.

16º. L'art de la teinture paroît porté chez eux à un haut degré de perfection. Leurs nankins roses ont une fraîcheur, une vivacité, que nous ne savons pas donner à la toile de coton. Ils ont aussi des couleurs très-vives pour la peinture.

Ils emploient les fleurs de carthame pour leur rouge, et l'indigo pour le bleu. Ils savent extraire cette fécule de l'anil et de plusieurs autres plantes. « Celle de Pékin, disent les
» Missionnaires, est une espèce de persi-
» caire. On divise la récolte en deux parts,
» dont l'une qu'on pile est réduite comme
» en pâte, et après l'avoir délayée dans de
» l'eau, pour en tirer tout le suc. On arrose de
» ce suc l'autre part, qu'on n'a fait que con-
» casser ou écraser ; on jette dessus de la
» chaux bien tamisée, on mélange le tout
» et on le passe. On laisse précipiter la fé-
» cule, et on décante l'eau. »

Ils en retirent aussi une bleue des feuilles

du *polygonum*, et une verte d'une petite espèce de *colutea*.

Les Européens pourront, quand ils le voudront, récolter dans leur pays, les fécules colorantes soit bleues, soit vertes, soit rouges, que la nature a parsemées dans quelques végétaux indigènes. Si les circonstances et mes moyens me le permettent, je ferai des recherches sur cet art intéressant, dont les résultats heureux seroient si utiles à ma patrie. Les expériences très-nombreuses et très-variées que j'ai faites sur la fabrication de l'indigo, me font concevoir les plus grandes espérances du succès.

17°. Un chimiste de Strasbourg, (Keysselmeyer,) s'est fait un nom, il y a environ trente ans, par la découverte d'une substance animale dans la farine de froment. Les Chinois ont cette connoissance, depuis un tems immémorial. Ils préparent, avec cette substance, qu'ils mêlent avec du blanc d'œuf, et qu'ils laissent fermenter quelques jours, une colle qui sert à lier ensemble les morceaux des porcelaines cassées. J'en ai fait usage avec succès, il y a plus de quarante ans.

18°. Nous ne connoissons pas en France leur porcelaine commune, qui est à la vérité grossière et à vil prix, ni leur porcelaine de pierres : c'est ainsi que les Français la nomment. Celle-ci est beaucoup plus fine que la porcelaine ordinaire, et les couleurs, qui y sont appliquées, sont plus vives. On prétend que la pâte en est plus soignée que celle de la porcelaine ordinaire.

19°. Nos fleurs artificielles sont d'une grande beauté; cependant celles des Chinois ont un coloris plus frais et plus animé. Il est bien étonnant que nous ne connoissions pas encore la matière qui les compose. Est-ce du papier de soie ou de bambou ? Est-ce la moëlle d'un végétal.

Ils font en outre des fleurs et des arbres nains en ivoire, auxquels ils donnent une perfection et des couleurs qui imitent si bien celles de la nature, qu'on y est souvent trompé.

20°. Nous savons qu'ils fabriquent de la poudre à canon par le moyen du feu; mais nous ignorons leur procédé. C'est sur cette simple notice, que j'ai tenté d'en fabriquer, par le moyen du même agent, et que j'ai obtenu le plus grand succès, confirmé par des épreuves décisives. Elle peut se fabriquer, sans mécanique et sans danger, en soixante-quinze ou quatre-vingt minutes au plus.

Les Chinois sont habiles dans le genre des artifices, ainsi que les Indiens, et donneroient vraisemblablement des leçons sur cet art aux Européens.

21°. Leurs connoissances en métallurgie, mériteroient d'être étudiées. Je conviens que la chimie, considérée comme science, n'a pas fait chez eux de grands progrès ; mais l'expérience aidée de quelques circonstances particulières et locales et de l'industrie, peut leur avoir appris des procédés qui nous soient inconnus, et dont nous retirerions de l'utilité. Leur fer est un des plus doux qu'il y ait. Ils le fondent avec la plus grande facilité, et ils réparent par ce moyen des ustensiles de fer troués par vétusté ou par accident. J'ignore quelle est la substance qu'ils emploient comme fondant. Nous savons que le soufre a cette propriété.

Ils ont un alliage soit naturel, soit factice, qu'ils appellent *toutenague*, qui imite la blancheur, l'éclat, le poli, le son de l'argent, quand on le nettoie journellement; mais s'il est négligé, il prend la couleur jaune.

22°. Les Chinois peignent sur le verre. Pourquoi ne les imitons-nous pas ? Rien n'est plus agréable, rien n'orne mieux un appartement que ces sortes de peintures, qui conservent toujours la fraîcheur de leur coloris. Si les amateurs sont choqués de voir un miroir à côté de la peinture, je leur répondrai que la glace peut être peinte en entier.

Nous ne connoissons pas les tableaux des grands peintres de cet Empire, nous ne savons pas si les couleurs qu'ils emploient s'altèrent avec le tems. Ce seroit une recherche digne de nos plus habiles chimistes, que celles des couleurs indélébiles et inaltérables.

Les Chinois sont de bons copistes. Nos peintres dédaignent mal à-propos ce genre, qui multiplieroit les bons modèles, et contribueroit à l'embellissement de nos maisons. Une bonne copie d'un grand maitre est bien préférable à un tableau médiocre.

23°. L'apprêt des soies de Nankin, dont le blanc est éclatant, et que l'industrie des Européens n'a pas pu encore imiter, demande des recherches pour connoître à fond le procédé des Chinois.

24°. Ils font une étoffe, soie et coton, qui imite le camelot, et qui est d'une bonne durée. Le fil en est un peu plus gros que celui du camelot.

25°. La couleur jaune étant celle de l'Empereur exclusivement, a sans doute excité leur industrie dans l'art de la teinture plus que les autres couleurs : aussi le jaune qu'ils donnent à leurs étoffes, est-il très-beau. Ils ont surtout excellé dans la nuance jonquille. J'ignore quelles sont les subsistances, et quels sont les procédés qu'ils emploient.

26°. J'ignore aussi comment ils font leur maroquin. Ils ont l'art de le vernir et de le dorer ; ce qui donne à leur meuble beaucoup de brillant, de propreté et d'agrément.

27°. Ils font des parapluies avec du papier ; ils sont huilés et comme vernissés ; ils sont peints, très-propres, très-légers, et à bon marché ; ils ne laissent pas que de durer ; les branches sont en bambou. Ces parapluies sont absolument impénétrables à l'eau. Il me semble que nous pourrions les imiter, et en faire de papier huilé et peint, qui seroit d'un grand usage, vu le bas prix auquel on pourroit les donner.

Ils en font d'autres avec des feuilles d'arbres. Ceux-ci sont pour les pêcheurs et pour les gens de la campagne ; ils ne coûtent presque rien. Les Chinois ont mis la mer à contribution. La quantité immense de bateaux pêcheurs que l'on rencontre sur les Côtes de ce vaste Empire, est étonnante.

28°. Nous appelons *chatons*, des petites boites dans lesquelles on conserve chauds, pendant long-tems, du bouillon, de la tisanne ou toute autre liquide. Ces boites sont cylindriques, ordinairement de bois de rose ; elles ont un couvercle du même bois. Elles contiennent un autre cylindre d'étain qui a un bec saillant, dont le couvercle s'ouvre et se ferme à volonté, comme nos cafetières d'argent. Ce cylindre est entièrement enveloppé d'un matelas de coton en laine, ou de bourre de soie, ou de houette légèrement piquée, et recouvert d'une étoffe de soie moëlleuse. On échauffe le cylindre d'étain avec de l'eau bouillante ; on la vide et on y verse le bouillon ou la tisanne bouillans ; ensuite on recouvre le cylindre avec son matelas, et on ferme la boîte. On prend de la liqueur quand on veut, sans l'ouvrir puisque le cylindre d'étain a un bec saillant en dehors.

29°. Les bouilloires de la Chine qui ont une forme sphérique, tronquée par la base, et qui durent très-long-tems, sont fort estimées. On s'en sert pour chauffer l'eau avec laquelle on fait le thé, etc.

30°. Le procédé qu'ils emploient pour sécher le thé, mérite d'être connu. Ils le mettent sur des plaques de cuivre exposées à la vapeur de l'eau bouillante. Les feuilles du thé saisies par la chaleur se recoquillent d'elles-mêmes, dans l'état où nous les voyons. Ce procédé ne pourroit-il pas être employé à la dessication des fleurs d'oranges, de sureau, de tilleul, de violettes, etc. et de toutes les feuilles des plantes qui sont d'usage dans la médecine.

31°. Des artistes que nous nommons modeleurs, imitent parfaitement, en petit, la figure d'un homme, dans trois ou quatre séances d'une heure chaque ; ils font ces figures avec une espèce d'argile bien préparée ; ils la peignent ensuite en couleurs naturelles. J'en ai vu d'une ressemblance étonnante. Ce qu'il y a de surprenant, c'est que le prix de ces imitations est extrêmement modique. Cet art est connu en Europe ; mais il n'y est pas d'un usage aussi familier qu'à la Chine.

32°. Les barques, qui voguent à Canton sur le fleuve du Tigre, qui le traversent et qui le remontent, sont plus élégantes, plus commodes et plus vîtes que les nôtres. Elles sont pontées, elles ont toutes une espèce de toit, fait en voûte, au moyen duquel on est à couvert du soleil, de la pluie et du vent. Elles n'ont ni perches, ni avirons, ni voiles. Un levier placé en poupe, qui a la queue plate et dans l'eau, porté sur un poteau auquel il est attaché, sert de gouvernail et de pagaye, au moyen d'un mouvement alternatif de droite à gauche, que lui imprime un homme qui se tient debout. Les Chinois nomment ce levier *you-you*; c'est une onomotapée. Au reste cette mécanique est très-simple et très-commode.

33°. Les femmes, quoique renfermées à la Chine, ont dans ce pays, comme partout ailleurs, le même instinct qui les porte à plaire. La beauté ne néglige aucun des moyens que la coquetterie invente pour faire valoir, ou pour augmenter ses charmes. Les femmes chinoises se peignent le visage avec un rouge artificiel qui imite mieux la nature que le nôtre, et qui pénètre la peau au point qu'on ne peut l'enlever avec de l'eau. Cependant la transpiration vient à bout de l'effacer entièrement; mais il faut quinze ou vingt jours pour qu'il n'en reste plus de trace. Ils colorent du coton coupé en cercles applatis et peu épais. La couleur approche d'un cramoisi très-foncé. Lorsqu'on veut l'employer, on met un de ces cotons dans un peu d'eau qui se charge de la teinture et qui est plus ou moins foncée, suivant la quantité employée ; on se frotte les joues à plusieurs reprises avec le même coton, et elles sont colorées.

34°. La manière de compter des Chinois est très-facile et très-expéditive, beaucoup plus que la nôtre. Je les ai vus faire des additions considérables dans un instant. Ils ont adopté le calcul décimal. Leurs boîtes arithmétiques sont portatives. On pourroit en faire de la grandeur d'une tabatière. J'invite les artistes à s'essayer sur cet objet.

35°. En parlant de la résine élastique de Madagascar ; j'ai dit que les Chinois en avoient une dont je ne connoissois pas l'origine. Les uns prétendent qu'elle est extraite d'une espèce de poisson particulier à cet Empire ; d'autres croient qu'elle est le produit d'un végétal ; enfin quelques personnes assurent que les Chinois la préparent avec une huile de leur pays ; mais on ignore si elle est tirée du règne végétal ou du règne animal, et l'on n'en connoît pas la préparation. On a dit qu'ils mêloient de la chaux à l'huile de ricin. J'ai essayé ce procédé avec cette huile et avec plusieurs autres, sans succès. On m'avoit donné une bouteille con-

DES INDIENS ET DES CHINOIS. 573

tenant une espèce d'huile venue de la Chine à l'Isle de France qui n'étoit pas propre à la peinture. Broyée avec du blanc de céruse et appliquée sur le bois, elle n'y formoit pas une couche unie ; elle se levoit par écailles et n'adhéroit pas au bois.

Je mêlai de cette huile dans une fiole avec beaucoup d'eau de chaux vive ; j'agitai le mélange quelque tems, et j'obtins, par ce procédé une espèce de beurre surnageant sur le fluide, et pareil à celui que plusieurs autres huiles m'ont fourni. Ce beurre se forme dans un instant. Il a beaucoup plus de volume que n'en avoit l'huile avant le mélange. L'eau de chaux devient laiteuse, savonneuse et propre à blanchir le linge ; elle tient en dissolution une partie de l'huile; celle qu'elle ne peut pas dissoudre se convertit en beurre. On trouve le détail de ces expériences (1) dans mon Traité sur la fa-

---

(1) Je les ai répétées en France, et j'en ai rendu compte au Comité du Commerce de la Convention Nationale, parce que l'eau savonneuse, formée par le mélange de l'huile, avec l'eau de chaux, et une lessive de cendres, peut être employée à blanchir le linge. Deux Commissaires du même Comité ont constaté ces expériences en ma présence, et en ont rendu compte dans un procès-verbal signé par eux. L'huile de noix, ensuite celle de chenevis rendent l'eau plus blanche, que toutes celles qui ont été

brique de l'indigo, imprimé à l'Isle de France en 1779, in-4°. pages 128, 129 et 130.

Je mêlai de la même huile chinoise avec de la chaux vive, et j'exposai le mélange au feu dans une casserole. Après l'évaporation des parties aqueuses, j'obtins une matière brunâtre, transparente, qui avoit de l'élasticité, mais qui ne formoit pas une masse; elle étoit en grumeaux. Cette dernière circonstance est peut-être due aux bouillons que prend la liqueur pendant la cuisson. Je n'avois pas assez de cette huile pour répéter et pour varier mes essais.

Je soupçonne que cette huile est le produit de la graine de *Tcha*, qui est un grand arbre. Je ne doute pas que les Chinois n'aient quelque procédé pour la rendre propre à divers usages; il me semble même qu'ils l'emploient fréquemment; j'en ai reconnu l'odeur, quoiqu'il y eut très-longtems que j'eusse été à la Chine, lorsque j'ai fait les expériences que je viens de rapporter.

Tous ces détails sont sans doute incomplets, mais l'on doit se rappeler que mon objet, dans ce tableau des arts des Indiens et des Chinois, est de fixer l'attention des

---

soumises aux expériences, telles que celles de poisson clarifiées ou non, d'œillet, de sperme, de lin, de navette.

voyageurs sur les procédés de ces peuples, dans des arts, dont les procédés nous sont inconnus.

Depuis que ceci est écrit, j'ai lu dans les Mémoires des Missionnaires de Pékin, qui sont curieux, intéressans et instructifs, que la gomme-élastique de la Chine étoit, suivant le Père Bourgeois, dans une lettre datée de Pékin, le 19 Novembre 1784, une composition dont il n'a pas pu découvrir le secret. Elle se fait avec l'huile tirée d'un arbre appelé *Tong* ou *Long*, et de la cire.

36°. Les Magots de la Chine sont des figures d'hommes et de femmes en terre coloriée, qui ont été autrefois très à la mode parmi nous, qui faisoient l'ornement de nos cheminées, et qui marquoient parfaitement les traits caractéristiques, et bien prononcés des Chinois. Ils font en outre d'autres figures d'une matière plus solide qui ressemble à l'albâtre ou à l'agathe, suivant la couleur. On prétend qu'elles sont faites avec une pâte composée de riz cuit, de chaux et d'alun, et que ce mélange prend la dureté et le poli du marbre, par une simple dessication et sans cuisson. Il seroit très-facile d'en faire l'essai. S'il réussissoit, nos artistes pourroient donner à cette pâte toute sorte de formes agréables, qui feroient l'ornement de nos cheminées, de nos consoles et de nos salons. On en feroit des moulures, des tables, qui imiteroient aussi le marbre, et même de la vaisselle pour le dessert. J'ignore si cette pâte, qui prendroit toutes les couleurs qu'on voudroit lui donner, et qui recevroit toutes les peintures qu'on y appliqueroit, pourroit soutenir la chaleur de l'eau bouillante. C'est un genre d'industrie nouveau qui occuperoit et qui exerceroit nos artistes, les potiers, les modeleurs, les sculpteurs, les peintres. Comme le riz est une denrée assez chère en France, il me semble qu'on pourroit la remplacer par l'amidon ou par la fécule des pommes de terre, ou par celle des marons et des glands de chêne.

37°. Parmi les plantes que j'ai fait venir, il y a très-long-tems, de la Chine à l'île de France, il s'est trouvé un arbrisseau charmant par sa foliature, et par ses bouquets de fleurs jaunes, très-nombreux, qui se renouvellent chaque fois qu'on le taille : ainsi on peut en avoir des fleurs toute l'année, dans les pays chauds. J'en ai formé des haies très-agréables, par le moyen des boutures; les graines n'ont jamais levé à l'Isle de France. Cette plante est une espèce d'hypéricum, avec laquelle je composois un baume souverain contre les plaies et les contusions, et qui

qui avoit la propriété de redissoudre le sang caillé, et de le rendre à la circulation ; j'en ai vu des effets admirables et surprenans. Je prenois des sommités de l'hypericum chinois, feuilles et fleurs, je les faisois piler, je les mettois dans une casserole, sur un feu doux, avec un peu de vin et de cassonnade, et j'appliquois le tout sur la plaie.

Un de mes ouvriers, qui étoit allemand, composoit un autre remède avec les fleurs de cet arbrisseau ; il les mettoit dans de l'huile d'olives, où il les laissoit infuser. Il assuroit que ce vulnéraire, tant à l'extérieur qu'à l'intérieur, étoit le plus efficace qu'il eût connu. J'en ai, comme lui, éprouvé les bons effets.

J'ignore quel parti les Chinois tirent de leur hypericum, je juge qu'ils en font cas, puisque ce charmant arbrisseau faisoit partie d'une collection de végétaux précieux, que l'on m'a envoyés de leur pays. Ils en ont sans doute beaucoup d'autres, qu'il seroit intéressant de connoître.

38°. On sait que le camphre est une production des Indes Orientales. Il y en a au Japon, à Bornéo, à la Chine, à Quéda, à Sumatra et ailleurs. On a même découvert, depuis peu d'années, une forêt de camphriers au Cap de Bonne-Espérance, dont on n'a pas encore tiré parti. Kæmpfer a donné la description de celui du Japon, et nous a appris la manière employée par ces insulaires de retirer le camphre : elle consiste, suivant lui, à mettre les racines et le bois en petits morceaux dans un alambic avec beaucoup d'eau; le camphre s'élève au chapiteau, mais il est *cru et grossier*. Il est encore si rempli de choses étrangères, qu'il faut le sublimer pour qu'il acquierre les propriétés du camphre des boutiques.

J'avoue que j'ai des doutes sur le succès de cette méthode. D'abord on sait que la distillation n'enlève aucune matière grossière ou étrangère. Ensuite je dirai que j'ai soumis plusieurs fois à la distillation des branches du camphrier avec leurs feuilles vertes, et je n'ai jamais obtenu qu'une huile essentielle très-odorante, très-pénétrante, très-limpide, sans aucun mélange d'impuretés ; cette huile est un produit de l'art entièrement inconnu, qui doit participer des vertus du camphre.

Je sais qu'il y a plusieurs espèces de camphrier ; je n'ai pu faire des expériences que sur celle qui est à l'Isle de France, et qui nous est venue de la Chine; je vais en donner la description. Elle diffère un peu de celle que l'on trouve dans les auteurs.

Description du Camphrier de la Chine.

Il y a deux espèces de camphriers; l'un donne le camphre ordinaire, qui est dans le commerce: l'autre donne un camphre supérieur, estimé, dit-on, au centuple, par les Chinois. Ils cultivent le camphrier commun, l'autre se trouve à Bornéo et à Quéda, où il est très-rare.

Le camphrier qui est à l'Isle de France, provient de graines apportées de la Chine, c'est donc le commun.

Cet arbre s'élève droit, et vient très-haut; il croit promptement, il est du genre des lauriers. Les jeunes branches ont l'écorce verte et lisse, les vieilles l'ont grise; les feuilles naissantes sont rougeâtres et verdissent en s'étendant, les nouvelles sont d'un verd plus pâle que les vieilles; elles sont alternes, oblongues, pointues, un peu creusées en gouttières, fermes, luisantes, lisses, entières, simples, ayant un long pétiole, avec une côte saillante, et d'un verd blanc en-dessous. Cette blancheur provient d'une substance qui n'y est pas adhérente; car elle s'enlève par le frottement. Elle y forme une couche si mince, qu'il est bien difficile d'en recueillir assez pour la reconnoître. C'est sans doute une transsudation de la séve, qui trouve vraisemblablement les pores plus ouverts en-dessous qu'en-dessus de la feuille; celle-ci n'a pas moins d'odeur, après qu'on lui a enlevé cette substance qu'auparavant.

Les tiges sont droites, le bois est fort et pliant. Elles ont comme les feuilles, une odeur aromatique qui tient du camphre; celles-ci conservent cette odeur, même lorsqu'elles sont sèches.

Les fleurs sont très-petites et viennent en bouquets, aux aisselles des feuilles. Elles sont toutes portées par une tige commune, qui se divise en plusieurs rameaux; elles ont toutes un pédicule particulier, d'abord blanc, ensuite verd, et se terminant par une bordure rouge, six pétales blanchâtres, très-petits, oblongs, aigus, sinués, ayant une poussière brunâtre et blanchâtre. Les étamines sont au nombre de six, plus courtes que les pétales, velues à leurs extrémités, d'une couleur brunâtre, recoquillées, comme écailleuses, portées sur autant de filets implantés dans le réceptacle. Le pistil est au milieu, ayant deux mamelons et un style.

Le fruit qui est presqu'entièrement enveloppé dans le calice est sphérique, d'abord blanc, ensuite noir quand il est mur, ayant une pulpe très-mince et très-aromatique, une coque ligneuse à une seule loge, dans laquelle il y a une amande blanche à deux lobes, laiteuse, ayant un goût et une odeur un peu aromatiques, plus forts quand il est desséché, que lorsqu'il est frais ; il n'est pas plus gros que des petits pois verds.

39°. Le vernis de la Chine est le produit d'un arbre qui croît dans une province de l'Empire. Un Missionnaire Jésuite en apporta un plant à l'Isle de France qui me fut confié. Il a produit quelques drageons. Cet arbrisseau a une végétation très-lente, et n'est pas du nombre de ceux qui paroissent se plaire dans le climat de cette Colonie. Il a fleuri une seule fois, et a péri deux ou trois ans après. Voici la description que j'ai faite alors de ce végétal.

Description de l'arbre à vernis de la Chine.

Cet arbre, transporté de la Chine à l'Isle de France, en 1766, n'avoit alors que quatorze pouces de hauteur. Il a, en 1778, quatre pieds et plus de haut. Le tronc a deux pouces de diamètre. Il a été cassé par les ouragans de 1772 et 1773 ; ce qui lui donne un air rabougri ; il a l'écorce grise, il est laiteux ; il a fleuri, pour la première fois, cette année 1778, en novembre. Il perd entièrement ses feuilles tous les ans dans l'hiver, c'est-à-dire, qu'elles commencent à tomber en mai ou juin, et qu'elles ne repoussent qu'en octobre. Les feuilles sont pinnées, composées de folioles opposées, avec une impaire, au nombre de treize ou quinze. Chaque foliole est pétiolée, entière, oblongue, se termine en pointe aigue. Elle a environ quatre pouces, sur dix-huit à vingt lignes de largeur; elle est velue en dessous, ainsi que la tige qui les porte, d'un verd un peu pâle en dessous. Elle a dans le milieu une nervure qui est très-saillante en dessous, d'où partent d'autres nervures parallèles entr'elles, saillantes et velues. Les feuilles sortent à l'extrémité des branches et point ailleurs, verticilliées. La tige qui s'élève avec elles, et du milieu d'entr'elles, est verte d'abord et velue. Les côtes ou filets des feuilles sont rougeâtres d'abord et verdissent avec le tems. Elles sont ordinairement accompagnées de quelques stipules petits et bruns, comme écailleux, à l'articulation. La tige naissante porte elle-même des feuilles alternes qui ont moins de folioles, mais toujours impaires.

Les fleurs forment un pannicule qui sort au-dessus de chaque feuille; quelquefois il sort deux pannicules du même endroit. Elles sont petites, d'abord rondes comme un petit bouton; elles s'épanouissent et sont composées de six pétales oblongs, verd pâle, tirant sur le jaune, une nervure dans le milieu et plusieurs autres de chaque côté, ayant un calice épais, court, verd, découpé en six parties, six étamines, dont les sommets sont quadrangulaires, jaunes, épais; longs proportionnellement à la fleur, et portés sur des filets blanchâtres; un pistil verd pâle, ayant une coiffe, qui en s'ouvrant laisse voir une poussière d'un jaune beaucoup plus foncé que le reste de la fleur; le pistil est moitié plus petit, mais il est plus gros que les filets des étamines; il est implanté au milieu du réceptacle : les filets sont velus; on ne peut distinguer leurs poils qu'à la loupe. Le stigmate paroît irrégulier, et comme divisé en deux parties. Tout autour du pistil et sur le réceptacle est une substance charnue, jaune pâle, qui paroit de nature gommeuse ou résineuse. Chaque fleur a son pédoncule particulier, verd pâle, plus ou moins long. La chûte des feuilles laisse appercevoir d'une année à l'autre sur la branche, à l'endroit où elles étoient implantées, une marque qui ne se dissipe qu'à la longue, mais qui n'est pas une plaie, et qui ne procure aucun écoulement de la sève. Immédiatement au-dessus de cette marque est un petit bouton que je n'ai pas vu s'épanouir.

J'avois cru que cet arbre étoit Stolonifère. Il y a sept ans que je fis labourer la terre au pied, dans le tems de la mortesève; j'y fis mettre du terreau, et on l'arrosa. Lors de la sève, il donna plusieurs rejetons.

Comme il n'en a pas donné avant et depuis cette opération, quoiqu'on ait labouré la terre au pied plusieurs fois, je suppose que dans le premier labour, on a pu couper quelques racines qui ont donné des rejets.

Je ne puis pas encore parler des racines; je sais seulement que cet arbre en a de latérales. Le fruit vient en grappes; les grains sont applatis comme les lentilles. Voila tout ce que je puis en dire. Je n'en connois pas la germination.

Nos artistes ont imité le vernis de la Chine; mais leurs compositions sont inférieures au produit de la nature. Ne pourroit-on pas transplanter en France l'arbre de vernis? Je présume qu'avec des soins, l'on viendroit à bout de le naturaliser dans nos provinces méridionales.

40°. Dix parties de charbon de terre, autant de potée (1), trois parties de feuilles d'arbres desséchées et réduites en poudre, forment une composition, qui, étant embrâsée, conserve long-tems son feu. Les Chinois donnent à cette pâte la figure de différens animaux; et dans les fêtes, ils les

---

(1) Je demande quelles sont les matières qui composent la potée chinoise et quelles en sont les proportions.

exposent embrâsés. On prétend que ces feux font un bel effet pendant la nuit. Il me semble qu'on pourroit tirer quelqu'utilité de cette industrie dans les arts, ou employer ce combustible dans nos cheminées et dans nos poêles, pour chauffer nos appartemens.

41°. Ils font des vases extrêmement minces avec de l'argile qu'ils ont délayée dans le jus de laitue sauvage. Ces vases sont très-fragiles, mais ils procurent l'avantage, étant exposés au feu pleins d'eau, de la voir bouillir très-promptement.

42°. Pendant qu'on étoit persuadé en Europe que la germination étoit un procédé préliminaire, nécessaire à la fermentation des graines, pour en obtenir une liqueur spiritueuse, les Chinois préparoient dès long-tems des vins et des eaux-de-vie de grains, sans les faire germer. Ils y mêloient un ferment qui suffisoit au développement des esprit ardens. Il semble que le mélange de substances odorantes, de jus de fruits, de miel, de sirop, avec les graines en fermentation, devroit fournir une liqueur saine et agréable, si elle étoit préparée avec soin. C'est un vaste champ livré à l'industrie, qui pourra trouver les moyens de varier les jouissances des Européens.

43°. Le vin a été autrefois en usage dans quelques provinces de l'Empire ; mais le Gouvernement a fait arracher toutes les vignes, afin que le cultivateur donnât tous ses soins à la culture des subsistances. Lorsqu'elles sont abondantes, les Chinois font du vin et de l'eau-de-vie de grains. J'ai parlé de la manière dont ils font un vin avec le riz, à la CCXVI observation.

Ils en font aussi avec le gros mil mondé. On le met tremper dans de l'eau froide pendant deux ou trois jours, pour lui ôter son âpreté ; après quoi on le fait cuire à la vapeur de l'eau bouillante, ensuite on le mêle dans un vase, avec de l'eau froide et un levain fermentescible qu'on a préparé d'avance. Il est composé de farine de froment, délayée et pétrie avec de l'eau qu'on laisse fermenter et dont on fait des briques, ou des pains carrés longs, qu'on laisse sécher, pour s'en servir au besoin.

Lorsque la fermentation est achevée, on soutire le vin qui est clair ; on le fait bouillir environ une heure à un feu modéré ; on enlève l'écume qui surnage pendant la cuisson, et lorsqu'il est refroidi, on le met dans des vases de terre ou de porcelaine, dont on lute le couvercle.

On mêle quelquefois avec le levain, des herbes odorantes ou des substances aromatiques, des fruits séchés ou réduits en poudre ; ou bien on le prépare avec des liqueurs fermentantes, telles que le suc des fruits. Quelques personnes mêlent ces fruits ou leur suc, ou du miel, ou du sirop, ou du sucre, avec le marc dont elles ont retiré le vin, et y ajoutent souvent des raisins secs ou frais, et font ainsi différentes sortes de vins ; mais il faut toujours un nouveau levain avec de l'eau, pour exciter une seconde fermentation. Lorsqu'elles veulent de l'eau-de-vie, elles distillent la liqueur ; elles la laissent aigrir, lorsqu'elles désirent du vinaigre.

Il y en a qui font torréfier le grain, avant de lui faire subir la fermentation.

On compose aussi un levain avec du blé, ou du seigle, ou du riz, qu'on a fait germer, en les trempant dans de l'eau ou en les arrosant. On les fait ensuite sécher ; on les réduit en farine, et on en forme une pâte que l'on fait sécher, pour s'en servir au besoin.

On voit par-là que les Chinois connoissent l'art de la fermentation dans tous ses moyens.

Je placerai à la suite des arts de la Chine, le peu que j'ai à dire de la Cochinchine, qui étoit autrefois une province de ce vaste Empire.

La Cochinchine fournit du sucre à la Chine et au Japon. C'est le pays de la terre où cette denrée est à meilleur marché, et où il est de meilleure qualité. On n'y trouve point de manufactures semblables aux sucreries des Européens dans les Isles de l'Amérique. Chaque paysan fait du sucre devant sa porte, dans des vases de terre cuite. J'ignore s'ils suivent un procédé particulier.

Les Cochinchinois ont une plante qu'ils nomment *Dina-xang*, assez ressemblante à notre mélisse, dont ils retirent, au moyen de la macération dans l'eau, une fécule verte, avec laquelle ils teignent en verd toutes les étoffes, dans toutes les nuances possibles. Quelques démarches que j'aie faites, depuis plus de 30 ans; je n'ai pas pu me procurer, jusqu'à présent, des graines de cette plante précieuse.

Je terminerai ces notes par une observation qui pourroit devenir utile.

Les Madécasses ont, dans leurs forêts, une espèce particulière de vers, beaucoup plus grosse que les vers à soie, et dont les cocons sont beaucoup plus gros. Il seroit facile de les multiplier, et d'en obtenir beaucoup de soie propre à faire des étoffes. Peut-être pourroit-on transplanter en France cet insecte précieux. J'abandonne cette idée aux recherches et aux soins des patriotes jaloux de contribuer à la prospérité de leur pays, et que les destinées transporteront à Madagascar. J'ajouterai en passant que cette Isle, la plus grande du globe, et dont la température est très-variée, renferme dans son sein, des richesses que nous ne connoissons pas encore.

Je ne me flatte pas d'avoir indiqué toutes les découvertes qui nous restent à faire dans les Grandes-Indes. Cette esquisse suffira pour faire sentir combien nous avons de connoissances à acquérir, chez les peuples les plus anciens de la terre, et pour exciter les recherches des voyageurs.

F I N.

TABLE DES MATIERES.

A.

ABRICOTIERS. Sauvages, fournissent une huile bonne à manger, page 264.

ACACIA. Produit la gomme arabique, 3.

ACHEM. Colonie de Malais, 65.

ACMELLE. 48; ses propriétés, 508.

ADULTERES. (les), leur châtiment, 324.

AILERONS DE REQUINS. Estimés à la Chine, 552.

ALCALI. Fossile de la Chine, 315.

ALOES. Conserve le bois, 479; guérit les blessures, 505.

ALUN. Clarifie l'eau, 268.

ANACARDE. Sert à marquer les toiles, 492.

ANANAS. Cultivés en plein champ; les fibres des feuilles sont estimées, 210.

ARABES. Leurs courses dans les mers des Indes, leurs établissemens à Malac, dans les Iles Orientales, à Madagascar et à la côte d'Afrique, 201.

ARAQUE. (De Batavia), 198. *Idem.* des autres parties des Indes Orientales, 500.

ARBRE A PAIN ou Rima; il y en a deux espèces, 46.

ARBRE D'ARGENT. Indigène au cap de Bonne-Espérance, 27.

ARBRE A SUIF. Transplanté à l'ile de France, 359.

ARBRE FLOTTANT. 5.

ARCS DE TRIOMPHE. Consacrés à la vertu, 454.

ASCENSION. (Isle); il y en a deux de ce nom dans la mer Atlantique, 5; les Tortues de mer y abondent, 150; a été bouleversée par un volcan, 193.

ASSEM. Royaume de l'Inde, 256.

ASTHME. Dans les crises, les Indiens fument la racine de Stramonium, 506.

AVOCAT. Fruit de l'Amérique est aphrodisiaque, 554.

B.

BAIE DE FALSE. 15.

BALASSOR. Dans le Golfe du Bengale, 490.

TABLE DES MATIERES.

BAMBOUS. Servent à construire les magasins, 272; à faire du papier, 390; on mange les rejetons, 391; *id.* épineux, 392, manière de les planter, 443; *id.* sans nœuds, 392.

BANCA. Isle peu connue, 68 et 217.

BANDA. Isle des Moluques, 198.

BANTAM. Situé à Java, 66; le Roi est le chef de la religion, 205.

BATAVIA. 13; Est le rendez-vous de beaucoup de vaisseaux chinois, 193; est très-mal-sain, 194, 195 et 212; sa population chinoise, 199.

BAUME TRANQUILLE. De Chomel, 32 et 33.

BAUMÉ. (Le citoyen) a travaillé sur le décruage de la soie, 357; propose un alliage pour le métal des canons, 365.

BÉRAS. Portefaix, coureurs, 260.

BÉTEL. Ses feuilles sont fort en usage dans l'Asie, 207.

BIERRE. (La) on en fait de la contre-bierre, 528.

BITCHES DE MARRE. Poisson aphrodisiaque, 552.

BLÉ. Donne dix pour un au Cap, 13; se plante à la Houe, à la Chine et dans les Indes, 341 et 242.

— SARRAZIN. 251.

BOIS. (Les) Moyens d'en prolonger la durée, 480 et suivantes.

BOIS-NOIR. Espèce d'Acacia, 28.

BONZES. Prêtres de la Chine, 134.

BORAX. 497; employé comme remède, 560.

BORNÉO. Isle la plus grande du globe, 248 et 579.

BOSMANS. 17; horde de Sauvages du Cap, 25.

BOURDONNAIS. (La) a gouverné l'île de France, a chassé l'escadre Anglaise de l'Inde, 54; a pris Madrast, 55.

BOUSES DE VACHES. (Les) servent de combustible aux Indiens, 499.

BOUSSOLE. Son invention date à la Chine de quatre mille quatre cents ans, 95.

BRAMA. 133.

BRIQUES. (Bleues ou rouges) 262 et 263.

C.

CACHAYE. Ce que c'est, 511.

CACHEMIRE. Pays des belles châles, 487, et des grenades sans pepins, 489.

CAFÉ DE BOURBON, D'EDEN OU D'OUDEN, 58.
— MARON, 59.
CAFRES. Peuple de l'Afrique, 17; et de Madagascar, 25.
CALOMBE. Racine cordiale et amère, 513.
CALOU. Est le suc du Cocotier et du Palmier, 525.
CALY. Plante corrosive de l'Inde, 515.
CALICE DU GLAND. (Le) sert à teindre en noir, 293.
CAMPHRIER. Sa description, 579. Il est indigène au cap de Bonne-Espérance, 27. Ses feuilles et ses branches distillées donnent une huile essentielle, 206 et 578.
CANAL IMPÉRIAL. A deux branches, 354.
CANARDS. (Les) étant salés, font un objet de commerce, 344. On fait éclorre leurs œufs artificiellement à la Chine et à Siam, 345 et 346. On les enduit avec de la glaise pour les conserver, ibid.
CANELLIER. Ses fleurs sont fétides, 37. Il y en a six espèces, 222 et 223.
CANELLERIE. Formée à l'île de France, 57.
CAN-HY. A supprimé les mutilations, 102. A procuré à la Chine un riz précoce, 124.
CANNES A SUCRE. Sont indigènes aux Indes Orientales, 153 et 154. Il y en a de plusieurs espèces, 226. Détails sur les sucreries, 371. Les Chinois en cultivent par vingt-huit degrés cinquante minutes, ibid.
CANONS. Alliage des pièces, 364 et suivantes.
CARTHAME. Ses fleurs servent à la teinture rouge, 293.
CASSONADE BRUTE. Est un antidote contre certains poisons, 521.
CAP DE BONNE-ESPÉRANCE, 7 et suivantes; est une bonne relâche, 11. Le sol est sablonneux, 12. Sa rade n'est pas tenable dans l'hiver, 15.
CAP-VERD. A la côte d'Afrique, 2.
CAOUT-CHOUG. On en trouve à Madagascar, 542.
CATACAMBE. Extrait concret d'un arbre du Pégou, 509.
CATARACTE. (Opération de la) par un médecin Malabarre, 394.
CATTIAN. Espèce de pois, 429.
CERCUEILS. Faits avec un bois impérissable, 439.
CHALAMBRON. Pagode de la côte de Coromandel, 449.

CHALE,

DES MATIÈRES.

CHALE. Etoffe de laine, 487.
CHANDERNAGOR. Attaqué et pris 1757, p. 173.
CHAMPAN. Bateau chinois, 267 et 418.
CHANVRE. Ses propriétés, 477.
CHAPE ou PERMISSION, 418.
CHATONS. Ce que c'est, leurs usages, 569.
CHA-WHA. Est la Camellia Sésanqua, 379.
CHAUX. Est un engrais pour le riz, 445. Contribue à la conservation des bois, 480.
CHAYAVER. Ses racines donnent une teinture rouge, 448 et 449.
CHENE. Le gland est nutritif; le calice et l'écorce servent à teindre en noir; on fait du thé avec ses bourgeons; le sel des cendres du gland est propre contre les diarrhées, 294.
CHEVAUX tachetés, 277.
COCHINCHINE (la), pays abondant en sucre, 211; histoire du Roi, 218; productions de ce Royaume, 223; sa longueur et sa largeur, 224; sa population, 225.
COCOTIER, ses productions, 169.
   de mer, 170.
COLAO, premier grade des Mandarins, 306.
COLUTEA, donne une fécule verte, 292 et 564.
COMMERCE intérieur de la Chine, 141; extérieur, 143; des Anglais à la Chine, 466; du Bengale, 468; de l'Inde par l'Egypte, 469.
CONFUCIUS; ses descendans sont honorés, 133.
CONTRE-BIERRE; manière de la faire, 528.
CONSTANCE; fameux vignoble du Cap, 20.
CORNE (lanternes de); 239.
CORNWALIS (Lord), a supprimé le Dack dans le Bengale, 260.
COTONNIER; il y en a de beaucoup d'espèces, 347; cultivés par 37 degrés, 348.
COULEUVRE; il y en a de trois espèces dans l'Inde; remèdes contre leurs morsures, 515; antidote, 516.
CIRE d'un insecte, 234: des abeilles, de l'arbre à suif, 235.
   verte du Cap de Bonne-Espérance, 235.
CRABES pétrifiées; 115 et 398.
CRABES (les); maladies des nègres; moyens de les guérir, 209.
CRAMPE ou TÉTANOS, 534.

P p

D.

DACK, poste de coureurs dans le Bengale, 260.
DARTRES; communes à la Chine et dans l'Inde, 111.
DÉTONATION; la poudre à canon en a deux successives, 320.
DIÉGO-GARCIAS (île), dont les Anglais s'emparèrent en 1784, ils l'abandonnèrent peu après, 179.
DIMANCHE, les Chinois n'en ont point, 338.
DINA-XANG, fécule verte d'une plante de la Cochinchine, 232.
DROGUE-AMÈRE de l'Inde; sa recette, ses vertus, les propriétés du marc, 512 et suivantes.
DROMADAIRES, propres aux climats froids, 296.
DYSSENTERIE; remèdes contre, 110.

E.

EAU, moyens de la conserver en mer, 174 et suiv., et 481.
    de chaux, mêlée avec de l'huile devient laiteuse, 573.
    de la mer, lumineuse, 35.
    de vie de sucre, 373.
ELASTICITÉ du bois, étant mouillé, 320.
ELÉPHANT; le Roi de la Cochinchine en entretient quatre cents, 231.
ELÉPHANTIASIS, commun à la Chine, 108; remède, 178.
ENFANS-TROUVÉS, 286; nourris par l'Empereur, 289.
ESCLAVAGE; existe à la Chine, n'est pas nombreux, est très-doux, 102.
ETAIN, se tire de l'Angleterre, de Banca, de Bornéo, de Sumatra, de Malac, du Pégou, 217.
ETOFFE de soie, brochée avec du papier doré, 549.
ETOFFE d'écorces d'arbres, 490 et 549.
EXPOSITION des enfans, 90 et 286.

F.

FAMINE, fréquente à la Chine; moyens de la prévenir, 93, 94.
FALQUENIR, Général de Batavia; prisonnier dans l'île de Harlem, 203.
FÊTE DE L'AGRICULTURE, est religieuse, 91.
    PÉRIODIQUES, 339.
    PUBLIQUES, 340.

DES MATIÈRES.

Fer (île de), 2.
Fiador; Chinois qui se rend caution des Européens, 101.
Figuier (indien), arbre sacré, 215.
Flambeaux des Indes et de l'Isle de France, 420.
Flux de sang, communs dans l'Inde, remèdes, 110.
Foé ou Fo, 133 et 369.
Formose, île de la Chine, 249.
Fougère arbre, existe à l'Isle de France, 182.
Framboises de l'île de France, 556.
Frène; ses feuilles nourrissent les vers à soie, 293.

G.

Galion de Manille, 177.
Galle-galle. Composition indienne, p. 176; les Chinois l'emploient, 244; recette, 477.
Gangue. Châtiment des Chinois, 101.
Gange. Ses eaux sont bourbeuses; moyen de les clarifier, 530.
Ganja. Nom madécasse du chanvre, 49-.
Garde-main. Planche percée, employée dans les moulins à sucre, 372.
Gaselle, du Détroit de la Sonde, 62.
Gilolo, l'une des Moluques, 247.
Ginseng, 116; croit auprès de la grande muraille, 315; ses vertus, 551.
Girofle (clous de), est le calice de la fleur, 206.
Goitre (le) rend imbécile, 302.
Gomère (île), 2.
Gomme de bois-d'olives. Semblable à celle du pays, 480.
Goramis. Poissons des Moluques, transplantés à Batavia, et de là à l'île de France, 197.
Gorée. Petite île, 2; est peu peuplée, 3.
Goutte (la), est peu connue des Indiens et des Chinois, 109, 506 et 526.
Grande muraille (la) 300.
Greniers publics de la Chine, 274.
Griffin (le), Vaisseau Anglais, s'est perdu sur des récifs, 149.

H.

HANS. Nom Chinois des factoreries des Européens ; p. 77, 131 et 136.

HÉLÈNE (STE). Petite île aux Anglais, 410.

HOU-POU, intendant de province, 73.

HOTTENTOTS, 16, 23 et 24.

HUÉ-FOU, capitale de la Cochinchine, 230.

HUILE DE BEN, est le produit des graines du Morongue, 49.
    DE BOIS, se tire du Pégou, fait vernis, 478.
    ESSENTIELLE DU CANNELIER, bonne contre les maux de dents et les rhumatismes, 510.
    du Camphrier, *ibid.*
    des feuilles et des noix de Ravinne-saras, 511.
    des fleurs, suivant la méthode des Maures, 501.
    de vitriol, mêlée à l'eau, empêche sa putridité, 176.

HIPERICUM de la Chine. Sa description, ses vertus, 576.

I.

ISLES DE FRANCE ET DE LA RÉUNION ; produisent deux récoltes par an, 14. La première a deux ports, 39. Son sol, peuplé de beaux arbres, est une terre volcanique, 40. Ses cultures, 42. Ses rapports politiques, 51 et suivantes.

IMOF (le baron d'), Général de Batavia. Détails à son sujet ; 202 et suiv.

INDIGO, 455 ; employé comme remède, 505.

IPÉCACUANA. Spécifique contre les dyssenteries et les flux de sang, 110.

ITCHAPALON. Très-petit palmier, 208.

J.

JAGUERNAT, Fameuse pagode, 300.

JAMDANIS, mousseline à fleurs brochées, 492.

JAVA, île de l'Océan Indien, 211.

JONQUES CHINOISES, vaisseaux, 193 ; leur cale est divisée, 243.

JARDIN NATIONAL de l'Île de France, est riche en végétaux, 441.

K.

KIEN-LONG, Empereur de la Chine; son éloge; ses ouvrages, 139 et 310; a abdiqué, 312.
KOUBLAI-KAN, 353.
KU-TCHANG, vin Chinois, 374.

L.

LAGOZ, ville de Portugal, 173.
LANGUE chinoise est monosyllabique, 360.
LÈPRE (remède contre la), 114.
LETTRÉ, 116 et 118.
LIEN-WHA, plante aquatique, 280.
LIÉOU-KIÉOU, îles voisines de la Chine, 368.
LINGAM, est l'emblême de la création, 333.
LINT-CHY, champignon de la Chine, 560.
LUÇON (île), capitale des Philippines, 203.

M.

MADÉCASSES, (habitans de Madagascar), emploient le feu pour cautériser les plaies, 209.
MACAO, aux Portugais, 71; est bien déchu, 407.
MADÈRE, île aux Portugais, 2.
MADURÉ, Royaume de l'Indoustan, 516.
MAHÉ, Comptoir français à la Côte Malabarre, 525.
MALAC, dans le Détroit de ce nom, 68; est déchu, 69.
MALAIS, sont établis à Achem, 65; et à Sumatra, 67; font le métier de pirates, 69.
MAL DE GORGE, 30; Remèdes, idem.
MALLORA, Palmier de Nicobar, donne une farine nutritive, 45.
MANDARINS, obtiennent des degrés, ou sont punis, 306.
MANILLE, Capitale de l'Isle Luçon, 211.
MAPOU, Arbre très-poreux et vénéneux, 208.
MARTINS, Oiseaux de l'Inde, 266.
MASSAGE, Remède Chinois, 108; ce que c'est, ses effets, 505.
MATELOT breton, Trait d'héroïsme, 221.
MIAO-TSÉ, Montagnards soumis par Kien-Long, 139.
MINDANAO, l'une des Philippines, 246.

MORELLE (Solanum nigrum), dont on mange les feuilles, 48.
MOUSSE, du Japon, 557 ; on en fait des gelées, 558.

N.

NAINS (Arbres), 562.
NANKINS (les) ; leur couleur est naturelle, 356.
NATAL (la pointe de), à la Côte d'Afrique, 13.
NGOK SI-FAA-NUNTSI, condamné à mort injustement, ensuite réhabilité, 362.
NICOLAS (le Cap), forme l'extrémité la plus Septentrionale de Java, 214.
NIDS D'OISEAUX, 213 et 251 ; sont aphrodisiaques, 460.
NOBLESSE, n'est pas héréditaire à la Chine, 362.
NOPAL, ou Cactus opuntia, 180.
NOUVELLE-GUINÉE, grande Isle, et peuplée, 242.
NOUVELLE HOLLANDE, 62.
NYMPHÆA-NELUMBO, Plante aquatique, 125.

O.

OKIAO, où Colle de peau d'âne, remède Chinois, 561.
ONGUENT DU MADURE ; sa préparation, 517 ; ses vertus, 519.
OPIUM, 392 ; détails sur sa préparation, 494.
OS BRULÉS, servent d'engrais à la Chine, 445.
OURANG-OUTANG, 131.

P.

PAGODES, 79, 133 et 447.
PAILLE DE RIZ, les Chinois en font du papier, 391.
PALEMBAM, Rivière de Sumatra, 64 et 65.
PALMA-CHRISTI, voyez Ricin.
PALME, Isle, 2.
PANIFICATION, ses vrais principes, 526.
PAPIER (le) de la Chine, 223 ; fait avec du Bambou, de la paille de riz, etc. 390 et suivantes.
PARA-PLUIE, de papier huilé, 568.
PASTEL (le), on en extrait un indigo, 290 et 291.
PASTILLES, aphrodisiaques, 554.
PATATES de Chine, 237 ; de Malaga, 238.

DES MATIÈRES.

PATNA situé dans les hauts du Gange, 494.
PERLES-MÈRES, 398.
PERSICAIRE, fournit de l'indigo, 292.
PÉ-TSAI, légume de la Chine, très-estimé, 383.
PEYROUSE (la); extrait de son Ouvrage, 249.
PIÈCES A L'EAU, moyens d'en prolonger la durée, 481.
PIGNON D'INDE, l'amande est émétique et purgative, 532.
PRIMOGÉNITURE (le droit de) n'existe pas à la Chine, 312.
PRIVILÉGE, du commerce de la Chine, 406.
POISON, 520 et suivantes.
POISSON ; méthode de le conserver, 503 ; vénéneux de l'Isle de France, 521 ; et de Saint-Domingue, 523.
POIVRIER, demande des soins, 65; il rame, 207.
POLYGONUM, fournit de l'indigo, 289.
PONTALA, Temple dédié à Fo, 309.
PONT-DE-SIUEM-TCHFOU-FOU, a plus de trois cents piliers, 138, Pont Sinueux, 423; de pierres de taille, 425.
POPULATION, de la Chine, 399 ; Réflexions, 401 ; dénombrement envoyé par le père Amiot, 412.
PORTO-SANTO (Isle), 2.
POUDRE-A-CANON, méthode des Indiens de la faire, 317; nouvelle méthode, 318 et suivantes.
POUDRE CUITE, *ibid.*

R.

RATS DE BAMBOU, communs à Siam, 49.
RÉSINE ÉLASTIQUE, de Madagascar, 542.
RICIN, 531; manière d'en extraire l'huile, 536; ses vertus, 537.
RIOGÉNAIRE, situé au Brésil, 177.
RIZ, 185, on le transplante aux Indes et à la Chine, 342, PÉRENNE, 232; PRÉCOCE, 124; SEC, 232.
RODRIGUE, Isle au vent de l'Isle de France, 38.

S.

SAGOUTIER, grand palmier qui donne le sagou, 43.
SAIGNÉE (la), n'est pas pratiquée à la Chine, 329.

SALDAIGNE (baie de), près du Cap de Bonne-Espérance, 15.
SAM-SOU, liqueur forte, 74, 269 et 308.
SANG DE CERF, employé comme remède, 560.
SARANGOUSTY, composition Indienne, pour conserver les bois, 477.
SAVONIER, de la Chine et de l'Inde, 316.
SAUTERELLES, détruites par les Martins, 49.
SEL, 254 et suivantes.
SÉNÉGAL, pays d'Afrique, 3.
SERVANTE (la), utile dans les moulins à sucre, 372.
SIAM, 218.
SOCIÉTÉ LITTÉRAIRE DES ARTS DE BATAVIA, 196.
SOIE, 161; Soie grossière, 350; L'écruage, 356.
SOMMES, vaisseaux chinois, 77.
SOUY, jus de viande préparé, 251 et 555.
STAUNTON (Sir), auteur du voyage de l'Ambassade anglaise, 154 et 308.
STORES, ils sont faits avec des joncs ou des rotins, 551.
STRUVE (H.), dit qu'il y a des fabriques d'indigo extrait du pastel, 290.
STUC, des Indiens, 483 et suivantes.
SUC DE CANNES, employé pour faire du pain, 525.
SUMATRA (Isle) 4; ses productions, établissemens des Européens, 65.
SUFFREN (le Général), a été attaqué à St.-Yague, 172.

T.

TABAC DE CHINE, 299.
TABLE-BAIE, 17 et 18.
TABLIER, des femmes Hotentotes, 23.
TANJAOUR, Royaume de l'Indoustan, 486.
TCHU-KOU, arbre dont l'écorce sert à faire du papier, 128 et 129.
TÉNIA CUCURBITIN, son traitement, 61.
TÉTANOS, 61, 331 et 534.
THÉ, 81 et 84; BOUY, 85 et 88; PÉKAO, 86; LINTCHESSIN 86, VERD, 87; BIN ou IMPÉRIAL, 88. Voyez les p. 377, 378, 379, 466 et 467.

DES MATIÈRES.

THÉATRES, 257 et 310.
THIBET, pays de l'Asie, 488.
TICHIS, graines du Bengale, 494.
TILS, graines qui servent à extraire les huiles des Fleurs, 502.
TIROUVALOUR, Pagode de l'Indoustan, 486.
TITANCORÉ, graine qui clarifie l'eau, 268 et 530.
TOURS DE NAOUR, 159 et 162.
TOUTE-NAGUE, alliage, 566.
TRANSMIGRATION DES AMES, 276.
TRIOMPHE. Des généraux vainqueurs, 405.
TROMBE. 36.
TUILES. Les Chinois les vernissent, 438.
TURON. Port de la Cochinchine, 220.

U.

UPAS. Arbre de Java, cru vénéneux, 208.

V.

VAISSEAU. De Surate qui avoit 170 ans, 64.
VAMPOU. Isle de la rivière de Canton, 72.
VAN-BRAAM. Ambassadeur hollandais, 461.
VERNIS. Description de l'arbre qui le produit, 581.
VIANDES BOUCANNÉES. Préférables aux salées, 83, 343 et 344.
VIANDE DE COCHON. Manière de la conserver, 504.
VILLE DE BATEAUX. Au-dessus de Canton, 78.
VILLE TARTARE. 105.
VINS. 307 et 373.
VIPÈRE. 113 et 114.
VOAF ou VOAÈNE. Donne une résine élastique, 542. Sa description, 546.
VOAKOA. Palmier 45.
VOL. (Le furtif) n'est pas puni à la Chine, 385.
VOLEUR. Surpris et puni, 99.

Y.

YAGUE. (St.) Isle du cap Verd, 167, 173 et 411.
YOU-YOU. 132, 267 et 571.

Yu le grand. 354.
Yuen-ming-yuen. Jardin de l'Empereur, 435.

Z.

Zanzibar. Situé à la Côte Orientale d'Afrique, 201.
Zhé-hol. 314 et 458.
Zoophyte. 192.

Fin de la Table des Matières.

CORRECTIONS A FAIRE (1).

Page 2, ligne 15, a vingt-cinq lieues, *lisez*, 14 myriamètres, environ.

Ibid., ligne 24, une lieue, *lisez*, 5,50 kilomètres, environ.

Page 3, ligne 19 à 60 lieues, *lisez*, 33,50 myriamètres, *idem*.

Page 4, ligne 4, deux lieues, *lisez*, 1,1 myriamètres.

Page 6, ligne 24, de 120 à 140 lieues, *lisez*, de 67 à 77,50 myriamètres.

Page 7, lignes 2 et 3, 2650 lieues, *lisez*, 1400,50 myriamètres.

Page 8, ligne 3, demi-lieue, *lisez*, 2,75 kilomètres.

Page 12, lignes 8 et 9, deux cents lieues, *lisez*, 111,25 myriamètres.

Page 14, lignes 23 et 24, mois de mai, juin, juillet, novembre, décembre, et janvier, *lisez*, floréal, prairial, messidor, frimaire, nivose et pluviose.

Page 15, ligne 13, à quinze lieues, *lisez*, 8,33 myriamètres.

Ibid. ligne 21, mois de mai, juin et septembre, *lisez*, prairial, messidor et fructidor.

Page 20, ligne 26, à 2 lieues, *lisez*, 1,1 myriamètres.

Page 22, lignes 12, 13 et 14, en juin et juillet, en janvier et février, *lisez*, messidor, thermidor, nivose et pluviose.

Page 24, ligne 2, 2 à 3 pouces, *lisez*, 54 à 79 centimètres.

Ibid. ligne 7, 12 pouces, *lisez*, 324 centimètres.

Page 25, ligne 6, 6 pouces, *lisez*, 162 centimètres.

Ibid. lignes 10 et 11, à 3 ou 4 cents lieues, *lisez*, 160,50, à 220,75 myriamètres.

Page 27, ligne 24, à quarante lieues, *lisez*, 22,25 myriamètres.

Page 31, une livre, *lisez*, 5 décigraves (hectogrammes.)

Ibid., ligne 25, trois pintes, *lisez*, 2,7 litres.

Page 34, ligne 7, 15 pouces, *lisez*, 41 centimètres.

Ibid., ligne 24, trois semaines, *lisez*, 2 décades.

---

(1) Le manuscrit étoit rédigé et livré à l'impression, lorsque la nouvelle loi sur les poids et mesures a paru. Le citoyen Péron, gendre du citoyen Aubry, qui a inventé LE COMPARATEUR FACILE, s'est prêté obligeamment à réduire les anciennes mesures en nouvelles, telles qu'elles sont présentées dans ce tableau.

Page 36, ligne 7, à 100 lieues, *lisez*, à 55,50 myriamètres.
Ibid. lignes 8 et 9, 10 à 12 lieues, *lisez*, 5,75 à 6,75 myriamètres.
Page 38, ligne 10, cent lieues, *lisez*, 55,50 myriamètres.
Page 40, lignes 5 et 6, 50 lieues, *lisez*, 27,75 myriamètres.
Page 62, lignes 20 et 21, à 124 lieues, *lisez*, 68,75 myriamètres.
Ibid. lignes 22 et 23, 50 lieues, *lisez*, 27,75 myriamètres.
Page 71, ligne 15, à 7 lieues, *lisez*, 39 myriamètres.
Ibid. ligne 18, 17 pieds, *lisez*, 55 décimètres.
Page 74, ligne 7, trois lieues, *lisez*, 1,7 myriamètres. environ.
Ibid. lignes 8 et 9, 30 lieues, *lisez*, 16,70 myriamètres.
Ibid. ligne 30, 1 pinte, *lisez*, 95 litres.
Page 78, lignes 8 et 9, 2 lieues, *lisez*, 1,1 myriamètres.
Ibid. ligne 11, une lieue, *lisez*, 5,50 kilomètres.
Page 89, ligne 6, 400 livres, *lisez*, 185 graves. (kilogrammes.)
Pages 93, ligne 17, 6 livres, *lisez*, 2,9 graves. (kilogrammes.)
Page 107, ligne 20, 40 pieds, *lisez*, 1,30 mètres.
Page 117, ligne 4, la livre, *lisez*, décigrave. (hectogramme.)
Ibid. ligne 23, 20 onces, *lisez*, 6 décigraves. (hectogrammes.)
Page 131, ligne 17, de 24 à 30 pouces, *lisez*, 64 à 81 centimètres.
Page 142, ligne 3, lieue, *lisez*, 5 kilomètres.
Page 148 ligne 5, en janvier, *lisez* nivose.
Ibid. lignes 10, 11 et 12, 21 pieds, 20 pieds 6 pouces, et 19 pieds 6 pouces, *lisez*, 68 décimètres, 6,66 mètres, et 6,30 mètres.
Page 149, ligne 23, en janvier, *lisez*, en nivose.
Ibid. ligne 29, cent lieues, *lisez*, 55,50 myriamètres.
Page 150, lignes 8 et 5, le cinq février, le cinq mars, *lisez*, 16 pluviose, et 15 ventose.
Ibid. ligne 24, six semaines, *lisez*, 40 jours.
Ibid. ligne 26, 3 ou 4 cents livres, *lisez*, 145 à 185 graves. (kilogrammes.)
Page 152, ligne 16, 16 juillet, *lisez*, 28 messidor.
Page 159, lignes 27 et 28, en novembre, en décembre, *lisez*, en frimaire, et nivose.
Ibid. ligne 29, en mars ou avril, *lisez*, en ventose ou germinal.

Page 160, ligne 3, jusqu'en octobre, *lisez*, jusqu'en brumaire.
Ibid., lignes 11 et 12, qu'en janvier, qu'en février, *lisez*, nivôse, pluviôse.
Ibid., ligne 22, mai, *lisez*, floréal.
Ibid., ligne 24, qu'en octobre ou novembre, *lisez*, brumaire ou frimaire.
Ibid., lignes 26 et 27, mai, septembre, *lisez*, floréal, vendémiaire.
Page 164, ligne 4, 15 à 18 pieds, *lisez*, 48 à 58 décimètres.
Page 169, ligne 17, plus de 40 pieds, *lisez*, plus de 12,9 mètres.
Page 175, lignes 9 et 10, 2 pintes, sur 500 pintes, *lisez*, 5,9, sur 475 litres.
Page 206, lignes 25 et 26, 20 pieds, *lisez*, 6,5 mètres.
Page 211, ligne 7, trois sous la livre, *lisez* près de 2 centimes et demi le grave.
Ibid., ligne 16, un sol la livre, *lisez*, 5 centimes, les 5 décigraves. (kilogrammes.)
Page 213, ligne 12, à 26 lieues, *lisez*, 14 myriamètres.
Page 238, ligne 19, trois sols, *lisez*, 15 centimes.
Ibid., lignes 23 et 24, un sol et demi la livre, et un sol en gros, *lisez*, près de 7 centimes, les 5 décigraves ou kilogrammes, et 5 centimes en gros.
Page 245, ligne 7, trois lieues, *lisez*, 1,7 myriamètres.
Page 303, lignes 24, 160 toises, *lisez*, 312 mètres.
Ibid., ligne 28, quinze lieues, *lisez*, 8,35 myriamètres.
Page 427, ligne 13, 400 toises, *lisez*, 780 mètres.
Ibid., ligne 23, 90 toises, *lisez*, 176 mètres.
Page 435, lignes 9 et 10, trente lieues, *lisez*, 16,70 myriamètres.
Page 443, lignes 1 et 2; 10, 12, ou 15 pieds, *lisez*, 33 à 46 mètres.
Pages 444, ligne 19, une livre et demie, *lisez*, 70 graves. (kilogrammes.)
Page 447, lignes 19 et 20, une lieue, *lisez*, 5,50 kilomètres.
Page 450, lignes 24 et 25, 20 livres, *lisez*, 9,8 graves. (kilogrammes.)
Page 460, lignes 6 et 7, 75 à 80 livres, *lisez*, 36 à 39 graves.

Page 461, lignes 25 et 26, *lisez*, le cati est le grave chinois, le taël est le décigrave.

Ibid., ligne 27, 19 onces, 17, 25mes., *lisez*, 6 décigraves. (hectogrammes.)

Ibid., ligne 28, une once 23 centièmes, *lisez*, près de 4 centigrammes, ou décagrammes.

Ibid., ligne 30, une once et quart, *lisez* Id. Id.

Page 463, ligne 4, 123 livres, *lisez*, 60 graves. (kilogrammes).

Ibid., ligne 5, 125 livres, *lisez*, 61 graves. Id.

Page 487, ligne 26, trois aulnes de longueur, *lisez*, 3,6 mètres.

Page 488, ligne 1, une aulne de largeur, *lisez*, 1,19 mètres.

Ibid., ligne 10, une aulne quarrée, *lisez*, 4 mètres quarrés.

Ibid., ligne 29, 75 livres, *lisez*, 36, 5 graves. (kilogrammes.)

Page 496, ligne 11, 150 de nos livres, *lisez*, 73 kilogrammes.

Page 504, ligne 19, 5, 6, 8 onces, *lisez*, 15 à 24 centigraves. (décagrammes.)

Page 540, lignes 16, 17 et 18, de dix, d'autres de 20 lieues, d'autres de 30, 40, 50, cent trente lieues, *lisez*, 5, 10, 15, 20, 25, 72 myriamètres.

Page 545, ligne 17, 4 gros, *lisez*, 15 milligraves. (grammes.)

Ibid., ligne 18, 8 onces, *lisez*, 24 centigraves (décagrammes.)

Ibid., ligne 2, 20 onces, *lisez*, 6 Id. Id.

Page 546, ligne 16, un pouce et demi à 2 pouces, *lisez*, 40 à 54 millimètres.

Ibid., ligne 17, 14 à 15 lignes, *lisez*, 7,50 graves. (kilogrammes.)

Page 555, ligne 25, une pinte, *lisez*, 95 litres.

ERRATA.

Page 11, ligne 24 *ôtez* y.

Page 40, ligne 27, aligné, *lisez* alignée.

Page 62, ligne 25, ditances, *lisez* distances.

Page 63, lignes 9 et 10, je n'ajouterai rien ; *lisez* n'ajouteroit rien.

Page 121, à la seconde note, (1), *lisez* (2).

Page 167, ligne 18, national Adanson, *lisez* national, Adanson.

Page 174, ligne 25, le général Rossily, *lisez* le général Rosily.

Page 180, ligne 8, *castus*, lisez, *cactus*.

Page 207, lignes 20 et 21, je dirai que c'est une erreur. Le poivrier porte, *substituez* : Il y a d'autres espèces de poivriers qui portent, etc.

Page 215, ligne 24 Fonche, *lisez* Fouche.

Page 220, ligne 25, Chasan, *lisez* Chusan.

Page 248, ligne 13 Occidentales, *lisez* Orientales.

Page 268, lignes 25 et 26, reconnoissance, *lisez* reconnoissable.

Page 283, ligne 25, qui haisse, *lisez* qui haïsse.

Page 289, ligne 7, Moise, *lisez* Moïse.

Page 391, ligne 28, du miel, *lisez* du mil.

Page 429, ligne 29, Cattian, *lisez* Catjang.

Page 455, après la dernière ligne, *ajoutez*, semblable aux nôtres et dans laquelle on est.

www.ingramcontent.com/pod-product-compliance
Lightning Source LLC
Chambersburg PA
CBHW060407230426
43663CB00008B/1418